비사고,
인지적 비의식의 힘

비사고,
인지적 비의식의 힘

캐서린 헤일스 지음
송은주 옮김

대한민국, 서울, 커뮤니케이션북스, 2025

비사고, 인지적 비의식의 힘

지은이 캐서린 헤일스
옮긴이 송은주
펴낸이 박영률

초판 1쇄 펴낸날 2025년 8월 6일

커뮤니케이션북스(주)
출판 등록 2007년 8월 17일 제313-2007-000166호
02880 서울시 성북구 성북로 5-11
전화(02) 7474 001, 팩스(02) 736 5047
commbooks@commbooks.com
www.commbooks.com

CommunicationBooks Inc.
05-11, Seongbuk-ro,
Seongbuk-gu, Seoul, 02880, KOREA
phone 82 2 7474 001, fax 82 2 736 5047

ISBN 979-11-430-0710-0 93300

책값은 뒤표지에 표시되어 있습니다.

내 학생들에게

일러두기

- 이 책은 *Unthought: The Power of the Cognitive Nonconscious* (N. Katherine Hayles, The University of Chicago Press, 2017)를 저본으로 삼아 번역했습니다.
- 원문에서 강조를 위해 이탤릭체로 쓴 부분은 굵은 글씨로 표시했습니다.
- 지은이의 주석은 〈1〉, 〈2〉, 〈3〉으로, 옮긴이의 주석은 +, ++, +++으로 표시했습니다.
- 외래어 표기는 현행 한글어문규정의 외래어표기법을 따랐습니다.

프롤로그
세상을 보는 방식을 변화시키기

그가 깨끗하고 다정하며 솔직한 눈으로 나를 보았을 때, 그는 1만 3000년 된 전통에서 나를 보고 있었다. 그 사고의 방식은 너무나 으래되고 견고하면서도 너무나 온전하고 일관적이어서, 인간에게는 자아가 없는 의식처럼 보였다. 어느 야생동물, 자신의 영원한 현재에서 곧장 당신을 보는 어느 거대한 낯선 생명체나 가질 법한 것이었다.

어설라 르 귄의 소설 ≪어둠의 왼손≫에서 가져온 이 제사는 주인공 '겐리 아이'가 선(禪)과 비슷한 한다라타교의 수행자 '파세' 그리고 '무지(unlearning)'의 전통과 조우하는 장면을 묘사한다(Le Guin 1969, 57). 한다라타교 교도라면 비사고(unthought)를 '생각하지 않고서 생각하는 것'이라고 금세 이해할 것이다. 사고가 있다. 그러나 그 전에 비사고가 있다. 세계는 한발 늦는 의식의 손아귀를 영원히 빠져나가 버리는 '영원한 현재'와 얽혀 있으며, 비사고는 그런 세계와 상호작용하는 방식이다.

비사고는 의식적 자기성찰(conscious introspection)로는 접근할 수 없지만 의식이 기능하려면 반드시 필요한 비의식적 인지 프로세스(nonconsicous cognitive process)의 존재를 확증하는 신경과학의 최근 발견에서도 포착할 수 있다. 비의식적 인지 프로세스의 힘을 전부 다 이해하려면 인지를 근본에서부터 뒤집어 다시 사고해야 한다. 더 나아가 비의식적 인지 프로세스의 존재 자체가 인문학에 잘 알려져 있지 않으므로, 비사고는 의식이 작용하는 방식에 관해 널리 받아들여진 관념들 너머에서 손짓하는 미지의 영역을 시사한다. 비사고는 비의식적 인지를 고려할 때 열리는 풍요로운 가능성을 가리키는 한편, 인간과 기술적 시스템 사이의 상호작용을 개념화하는 강력한 힘 또한 지칭한다. 이는 현대 선진 사회 삶의 정치적·문화적·윤리적 지주들을 더 명쾌하게 이해할 수 있도록 돕는다.

이러한 잠재력을 현실화하려면 우선 의식적·무의식적·비의식적 정신 프로세스에 관한 용어를 명확히 할 필요가 있다.

이 책에서 쓰는 '사고하기(thinking)'는 합리성, 추상적 개념을 표현하고 조작하는 능력, 언어 능력과 같은 고차 의식(higher consciousness)과 연관된 사고와 능력을 가리킨다. 물론 고차 의식은 이 책의 전부이기는커녕 주요 부분조차 아니다. 체현된 주체는 분산된 인지 시스템(distributed cognitive system)으로 기능하는 환경 속에 뿌리박히고 잠겨서 고차 의식을 강화하고 지원한다. 자꾸만 정신이 산만해지는 주인을 위해 복잡한 위상을 이루며 외부 기억 장치로 기능하는 어수선한 데스크톱 컴퓨터부터, 내가 이 글을 타이핑하고 있는 컴퓨터, 선진 사회에서 인간의 삶을 재설정하고 있는 '스마트' 테크놀로지의 점점 더 조밀해져 가는 네트워크까지, 인간 주체는 더는 피부의 경계 안에 국한되지 않으며 심지어 그것으로 정의되지도 않는다.

이 책의 기획 중 하나는 이 분산된 인지 시스템이 작동하는 비의식적 인지 집합체(nonconscious cognitive assemblage)를 분석·탐구하는 것이다. 나는 인지적 비의식(the cognitive nonconscious)이라는 표현 앞에 정관사를 붙이는데, 이는 이 분산된 인지 시스템을 구체화하려는 것이 아니라 그 전체적 효과를 말하기 위해서다. 개별 주체들에 초점을 맞출 때는 그 프로세스 측면을 더 뚜렷이 드러내는 용어인 '비의식적 인지 프로세스'를 사용하겠다. 그러나 이 집합체의 힘은 그것이 감지기(sensor), 작동기(actuator), 프로세서, 저장 매체, 배급망 사이에서 잘 규정된 인터페이스와 커뮤니케이션 회로를 가지고 인간적·생물학적·기술적·물질적 구성 요소들을 포함하는 **시스템**으로 기능할 때 극대화한다. 이런 경우에는 인지적 비의식을 인간 인지자(human cognizer)뿐 아니라 기술적 인지자(technical cognizer)까지 필수로 포함하는 용어로 사용하겠다.

5장에서 말하겠지만 나는 '네트워크'보다 '집합체'라는 용어를 선호한다. 시스템들이 작동하는 배치의 형태는 구성 요소들이 끊임없이 더해지거나 빠지고 연결이 재배열되면서 항상 변화하기 때문이다. 예를 들어 누군가 휴대전화를 켜는 순간, 그 사람은 다른 구성 요소들에 더하여 중계탑과 스위치, 광섬유, 무선 라우터를 비롯해 네트워크 기반시설을 포함하는 비의식적 인지 집합체의 일부가 된다. 휴대전화를 끄면 기반시설은 그대로 있지만, 인간 주체는 더는 그 특정한 인지 집합체의 일부가 아니게 된다.

비의식적 인지는 인지과학과 신경과학 그리고 관련 분야에서 새로운 개념은 아니지만, 아직 마땅히 받아야 할 주목을 받지 못했다. 인문학에서 비의식적 인지의 변혁적 잠재력은 탐구와 논의는커녕 아직 파악조차 시작되지 못했다. 게다가 과학에서조차 생물학적인 비의식적 인지와 기술적인 비의식적 인지 간의 간격은 여전히 햇살이 내리쬐는 아침의 그랜드캐니언만큼이나 넓다. 이 책은 생물학적 생명 형태(life-forms)뿐 아니라 기술적 시스템에도 적용되는 인지 개념에 대한 정의를 제안함으로써 이들 분야에 기여하려 한다. 이와 동시에 이 정의는 쓰나미, 빙하, 모래폭풍과 같은 물질적 프로세스들은 배제한다. 1장에서 설명하겠지만 이들 간의 차이는 '선택'과 '해석' 차원에서 두드러진다. 생물학적 생명 형태와 기술적 시스템은 인지 활동을 하지만 물질적 프로세스는 그러지 않는다. 예를 들어 쓰나미는 인파가 붐비는 해변 대신 절벽을 덮치기로 '선택'할 수 없다. 내가 제안하는 틀은 물질적 프로세스가 경이로운 행위성을 소유하고 있음은 인정하되, 생기론이나 범신론을 따르지는 않는다. 제인 베넷(Jane Bennett)이나 스티븐 샤비로(Steven Shaviro) 같은 몇몇 존경받는 학자들은 자기들의 목적과 관련해 이런 입장을 취하는 것이 왜 매력적인지 그 이유를 밝혔지만, 내가 보기에 이런 입장은 인간-기술 인지 집합체가 지닌 특이성 그리고 지구에서 생명을 변화시키는 그 힘을 이해하는 데에는 도움이 되지 않는다.

나는 오늘날 우리가 직면한 가장 긴급한 문제들 중 하나가 지금 진행 중인 이러한 변화라고 본다. 이는 기술적 자율 시스템의 발전, 인간의 의사 결정이 이 시스템의 작동에서 할 수 있고 해야 하는 역할, 인간이 인지 능력이 있으니 지구상의 지배종이라는 깊은 믿음에서 비롯된 환경 파괴, 그 결과로 다른 생명체들의 인지 능력을 다시 생각해 볼 필요성에 관한 문제로 확장된다. 이러한 발전은 계산 매체(computational media)가 거의 모든 복잡한 기술적 시스템들 속으로 확산하는 것과 관련된다. 따라서 어떻게 기술적 시스템의 인지 능력이 인간의 복잡한 시스템과 상호작용하고 상호 침투하는지 더 명확히 이해해야 할 필요가 절실하다.

이러한 틀이 보여 주듯 이 책은 **행성적 인지 생태계**(planetary cognitive ecologies)라는 개념을 만들어 내는 데도 기여한다. 행성적 인지 생태계는 인간 행위자와 기술적 행위자를 모두 포함하며 윤리적 탐구의 초점이 되기에 적합하다.

전통적인 윤리적 탐구들은 자유의지를 소유한 주체로 간주되는 개별 인간에 초점을 맞추는데, 이러한 관점은 인지와 의사 결정 능력이 시스템 전체에 분산되어 있는 복잡한 인간-기술 집합체뿐 아니라 자율적으로 작동하는 기술적 장비를 다루기에도 적합지 않다. 나는 전자를 인지 집합체라 부르겠다. 이 연구의 2부는 이 인지 집합체가 어떻게 작용하는지 보여 주고, 우리의 현재와 미래 환경에 갖는 함의를 평가한다.

여기에서 이 책의 계획과 구조를 간략히 소개하겠다. 1부는 주로 비의식적 인지 개념을 다룬다. 1장은 의식/비의식과 물질적 프로세스 양자의 관계를 이해하는 틀을 발전시킨다. 2장은 비의식적 인지의 존재를 확증하는 과학 연구들을 요약하고, 이를 인지에 관한 현시대의 논의들과 관계 짓는다. 3장은 '신유물론'을 논의하고, 신유물론 기획들의 틀에 비의식적 인지가 포함되면 어떤 이점이 있는지 분석한다. 비의식적 인지가 점점 더 인간 인지 활동의 핵심 요소로 인정받으면서, 의식이 주는 이득뿐 아니라 초래하는 대가도 검토의 대상이 되었다. 우리는 이 역학을 일종의 개념적 시소로 시각화해 볼 수 있다. 비의식적 인지가 점점 더 중요해지고 눈에 띄게 될수록, 인간 의사 결정의 중재자이자 지배적인 인간 인지 능력인 의식의 지위는 하락한다. 4장은 두 종의 현대 소설, 톰 매카시(Tom McCarthy)의 ≪찌꺼기(Remainder)≫(2007)와 피터 와츠(Peter Watts)의 ≪블라인드사이트(Blindsight)≫(2006)를 분석하면서 의식이 치러야 하는 대가를 보여 준다.

2부는 인간-기술 인지 집합체들의 전체적 효과를 다룬다. 5장은 교통통제센터부터 유인 드론과 자율 드론까지 대표적 사례를 통해 인간-기술 인지 집합체의 역학을 보여 준다. 6장은 자동 매매 알고리즘에 초점을 맞추어, 작동 속도가 인간 의사 결정의 시간 체제를 훨씬 초월하는 이 알고리즘이 어떻게 기술적 자율성을 필요로 하고 또 예화(instantiation)+하는지 보여 준다. 또한 이 장은 이런 종류의 인지 집합체들이 미치는 영향, 특히 글로벌 경제를 불안정하게 하는 전체적 효과를 논한다. 7장은 콜슨 화이트헤드(Colson Whitehead)의 소설 ≪직관주의자(The Intuitionist)≫를 꼼꼼하게 독해하면서 인지 집합체의 윤리적 함의를 탐색한다. 8장은 인지 집합체의 유토피아적 잠재성을 설명하고, 이 논의를 디지털 인문학으로까지 확장해 이 디지털 인문학 또한 인지 집합체로 간주될 수 있다고 제안한다. 나아가 여기서 제안된 비의식적 인지라는 틀이 어떻게 디지털 인문학을 이해하고 평가하는 방식에 영향을 미치는지 보여 준다.

결론적으로 나는 다음과 같은 몇 가지 주요 견해를 제시하려 하는데, 이 책의 모든 독자가 이해하기를 희망한다. 대부분의 인간 인지는 의식/무의식의 바깥에서 일어난다. 인지는 동물과 식물을 포함해 생물학적 스펙트럼 전체로 확장

+ 추상적인 것을 구체적인 것으로 표현하는 과정 혹은 그렇게 표현된 실체를 가리킨다.

된다. 기술적 디바이스들은 인지를 하며, 그러면서 인간의 복잡한 시스템에 심대한 영향을 미친다. 우리는 행성적 인지 생태계가 급속한 변화를 겪으면서 우리로 하여금 인지를 다시 생각하도록, 전 지구적 규모에서 그 결과를 재상상하도록 긴급히 요구하는 시대에 살고 있다. 몇몇 독자들은 이러한 견해의 일부 혹은 전부가 논쟁적이라고 여길지도 모르겠다. 그러나 나는 이러한 견해가 인지에 대해 그리고 우리의 현재 상황을 이해하는 데 인지가 지닌 중요성에 대해 대화를 촉발하고, 우리로 하여금 모든 살아 있는 존재와 비인간 타자들을 위해 더 지속 가능하고 오래가며 번성하는 환경을 향해 나아가도록 하는 데 이바지하기를 소망한다.

차례

1부

인지적 비의식과
의식의 대가

01
비의식적 인지: 인간과 타자들

의식(consciousness)과 고등한 사고(advanced thinking)는 필연적으로 병행한다는 인식이 인간중심적 예측에 근거해 천 년까지는 아니더라도 수백 년은 전통으로 이어져 왔다. 그러나 최근 들어 의식의 한계가 광범위하게 재평가되면서 다른 인지 능력들이 수행하는 기능 그리고 인간의 신경학적 프로세스에서 맡은 중요 역할에 대해서도 폭넓게 재검토가 이루어졌다. 의식은 우리의 사고에서 중심 지위를 차지하는데, 의식이 인지의 전부여서가 아니라 우리의 삶을 이해할 수 있게 하고 세상의 일관성에 대한 기본적 가정들을 뒷받침하는 (때로는 허구의) 내러티브를 창조해 내기 때문이다. 반면 인지(cognition)는 의식을 훨씬 뛰어넘어 다른 신경학적 뇌 프로세스까지 확장되는 훨씬 더 광의의 능력이다. 또한 인지는 다른 생명체와 복잡한 기술 시스템에도 퍼져 있다. 의식 너머에 존재하는 인지 능력은 다양한 이름으로 불리지만, 나는 이를 '비의식적 인지'라 부르겠다.

의식을 다루는 분야만큼 용어상 불일치가 만연한 곳도 없을 것이다. 수 세기에 걸친 그 혼란을 자세히 살펴보기보다는, 내가 이들 용어를 어떻게 사용하고 있는지 명확히 밝히고 전체적으로 일관성 있게 사용해 보겠다. 내가 말하는 '의식'은 핵심 의식 혹은 기본 의식(core or primary consciousness), 즉 인간과 대다수 포유동물, 문어 같은 일부 수중생물이 공유하는 자아와 타자에 대한 인식으로 구성된다(Damasio 2000; Dehaene 2014; Edelman and Tononi 2000). 더 나아가 인간과 (아마도) 소수의 유인원은 기호 추론, 추상적 사고, 음성 언어, 수학 등(Eagleman 2012; Dehaene 2014)과 관련된 확장된(extented)(Damasio 2000) 혹은 이차적(secondary)(Edelman and Tonomi 2000) 의식까지 보여 준다. 고차 의식(higher consciousness)은 자전적 자아(autobiographical self)(Damasio 2012, 203-207)와 관련이 있는데, 우리가 일상 업무를 수행할 때 머릿속으로 하는 언어적 독백을 통해 강화된다. 독백은 그 스스로를 자아로 인식하는 자아의 출현과 연관된다(Nelson, in Fireman, McVay, and Flanagan 2003, 17-36). 안토니오 다마지오(Antonio Damasio)는 인지적 비의식[그의 표현으로는 원형자아(protoself)]이 일종의 감각적 혹은 비언어적 내러티브를 만들어 낼 수 있다고 인정하면서, 내러티브가 고차 의식의 언어적 내용과 융합할 때 어떻게 더 구체적이 되는지 설명한다. "내러티브는 엄청난 기억, 언어, 추론을 부여받은 뇌에서 … 풍부해져서 훨씬 더 많은 지식을 보여 줄 수 있게 되고, 잘 정의된 주인공 즉 자전적 자아를 생산해 낸다."(Damasio 2012, 204) 언어적 내러티브를 매번 환기하고 재현하는 것, 이것이 그 내러티브를 이해하는 정신적 기능이다.<1>

여기서 말하는 핵심 의식은 소위 '새로운' 무의식(내가 보기에는 딱히 적절한 표현은 아니다), 의식적 주의 수준 이하에서 작용하는 광범한 환경 탐색(scanning)과 크게 다르지 않다(Hassin, Uleman, and Bargh 2005). 예를 들어 어떤 문제를 사고하면서 운전을 하고 있다고 생각해 보자. 갑자기 전방에서 앞차가 브레이크를 밟으면 도로로 다시 주의가 쏠린다. 이처럼 의식과 '새로운' 무의식 사이에서 쉽게, 지속적으로 소통이 이루어진다는 사실로 보아 이 둘은 자각의 양태(modes of awareness)로 함께 묶어도 좋을 것이다.<2>

반면 비의식적 인지는 자각의 양태로는 접근할 수 없는 뉴런 프로세싱 수준에서 작동하지만, 의식에 없어서는 안 될 기능들을 수행한다. 지난 수십 년간 수행된 신경과학 연구는 비의식적 인지가 소마틱 마커(somatic marker)+를 일관성

+ 우리의 신체적(somatic) 반응이 의사결정에 중요한 역할을 한다는 개념으로, 안토니오 다마지오에 의해 제안되었다. 이 개념에 따르면 특정 상황이나 경험에 대한 감정적·신체적 반응은 '표지(marker)'처럼 작용해 미래에 비슷한 상황에서 의사결정을 내릴 때 영향을 미치는 신호 역할을 한다. 예를 들어 특정 선택이 위험하거나 부정적 결과를 초래했던 경험이 있다면, 동일한 상황에서 그와 관련된 뇌 영역들이 활성화되어 불편함이나 거부감을 느끼게 된다.

있는 신체 표상(body representation)으로 통합하고(Damasio 2000), 감각 자극이 시공간에 걸쳐 일관되어 보이도록 종합하고(Eagleman 2012), 정보를 의식보다 훨씬 더 빨리 처리하고(Dehaene 2014), 의식이 식별하기에는 너무 복잡하고 미묘한 패턴들을 인식하고(Kouider and Dehaene 2007), 행동에 영향을 주고 우선순위를 결정하는 데 도움을 주는 추론을 끌어낸다는 것(Lewicki, Hill and Czyzewska 1992)을 보여 준다. 아마도 비의식적 인지의 가장 중요한 기능은 반응이 느리고 처리 능력이 제한된 의식이 1000분의 1초마다 뇌로 흘러드는 내부와 외부의 정보 홍수에 압도되지 않도록 해 주는 기능일 것이다.

비의식적 인지를 강조하는 것은 흔히 인간의 특징으로 여겨지는 의식적 사고의 업적을 무시하려는 것이 아니라 비의식적 인지를 한편으로는 다른 생물학적 인지자, 다른 한편으로는 기술적 시스템의 인지 능력과 비교할 수 있도록 인간의 인지 생태계에 대한 더욱 균형 잡히고 정확한 견해에 도달하는 것을 목적으로 한다. 인간만이 지구에서 중요한 혹은 유의미한 인지자라는 (오)인식을 일단 극복하면, 수많은 새로운 질문, 문제, 윤리적 고려가 눈에 들어오게 된다. 이들을 다루기 위해 이 장은 생물학적 인지와 기술적 인지가 얽혀 있는 관계를 생각할 수 있게 해 주는 관점으로 의식, 비의식적 인지, 물질적 프로세스를 통합하는 이론적 틀을 제시한다.

기술적 인지는 의식의 작용과 비교되고는 하지만(아래에

서 논의하겠지만, 나는 동의하지 않는다), 인간의 비의식적 인지가 수행하는 프로세스와 훨씬 더 유사하다. 기술적 인지는 인간의 비의식적 인지처럼, 의식보다 빠르게 정보를 처리하고 패턴을 식별하며 추론을 이끌어 내고, 상태 인식 시스템(state-aware system)의 경우 시스템의 상태와 기능에 대한 정보를 주는 하부 시스템으로부터의 입력을 처리한다. 더 나아가 기술적 인지는 너무나 크고 복잡하고 다면적이어서 인간 뇌가 절대 처리할 수 없을 방대한 정보 흐름에 인간 의식이 압도되지 않도록 설계되어 있다. 이런 유사점들은 우연이 아니다. 기술적 인지의 출현은 한때는 생물학적 유기체에만 있던 인지 능력이 세계 속으로 외재화되었음을 나타낸다. 세계에서 기술적 인지는 인간 문화가 더 넓은 범위의 행성 생태계와 상호작용하는 방식을 빠르게 변화시키고 있다. 실제로 생물학적 인지와 기술적 인지는 이제 너무나 깊이 뒤얽혀서, 상호 침투한다고 말하는 편이 더 정확하겠다.

1부의 제목을 이루는 '인지적 비의식'은 인간-기술 상호작용의 체계성을 가리키기 위한 것이다. 2부에서는 이를 '인지 집합체'라 칭하겠다. 여기에서 '집합체'를 단순히 무정형의 덩어리 정도로 이해해서는 안 된다. 인지 집합체 안에서의 상호작용은 어떤 면에서는 우연한 사건들에 열려 있지만, 감지기, 인식기(perceptor), 작동기 그리고 상호작용자들의 인지 프로세스에 의해 정확히 조직되어 있다. 이런 프로세스는 개별 수준과 집합체 수준 양쪽에서 다 창발적 효과를 발휘할 수 있기 때문에, 나는 유동적 변형과 변화에 대한 그 프로세스의 능력을 강조하기 위해 **비의식적 인지**라는 용어를 사용하겠다. 집합체의 전체성이 중요할 때는 앞에 정관사를 붙인 더 정제된 표현인 인지적 비의식(the cognitive nonconscious)을 사용한다. 인지 집합체의 더 광범한 영향은 개개의 수준보다는 전체적으로 발생하기 때문에, 이 책 전반에서 이러한 표기 형식을 택하겠다. 전체적으로 이 책의 목표는 비의식적 인지를 인간 경험, 생물학적 생명, 기술적 시스템에 없어서는 안 될 것으로 받아들일 때 출현하는 변혁적 관점들을 보여 주는 것이다.

내가 의식적 자각 없이 기능하는 생물학적 인지와 기술적 인지에 초점을 맞추기는 하지만, 의식이 형식적 기호 처리(symbol manipulation)를 통해 작동한다고 보는 인지주의 패러다임에 대해 내 입장을 분명히 말하는 것이 좋겠다. 형식적 기호 처리는 컴퓨터와 인간 정신의 작용을 동일시하게 하는 틀이다. 분명히 인간은 특정 상황에서 형식적 표상을 추상화할 수 있다. 거의 모든 수학이 이 작용에 달려 있다. 하지만 형식적 기호 처리가 의식적 사고의 일반적 특징이라는 주장은 의심스럽다. 장피에르 뒤피(Jean-Pierre Dupuy)는 인지과학이 사이버네틱스에서 발전했지만 그 가정을 크게 변화시켰다고 주장하면서, 인지주의 패러다임을 [그 당시 노버트 위너(Norbert Wiener)가 사이버네틱스를 위치 짓고자 했듯] '기계의 인간화'가 아니라 '마음의 기계화'로 특징짓는다

(Dupuy 2009). "인지주의자들의 계산은 … 기호 계산이다. 그러므로 그것이 다루는 의미론적 대상들은 명확하며, 손쉽게 접근 가능하다. 그 대상들은 믿음, 욕망 등과 상응해야 하는 정신적 표상이다. 우리는 그것들로 우리 자신과 타인의 행동을 해석한다. 사고는, 따라서 바로 이 표상들에 대해 계산을 수행하는 것이 된다."(Dupuy 2009, 13)

뒤피가 보여 주듯 이런 [이론] 구성은 다양한 반론을 불러온다. 1990년대 내내 그리고 21세기에 들어서까지 인지과학에서 인지주의가 지배적 패러다임이었다고 해도, 뇌가 일상의 사고에서 이런 계산 프로세스를 수행한다는 것을 보여 주는 실험 증거를 모아야 한다는 압박이 점점 심해지고 있다. 아직까지 그 결과는 부족한 반면, 로런스 바살로(Lawrence Barsalou)가 '환경에 근거한 인지(grounded cognition)'라고 부른 것은 실험으로 점점 더 많이 확증되고 있다(Barsalou 2008). 환경에 근거한 인지는 근육의 움직임, 시각 자극, 청각 인식을 포함하는 모달 인식(modal perception)의 정신적 시뮬레이션에 지원을 받으며 이것과 얽혀 있는 인지다. 이러한 연구 성과는 일정 부분 인간과 유인원의 뇌에 있는 거울 뉴런 회로를 발견한 덕분이다(Ramachandran 2012). 미겔 니코렐리스(Miguel Nicolelis)가 뇌-기계-인터페이스(BMI, Brain-Machine-Interfaces)에 대한 연구에서 보여 주었듯(Nicolelis 2012), 거울 뉴런 회로는 인간과 유인원을 비롯한 동물들로 하여금 사지의 움직임 같은 신체 기능을 넘어 보철적 연장까지 추론할 수 있게 하는 데 핵심 역할을 한다.

이들 논쟁의 일면을 이루는 것은 뉴런 프로세스를 근본적으로 계산적인 것으로 이해할 수 있는지다. 월터 프리먼(Walter Freeman)과 라파엘 누녜스(Rafael Núñez)는 계산주의적 관점에 반대하면서 "활동 전위(action potential)+는 이진 숫자가 아니며, 뉴런은 불 대수(Boolen algebra)를 수행하지 않는다++"(Núñez and Freeman 1999, xvi)고 주장한다. 엘리너 로시(Eleanor Rosch)는 "개념을 되찾기"(Núñez and Freeman 1999, 61-78)라는 글에서 경험적 증거는 '체현된/환경에 뿌리박힌(embodied/embedded)' 관점을 강력히 뒷받침한다고 주장하면서, 이 관점과 인지주의적 패러다임을 꼼꼼하게 대조한다. 바살로가 인지주의 패러다임에 대해 언급한 특징인 비양상적 기호 조작(amodal symbolic manipulation)(Barsalou 2008)은 세계에서 신체가 행하는 풍요로운 신체적 행동 목록에 뒷받침되지 않는 논리적 공식에만 의존한다. 수많은 연구자와 이론가들이 보여 주었듯(Lakoff and Johnson

---

+ 근육·신경 등 흥분성 세포의 흥분에 의한 세포막의 일시적 전위 변화.

++ 뉴런의 활동은 컴퓨터의 디지털 신호처럼 이진법으로만 작동하지 않으며, 뇌도 단순한 논리 연산(즉, 불 대수)을 수행하는 방식으로 작동하지 않는다는 것을 지적하는 주장이다. 뇌의 활동을 이진적 계산이나 기계적 논리로만 설명하는 것은 신경 시스템의 실제 복잡성을 충분히 반영하지 못한다고 보는 관점을 반영한다.

2003; Dreyfus 1972, 1992; Clark 2008) 체현되고 환경에 뿌리 박힌 행동은 신체로부터 세계가 어떻게 움직이는지에 대한 정교한 사고로 확장해 나가며, 은유와 추상을 통해 그 스스로를 나타내는 지적 이해와 언어적 스키마의 형성에 핵심적이다.

내가 생물학적 생명 형태와 계산 매체의 비의식적 인지를 비교하는 것은 그것들이 실연하는 프로세스가 동일하다거나 심지어 대체로 유사하다고 말하기 위함이 아니다. 그 프로세스들은 전혀 다른 물질적·물리적 맥락에서 일어난다. 다만 그것들은 복잡한 인간 시스템과 기술적 시스템 안에서 유사한 기능을 수행한다. 때때로 기능주의(functionalism)에서는 결과가 같다면 실제의 물리적 프로세스는 중요하지 않다고 시사되기도 한다(예를 들어 행동주의와 몇몇 사이버네틱스 버전에서 그런다). 이 책에서 논의하는 진보한 틀에는 인지가 일어나는 생물학적·기술적 영역이 포함되며, 맥락(context)이 비의식적 인지에서 핵심적이라고 본다. 단, 맥락상 심대한 차이가 있기는 해도 생물학적 유기체와 기술적 시스템의 비의식적 인지는 특정한 구조적·기능적 유사성을 공유한다. 특히 낮은 수준의 선택과 그 결과인 단순한 인지부터 더 높은 수준의 인지와 해석까지, 여러 층의 상호작용을 구축하는 데서 그렇다.

이 구조적 유사점들을 탐색하려면 기계가 생각할 수 있는지, 무엇이 인지를 의식 그리고 사고와 구별하는지, 어떻게 인지가 물질적 프로세스와 상호작용하고 그것과 다른지 등 해묵은 질문들을 해결하기 위해 근본적 사안들을 해명할 필요가 있다. 이 근본적 질문들로부터 특히 물질적 프로세스 면에서 계산 매체와 생물학적 매체가 각각 지닌 행위성의 본질, 기술적 인지 시스템이 인지 집합체에서 자율적 행위자로 행동할 때의 윤리적 함의와 관련된 문제들이 잇따른다. 예를 들어 자율적으로 행동하는 로봇 전사나 드론이 치명적 힘을 행사할 때, 윤리적 책임을 판단하는 데 적합한 기준은 무엇일까? 기술 장비, 그것을 작동시킨 인간, 아니면 제조업체 중 무엇에 초점을 맞춰야 할까? 기하급수적으로 확장된 기술적 인지 시스템을 수용할 수 있을 만큼 견고하면서도, 인간의 문화적·사회적 시스템과 기술적 인지의 복잡한 상호작용을 포착할 수 있을 만큼 섬세한 틀을 제공하는 관점은 무엇일까?

이런 질문을 던지는 것은 스웨터 밑단에 삐져나온 실 한 가닥을 잡아당기는 것과 같다. 잡아당길수록 생물학적 매체와 계산 매체의 의미에 대한 사고의 실 전체가 풀려 나오기 시작한다. 1부와 2부에서는 그 실을 최대한 세게 잡아끌어서 인간 행위성과 기술적 행위성의 본질을 재평가하고, 인간 인지와 기술적 인지를 재설정할 수 있는 다른 패턴으로 다시 엮어, 이 패턴들이 인문학에 어떻게 새로운 기회와 도전을 제시하는지 살펴볼 것이다.

사고하기와 인지

이런 새로운 패턴을 짜는 것은 사고하기(thinking)와 인지를 구별하는 데서 출발한다. 나는 이 사고하기를 추상적 추론을 하고, 음성 언어를 만들어 내 사용하고, 수학적 정리를 구성하고, 음악을 작곡하는 등의 고차원적 정신 작용 즉 고차 의식과 연관된 작용을 가리키는 용어로 사용한다. 호모 사피엔스만이 이 사고하기 능력을 소유한 것은 아닐지라도, 인간은 다른 종보다 더 높은 수준으로 이 능력을 가지고 더 광범하게 발전시켰다. 이와 달리 인지는 모든 생물학적 생명 형태와 여러 기술적 시스템에 어느 정도 존재하는, 훨씬 더 폭넓은 기능이다. 이런 관점은 이제는 고전이 된 움베르토 마투라나(Humberto Maturana)와 프란시스코 바렐라(Francisco Varela)가 인지와 오토포이에시스(autopoiesis)에 대한 연구에서 표명한 입장(Maturana and Varela 1980)과도 겹친다. 또한 이는 현재 출현 중인 학문인 인지생물학과도 궤를 같이하는데, 인지생물학은 모든 유기체가 자신의 환경과 상호작용할 때 체계적 인지 작용에 관여한다고 본다. 브라이언 굿윈(Brian Goodwin)이 명명(Goodwin 1977)한 이 분야는 이후 슬로바키아 과학자 라디슬라프 코바치(Ladislav Kovàč)가 발전시켰다(Kovàč 2000; 2007). 코바치는 인지생물학의 원칙들을 정리하고 그 함의를 탐색하는 데 중요한 역할을 했다.

인지생물학에서의 인지는 주류 견해에서도 쓰이는 용어들을 일부 사용하되 그 의미를 확 바꾸어 놓았다. 전통적으로 인지는 인간 사고와 연관된다. 예를 들어 윌리엄 제임스(William James)는 "인지는 의식의 기능"이라고 말했다(James [1909]1975, 13). 더 나아가 인지는 "지각(perception)과 판단"을 포함하는 "앎의 행위"로 흔히 정의된다("인지", 브리태니커백과사전, www.britannica.com/topic/cognition-thought-process). 그러나 인지생물학의 원칙은 전혀 다른 관점을 취한다. 예를 들어 코바치는 단세포 유기체조차 "환경과 관련된 특징들에 대한 최소한의 지식을 지니고 있는 것이 틀림없"어서, 이런 특징들과 유기체를 구성하는 분자들 사이에 "아무리 조잡하고 추상적이라 할지라도" 소통이 있을 것이라고 말한다. 코바치는 이렇게 결론 내린다. "대체로 핵산 분자 수준만이 아니라 모든 수준의 생명에서 특정 기능을 제공하는 복잡성은 … 시스템의 구성물로 바뀌는 체현된 지식과 상응한다. 환경은 풍요로운 잠재성을 지닌 장소다. 각 장소는 해결해야 할 문제이며, 거기에서 살아남는다는 것은 문제를 해결했다는 의미이고, 해결책이 바로 체현된 지식 즉 생존하기 위해 어떻게 행동할지에 대한 알고리즘이다."(Kovàč 2000, 59) 이 관점에서 인지는 인간이나 의식을 가진 유기체에만 국한되지 않고 식물이나 미생물처럼 중추신경계를 갖지 않는 것을 포함해 모든 생명체로 확장된다.

이 관점에는 인지에 대한 인간중심적 관점에서 벗어나 다른 종들 사이에 다리를 놓아 인지를 서로 비교하는 관점을 구성할 수 있다는 이점이 있다. 패멀라 라이언(Pamela Lyon)과 조너선 오피(Jonathan Opie)가 말했듯 인지생물학은 경험적 결과에 부합하는 틀을 제공한다(Lyon and Opie 2007). "박테리아조차, 인지과학자들에게는 오래전부터 익숙하던 문제들을 해결하려 애쓴다는 증거들이 점점 더 많아지고 있다. 이런 문제들로는 변화하는 조건에 효과적으로 대응하기 위해 다양한 감각 통로에서 들어온 정보를 통합하는 일, 불확실한 조건하에서 결정을 내리는 일, 같은 종 그리고 다른 종들과 (정직하게 그리고 기만적으로) 의사소통하는 일, 생존 확률을 높이기 위해 집단행동을 조직화하는 일 등이 있다."<3> 코바치는 생명체가 환경과 관계하는 것을 존재성(onticity), 즉 변화하는 환경에서 생존하고 견디는 능력이라고 부른다. 코바치는 "생명은 앞으로 어떻게 나아갈지 모든 가능성을 모든 수준에서 끊임없이 '시험'하고 있다"고 말한다(Kovàč 2000, 58). 코바치는 이 추론을 장난스럽게 확장해, 인간으로서의 존재성과 같은 문제에 직면한 '박테리아 철학자'를 상상해 본다. 박테리아 철학자는 세계가 존재하는지, 존재한다면 왜 무가 아니라 뭔가가 있는지 등의 질문을 던진다. 인간처럼 박테리아도 자신의 시야 안에서는 절대적 답을 찾을 수 없다. 그렇더라도 박테리아는 "세계에서의 존재성"을 추구하며, 그러므로 "이미 세상을 객체로서 대하는 주체다. 가장 단순한 수준부터 가장 복잡한 수준까지, 모든 수준에서 주체의 종합적 구성물 즉 성취된 지식의 체현은 인식론적 복잡성을 표상한다”(Kovàč 2000, 59). 코바치에 따르면 세계의 인식론적 복잡성의 총계는 그가 ‘유기체의 믿음(beliefs of organisms)’이라고 부르는 것이 시험되면서 진보를 이루며 계속 증가한다. “유기체의 구성물 중 일부만이 체현된 지식이고, 나머지는 체현된 믿음에 불과하다.… 만약 박테리아의 ‘변이’를 환경에 대한 ‘새로운 믿음’이라고 본다면, 돌연변이란 그 믿음의 충실함을 입증하는 데 자신의 생명을 바치는 것이라고 말할 수 있다.”(Kovàč 2000, 63) 박테리아가 계속 살아남는다면, 그 믿음은 체현된 지식으로 전환되어 다음 세대로 전승된다.

전통적인 생물학과 인지생물학의 관점을 비교해 보면, 같은 단어들이 전혀 다른 의미를 띤다는 것을 알 수 있다. 전통적 관점에서 지식(knowledge)은 거의 전적으로 자각(awareness)의 범위 안, 그리고 당연히 뇌 안에 머문다. 반면 인지생물학에서 지식은 환경과의 상호작용을 통해 얻어지며 유기체의 구조와 행동의 목록에 체현된다. 전통적 관점에서 믿음은 의식 있는 존재가 경험, 이데올로기, 사회적 조건화, 기타 요소들의 결과로 취하게 되는 입장이다. 반면 인지생물학에서 믿음은 환경에 대한 경향으로, 유동적인 조건들에 대한 진화적 대응인 강건성(robustness)+을 시험하는 상

+ 시스템에 기능적으로 영향을 미치는 동요를 견디는 능력 혹은 변화

호작용을 통해 아직 확증되지는 않은 것이다. 마지막으로 전통적 관점에서 주체는 인간 혹은 최소한 의식 있는 존재를 가리키지만, 인지생물학의 관점에서 주체는 보잘것없는 단세포 유기체에 이르기까지 모든 생명체를 포괄한다.

식물의 신호와 식물 지능에 대한 주장

식물의 세계는 인지에 관한 이들 관점이 지능(intelligence)에 대한 전통적 관점과 대립할 때 일어나는 복잡한 상호작용을 탐색하기에 좋은 현장이다. 최근 ≪뉴요커≫의 기사에서 마이클 폴런(Michael Pollan)은 "신경생물학과 식물생물학" 간의 상동 관계를 탐색하는 연구를 요약하면서, 특히 식물이 "인지, 의사소통, 정보처리, 계산, 학습, 기억"을 할 능력이 있다고 주장한다(Pollan 2013, 1). 이런 주장은 2006년 ≪식물과학의 경향(Trends in Plant Science)≫에 실린 한 논문에서도 분명히 제시되었다(Brenner et al., 2006). 이 논문은 식물의 복잡한 신호 중 상당수가 동물의 신경 작용과 대단히 유사하다고 주장하면서 식물 신경생물학 분야를 확립하겠다는 논쟁적 선언이기도 했다. 저자들이 인정하듯 식물 '지능'은 1973년 피터 톰킨스(Peter Tompkins)와 크리스토퍼 버드

에 저항하는 능력.

(Christopher Bird)의 대중과학서 ≪식물의 비밀스러운 삶(The Secret Life of Plants)≫ 이후 논쟁의 피뢰침이 되어 왔다. 톰킨스와 버드는 이 책에서 증거는 거의 없이 기상천외한 주장들을 늘어놓았다. 그 영향으로 많은 식물학자들은 식물이 인간의 감정 상태에 동조한다는 주장을 비롯해 식물 '지능'에 대한 주장과 최대한 거리를 두려 했다. 이 논문을 쓴 로버트 브레너(Robert Brenner)와 그 동료들에 따르면, 그 결과 많은 식물생물학자들은 식물 반응과 동물의 신경 작용 간의 유사성을 고려조차 하지 않고 "관련된 질문을 던지는 것조차 금하는 식으로 생각, 토론, 연구에서의 자아비판"을 행했다(415).

그런데 브레너 등의 논문은 자신들의 발언을 정당화하면서도, 그 자체로 깊은 양가성을 보이는 수사적이고 논쟁적인 전략을 선보인다. 한편으로는 저자들은 개개의 그리고 공동의 식물 행동 밑에 깔려 있는 메커니즘이 얼마나 복잡하고 미묘한지 보여 주는 연구를 입증하고 싶어 한다. 다른 한편으로 저자들은 식물의 신호가 동물의 신경 작용과 비슷할수록 그것이 **진짜** 지능이라는 주장이 강력해진다고 암시함으로써 무심결에 동물 지능의 특권을 재천명한다. 양가성은 플라톤과 그리스인들로까지 되돌아가 '뉴런(neuron)'이라는 단어의 어원을 추적하는 데에서 분명해진다. '뉴런'은 "섬유성의 성질을 지닌 것"을 뜻한다(414). 이 정의에 따르면 식물은 분명히 뉴런을 갖고 있다. 단, 뉴런의 통상적 의미('신경전달물질을 사용해 의사소통하는 핵과 축색 돌기를 갖는 세포')에 따른다면, 갖고 있지 않다. 이와 비슷한 양가성이 '지능'에 대한 정의에서도 드러난다. 저자들이 이 단어를 내세울 때, 그들이 주장하는 듯한 것과 실제로 말하는 것 사이에서 수사적 갈등이 불거진다. 저자들은 우선 식물 지능을 "식물의 평생에 걸친 변화무쌍한 성장"으로 정의하고(Trewavas 2005), 이 정의에 정보를 처리하고 결정을 내리는 능력에 대한 강조를 덧붙여 확장한다. 지능은 "특정 환경에서 비생물적 자극과 생물적 자극 모드로부터의 정보를 처리해 미래의 활동에 대한 최적의 결정을 내릴 수 있게 해 주는 내재적 능력"이다(414).

내가 보기에 이 정의는 왜 비인간(그리고 기술적) 인지에 '지능'이라는 단어를 사용하지 않는 것이 나은지에 대한 사례일 뿐 아니라, 인지를 다시 상상하는 데(내가 브레너 등의 논문을 읽기 전에 이미 따랐던 궤적에) 중요한 단서를 제공한다. 폴런이 보여 주듯 "많은 식물학자들은 그들이 (오)이해했던 것에 강력히 맞서 왔다". 폴런은 식물생물학자 서른여섯 명이 브레너 등의 논문에 대한 반박글을 발표하고, 이를 ≪식물과학의 경향≫에도 실었다는 사실을 지적한다. 그 반박은 이러한 일제 공격으로 시작한다. "우리는 식물에 뉴런이나 시냅스 혹은 뇌 같은 구조가 있다는 주장에 어떤 증거도 없음을 밝히면서 시작한다"(Pollan, 3에서 인용). 폴런은 "사실상 그런 주장이 제시된 적은 없다. [브레너 등의] 그 선언은 '동질적' 구조에 대해서만 말했을 뿐이다. 그러나 과학자들로서는 실제로 뉴런이 없는데 '신경생물학'이라는 단어를 쓴다는 것 자체가 참을 수 없는 일이었다"고 말한다(3). 그런데 내가 보기에는 (폴런 자신이 공감하는) 이 다소 비난조의 발언은 상황의 복잡성을 제대로 다루지 못하고 있다. 문제는 식물학자들이 무엇을 참을 수 있느냐가 아니라, 지능에 대한 전통적 견해가 어떻게 지능의 정의에 대한 인간중심적 관점에 도전하는 (그리고 아마도 무심결에 재천명하는) 연구와 상호작용하고 이를 복잡하게 만드는가다. 예를 들어 대니얼 차모비츠(Daniel Chamovitz)는 환경을 감지하고 대응하는 식물의 놀라운 능력을 주장하면서 이렇게 말한다. "문제는 … 식물이 **지능적**인가 그렇지 않은가가 아니다. 우리 모두가 그 용어[지능]가 무엇을 의미하는가에 동의하려면 수백 년이 걸릴 것이다. 문제는 '식물이 자각하는가'가 되어야 한다. 사실상 식물은 자각한다."(Chamovitz 2013, 170) 폴런도 다음과 같이 지적한다. "논쟁점은 최근 식물학의 주목할 만한 발견들보다는 그것들을 어떻게 해석하고 이름 붙이느냐에 있다. 식물에서 관찰된, 학습·기억·의사결정·지능과 대단히 흡사해 보이는 행동들을 그런 이름으로 불러도 되는가, 아니면 그 단어들을 뇌를 가진 생물들에게만 써야 하는가."(Pollan, 4)

비유를 위해 ≪다윈의 플롯: 다윈, 조지 엘리엇, 19세기 소설에서 진화적 내러티브(Darwin's Plots: Evolutionary

Narrative in Darwin, George Eliot, and Nineteenth-Century Fiction)≫(1983)에 실린 질리언 비어(Gillian Beer)의 연구를 들어 보겠다. 이 연구에서 비어는 ≪종의 기원≫에서 진화를 미리 정해진 그 어떤 결말도 갖지 않는 프로세스로 보았던 다윈의 견해와, 다윈이 물려받았고 본능적으로 의지하는 기독교 지향의 언어에 내재한 목적론적 세계관 사이의 갈등을 추적한다. 비어는 일련의 꼼꼼한 독해를 통해 다윈의 은유, 문장 구조, 수사 전략에서 옛것에 푹 젖은 언어를 통해 새로운 비전을 표현하려는 욕망을 밝혀낸다. 비슷한 갈등이 브레너 등의 논문에도 드러난다. 논문의 주장에 반대했던 과학자들이 문자 그대로의 의미에서는 그 주장을 오독한 것이 사실이지만, 이들은 위에 언급한 바와 같이 실제 증거와 '뉴런'의 재정의와 같은 전략을 통해 전달된 암시 사이의 양가성에 반응한 것이었다. 그러한 의미에서 이들 과학자는 논문의 이중적 의도, 즉 인간중심적 가치로서 '지능'의 특징에 의지하면서 동시에 지능을 구성하는 것에 대한 기준을 수정하려는 논문의 의도를 정확히 파악했다.

식물이 지구의 생물량에서 99퍼센트를 이루고 있기 때문에 이 문제는 여러 현장에서 사소한 것이 아니다. 이 문제에는 크리스토퍼 스톤(Christopher Stone)이 수십 년 전에 제기했던, 나무가 법적 지위를 가져야 하는가 하는 문제(Stone [1972]2010)가 포함된다. 나는 견고하면서 포괄적인 틀을 만들고 싶다. 그 틀에서 식물을 배제한다면 개념적 일관성을 희생시키게 된다(변화하는 환경에 대응하는 식물의 놀라운 능력들을 입증하는 풍부한 증거를 무시하게 되는 것은 말할 것도 없다).[4]

누군가는 인지적 유기체와 비인지적인 것을 구별하는 선을 긋고 싶을 수 있다. 그렇다 하더라도 여전히 내 주장에서 핵심을 이루는 측면들, 즉 인지를 의식과 구별되는 것으로 재평가하는 것, 인지 기술이 이제 우리의 행성적 인지 생태계에서 강력한 힘이라는 인식, 인간 시스템과 인지 기술의 상호침투로 생겨나면서 급속히 가중되는 복잡성 등을 대부분 아우를 수 있을 것이다. 내가 보기에 이런 것들은 이론의 여지가 없는 사실인 반면, 식물에 대한 논쟁은 나의 우선순위에서는 (여전히 중요하기는 하지만) 덜 주요한 역할을 차지한다. 나는 인지적인 것과 비인지적인 것 사이의 경계를 긋는 일에 논쟁의 소지가 있을 수 있으며, 관점이 다르면 내가 지지하는 결론과 다른 결론이 나오리라는 것을 인정한다. 나에게 더 중요한 문제는 어디에 선을 긋는가보다 위에서 언급한 핵심 문제들이 우리의 현재 상황에 중요하다고 인정하는 것이다. 또한 이 각축장에서 인문학적 탐구가 할 수 있는 역할도 중요한 화두다. 인지를 다시 그려 보는 일은 개념적 복잡성뿐 아니라 언어적 복잡성이 가득한 학제적 전선을 따라 일어나므로, 수사·논쟁·해석에 대한 섬세한 이해를 갖춘 인문학은 이런 논의에 기여하기에 유리한 위치에 있다.

식물 인지가 얼마나 복잡한지, 그리고 여기에서 말하는

'인지'가 식물이 환경에서 정보를 감지하고, 자기들끼리 그리고 다른 생물군과 의사소통하고, 변화하는 환경에 유동적·적응적으로 대응하는 방식에서 무엇을 가리키는지에 대해 짧게 다루며 이 절을 마무리하겠다. 식물의 "고착된(sessile) 라이프스타일"(Pollan, 4-5. "고착된"은 예를 들어 산호나 거의 모든 식물처럼 바위나 바닥 같은 표면에 딱 붙어 있는 유기체의 상황을 가리킨다)은 혈연 인식, 다른 식물의 화학 신호 탐지 등 인간의 오감과 유사한 십여 가지 이상의 감각들을 포함한다. 폴런은 혈연 인식 작용이 어떻게 관찰되어 왔는지 설명한다. "뿌리는 근처의 뿌리들이 자기인지 남인지, 남이라면 혈연인지 아닌지 구별할 수 있다. 보통 식물들은 다른 것들과 뿌리 공간을 두고 경쟁한다. 그러나 연구자들이 같은 화분에 오대호 서양갯냉이를 빽빽이 심었을 때, 이들은 평소의 경쟁 행동을 자제하고 자원을 공유했다."(Pollan, 5) 식물이 매우 다양한 화학 신호를 발산하고 감지한다는 사실은 오래전부터 알려져 왔다. 또한 식물은 포식자를 단념시키는 화학물질을 만들어 내고, 꽃가루 매개자들에게 향정신성 효과를 유발해 특정 식물을 다시 찾도록 유도하는 화학물질을 발산한다. 연구자들이 전기 신호와 화학 신호, 유전자 구조, 식물 행동 간의 상호작용을 조사하면 할수록, 또 '지능'이라는 대단히 인간중심적인 단어에 어떤 입장을 취하든, 식물이 환경에 대한 광범한 정보를 해석하며 놀랍도록 섬세하고 복잡한 방식으로 도전에 대응한다는 사실이 점점 더 분명해진다.

기술적 인지

인지생물학은 위에서 논한 식물생물학 연구와 관련되면서 인지 개념이 더 넓은 범위로 나아가게 한다. 여기까지는 이 책에서 내가 추구하려 하는 길과 일치한다. 이런 연구 시도들은 인지 개념을 부분적으로 확장할 수 있도록 용어들을 재정의한다. 그러나 생물학적 인지를 넘어 기술적 인지까지 생각할 기회는 놓친다. 이를 보여 주기 위해 움베르토 마투라나와 프란시스코 바렐라의 중요한 저작 ≪자기생성과 인지: 살아 있음의 실현(Autopoiesis and Cognition: the Realization of the Living)≫(1980)에서 제안된 인지적 관점에 의지하겠다. 마투라나와 바렐라의 책은 인지생물학의 과학과는 완전히 다르며, 칠레인지생물학파(Chilean School of Biology of Cognition)와 관련이 있다. 그렇더라도 이들의 견해는 인지생물학과 매우 가까워서, 인지 개념을 기술적 인지 개념으로 확장하려면 어떤 식으로 수정해야 할 필요가 있는지 보여 준다.

마투라나와 바렐라는 살아 있는 유기체의 인지 능력에 대해서는 서로 동의했지만, 이런 능력이 기술적 인지까지 확장될 수 있는지 여부에 대해서는 의견이 일치하지 않았다. 마투라나는 이에 반대했고, 바렐라는 포용했다. 이러한 불일치는 이해할 만하다. 무엇이 인지를 구성하는지에 대한 이들의 통찰이 [기존의 인지 시스템을] 기술적 인지 시스템으로 확장하는 것을 매우 불분명하게 만들었기 때문이다. 이들은 앤디 클라크(Andy Clark)가 나중에 연속적인 상호 인과성(continuous reciprocal causality)이라 불렀던 사이클(Clark 2008)에서, 유기체의 조직이 구조를 결정하고 구조가 조직을 결정하는 재귀적 프로세스와 인지가 밀접하게 연관되어 있다고 보았다[단, 마투라나와 바렐라의 통찰에서는 살아 있는 것의 닫힌 혹은 자기생성적 성질이 핵심이기 때문에 인과성(causality)이라는 용어가 사용되지는 않았을 것이다]. 이들에게 인지란 정보적 닫힘과 그것이 생성하는 재귀적 역학일 뿐이다. 이처럼 이들이 유기체의 정보적 닫힘을 상정하기 때문에, 기술적 시스템으로 확장하는 데 문제가 생긴다. 기술적 시스템은 당연히 정보적으로 닫혀 있지 않고, 다양한 종류의 정보 입력을 받아들이고 정보 출력을 생성하기 때문이다. 기술적 시스템의 인지 능력을 더 충분히 탐색하려면 마투라나와 바렐라가 채택했던 것과는 다른 인지의 정의가 필요하다.

≪체현된 마음: 인지과학과 인간 경험(The Embodied Mind: Cognitive Science and Human Experience)≫(1991)에서 바렐라와 공저자 에번 톰슨(Evan Thompson), 엘리너 로시는 이러한 아이디어를 세포 자동자(cellular automata. 컴퓨터 시뮬레이션의 일종)와 생물학적 세포 내에서 출현하는 인

지를 비교하는 것으로 확장한다(Varela, Thompson, and Rosch 1991, 150-152). 이들의 발제(enactment)+에 대한 정의는 인지가 맥락에 따른(즉 체현된) 상호작용에서 출현한다는 것을 인정한다는 점에서 내 접근법과 일치한다. "우리는 인지가 특정 정신에 의한 특정 세계의 표상이 아니라, 세계에서 한 존재가 수행하는 다양한 행동의 역사를 기반으로 한 세계와 마음의 발제라고 확신하게 되었고, 이를 강조하기 위하여 발제적(enactive)이라는 용어를 제안한다. 발제적 접근은 마음이 자연의 거울이라는 생각에 대한 철학적 비판을 진지하게 수용하되, 과학의 중심부 안에서부터 이 문제를 다룸으로써 더 나아간다."(1991, 9)

또한 바렐라는 이후 연구에서 컴퓨터 시뮬레이션뿐 아니라 시뮬레이션 안에서 자율적인 매개자를 창조하는 것, 즉 인공 생명(Artificial Life)으로 알려진 접근법에도 관심을 가졌다(Varela and Bourgine 1992). 오래전 이 분야의 선구자들은 생명이 생물학적 플랫폼만이 아니라 기술적 플랫폼을 비롯해 많은 다른 종류의 플랫폼에서 예화될 수 있는 이론적 프로그램이라고 주장했다(von Neumann 1966; Lanton 1995; Rosen 1991). 예를 들어 존 폰 노이만(John von Neumann)은 기술적 시스템이 생물학적 기능을 수행하도록 설계될 수

+ 세계를 발생시키고 구성하는 행위를 말한다. 마투라나와 바렐라가 자신들의 인지론에서 '자기조직화'와 더불어 제시했다.

있음을 보여 주고자 "자기-재생산 자동자(self-reproducing automata)" 아이디어를 내놓았다(von Neumann 1966). 또한 존 콘웨이(John Conway)의 세포 자동자 <'생명'의 게임(game of 'life')>(Gardner 1970)이 스스로를 영속화할 수 있는 다른 종류의 종을 생성한다고 해석되기도 했다. 단, 이는 컴퓨터가 오작동하거나 전기가 끊어지는 일이 없어야만 가능하다. 이 주의사항은 이들 연구자가 생명이 기술적 매체에도 존재할 수 있다고 주장하면서 직면했던 넘을 수 없는 장애물을 보여 준다. 다시 말해 기술적 '생명'은 절대 완전히 자율적으로 창조·유지·재생산하지 못한다. 이제 와서 보면 이들 연구는 논쟁과 질문을 만들어 내는 데에는 유용하고 생산적이었지만, 기술적 시스템이 결코 완전히 살아 있을 수는 없기 때문에 결국은 실패할 운명이었다. 그러나 기술적 시스템은 완전히 인지적일 수는 있다. 기술적 시스템이 생물학적 시스템과 겹치는 부분과 관련해서는 [로버트 로젠(Robert Rosen 1991)이 표현한 대로] "생명 그 자체(life itself)"보다는 인지 그 자체에 초점이 맞춰져야 한다.

나는 내가 오랫동안 매진해 왔던 길을 따라서, 생물학적 인지뿐 아니라 기술적 인지도 포함하도록 바깥쪽으로 확장할 수 있게 해 줄 정의를 제공하겠다. **인지는 정보(information)와 의미(meaning)를 연결하는 맥락(contexts) 안에서 정보를 해석하는 프로세스다.** 이 정의의 기원은 클로드 섀넌(Claude Shannon)의 정보 이론이다(Shannon and Weaver 1948). 정보 이론에서 섀넌이 강조한 것은 정보를 위한 의미론적 기반이 아니라 한 집합에서 메시지 요소를 선택하는 일, 예를 들면 알파벳 문자를 선택하는 일이었다. 제임스 글릭(James Gleick)이 설명했듯 정보에 대한 이런 식의 사고는 엄청나게 유익했는데, 그 덕분에 자연어를 훨씬 넘어서서 이진법을 포함해 정보 프로세스 전반으로 확장하는 정리(定理)와 공학 실천을 발전시킬 수 있게 되었다(Gleick 2012). 그러나 인문학의 관점에서는 큰 단점이 있었다. 워런 위버(Warren Weaver)가 이제는 고전이 된 섀넌의 연구에 붙인 서문에서 강조했듯(Shannon and Weaver 1948), 이는 정보를 의미에서 분리하는 것으로 보였다. 의미를 향한 탐색이 언제나 인문학에서 중심이었기 때문에, 이는 인문학적 연구에서는 정보 이론의 유용성이 제한적임을 의미했다.

돌이켜보면 나는 위버가 이 사실을 미묘하지만 의미심장한 방식으로 과장했다고 생각한다. 섀넌도 아주 잘 알고 있었듯이, 그가 확률 함수로 표현한 선택 과정은 메시지의 맥락과 전적으로 분리되지 않으며, 따라서 의미와도 분리되지 않는다. 사실 어떤 메시지 요소가 앞의 것 다음에 잇따를지에 대한 조건부 확률은 특정 언어 안의 문자 분포와 상대적 빈도에 따라 이미 어느 정도 결정되어 있다. 예를 들면 영어와 로망스어에서 'q' 다음에 'u'가 나올 확률은 거의 100퍼센트이며, 'e' 다음에 'd'가 나올 확률은 무작위로 아무 문자나 나올 확률보다 높다. 섀넌은 이 아이디어를 영어(그리고 다른 언어들)의 잉여성(redundancy)과 연관 지었다(Shannon 1993). 이에 뒤따라 나온 정리들은 지금도 전화와 기타 통신에 이용되고 있는 정보 압축 기술의 핵심이 되었다.

그렇다 하더라도 의미에 도달하려면 선택 과정에서 작동하는 제한으로는 충분치 않다. 뭔가 다른 것이 필요한데, 그것이 바로 맥락이다. 같은 문장이라도 다른 환경에서 발화된다면 의미가 완전히 달라질 수 있다. 나는 정보에 대한 섀넌의 견해와 맥락 사이의 유실된 고리를 이론물리학자 에드워드 프레드킨(Edward Fredkin)의 세미나에서 보완했다. 프레드킨은 무심하게 이렇게 말했다. "정보의 의미는 그것을 해석하는 프로세스에 의해 주어진다."(Hayles 2012, 150) 프레드킨은 이 생각이 특별히 강력하다고 여긴 것 같지 않았지만, 나에게는 번개가 번쩍 친 것과 같았다. 그 말은 의미의 문제를 완전히 날려 버렸다. 프로세스는 맥락 안에서 발생하며, 맥락은 상황이 달라지면 전혀 다른 식으로 이해될 수 있기 때문이다. 이 점은 인간들 사이의 자연어 발화에 적용되지만, 식물이 흡수하는 화학물질 속의 정보에 반응하는 정보적 프로세스, 문어가 근처에서 잠재적인 짝을 감지할 때의 행동, 계산 매체에서 코드의 레이어 사이의 커뮤니케이션도 마찬가지로 잘 설명해 준다. 또한 다른 맥락에서 이 통찰은 뇌가 어떻게 감각 정보를 처리하는지와도 연결될 수 있다. 이때 활동 전위(action potentials)와 신경 활동 패턴(patterns of neural activity)은 뇌의 어느 부위가 그것들과 연관되느냐에 따라 다른 식으로 경험될 수 있다(예를 들어 Kandel and Schwartz, 2012의 21장 "감각 코딩"을 참조할 것. 449-474).<5>

프레드킨의 폭발력 있는 통찰은 프랑스의 '기술학자(mechanologist)' 질베르 시몽동(Gilbert Simondon)이 제안한, 정보에 대한 프로세스적이고 정성적인 견해와도 일치한다. 시몽동은 1960년 질료 형상(hylomorphic) 개념(형태와 물질)보다는 프로세스에 초점을 맞춘 대단히 중요한 철학에서 이러한 견해를 피력했다. 시몽동에게 실재(reality) 그 자체는 프로세스와 연관되는 경향이 있다. 시몽동에게 핵심이 되는 은유는 항상 더 높은 상태에서 더 낮은 상태로 흐르지만 결코 안정적인 평형 상태에 이르지 않고 오직 과도기적인 준안정 상태에 머무는 포텐셜 에너지(potential energy) 개념이다. 시몽동은 이 흐름을 '정보'라 불렀고, 정보가 본질적으로 의미와 연관된다고 생각했다(Simondon 1989; Scott 2014; Iliadis 2013; and Terranova 2006). 프레드킨의 통찰과 비슷하게, 시몽동의 관점에서 보면 정보는 메시지 요소의 통계적 배분이 아니라 유기체가 환경에 뿌리박고 있는 데서 출현하는 체현된 프로세스의 결과다. 이런 의미에서 비의식적 인지가 패턴을 식별하기 위해 이용하는 프로세스들은 끊임없이 움직이고 있으며, 패턴은 신경 회로들 간의 반향과 일시적으로 일치해 의식으로 피드 포워드(feed forward)[+]될 때 식별되고 나아가 강화됨으로써 준안정적 상태에 도달한다. 이렇게 패턴을 식별하는 프로세스는 항상 새로운 입력에, 그리고 매 순간 다르게 해석되는 비의식적 맥락과 의식적 맥락으로서 계속적 변화에 좌우된다. 시몽동의 관점에서 보면 조직체의 한 신경 모드에서 다른 모드로의 전이는 포텐셜 에너지가 한 종류에서 다른 종류로 전이하는 것으로 간주될 수 있다. 의식으로 들어오는 정보는 이미 인지적 비의식으로 얻은 정보로 가득하다(다시 말해 관련된 맥락에서 해석된다). 정보는 의식 안에서 표상될 때 그 이상의 의미를 얻는다.

5장에서 보게 되겠지만 기술적 디바이스의 비의식적 인지 프로세스에도 맥락 안에서의 해석이 적용된다. 의료 진단 시스템, 자동화된 위성 이미지 식별, 선박 운항 시스템, 기상 예측 프로그램, 기타 수많은 비의식적 인지 디바이스가 완전히 확실하지는 않은 결론에 도달하기 위해 모호하거나 상충하는 정보를 해석한다. 또한 인간의 인지적 비의식에서도 이런 일이 일어난다. 인간의 인지적 비의식 또한 다수의 소마틱 마커를 통합해 상층하거나 모호한 정보를 종합해서 해석에 도달해야만 한다. 해석은 의식으로 피드 포워드되고, 인지적 비의식은 그 이상의 해석적 활동들이 일어나는 감정과

+ 인지과학과 신경과학에서 정보가 미리 앞서 전달되어, 무언가를 예상하거나 준비하도록 하는 과정을 설명하는 용어. 이는 뇌나 신경 시스템이 단순히 외부 자극에 반응하는 피드백 방식만으로 작동하는 것이 아니라, 미리 정보나 신호를 전달해 다음 단계의 반응을 준비하는 방식으로도 기능한다는 것을 보여 준다.

정서 그리고 다른 종류의 자각으로 드러날 수 있다.

자동화된 기술적 시스템에서 비의식적 인지가 복잡한 시스템 속으로 점점 더 퍼져 가고 있다. 이 시스템에서는 낮은 수준의 해석 프로세스가 한편으로는 다양한 감지기들과 연결되고, 다른 한편으로는 더 높은 수준의 시스템과 통합되어 추론을 끌어내고, 경향성들을 발전시키고, 세계에서 행동을 수행하는 작동기로 피드 포워드되는 결정을 내린다. 이 다층적 시스템은 인간 인지 프로세스의 외화를 나타낸다는 점에서 의미심장하다. 이들 기술적 시스템을 작용하게 하는 물질적 기반은 생물학적 신체의 아날로그적인 화학적/전기적 신호와 크게 다르지만, 그 프로세스의 종류는 정보적 아키텍처 측면에서 유사하다. 게다가 기술적 시스템은 하루 종일 쉬지 않고 작동한다는 이점이 있다. 어떤 생물학적 신체도 할 수 없는 일이다. 또한 인간보다 훨씬 더 빨리 엄청난 양의 정보를 처리할 수 있다. 인간과 기술적인 비의식적 인지가 공유하는 속성이 있다는 사실에 놀랄 필요는 없다. 뇌(비의식적 인지를 그 자신의 작용에 이용하는 뇌)가 그것들을 설계했으니까.

인지 분석하기

이러한 배경이 앞으로의 논의를 위한 토대이므로, 이를

가지고 되돌아가 내 정의를 더 깊게 분석해 보기로 하자. **인지는 프로세스다.** 지능을 종종 그런 식으로 보듯, 인지는 어떤 하나의 속성이 아니라 인지 활동이 차이를 만들어 내는 환경 속에서 펼쳐지는 역학이다. 예를 들어 종이에 지시문으로 쓴 컴퓨터 알고리즘은 그 자체로는 인지적이지 않다. 지시문 집합을 이해하고 이를 실행할 수 있는 플랫폼에서 예화될 때만 프로세스가 되기 때문이다. **인지는 정보를 해석한다.** 해석은 곧 선택을 의미한다. 해석이 작동하는 선택지가 하나 이상 있어야 한다. 계산 매체에서 선택은 0 또는 1, '예' 또는 '아니오' 같은 이진법적 질문에 대한 답처럼 단순할 수도 있다. 다른 예로, C++ 프로그래밍 언어에는 'if'와 'else' 같은 명령문이 있다('if'는 어떤 조건이 참일 경우에만 처리 절차가 실행되어야 한다는 뜻이다. 'else'는 이 조건들이 만족되지 않으면 다른 처리 절차가 나와야 한다는 의미다). 더 나아가 이 명령들은 서로의 안에 끼워 넣어져 아주 복잡한 의사결정 분지도(decision tree)를 만들어 낼 수도 있다. 물론 여기에서 선택은 '자유의지'라기보다는 대안적 행동들 사이에서 내려지는 프로그램의 결정으로, 나무가 햇빛을 최대한 많이 받기 위해 잎을 움직이는 것이 자유의지가 아니라 유전 암호에 프로그래밍된 행동의 실행인 것과 비슷하다.

젠나로 아울레타(Gennaro Auletta)는 ≪인지생물학(Cognitive Biology)≫에 이렇게 썼다. "생물학적 시스템은 모든 물리적 정보 습득 과정에 관여하는 세 가지 기본 시스템, 즉 프로세서, 조절기(regulator), 디사이더(decider)의 통합을 나타낸다."(Auletta 2011, 200) 단세포 유기체에서 '디사이더'는 어느 화학 물질은 받아들이고 어느 것은 막을지 '결정'하는 액상막처럼 단순할 수도 있다. 포유동물 같은 더 복잡한 다세포 유기체와 네트워크로 연결되고 프로그래밍할 수 있는 매체에서는 해석적 가능성이 계속해서 끝없이 다층화된다. 이것을 의미와 연결해서 본다면, 의미는 절대적인 것이 아니라 특정한 맥락과의 관계 속에서 진화한다고 볼 수 있다. 이 맥락에서 인지 프로세스가 하는 해석은 그 순간의 상황과 관련된 결과로 이어진다. 맥락에는 체현이 포함된다는 점에 주의해야 한다. 오해가 없도록 기술적 시스템은 생물학적 생명 형태와 완전히 다른 식으로 예화된다는 점을 강조해 두자. 생물학적 생명 형태는 기술적 시스템과는 전혀 다른 환경에 체현될 뿐 아니라 뿌리박혀 있다.<6> 이러한 차이에도 불구하고, 기술적 시스템과 생물학적 시스템 모두 그것들과 관련해 예화된/체현된/환경에 뿌리박힌 맥락 안에서 의미 만들기(meaning-making)에 참여한다. 인간 사고와 같은 고수준의 인지 프로세스에서는 그와 관련된 맥락이 '수학 증명이 유효한지'부터 '삶이 살 가치가 있는지'에 대한 질문까지, 엄청나게 넓고 대단히 추상적일 수 있다. 낮은 수준의 인지 프로세스에서는, 나무나 식물에 필요한 태양의 각도, 피라미 떼가 포식자를 피하기 위해 도망칠 때 포식자의 위치, 정보와 그것을 부호화하고 되쏘는 무선식별시스템

(RFID) 칩이 보내는 전파의 조정이 정보일 수 있다. 이러한 틀에서는 이 모든 활동을 비롯해 훨씬 더 많은 것들이 인지적인 것으로 간주된다.

메타-함축(meta-implication)이라는 용어는 인간이 의미를 생성할 수 있는 맥락과 수준을 완전히 장악하고 있지 않음을 의미한다. 예를 들어 많은 기술적 시스템은 전파, 극초단파, 그 외 직접적인 인간 지각에 잡히지 않는 일부 전자기 스펙트럼과 같은 통신 신호를 통해 작동한다. 인간의 감각은 도움을 받지 않으면 대기 중에 이리저리 떠도는 신호들을 감지할 수 없고, 신호들은 의미를 가질 수 없다. 그러나 신호와 관련된 맥락에서 작동하는 기술적 디바이스의 입장에서 보자면, 신호들은 의미로 충만하다. 전통적으로 인문학은 인간이 지배하는 맥락에서 인간과 관련된 의미에 관심을 두었다. 이 책에서 개발하는 틀은 기술적 시스템뿐 아니라 비인간 동물과 식물을 포함하는, 폭넓은 가능성의 스펙트럼 안에서 인지 프로세스가 발생한다고 주장하면서 인간중심적 지향에 도전한다. 더 나아가 이러한 맥락 안에서 생성된 의미는 열대우림에서의 나무의 번성에서부터 관제탑에서 시계 안의 항공기에 보내는 통신 신호까지, 인간에게 미치는 결과 면에서도 역시 중요하며, 그 자체로 고려할 가치가 충분하다. 이 책의 틀은 이들 다른 종류의 의미가 어떠한 단일한 인간의 관점도 초월하며, 인간의 이해관계만으로 제한될 수 없는 식으로 함께 뒤얽힌다는 사실을 강조한다. 인지로 간주되는 것에 대한 우리의 관점이 확장되듯, 해석과 의미가 출현하고 진화하는 영역 또한 확장된다. 이 틀은 이 모든 것이 의미 만들기로 간주되며, 결과적으로 사회과학과 자연과학뿐 아니라 인문학에서도 잠재적 관심사가 되어야 함을 의미한다.

(인간) 인지의 세 갈래 틀

이제 인간 인지에 초점을 맞추어 이 견해를 세 개의 구분된 층이 있는 피라미드로 볼 수 있는 삼중의 틀로 발전시켜 보겠다(그림 1). 이 틀의 맨 위에는 자각의 양태(modes of awareness)로 함께 묶인 의식과 무의식이 있다. 앞서 말했듯 '새로운' 무의식에 대한 연구는 무의식을 어떤 사건에 주의를 기울이고 그 사건을 언제 적절하게 의식으로 피드 포워드할지에 대한 일종의 광범한 환경 탐색으로 본다(Hassin, Uleman, and Bargh 2005). '새로운' 무의식은 의식과 쉬지 않고 쉽게 소통한다는 점에서 프로이트와 라캉의 정신분석학적 무의식과 다르다. 이 관점에서 정신분석학적 무의식은 '새로운' 무의식의 부분 집합으로 간주될 수 있다. 정신분석학적 무의식은 어떤 트라우마가 개입해 소통을 방해하고 의식에서 직접 접근하지 못하게 정신의 이 부분을 차단할 때 형성된다. 그렇다 해도 정신분석학적 무의식은 여전히 정신분석학적으로 해석할 수 있는 증후와 꿈을 통해 의식에 스

그림 1 피라미드로서 (인간) 인지의 세 갈래 틀

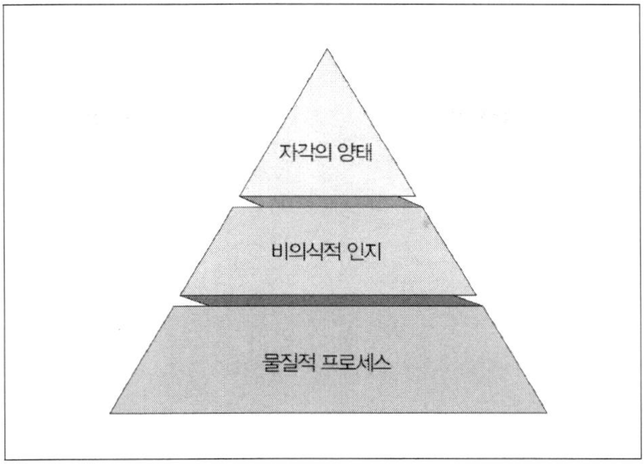

스로를 표현한다. 자각의 양태들은 의식의 신경학적 기능, 소통하는 무의식을 나타내면서 피라미드의 꼭대기 층을 이룬다.

삼 단계 틀의 두 번째 부분은 비의식적 인지로, 다른 곳에서 상세히 설명했다(Hayles 2012). 비의식적 인지는 그것이 산출한 결과가 반향회로(reverberating circuit)를 통해 의식으로 전달될 수는 있어도, 무의식과 달리 본래적으로 의식으로는 접근할 수 없다(Kouider and Dehaene 2007). 비의식적 인지는 화학 신호와 전기 신호 같은 소마틱 마커를 일관성 있는 신체 표상으로 통합한다(Damasio 2000; Edelman 1987). 또한 비의식적 인지는 감각 자극을 일관성 있는 시공간 관점

과 일치하도록 통합한다(Eagleman 2012). 게다가 비의식적 인지는 의식보다 훨씬 더 빨리 작동하며, 의식이 이해할 수 없을 만큼 조밀하고 미묘하며 잡음이 많은 정보를 처리한다. 비의식적 인지는 의식이 잡아낼 수 없는 패턴을 식별하고 거기에서 추론을 끌어내며, 이에 기반해 미래의 사건을 예측하고, 그 추론과 일치하도록 행동에 영향을 준다(Lewicki, Hill, and Czyewska 1992). 인간에게서는 비의식적 인지가 먼저 진화했고, 그다음 그 위에 의식과 무의식이 구축된 것이 틀림없다. 비의식적 인지는 의식적 내레이션이라는 작화 활동에서 제외되어 있어서, 사실상 신체와 외부 세계에서 일어나는 것에 더 가깝다. 이런 의미에서 비의식적 인지는 의식보다 실재와 더 긴밀히 접촉한다. 비의식적 인지는 삼중 틀에서 폭넓은 중간층을 구성한다.

이보다도 훨씬 더 넓은 바닥층이 물질적 프로세스를 구성한다. 이 프로세스들은 그 자체로는 인지적이지 않지만, 이를 통해 모든 인지 활동이 출현하는 역동적 작용들이다. 이렇게 밑에 깔린 프로세스와 인지를 분리하는 핵심 특징은 선택과 결정, 곧 해석과 의미가 일어날 가능성이다. 예를 들어 빙하는 볕이 드는 평원으로 미끄러질지 그늘진 골짜기로 미끄러질지 여부를 선택할 수 없다. 반면 아울레타가 설명하듯 "모든 생물학적 시스템은 … 환경상의 도전에 대한 응답으로 가변성을 생성하며, [이런] 측면들을 자기 안으로 통합하려 한다"(Auletta 2011, 200). 대체로 물질적 프로세스는 그것에 작용하는 힘의 총합을 통해 이해할 수 있다. 어떤 특별한 상황은 그 초기 조건에서 미세한 변화조차 시스템의 진화에 영향을 미칠 수 있도록 구조화된 임계 현상에 의해서 생긴다. 이때조차 시스템은 더는 예측될 수 없다 해도 여전히 결정론적이다. 벨로우소프-자보틴스키 무기물 반응+처럼, 자기조직화할 수 있는 물질적 프로세스의 사례도 많이 있다. 그러나 이처럼 평형 상태와는 거리가 먼 시스템과 살아 있는 유기체 사이에는 중요한 차이가 있다. 살아 있는 유기체는 선택과 결정, 해석이 가능하다. 아울레타가 지적하듯 "생물학적 시스템은 단순히 소산하는 자기조직화 시스템 그 이상이다. 제법 오랜 시간에 걸쳐 (적응 측면에서 변화를) 견딜 수 있도록, 변화하는 또는 유동적인 환경과 협상할 수 있기 때문이다"(2011, 200). 단, 자연적이거나 인공적인 제약이 적용돼 시스템에 선택과 행위성이 도입될 때, 예를 들어 복잡한 환경에서 복수의 개별 행위자들의 상호작용을 통해 시스템에 선택과 행위성이 도입될 때에는 인지 기능이 수행되기 위해 물질적 프로세스가 이용될 수도 있다(Lem 2014).

자각의 양태가 삼중 틀의 피라미드 형태에서 맨 위층을

+ Belousov-Zhabotinsky reaction, BZ reaction. 화학물질 농도가 주기적으로 변하면서 용액의 색이 반복적으로 변하는 자기조직화의 화학적 진동 반응. 비선형 화학, 생체 리듬 연구, 패턴 형성 등 다양한 분야에서 연구 대상이 되며, 생명체의 리듬과 같은 주기적 현상을 설명하는 데 중요한 모델로 사용된다.

차지하고 있어서 비의식적 인지와 물질적 프로세스보다 특권을 쥐고 있는 듯 보이지만, 피라미드의 부피를 보면 이에 맞서는 힘이 드러난다. 자각의 양태는 맨 위에 있다는 바로 그 이유 때문에 가장 적은 부피를 차지하며, 이는 인간의 정신적 삶에서 자각의 양태가 하는 역할과 부합한다. 비의식적 인지는 훨씬 더 큰 부피를 차지하며, 이는 전두피질과 나머지 신체 사이를 매개하는 신경학적 기능으로서 수행되는 프로세스와 부합한다. 물질적 프로세스는 엄청난 부피를 차지하는데, 이는 모든 인지가 그로부터 출현하는 물질적 프로세스의 근본적 역할과 부합한다.

명확한 분석을 위해 삼중 틀을 이용해 인간 프로세스를 세 가지의 다른 층으로 나누었지만, 실제로는 복잡한 재귀적 루프가 시스템 전체에 걸쳐 작용하면서 층들을 서로 연결하고 각 층 안에서도 다른 부분들을 연결한다. 각 층은 항상 다른 층들에 영향을 미치는 데 역동적으로 작용하므로, 이 시스템을 단선적 위계질서보다는 역동적인 이질적 위계 조직(heterarchy)으로 묘사하는 편이 더 나을 것이다. 이러한 상황은 실시간으로 진화하면서 시스템을 살아 있게 만들고 상호연결한다. 결과적으로 위에 묘사한 구조는 초기 근사치다. 질문을 해결한다기보다는 경계 문제를 촉진하고, 층들이 서로 어떻게 상호작용하는가에 관한 논쟁을 촉발한다. 한계가 있기는 해도, 행위성 문제를 토론하고 행위자와 매개자를 구분하는 출발점 역할을 할 수 있다.

이 틀에서는 인지가 선택·의미·해석과 뗄 수 없는 것으로 이해되기 때문에, 인지는 물질적 프로세스에는 존재하지 않는 특별한 기능을 제공한다. 여기에는 유연성(flexibility), 적응성(adaptability), 진화가능성(evolvability)이 포함된다. 유연성은 유기체나 기술적 시스템이 자신의 환경에서 변화하는 조건에 적응하도록 행동하는 능력을 의미한다. 창문으로 던져진 공은 궤적을 바꾸는 선택을 할 수 없지만, 자율운전 자동차는 피해를 피하기 위해 수많은 가능성의 목록을 지닌 채 반응할 수 있다. 위에서 말했듯 유연성은 어느 정도는 모든 살아 있는 유기체가 지니고 있고, 심지어 중추신경계가 없는 것도 지니고 있다.<7> 적응성은 환경적 조건에 반응하는 능력을 발전시키는 것을 의미한다. 예컨대 디지털 매체와의 광범한 상호작용을 통해 인간 뇌가 경험하는 신경학적 변화와 같이, 환경상의 스트레스나 기회에 반응하며 변화하는 식물·동물·인간의 신경학적 기능이 이에 포함된다(Hayles 2012). 진화가능성은 반응의 목록을 결정하는 유전적 혹은 기술적 프로그래밍을 바꿀 가능성이다. 최대의 효율성으로 문제를 해결하기 위해 자신의 펌웨어를 재설정하고 논리 게이트를 재배열할 수 있는 컴퓨터처럼(Ling 2010), 유전적이고 진화적인 알고리즘은 이런 능력을 가진 기술적 시스템의 예다(Koza 1999). 다윈과 앨프리드 월리스(Alfred Wallace) 이래로 생물학자들이 확인해 주었듯 이에 관한 생물학적 예는 당연히 너무나 많다. 여기서 중요한 사실은 물질적 프로세스가 확장된 인지 시스템을 지원하는 것으로 동원되어 인지 능력의 강화와 확대를 도울 수는 있지만, 그 자체로는 이런 능력을 갖지는 않는다는 것이다.

행위자와 매개자

최근에는 인간/비인간 이분법에 대해 이야기하는 것이 유행이 되었다. 비인간 종과 물질적 힘의 행위성과 중요성을 강조하고 싶어 하는 담론에서 특히 그렇다(Bennett 2010; Grosz 2011; Braidotti 2013). 그렇지만 이 이분법은 다소 이상해 보인다. 한편에는 호모 사피엔스 종의 구성원인 70억의 개인이 있다. 다른 한편에는 세계의 다른 모든 종 그리고 돌멩이에서 구름에 이르기까지 모든 객체를 포함하는, 지구상의 다른 모든 것이 있다. 이 이분법은 그것을 사용하는 사람들의 의도가 그렇지 않다 하더라도, 균형이 맞지 않는 큰 무게를 인간에게 지우면서 부지불식간에 인간의 특권이 또다시 자리잡게 한다. 일부 환경운동 이론가들은 이런 왜곡을 조금이라도 교정하기 위해 "인간-이상의-것(more-than-human)" (Smith 2011)이라는 용어를 개발하고 있지만, 이 또한 여전히 인간 세계와 다른 모든 것을 암묵적으로 동격으로 놓는다.<8>

이분법을 사용하면 (한계는 있지만) 분석이 쉬워질 수 있다는 것은 인정하되, 나는 인간/비인간을 대체할 또 다른 구분으로 인지자(cognizer) 대 비인지자(noncognizer)를 제안하겠다. 한편에는 인간과 다른 모든 생물학적 생명 형태는 물론이고 모든 기술적 시스템이 있다. 다른 한편에는 물질적 프로세스와 생명 없는 객체들이 있다. 이런 구분은 균형이 전혀 맞지 않는 인간/비인간 공식보다는 양쪽에 비교적 더 균형 잡힌 무게를 지운다. 이 이분법은 (모든 이분법과 마찬가지로) 그에 내재된 함의에서 자유롭지는 않다. 무엇보다 인지를 주요 분석 범주로 중시한다. 회의론자들은 인간이 다른 종보다 더 고차원적이고 광범한 인지를 지녔으므로 이 이분법 또한 인간의 특권이 또다시 자리 잡게 한다고 반대할지도 모른다. 그러나 이 이분법은 모든 생명체가 인간 인지를 초과하는 것을 포함하는 인지 능력(예를 들어 개의 후각)을 지니고 있음을 강조하는 더 큰 인지 생태학의 일부다.

게다가 오직 인지자만이 선택을 하고 결정을 내릴 수 있기 때문에, 인지자들은 현재의 환경 위기와 이미 진행 중인 '여섯 번째 대멸종'에서 특별한 역할을 한다. 모든 생명체가 공유하는 한 가지 동기는 생존 투쟁이다. 환경상의 스트레스가 각각 다르게 증가할 때, 벌레부터 인간까지 모든 수준의 인지자들은 생존 기회를 극대화하는 선택을 할 것이다. 많은 인간들이 현재 그렇게 하고 있듯 더 높은 인지 능력을 지닌 종은 다른 우선 사항들과 상호작용하면서 이런 동기를 좇을 수 있다. 분석의 범주로서 '선택'을 강조하는 것은 다른 인지자들과 우리 모두의 공동 대의를 중시하게 하고, 우리 모두가 선택을 한다는 사실과 이런 선택이 개별적으로나 집단적으로나 중요하다는 점에 더 강력히 주목하게 할 수 있다. 더 나아가 유연성·적응성·진화가능성과 같이 인지가 부여하는 능력들은 인지자들이 우리의 진화하는 행성 생태계에서 특별한 역할을 하고 있음을 시사한다. 마지막으로 이 틀은 인지 기술이 인간을 포함해 생물학적 생명 형태와 이루는 집합체에서 윤리적 행위자 역할을 수행할 수도 있는 가능성을 마련한다.

비인지자들로 말하자면, 이들은 인간이 생산할 수 있는 어떤 것이든 왜소하게 만들어 버릴 행위 능력을 지닐 수 있다. 눈사태, 쓰나미, 토네이도, 눈보라, 모래폭풍, 허리케인의 가공할 힘을 생각해 보라. 이런 사건들이 닥치면 인간은 통제 능력을 완전히 잃고 기껏해야 피하는 것이 고작이다. 게다가 물질적 프로세스는 자양분을 제공하고 생명을 낳는 기저의 힘이기 때문에, 존재하는 다른 모든 것에 대한 근원으로서 그 나름대로 인정과 존중을 받을 만하다(Strang 2014). 그러나 이것들이 스스로 행동하더라도, 선택하고 해석하는 일만은 할 수 없다. 토네이도는 도시를 파괴하는 대신 들판을 휩쓸기를 선택할 수 없다. 물론 물질적 프로세스는 맥락에 반응하며, 반응하면서 맥락을 바꾼다. 그러나 이것들은 선택할 능력이 없기 때문에, 도덕적이고 윤리적인 함의를 띠는 인지 집합체에 뿌리박힌 행위자가 아니라 매개자(agent)

의 역할을 수행한다.

나는 물질적 프로세스와 비의식적 인지자들이 수행하는 서로 다른 역할을 명확히 하기 위해 용어를 더 변경할 것을 제안한다. 인지자는 **행위자**(actor)로, 물질적 힘과 객체는 **매개자**로 쓰는 것이다. 후자의 범주에는 인지적 지지자(support)로 행동할 수 있는 객체들이 포함된다. 또한 적절한 제약 조건을 도입하면 인지적 과업을 수행하는 데 이용할 수 있는 물질적 힘도 포함된다. 계산 매체 안에서 전압이 비트스트림으로 바뀌는 것이 그 예다.

전 지구적 자본주의로 인해 기술적 인지 시스템들이 선진 사회 속에 점점 더 넓게 퍼지면서 훨씬 더 많은 자율성을 띠도록 만들어지고 있다. 데이비드 베리(David Berry)가 말하듯 시스템을 설계하고 만들며 동력을 공급하고 유지하고 낡으면 처분하는 인간 없이는 어떤 기술적 행위성도 있을 수 없다(Berry 2015). 그렇지만 기술적 시스템이 자율적으로 작동하는 공간이 점점 더 커지고 많아지고 있다. 그 예로 환경 모니터링 시스템, 감시와 통신 위성, 디지털 검색 엔진, 언어 학습 시스템 등이 있다. 이들 시스템의 커져 가는 자율성은 "단속 평형(punctuated equilibrium)"(Gould 2007)과 비슷한, 단속 행위성(punctuated agency)으로 생각하는 것이 적합할 것이다. 단속 행위성은 단속 평형처럼 인간 행위성이 핵심인 시기는 길고 시스템이 인간의 직접적 개입 없이 알아서 작동하는 시기는 짧은, 불균등한 활동 체제 안에서 작동한다.

자율적 영역 안에서조차 기술적 인지의 효과는 기술적 시스템 안에 제한되지 않는다. 기술적 시스템은 인간의 복잡한 시스템과 상호작용하면서 인간과 생물학적 생명의 수많은 측면에 영향을 미친다. 이 관점에서 보자면 인지자/비인지자 이분법조차 인간 인지자와 기술적 인지자가 서로뿐 아니라 비인지적 대상 그리고 물질적 힘과 상호작용하는 강력하고도 미묘한 방식을 포착하는 데 실패하기 때문에 부족하다. 물이 좋은 예다(Strang 2014). 물은 폭포, 비, 눈, 얼음 같은 현상을 통해 그 자체로 행위성을 행사한다. 물은 생물학적 신체 속으로 흡수되어 생명에 없어서는 안 될 유동체를 제공하고, 터빈을 돌려서 컴퓨터화된 수력 발전 시스템의 인지와 효율성에 기여한다. 이런 상호작용의 복잡성과 편재성을 더 적절하게 표현하려면 경계를 굳히고 빡빡한 범주를 만들어내는 공식에 저항해야 한다. 더 나은 공식은 이분법이 아니라 상호 침투(interpenetration)다. 상호 침투는 인간, 비인간, 인지자, 비인지자 그리고 우리의 세계를 구성하는 물질적 과정을 통해서, 그 안에서, 그 너머로 흐르는 연속적이고 어디에나 퍼져 있는 상호작용이다.

왜 계산 매체는 단순히 또 하나의 기술이 아닌가

≪기술은 무엇을 원하는가(What Technology Wants)≫에

서 케빈 켈리(Kevin Kelly)는 기술이 편재성·다양성·강도로 이루어지는 궤적, 켈리가 인간중심주의적으로 '욕망'과 동일시하는 궤적을 따라 발전한다고 주장한다(Kelly 2010). 도발적인 책 제목이 나타내듯 켈리의 논의는 인간 행위성이 이 상황 속에 어떻게 들어오는지에 대해서는 탄탄한 설명을 내놓지 못한다. 그렇지만 이 책에는 핵심적 통찰이 있다. 나는 이를 다음과 같이 바꾸어 말하겠다. 기술은 복잡한 생태계 안에서 발전하며, 그 궤적은 기술이 그 생태적 지위(niche) 내에서 이점을 최적화하는 길을 따른다. 예를 들어 19세기 중반에서 말까지 '사진의 도래'는 '풍경 묘사(landscape description)'라는 범주를 선취했으며, 그 결과 문학 소설들은 18세기 말과 19세기 초의 소설에서 두드러졌던 풍경 묘사로부터 사진이 그만큼 효과적으로 이용할 수 없던 영역인 '의식의 흐름 전략'으로 옮겨 가는 식으로 테크닉을 재조정했다. 신시아 선드버그 월(Cynthia Sundberg Wall)이 보여 주었듯(Wall 2014, 1-3장, 2-95), 문학의 묘사 테크닉은 현미경, 망원경, 지도, 건축 도해를 포함해 시각 테크닉의 문화적 매트릭스 안에 얽혀 있다. 매체 형식들 간의 경쟁, 협동, 시뮬레이션의 역학은 기술적 변화를 이해하는 데 강력한 분석 정보다(Fuller 2007; Hansen 2015; Gitelman 2014).

이런 관점에서 계산 매체에는 지금껏 발명된 그 어떤 기술보다도 분명한 이점이 있다. 계산 매체가 인간 생활에 반드시 가장 중요한 것은 아니다. 정수 처리장이나 위생 시설이 더 중요하다고 주장할 사람도 있을 것이다. 계산 매체가 꼭 가장 혁명적인 것도 아니다. 그 영예는 흙길에서 제트기에 이르기까지 발전한 운송 기술에 돌아갈 수도 있다. 하지만 계산 매체는 다른 어느 기술보다도 **더 강한 진화적 잠재력**을 지니고 있다는 점에서 이들과 뚜렷이 구별된다. 계산 매체는 그 인지적 능력 덕분에 이런 잠재력을 지니며, 그 여러 기능들 중에서도 인지 능력은 계산 매체가 어느 다른 시스템이든 시뮬레이션할 수 있게 해 준다.

계산 매체는 이 점에서 인간 종과 유사하다고 볼 수 있다. 인간이 가장 큰 생명체는 아니다. 가장 강하거나 가장 빠른 족속도 아니다. 인간이 행성을 지배할 수 있도록 해 준 이점은 우월한 인지 능력이다. 인간이 지구를 지배해야 한다는 베이컨적 명령이 애매모호한 선으로 받아들여질 수 있었던 시절도 당연히 이미 오래전 일이다. 생태 위기, 지구 온난화, 대량 멸종 같은 현상의 시대에 인간의 영향이 지질학적·행성적 기록을 바꾸고 있는 인류세의 도래는 깊은 우려를 낳고 있으며, 기후 변화, 서식지 보존과 관련 이슈들을 둘러싸고 정치적 행동주의를 야기하는 원인이다.

인간의 인지 능력과 계산 매체의 인지 능력 간의 유비는 지금 기술적 영역에서 전 세계적으로 비슷한 작용이 일어나고 있음을 암시한다. 글로벌 자본의 무자비한 혁신에 힘입어 계산 매체는 인지 기능에서 부여받은 강한 진화적 이점 덕분에 정수 처리장과 운송 기술을 포함해 다른 모든 기술 속으로 확산되는 중이다. 그뿐 아니라 가전, 시계, 안경, 그 외의 모든 것에 '스마트' 기능이 탑재되어 전 세계에서 기술적 기반시설이 빠르게 변화하고 있다. 그 결과 계산 매체의 요소를 포함하지 않는 기술은 점점 더 희소해지고 있다. 계산 매체는 이제 단지 또 하나의 기술이 아니다. 계산 매체는 본질적으로 **인지** 기술이며, 그 이유 때문에 본질적으로 인지적인 종인 호모 사피엔스와 특별한 관계를 맺는다.

이런 입장이 기술 결정론과 뒤섞이지 않도록 주의해야 한다. 레이먼드 윌리엄스(Raymond Williams)가 날카롭게 지적했듯, 이러한 진화적 잠재력은 많은 요소가 작용하고 많은 결과가 나올 수 있는 복잡한 사회적 영역 안에서 작동한다. "우리는 결정(determination)이라는 것을 단 하나의 힘 혹은 힘들의 추상적 개념이 아니라 프로세스로 생각해야 한다. 이 프로세스에서는 진짜 결정적인 요소들(권력이나 자본의 분배, 사회적이고 물리적인 유산, 집단들 간 규모의 관계)이 어떤 한계를 정하고 압력을 행사하지만, 그 한계 안 혹은 한계에서, 그 압력하에서 혹은 압력에 맞서면서 복잡한 활동의 결과를 완전히 통제하거나 예측하지는 못한다."(Williams 2003, 13) 사실 기술 시스템의 인지적 요소가 커질수록 인지, 즉 유연성·적응성·진화가능성에 따른 바로 그 특질들 때문에 시스템의 구체적 발전은 점점 더 예측할 수 없게 된다. 글로벌 자본이 계산 매체가 다른 기술들 속으로 스며들 방법들을 계속해서 혁신하면서, 그 기하급수적 성장에서 만들어지는 전자 폐기물은 점점 더 환경을 오염시키고, 결국 가난하고 혜택을 못 누리며 자원이 없는 나라들을 훨씬 더 많이 오염시킨다. 기술 매체의 인지 기능이 상당한 문화적·사회적·정치적·환경적 비용을 치르고 얻어졌음을 고려하면, 더는 그것들의 생산과 이용에 관련된 윤리적이고 도덕적인 함의를 무시할 수 없다.

기술적 인지와 윤리

앞서 보았듯 나의 틀에서 선택은 윤리 이론에서와는 전혀 다른 의미를 띤다. 윤리 이론에서는 선택이 자유의지와 연관된다. 전자를 CHOICE-FW(Free Will, 자유의지)와 구분해 CHOICE-II(Interpretation of Information, 정보 해석)라고 부르겠다. CHOICE-II에는 어떤 윤리적 접근법이 적절할까? 브뤼노 라투르(Bruno Latour)는 (물리학자들이 우주의 팽창을 설명하기 위해 필요로 하는 손실 질량/에너지에서 유추해) 윤리적 행위자의 "손실 질량(missing masses)"이 기술적 인공물이라고 말하면서 이 질문을 건드린다. "여기에서 손실 질량은 우리의 도덕성을 구성하지만 숨겨지고 무시당한 사회적 질량들이다."(Latour 1992, 227) 라투르는 안전벨트와 수압식 문 개폐기 등의 간단한 예를 들면서 기술적 인공물이 도덕적 행동을 유도하고(운전자에게 안전벨트를 매라고 알려 주는 짜증나는 경고음) 인간 습관에 영향을 준다는 것(운전자가 스쿨존에서 속도를 내지 못하게 하는 과속방지턱)을 보여 준다. 이들 사례에서 기술적 대상들은 수동적이거나 최소한의 인지만을 갖고 있다. 하지만 이런 대단치 않은 수준에서도 인공물들은 흔히 배경 속으로 가라앉아 무의식적으로 인식되면서도 인간 행동에 영향을 주는 "중재자(mediator)"로 행위 한다(Latour 1999, 2002; Verbeek 2011).

인공물은 더 높은 수준의 인지를 체현할 때 더 의미 있고 가시적인 방식으로 개입할 수 있다. 피터폴 버빅(Peter-Paul Verbeek)은 기술적 시스템을 도덕적 행위자로 사고하는 철학적 기반을 발전시키고, 도덕적 목적을 위해 어떻게 기술을 디자인할지 제안한다(Verbeek 2011, 135). 핏빗(Fitbit) 팔찌(버빅이 든 예가 아니라 내가 드는 예다)는 심박동수를 모니터하고, 운동을 추적하고, 소모한 열량을 알려 주고, 이동한 거리와 오른 계단 수를 측정함으로써 신체를 단련하도록 한다. 라투르도 인정하듯 이런 장비 중 절대적으로 복종을 강요하는 것은 하나도 없다. 우리는 항상 어떻게든 그것들의 행동 의도를 무산시킬 수 있다. 그렇다 해도 이런 장비는 인간의 사회적 행동과 무의식적 행동에 크게 영향을 미치는 누적적인 (그리고 확장되는) 효과를 발휘한다.

버빅은 기술적 시스템을 '중재자'로 사고하는 라투르를 따라 조산 초음파와 같은 기술이 어떻게 윤리적으로 고려해야 할 새로운 영역을 열 뿐 아니라(예를 들어 기형아나, 훨씬 더 괴로운 말이지만 여아를 유산시킬 것인지 여부) 새로운 방식으로 인간 존재를 재구성하는지(의사가 볼 수 있는 '환자'가 된 태아)를 보여 줌으로써 논의를 더 진전시킨다. 인간 행위자와 기술적 행위자가 뒤얽힌 그물망에서 버빅은 인간과 기술 양자가 도덕적 행위성을 공유하며, 암묵적으로는 도덕적 책임까지도 공유한다고 주장한다. "도덕적 행위성은 인간과 비인간 사이에 분배된다. 도덕적 행동과 결정은 인간-기술 연합의 산물이다."(Verbeek 2011, 53)<9>

라투르도 버빅처럼 기술적 혁신의 예기치 못한 효과를 강조한다. 라투르는 기술적 시스템이 거의 항상 원래의 설계에서 생각됐던 목적을 수정하고 변형해 새로운 가능성을 열고, 그 과정에서 수단과 목적을 뒤얽히게 만들어 더는 별개의 범주로 간주할 수 없게 한다고 주장한다.<10> 당연히 이 주장의 요지는 기술적 인공물이 단지 인간이 설정한 목적을 위한 수단일 뿐이라는 반론을 누그러뜨리려는 것이다. 한 가지 목적으로 발명되었다가 다른 목적으로 바뀐 기술의 사례는, 처음에는 시각장애인들을 위해 발명되었던 타자기부터 본래는 과학 연구자들이 연구 결과를 교환할 수 있는 장소였던 인터넷까지 셀 수 없이 많다.

라투르와 버빅은 중요한 지침을 제공한다. 그러나 이들의 논의가 충분히 나아간 것 같지는 않다. 자율 드론처럼 의미 있는 결정을 내릴 수 있는 기술의 경우라면, '중재자'라고 부르는 정도로는 충분치 않을 듯하다. 이들 기술은 윤리적·도덕적 결과가 따르는 상황에서 행위자로 행동한다. 버빅이 그러듯 분배된 행위성은 분배된 책임을 의미한다고 주장할 수도 있다. 하지만 그렇게 따진다면 기술적 인공물에 프로그래밍된 행동을 수행한 데 대해 해명하라고 요구해야 할지도 모른다. 교회에서 지저귄 죄로 찌르레기를 처형하거나 성체를 먹어치웠다고 돼지를 목매단 중세의 재판을 연상시키는, 부적절한 윤리적 판단이다.

타인의 얼굴에 관한 에마뉘엘 레비나스의 복잡한 개념이 그렇듯(Levinas 1998), 윤리 이론은 개별 인간만을 윤리적 기준이 적용되는 책임 있는 행위자로 대한다는 점에서 대단히 인간중심적인 경우가 많다. 일부 이론은 이를 동물에게까지 확대하지만[예를 들어 일정 연령 이상의 포유동물을 삶의 주체로 간주하고 윤리적 권리를 주어야 한다는 톰 리건(Tom Regan)의 제안], 책임 있는 기술적 행위자로서 기술적 인지자의 역할을 논의하는 이론은 거의 없다. 물론 라투르는 인간-기술 집합체를 수단만이 아니라 목적에도 영향을 주는 변혁적 존재로 언급한 점에서 옳다. 하지만 라투르는 이런 집합체의 윤리적 함의를 어떻게 평가할지에 대해서는 지침을 거의 내놓지 않는다. 라투르의 예를 이용해, 만약 총기 폭력에 책임이 있는 행위자가 총이나 사람이 아니라 총-사람 집합체라고 할 수 있다면, 조종사가 있는 드론 또한 확실히 그 둘을 따로 놓고 보았을 때보다 훨씬 더 강력한 집합체라고 할 수 있다.

이러한 집합체를 평가하려면 개인과 CHOICE-FW를 윤리적 혹은 도덕적 판단의 중심에 놓고 사고하기보다는 CHOICE-II와 집합체가 전체로서 수행하는 행동의 결과에 대해 사고하는 쪽으로 초점을 옮겨야 한다. 제러미 벤담은 비슷한 제안을 하면서 이렇게 썼다. "행동의 일반적 경향은 그 결과의 총합에 따라 더 유해할 수도, 덜 유해할 수도 있다. 다시 말해 좋은 결과의 총합과 나쁜 결과의 총합 사이의 차이에 따라 결정된다."(Bentham [1780] PDF, 43) 이를 기술적 행위자를 포함하는 인지 집합체의 효과를 평가할 적절한 틀로 받아들이기 위해 공리주의의 모든 교리에 동의할 필요는 없다. 드론 조종사가 다른 인간을 죽였다고 해서 무조건 악으로만 볼 수는 없다. 드론 자체는 더 말할 것도 없다. 그렇다기보다 그들은 기술적 행위자들이 인간들과 더불어 구성적이고 변혁적인 역할을 수행하는 집합체를 이루고 전술 지휘관, 변호사, 대통령 보좌관을 포함하는, 구조화된 상황 안에서 행동한다. 그러므로 중요한 행위자가 전부 인간은 아니라는 사실을 인정하고 결과를 **전체적으로** 평가해야 한다. 2부에서 이를 더 논의할 것이다. 더욱이 드론 집합체는 자살 폭탄, 사제 폭탄, 군사적 급습, 반란군의 저항, 기타 요소를 포함하는 더 큰 분쟁의 일부다. 이런 분쟁에서 인지 집합체들은 그것들이 사용하는 기술의 종류뿐 아니라 인간이 그 집합체들 안에 얽혀 있는 방식에 의해서도 다른 식으로 힘을 부여받는다. 더 나아가 집합체의 결과는 엇갈리는 이해, 주요한 투자, 개인적 결정, 기술적 행동유도성(affordance)의 역동적인, 끊임없이 변화하는 배치 속에서 기존 담론 그리고 윤리 이론과 상호작용한다. CHOICE-FW에만 집중해 개인의 행동만으로 도덕적·윤리적 효과를 평가하려고 하는 것은 그와 관련된 복잡성들을 평가하기에 적절치 않다. 2장에서 더 논의하겠지만 기술이 윤리적·도덕적 결정을 형성하는 바로 그 조건들과 상호작용하고 이를 변화시키는 방법을 탐색할 틀이 필요하다.

조지아공과대학교 컴퓨터과학 교수인 로널드 아킨(Ronald Arkin)이 로봇 무기 설계를 정당화하는 주장을 그레구아르 샤마유(Grégoire Chamayou)의 드론 이론과 비교해 보면, 개인에 초점을 맞춘 틀 안에 머무는 것이 부적절함을 알 수 있다. 아킨은 미 국방고등연구계획국(DARPA)이 전장에서 자율 로봇 전사를 개발하도록 승인하게 만들었다. 아킨의 주장에 따르면, 로봇은 프로그래밍에 의해 잔학 행위를 저지르지 못하게 금지될 것이고 잔학 행위를 저지를 수 있는 나쁜 결정과 감정적 스트레스에 영향을 받지 않으며 치명적인 교전을 더 정교하게 이끌어 부수적 피해를 최소화하므로, 인간 전사보다 도덕적으로 우월할 수 있다(Arkin 2010, 332-341). 아킨을 비판하는 사람들은 이 주장을 여러 면에서 공격한다. 가장 설득력 있는 비판은 일단 로봇 전사가 도입되면 인간 전사보다 더 광범하게, 무차별적으로 이용되기 쉽다는 반론일 것이다. 인간 전사의 경우에는 그들의 부대가

'위험에 빠질' 수 있다는 예상이 군사 정치 지도자들에게 상당한 제약으로 작용한다.

로봇의 도덕성에 대한 주장을 평가하려면 아킨이 사용한 것보다 더 큰 해석 틀이 필요하다. 로봇이 국제 규약으로 정해진 전쟁 규칙을 따르도록 프로그래밍될 것인가의 문제는 제쳐 두고(그리고 이런 규칙들이 전쟁을 '도덕적'으로 만들 수 있었던가의 문제도 있는데, 이는 2부에서 논하겠다), 나는 아킨이 로봇을 복잡한 인간-기술 집합체에 뿌리박힌 기술적 시스템이라기보다 인간 개인(그러나 더 좋은 감지기와 의사 결정 능력을 갖춘 개인)과 같다는 관점으로 다룬다는 점에 주목한다.

샤마유는 드론 조종사로서의 행동에 익숙해지기 위해 조종사에게 제공되는 구체적인 교전 규칙이 전투에서 적합한 행동에 대한 관습적 기준을 어떻게 변경하고 재해석하게 할지에 대해 더 섬세하게 파고든다(Chamayou 2015). 예를 들어 샤마유는 전쟁에 대한 전통적 설명에서는 '군인'과 '암살자'가 뚜렷이 구분된다고 지적한다. 군인은 전장에 들어가 누가 적의 전투원인지 관계를 명확히 하고, 스스로 위험을 무릅쓰기 때문에 명예로운 자로 여겨진다. 반면에 암살자는 비겁한 자다. 암살자는 전투원이 아닌 표적을 공격할 수도 있고, 그러면서도 스스로 위험을 무릅쓰지도 않는다. 이 관점을 드론 조종사에게 적용하면, 이들은 군인보다는 암살자로 간주될 수 있다. 미군은 이런 비판을 막기 위해 드론 조종사들이 외상 후 스트레스 장애를 겪을 수도 있고, 그러한 의미에서 스스로를 위험에 몰아넣는다고 강조했다. 샤마유의 판단이 종종 한쪽으로 치우치기는 하지만(2부에서 논하겠다), 그의 분석은 인간-기술 집합체의 결과에는 행동의 즉각적 결과뿐 아니라 그 행동을 기존의 평가 틀에 통합하려 하는 윤리적 기준, 담론, 정당화의 논리에서 일어나는 광범한 변화도 포함된다는 것을 보여 준다.

기술적 시스템의 인지 능력이 강력해질수록 그와 관련된 결과와 변화도 커진다. 드론은 특히 논쟁적인 사례이고, 전문가 의료 시스템, 자동 매매 알고리즘, 교통을 감지하고 작동시키는 교통 네트워크, 모든 종류의 감시 기술을 비롯해 CHOICE-II를 사용하는 기술적 인지 시스템이 우리 주변에 온통 깔려 있고 일반 대중이 모르게 작동하고 있다. 그것들의 효과를 분석하고 평가하려면 기술적 인지를 사실로 받아들이고 인지를 (인간) 의식하고만 동일시하는 수백 년 묵은 전통에서 빠져나오게 해 줄 견고한 틀이 필요하다. 또한 인간의 인지 생태계가 기술적 인지와 어떤 점에서 다르고 어떤 점에서 비슷한지를 포함해, 어떻게 작동하는지에 대한 더 정확한 그림도 있어야 한다. 마지막으로 물질적 프로세스와 인지자들이 어떻게 다른지 명확하게 이해해야 한다. 이러한 이해에는 그 참여의 문턱을 낮게 설정하는 인지에 관한 정의가 포함되되, 인지를 인간, 비인간 생명체, 기술적 시스템의 훨씬 더 정교한 인지까지 확대할 방법도 포함된다. 이런 혁신들을 다 합치면 행성적 인지 생태계와의 관계에서 우리가 인간 인지를 생각하는 방법, 인간-기술 집합체의 작용과 윤리적 함의를 분석하는 방법, 인문학이 이들 효과를 평가하는 데 할 수 있고 해야 할 역할을 상상하는 방법에서 패러다임 전환에 맞먹는 변화가 일어나게 된다.

결론 삼아 인문학적 비평의 역할에 대해 이야기해 보자. 만약 사고가 일반적으로 의식과 연관된다면, 비평은 더 말할 것도 없다. 인지 프로세스에서 이성의 중심성에 도전하면 비평의 본질 자체가 약화된다고 반대할 사람도 있을 것이다. 그러나 의식만으로는 왜 학자들이 어떤 대상은 비평을 위해 선택하고 다른 것은 선택하지 않는지 설명할 수 없고, 인문학자들이 현대의 문제들에 대한 수사적·분석적·정치적·문화적 분석에 쏟는 체현되고 환경에 뿌리박힌 자원들을 충분히 다룰 수도 없다. 인문학자들은 반드시 의식하지 않고서도 항상 자기 자신에게서 그리고 대화 상대자에게서 인간 인지 생태계의 자원을 끌어내 왔다(그림 1, 37쪽). 이런 상호작용의 복잡성을 인정한다고 비평을 할 수 없게 되지는 않는다. 오히려 반대로 인간과 기술적 인지 시스템의 얽힘과 상호 해석을 포함하면서도 이에 제한되지 않으면서 우리가 직면한 현대의 상황을 분석할 더 포괄적이고 강력한 자원들에 비평을 열어 준다. 이는 중요한 사항이며, 인지적 비의식이 오늘날 인문학에 제기하는 쟁점이다.

02
비의식적 인지와 의식 간의 상호작용

지금까지는 생물학적 생명 형태의 모든 범위에 걸쳐 인지를 탐색했다. 이 장에서는 의식, 특히 인간 의식과 비의식적 인지의 관계에 초점을 맞춘다. 이 장은 비의식적 인지가 수행하는 중요한 기능들을 살피면서 인지과학이나 인간 신경학 등 관련 분야에서 이루어지고 있는 의식에 대한 재평가를 연구한다. 비의식적 인지 프로세스가 의식과 어떻게 관계를 맺는가에 대한 이론, 비의식적 프로세스가 직관을 의식적 자각에 피드 포워드할 수 있게 해 주는 메커니즘, 이 메커니즘에서 시간성(temporality)이 하는 중요한 역할을 논한다. 이 장은 비의식적 인지의 중요성을 인정하는 것이 의식에 관한 현대의 논쟁에 어떻게 영향을 미칠 수 있는지 고려하면서 마무리된다. 또한 비의식적 프로세스가 비서구 전통, 특히 명상 테크닉과 마음챙김(mindfulness)에서 어떻게 표상되어 왔는지, 사변적 실재론(speculative realism)과 같은 철학적 운동들이 여기 제시된 틀과 어떻게 겹치면서 한편 갈라지는지 논한다.

의식의 대가

1장에서 보았듯 포유동물과 생명체들이 널리 공유하는 핵심 의식 혹은 기본 의식과, 인간과 일부 영장류에게만 있는 고차 혹은 이차 의식을 구별할 수 있다. 현대 독일 철학자인 토마스 메칭거(Thomas Metzinger)에 따르면(Metzinger 2004, 107-305) 핵심 의식은 메칭거가 "현상적 자아-모델(Phenomenal Self-Model, PSM)"(107)이라 부르는 그 자체의 정신 모델을 창조해 낸다. 또한 다른 것들과의 관계 모델인 "지향성 관계의 현상적 모델(Phenomenal Model of the Intentionality Relation, PMIR)"(301-305)도 만들어 낸다. 이 모델들은 과거 사건의 기억과 미래 사건의 예상을 필요로 하기 때문에, 이 중 어느 것도 의식 없이는 존재할 수 없다. 이 모델들로부터 자아의 경험, 즉 시간을 통해 지속되고 어느 정도 연속적인 정체성을 갖는 '나'라는 느낌이 일어난다. PMIR은 자아가 자기와 함께 지향성 관계를 구성하는 타자들과 더불어 맥락상으로 작용하도록 해 준다.

메칭거의 주장에 따르면 자아라는 감각은 PSM과 PMIR 모델이라는 구성물이 자아와 관련해 명백해 보인다는 사실(즉 자아가 그것들을 모델의 일종으로 인식하지 않고 실제로 존재하는 것으로 받아들인다는 사실)에 의해 조장되는 환각이다. 그리하여 메칭거는 "그 누구도 자아가 아니며 자아를 가진 적도 없다"는 결론에 이른다(1). 메칭거는 사실상 자아를 부수 현상으로 설정함으로써 자아의 현상적 경험을 기저에 깔린 물질적 프로세스로 축소한다. PSM과 PMIR이 자아 감각이 어떻게 진화하고 작용하는지에 대한 설명에 유용하다고 해서 자아가 환각이라는 메칭거의 주장을 받아들일 필요는 없다. 윌리엄 제임스와 의견을 같이하는 의식의 철학자 오언 플래너건(Owen Flanagan)도 똑같이 추론한다. "자아는 우리의 유기적으로 연결된 정신적 삶을 특정한 식으로 상상한 산물, 구성물, 모델이다."(Flanagan 1993, 177) 우리가 자아와 연관되어 있다고 생각하는 것은 누구인가? 플래너건(그리고 제임스)에 따르면 바로 사고가 앞선 기억, 감정, 결론을 그다음에 오는 것에 전하는 식으로 사고한다.

안토니오 다마지오는 자아를 본질적 특질이나 소유물이라기보다는 아이가 자라면서 갖게 되는 경험, 감정, 감성을 통해 창조되는 구성물로 본다는 점에서 이와 다소 비슷한 견해를 취한다(Damasio 2000). 그러나 다마지오는 또한 자아가 유기체를 행동으로 이끌어서 "개인 삶의 문제에 적절한 주의를 기울이도록"(303) 하고 보존과 안녕에 대한 관심을 만들어 낸다는 기능적 목적을 가지고 있다는 점에서 진화했다고 생각한다. 플래너건도 이에 동의한다. 의식과 자아 감각이 지닌 기능에는 과거의 경험을 기억으로 회상하고, 미래의 기대를 만들어 내고 기억과 비교해 예상과 결론에 도달하는 정보 처리 기관으로서 역할이 포함된다. 대니얼 데닛(Daniel Dennett)의 비유에 따르면(Dennett 1992, 139-170),

의식과 그것이 가능케 하는 작업 기억은 과거·현재·미래를 조합해 의미 있는 연속을 만드는 "작업 공간(workspace)"을 구성한다(256-266, 이에 관해서는 나중에 더 살필 것이다).

이때 '의미'는 핵심 의식의 수준에서 PSM과 PMIR 사이, 다시 말해서 자아-모델과 자아가 '지향성(intention toward)'을 가진 대상으로 구성하는 모델 사이의 관계에서 비롯하는 창발적 결과로 이해될 수 있다. 다마지오는 이를 더 강하게 표현한다. **타자를 의식하고 타자와 관련을 맺지 않는 한 자아 따위는 없다**(Damasio 2000, 194, 강조는 추가). 따라서 자아는 핵심 의식이 필요하며, 핵심 의식이 PSM과 PMIR을 구성한다. 의식 없이는 자아도 존재할 수 없다. 인간(그리고 일부 영장류)에게서 핵심 자아는 해석을 요하는 의미의 탐문을 포함해 메타 수준의 추론을 가능케 하는 높은 수준의 의식과 겹쳐진다. 고차 의식은 자아를 의식하게 하고 자아로서 성찰하게 함으로써 자아 감각을 훨씬 더 구체화하는 효과를 발휘한다. 고차 의식은 또한 자아의 행동을 해석하는 언어적 독백을 생성하기 때문에 의식 전체, 심지어 인지까지 전용하면서 '제국주의적'이 되는 경향이 있다. 이에 대해서는 4장에서 더 이야기할 것이다. 존 비클(John Bickle)은 앞서 언급된 언어적 내러티브의 창조자와 관련해, 비클 자신이 정교한 현실적 추론(Elaborate Practical Reasoning)이라 부르는 것에 대해 논하면서 이러한 상황을 깔끔하게 요약한다. "어떤 종류의 자아가 [이런 내러티브]를 창조하고 표현하는가? 분명히 이들은 인과적으로 효과적인 자아-이미지를 만들어 내고 표현한다. 그것은 중요한 인지적·의식적·행동적 사건들의 인과적 통제에서뿐 아니라 이런 통제를 행사하고 있음을 알고 있는 자아의 이미지다."(Bickle 2003, 199). 그러나 비클이 지적하듯 이런 통제는 대개 환각에 가깝다. "우리의 자아를 창조하고 지탱하는 내면의 독백은 다른 신경 영역에서는 정보 프로세스에 대해 상대적으로 힘을 쓰지 못한다.… 언어 시스템은 뇌의 인지 프로세싱 네트워크에서 출력된 결과를 고도로 편집된 스냅숏으로 요약한 다음 퍼뜨린다."(201)

그렇다 해도 이런 편집은 세계의 일관된 그림을 창조하고 유지한다는 점에서 강력한 적응적 목적을 갖는다. 제럴드 에덜먼(Gerald Edelman)과 줄리오 토노니(Giulio Tononi)가 말했듯 "많은 신경심리학적 장애들은 의식이 왜곡되거나 위축될 수 있으며 때로는 심지어 분열되기까지 한다는 것을 보여 주지만, 일관성의 균열을 견디지 못하는 것은 아니다"(Edelman and Tononi 2000, 27). 편집의 이런 특성에 이점이 있으리라는 것을 쉽게 알 수 있다. 일관성을 창조하면, 자아가 인과적 상호작용을 믿을 만하게 빚어내고, 합리적인 기대를 만들어 내고, 현상적 경험들이 드러내는 간격과 균열을 덮을 수 있게 된다. 차가 트럭에 잠시 가려졌다가 다시 보이면, 의식은 주의를 집중하지 않고도 이를 같은 차로 인식한다.

여기서 대가의 문제는 이러한 이점과 뗄 수 없이 뒤얽혀 있다. 무엇보다도 일관성을 지키려다 보면 의식이 변칙적이거나 낯선 상황을 잘못 전하는 일이 자주 일어난다. (무대 마술의 모든 역사는 말할 것도 없고) 인지심리학의 많은 실험에서 이 사실이 확인된다. 이제는 유명해진 상황인데(다음 링크의 동영상 참조, www.youtube.com/watch?v=vJG698U2Mvo), 실험 대상자들에게 농구공을 주고받는 선수들의 동영상을 보여 주면서 패스를 놓치지 말고 잘 보라고 주문한다. 장면 중간에 고릴라 의상을 입은 사람이 농구장을 가로질러 걸어가지만 사람들 대부분은 이상한 것은 전혀 보지 못했다고 보고한다(Simons and Chabis 2011, 8; Simons and Chabis 1999). 또 다른 연출된 상황에서는 한 남자가 지나가던 사람을 멈춰 세우고 길을 묻는다(Simons and Chabis 2011, 59). 행인이 대답할 동안 두 일꾼이 나무판을 들고 두 사람 사이를 지나가면서 잠깐 시야를 가린다. 일꾼들이 지나가고 나면 대화하던 상대가 다른 사람으로 바뀌어 있다(나무판 뒤로 보이지 않게 걸어왔다). 하지만 사람들 대다수는 그 차이를 알아차리지 못한다. 일관성을 강요하는 의식의 이러한 경향은 유용하지만, 이들 실험은 이를 위해 대단히 예외적인 사건이 차단되는 식으로 대가가 치러져야 한다는 것을 보여 준다. 우리가 알아차리지 못하는 사이에 의식은 사건들을 편집해 관습적 기대에 따르게 만든다. 눈으로 직접 보고서 한 증언이라도 믿을 수 없게 만드는 기능이다. 전혀 특별할 것 없는 상황에서조차 의식은 어느 정도 연속적으로 기억

사이를 메워서 우리의 기대에 맞게 세계를 매끄럽게 만들고, 우리를 무한정 놀래는 세계의 능력으로부터 우리를 감싼다.

두 번째 대가는 의식이 지각에 비해 느리다는 사실이다. 벤저민 리벳(Benjamin Libet)과 동료들의 실험(Libet and Kosslyn 2005, 50-55)은 실험대상자가 팔을 들어 올리기로 마음먹었다는 표시를 하기 전에 근육의 움직임이 이미 시작된다는 것을 보여 준다. 데닛은 리벳의 실험 설계를 비판하지만(Dennett 1992), 의식이 지각보다 몇백 밀리 초 늦다는 데에는 동의한다. 소위 "사라진 0.5초(missing half-second)"다. 이런 대가는 많은 맥락에서는 무시해도 될 수준이다. 그러나 마크 핸슨(Mark Hansen)이 ≪피드-포워드: 21세기 매체의 미래(Feed-Forward: On the Future of Twenty-First-Century Media)≫(2015)에서 지적했듯 인지적인 비의식적 기술 디바이스가 인간은 접근 불가능한 시간 체제에서 작동하며 이 사라진 0.5초를 자기들에게 이롭도록 이용할 수 있을 때에는 새로운 중요성을 띠게 된다. 시간성에 관한 온전한 함의는 인간과 기술적 인지 사이 상호작용과 관련되어 있으므로, 6장의 자동 매매 알고리즘에서 다루겠다.

마지막 대가는 셈하기 어려운 대가로, 자기 스스로를 인식하며 자기를 매 장면에서 주요 인물로 만드는 자아를 소유하는 것이다. 다마지오는 "현재 설계된 대로 의식은 개인, 개별 유기체, 넓은 의미에서의 자아가 최초이자 최고라고 여기도록 상상의 세계를 제한한다"고 말한다(Damasio

2000, 300). 의식이 없다면, 인간의 악명을 높인 인간중심적 편견은 적어도 그와 같은 의미에서 가능하지 않을 것이다. 고차 의식이 창조해 내는 구체화된 자아에 관한 인상은 더 말할 것도 없다. 우리를 스스로 자아로 인식케 하는 바로 그 기능이 부분적으로는 우리가 뿌리박힌 생물학적·사회적·기술적 시스템의 복잡성을 보지 못하게 하고, 우리가 가장 중요한 행위자이며 우리와 다른 매개자들의 행동의 결과를 통제할 수 있다고 쉽게 착각하게 한다. 그러나 기후 변화에서 해양 산성화, 온실 효과까지 밝혀지면서 이는 사실에서 멀어지고 있다.

의식과 인지적 비의식에 대한 신경 상관물

다마지오와 에덜먼, 두 저명한 신경생물학자는 상호 보완적인 연구 프로젝트를 진행하고 있다. 다마지오는 뇌의 매크로 구조에서부터 위에서 아래로 작업하고, 에덜먼은 뇌의 뉴런에서부터 아래에서 위로 작업한다. 다마지오와 에덜먼의 연구는 둘 다 핵심 의식이 인지적 비의식과 어떻게 연결되어 있는지 대해 설득력 있는 그림을 제시한다. 다마지오의 작업은 특히 신체 상태가 인간과 영장류의 뇌에서 "소마틱 마커"를 통해, 즉 혈액의 화학적 농도와 뉴런 구성의 전기 신호에서 나타나는 지표를 통해 어떻게 표상되는지 해독하는 데 영향력을 미쳐 왔다(Damasio 2000). 신체 상태는 보통 생명과 일관하는 좁은 범위의 한도 안에서 변동하기 때문에, 어떤 의미에서 이것은 뇌가 외부 세계와 어떻게 상호작용하는지보다 더 풀기 쉬운 문제다. 한도를 초과하면 유기체는 병에 걸리거나 죽을 위험에 처한다. 뇌의 중심부에 정보를 보내는 표지들은 감정(표지가 나타내는 것에 상응하는 신체적 상태)과 느낌, 허기, 피로, 갈증, 두려움 등의 감각을 알리는 정신적 경험과 같은 사건들을 일으키는 데 이바지한다.

다마지오가 원형자아(proto-self)라고 부른 것은 이런 표지들을 기록하는 뇌의 부위에서 출현한다. 원형자아는 "뇌의 수많은 수준에서 매 순간 유기체의 상태를 재현하는 신경패턴들의 상호 연관되고 일시적으로 일관성 있는 집합"이다(Damasio 2000, 174). 다마지오는 원형자아가 존재를 예화하지만 의식이나 지식은 아니라고 강조한다. 원형자아는 내가 인지적 비의식이라고 부른 것에 해당한다. 원형자아의 행동에는 "지향성", 다시 말해 신체 상태의 표상이 포함되기 때문에, 내가 쓰는 의미로 인지적이라고 해도 좋을 것이다. 게다가 원형자아는 적응적이면서 동시에 재귀적인 대단히 복잡한 시스템 속에 뿌리박혀 있다. 어느 유기체가 다마지오가 "알려진 무언가(something-to-be-known)"라고 부른 대상을 마주치면, 그 대상 또한 유기체와 대상의 상호작용에 의해 활성화된 감지기와 발동기 구조에, 뇌 속에 매핑된다(169). 이로 인해 유기체와 관련된 '지도'가 수정되고 핵심 의식이 생성된다. 이런 재귀적 사이클이 2차적 상호작용에서 지도를 만들 수도 있고, 이로써 확장된 의식을 일으킬 수 있다. 다마지오는 어떤 형태로든 의식은 오로지 "대상, 유기체, 그들의 관계가 재표상(re-representation)될 수 있을 때만" 일어난다고 주장한다(160). 의식이 재표상되려면 당연히 먼저 표상되었을 것이다. 이런 매핑은 원형자아를 발생시키며, 그 안에서 일어난다. 그때 소마틱 마커들이 이 원형자아 수준에서 신체 지도 안으로 조합되고, 이로써 신경 신호와 화학적 신호의 기저를 이루는 물질적 프로세스와 의식 사이를 매개하게 된다.

노벨상 수상자인 신경학자 에덜먼과 그의 동료 토노니의 연구도 의식의 발생 방식에 대한 이런 그림을 뒷받침한다(Edelman and Tononi 2000). 에덜먼과 토노니의 분석은 뉴런 집단이 시상피질 시스템 안에서 그리고 그것과 함께 상호 연결된 뉴런들의 분산된 기능적 클러스터를 이루어 수백 밀리 초 내에 고도의 상호작용을 해낼 때, 그리고 그리할 때에만 의식의 내용에 기여할 수 있음을 보여 준다. 더 나아가 클러스터 내의 뉴런들은 대단히 차별화되어 높은 등급의 복잡성에 틀림없이 이르게 된다(Edelman and Tononi 2000, 146).

이런 결론에 이르게 되는 맥락을 보여 주기 위해 에덜먼의 뉴런 집단 선택 이론(Theory of Neuronal Group Selection, TNGS)을 잠시 살펴보겠다. 에덜먼은 TNGS를 "신경 다윈주의(neural Darwinism)"라 불렀다(Edelman 1987). 기본 아이디어는 이렇다. 뉴런들의 기능적 클러스터가 관련된 감각 자극을 효율적으로 다루면 번성하고 성장한다. 덜 효율적으로 다루면 위축되어 사라진다. 뉴런 클러스터 외에도 에덜먼은 (다마지오처럼) 뇌가 지도들을 개발한다고, 예를 들어 망막으로부터의 자극을 매핑하는 뉴런 클러스터 같은 것을 개발한다고 말한다. 뉴런 집단들은 재귀적인 "재입력되는 연결들(reentrant connections)"을 통해 자기들끼리 연결된다(Edelman 1987, 45-50, esp. 45). 재입력되는 연결들은 한 클러스터에서 다른 클러스터로 갔다가 이와 아주 유사한 연결들을 통해 되돌아오는 정보의 흐름이다. 지도들은 비슷한 흐름으로 상호 연결되고, 지도와 클러스터들도 서로 연결된다.

기능적 뉴런 클러스터가 지닌 복잡성의 정도를 평가하기 위해 에덜먼과 토노니는 기능적 클러스터 지수(cluster index, CI)라 부르는 도구를 개발했다(Edelman and Tononi 2000, 122-123). 이 지수는 뇌 내의 다른 활성화된 뉴런과의 상호작용과 비교해 클러스터의 요소들 안에서 일어나는 인과적 상호작용의 상대적 힘을 정확히 측정할 수 있게 해 준다. CI 수치 '1'은 클러스터의 뉴런이 자기들끼리 있을 때나 클러스터 밖의 다른 뉴런과 있을 때나 비슷하게 활동적이라는 의미다. 의식에 기여하는 기능적 클러스터들은 1보다 훨씬 큰 수치를 갖는데, 이는 자기들끼리는 강하게 상호작용하고 그때 활동하는 다른 뉴런들과는 약하게 상호작용한다는 뜻이다.

발화하는 뉴런들의 혼돈의 폭풍우에서 시작해, 클러스터

들의 일관성이 신체 상태의 일관성 있는 지도를 만들어 내기 위해 뇌의 다른 부분에서 뉴런들을 동원한다. 이러한 지도는 에덜먼이 "장면들(scenes)"이라 부르는 것으로 합쳐지며, 이것들은 다시 그가 기본 의식(다마지오의 용어로는 핵심 의식)이라 부르는 것을 창조하기 위해 합쳐진다. 에덜먼의 설명은 다마지오가 말한 뉴런의 메커니즘과 역학, 즉 원형자아의 기저를 이루는 뉴런과 뉴런 클러스터로부터 원형자아가 구성해 내는 것에 대한 설명을 보충한다. 또한 장면들이 '유기체의 신체 상태 표상'과 '대상과 유기체의 관계에 대한 표상' 사이의 재귀적 상호작용을 통해 지도로부터 구축되는 과정에 대한 설명을 보충한다.

연속적인 상호적 인과성이 다마지오와 에덜먼의 설명에서 하는 핵심적 역할을 강조할 필요가 있다. 삼십 년도 더 전에 마투라나와 바렐라는 재귀가 인지에 핵심적이라고 직감했다(Maturana and Varela 1980). 이제 그러한 가설은 훨씬 개선된 이미지화 기술, 마이크로 전극 연구 그리고 이 외 현시대 연구 실천들을 통해 시험되고 확장되었다.

의식에서의 시뮬레이션과 재표상

이제 재표상이 일어나는 프로세스로 관심을 돌려 보자. 재표상 없이는 의식도 없다는 다마지오의 강력한 주장을 다시 떠올려 보면 표상은 분명 원형자아의 주요 기능이며, 원형 자아는 핵심 고차 의식에 정보를 피드 포워드하는 프로세스와 인지적 비의식이 자리하는 장소라 할 수 있다. 이런 표상은 재표상이 형성되는 기반을 구성한다. 로런스 바살로는 '환경에 근거한 인지' 이론에서 그가 "시뮬레이션"이라 부른 것으로부터 재표상이 어떻게 일어나는지 설득력 있게 설명한다. 시뮬레이션은 "세계, 신체, 마음과 더불어 경험이 일어나는 동안 습득되는 지각, 운동, 내향적 상태의 재발제(re-enactment)"다(Barsalou 2008, 618).

특히 감각 경험은 그 경험과 관련된 개념이 자각의 양태에 의해서, 그중 특히 소통적인 무의식에 의해서 처리되고 이해될 때 시뮬레이션된다. 바살로는 이러한 정신적 재발제가 고차 의식에 의해 형성되는, 고도로 추상적인 생각들에 속하는 사고까지 포함하며 인지적 프로세싱의 핵심을 이룬다고 주장하면서 수많은 경험적 증거를 동원한다. 환경에 근거한 인지 이론은 "시뮬레이션, 상황적 행동, 때로는 신체적 상태까지 포함해 다양한 방식으로 인지가 보통 환경에 근거한다는 가정을 반영"한다(619). 예를 들어 fMRI 스캔이 보여주는 바와 같이 컵 손잡이를 감지하는 것은 "그에 대한 파악과 기능적 행동 양자 모두의 시뮬레이션을 촉발한다". 또한 실험 대상자가 다른 누군가가 그 행동을 수행하는 것을 볼 때도 시뮬레이션 메커니즘이 활성화된다. "다른 행위자가 들어 올리는 대상의 무게를 정확히 판단하려면, 자신의 운동

근육과 체지각 시스템에서 그 들어 올리는 동작을 시뮬레이션해야 한다."(624) 피아니스트가 자기 연주를 녹음한 것을 식별하려면 "그 기저의 운동 감각적 동작들을 시뮬레이션해야" 한다(624).

거울 뉴런이 발견되면서 시뮬레이션이라는 아이디어는 다른 이의 의도를 파악하는 능력을 포함해 사회적 상호작용으로까지 확장된다. 바살로는 "거울 뉴런은 … 행동 자체가 아니라 행동의 목표에 가장 강하게 반응한다. 그래서 거울 회로는 지각하는 사람으로 하여금 수행된 행동을 인식할 뿐 아니라 행위자의 의도를 추론하도록 도와준다"고 말한다(623). V. S. 라마찬드라(V. S. Ramachandra)는 ≪명령하는 뇌, 착각하는 뇌: 당신의 행동을 지배하는 뇌의 두 얼굴(The Tell-Tale Brain: A Neuroscientist's Quest for What Makes Us Human)≫(2011)에서 의도를 해석할 뿐 아니라 공감하는 거울 뉴런의 역할을 강조한다. "이는 당신이 누군가의 행동에 대해 판단을 내리고 싶을 때는 언제든지 당신의 뇌에서 그와 같은 움직임을 가상현실로 시뮬레이션해야만 하는 것과 같다."(Ramachandra 2011, 123)

아마도 여기서 가장 놀라운 점은 이런 시뮬레이션이 추상적 개념을 파악하는 데에도 필요하다는 사실일 것이다. 즉 고차 의식과 연관된 사고하기는 신체 상태와 행동을 불러내고 재발제하는 것과 깊이 얽혀 있다. 고차원적 사고에서 시뮬레이션이 띠는 중요성은 생물학적 시스템이 지각과 신체 상태를 재표상하는 메커니즘을 진화시켜 왔음을 보여 준다. 생물학적 시스템은 이러한 메커니즘 덕분에 자각의 양태에 접근할 수 있을 뿐 아니라, 관련된 사고를 뒷받침하고 근거를 둘 수 있게 된다. '환경에 근거한 인지' 관점에서 뇌는 감정에 감정적·정서적 '태그'를 붙여서 기억에 저장한 다음, 비슷한 경험이 일어날 때 시뮬레이션으로 이를 재활성화하기 위해 신체 상태를 이용한다. 따라서 이런 관점에서 보면 뇌는 추상적 상징들의 조작을 통해서가 아니라(인지주의 패러다임), 누녜스와 프리먼(1999) 그리고 바렐라·톰슨·로시(1992)를 논한 1장에서 보았듯 세계 안에서 체현되고 환경에 뿌리박힌 행동을 통해 개념화한다. 이 관점의 귀결 중 하나는 뇌의 개체 발생 능력에 대한 강조다. 뇌와 환경의 상호작용은 시냅스 네트워크를 재구성한다(Hayles 2012; Clark 2008; Hutchins 1996). 이제 우리는 다마지오가 재표상을 강조한 이유를 이해할 수 있다. 시뮬레이션은 고도로 추상적인 사고에조차 신체 상태를 그 기반으로 부여하면서 원형자아와 의식 사이 소통 프로세스의 본질적 부분으로 작용한다.

인지적 비의식에서 정보 처리의 중요성

인간의 비의식적 인지에 대한 경험적 연구는 시차폐(visual masking) 연구에 주로 집중되어 왔다. 이러한 연구는 의식적으로 볼 수 없을 만큼 짧게 자극을 주거나, 주의를 흩뜨리는 기호들을 복잡하게 배열해 목표 자극을 '숨겨 놓은' 시각 패턴에 실험 대상을 노출시키는 식으로 이루어진다. 시드 쿠이더(Sid Kouider)와 스타니슬라스 데하네(Stanislas Dehaene)는 이런 실험을 비판적으로 검토하면서 역하 자극(subliminal stimuli)이 비의식적으로 처리되어 여러 가지 방식으로 이후의 의식적 지각에 영향을 줄 수 있다는 생각에 대해 인지심리학계의 반응이 변화해 온 과정을 기록한다(Kouider and Dehaene 2007). 이들 실험은 19세기부터 20세기까지 계속해서 관심을 끌면서 1960년대와 1970년대 여러 활동에서 정점을 찍었다. 그러나 이후의 정밀조사로 20세기 중반의 이들 실험 중 상당수에 방법상 오류가 있었음이 드러났다. 주된 원인은 자극이 실제로 의식적으로 지각되지 않았다는 것을 충분히 엄격하게 입증하지 못해서였다. 그리하여 실험 설계가 개선되었다. 21세기에 와서는 1980년대의 회의주의에서 벗어나 비의식적 인지가 실제로 일어나며, 운동에서 어휘, 철자법, 심지어 의미론적 반응에 이르기까지 다양한 수준에서 행동에 영향을 준다는 데 동의가 이루어졌다. 그렇지만 비의식적 인지가 얼마나 중요한지, 그것이 의식과 어떻게 상호작용하는지에 대해서는 여전히 다양한 견해가 있다.

파웰 레위키(Pawel Lewicki), 토머스 힐(Thomas Hill), 마리아 치제프스카(Maria Czyżewska)는 비의식적 인지의 기능

과 구조에 관해 인지심리학, 인지과학, 기타 학문의 결실을 조사했다(Lewicki, Hill, and Czyzewska 1992). 이들은 비의식적 인지가 패턴 인식 외에도 추론을 도출하고, 메타 알고리즘을 생성하고, 미학적·사회적 선호를 결정하는 등 정교한 정보 처리를 수행한다는 것을 보여 주는 경험적 증거를 인용한다. 의식이 비의식적 프로세스보다 훨씬 느리다는 사실을 상기하면서, 이들은 "비의식적 정보 습득 프로세스는 비교할 수 없을 만큼 더 빠르며 구조적으로도 더 정교하다"(796)고 지적한다. 이들은 정보를 얻는 비의식의 능력이 "거의 모든 현대 인지심리학의 일반적인 메타이론적 전제"(796)를 이룬다고 본다. 실험자들은 일반적으로 실험 대상자들이 자신들이 어떻게 행동해야 하는지는 알고 있더라도 그 지식을 어떻게 습득했는지는 말해 줄 수 없을 것이라고 가정하기 때문이다. 여기서 문제는 누구나 짐작하겠지만 암묵지를 표현하는 것은 고사하고, 실험 대상자들이 "그 모든 것을 어떻게 하는지 모를뿐더러 알았던 적도 없다"는 것이다(796). 이런 무지는 비의식적 프로세스가 "모든 지각, 심지어 간단한 지각에조차 필수적"인데도 불구하고, 의식이 비의식적 "알고리즘과 휴리스틱"에 "근본적으로 접근할 수 없음"을 보여 준다(796). 요컨대 비의식적 인지는 "인간 인지 시스템의 바로 그 토대"를 이루며, 고차 인지에 절대 없어서는 안 된다(796).

패턴이 비의식적으로 인식된다는 것을 보여 주는 광범한 실험에서 이러한 주장을 뒷받침하는 증거가 나온다. 실험 대상자들에게 [이전에 수행한 임무와] 똑같은 학습 임무를 의식적으로 수행하도록 유도하면, 아예 하지 못하거나 비의식적 인지로 수행할 때보다 훨씬 엉성하게 한다. 예를 들어 어떤 실험에서는 주의를 흩뜨리는 상징들을 늘어놓고 대상자들에게 목표물(어떤 경우에는 숫자 6)을 그 속에서 찾으라고 주문했다. 실험자들은 미묘한 배경 패턴과 목표 사이에 일관된 상관관계가 있으면 실험 대상자들의 행동 수행이 늘어나고 반응 시간이 빨라지는 것으로 보아 그 상관관계를 감지하고 찾는 요령을 익힌다는 것을 알았다(796). 그러나 이처럼 실험 대상자들은 임무를 더 잘 수행할 수 있게 되었지만, 이를 의식적으로 시도할 때에는 동일한 패턴을 찾아내지 못한다. 어느 실험에서는 대학생들에게 "숨겨진" 패턴을 찾아내면 100달러를 보상으로 주겠다고 했다. 일부 참가자들이 "단서를 찾으려고 긴 시간을 썼지만 … 그들 중 아무도 조작의 진짜 본질을 짐작조차 못했다"(798). 이런 결과는 무엇보다도 인지적 비의식에 의식은 접근 불가능하며, 아무리 자기성찰을 해도 소용없으리라는 생각을 확증해 준다.

어느 실험에서는 "잠재적인 자기성찰적 경험을 보고할 수 있을 만큼의 지적 능력이 있다"고 가정된 이들을 실험 대상으로 삼아 실험에 흥미로운 변화를 주기도 했다(797). 그 실험의 대상은 바로 심리학과 교수들이었다. 먼저 그들에게 비의식적으로 "더 효과적으로 목표물을 찾아낼 수 있게 해주는 인코딩 알고리즘"을 가르쳤다. 그들이 목표물을 더 빨리 찾아낸 것으로 보아 효과가 있었다. 그런 다음 연계 변이 패턴(서로 상호 연관된 변수들)을 바꾸었다. 그러자 예상한 대로 그들의 행동 수행 결과가 나빠졌다. 실험 대상자들은 테스트가 비의식적 인지를 위한 것이라는 안내를 받았다. 하지만 그들이 실험이 어떻게 이루어지는지 아무리 알아내려 애를 써도, "그들 중 아무도 조작의 진짜 본질을 짐작조차 하지 못했다"(797). 그 대신 그들은 일종의 위협적인 역하 자극이 화면을 아주 빠르게 스쳐 지나갔기 때문에 동작 수행을 제대로 하지 못했던 것이라고 추측했다(798).

이 실험을 수행한 저자들은 논문의 결론에서 비의식적 인지를 지능적이라고 볼 수 있는지 질문한다. 예측할 수 있겠지만, 저자들은 이것이 지능을 어떻게 정의하느냐에 달린 문제라고 답한다. 지능이 "그 자신의 목표를 갖고 있다는 것 … 그리고 특정 행동을 촉발함으로써 목표를 좇을 수 있다는 것"을 의미한다면, 답은 '아니오'다(800). 그러나 지능을 "복잡한 정보를 효율적으로 처리하는 능력을 갖춘 것"으로 이해한다면, 답은 '예'다(801). 결론은 여러 가지로 해석될 수 있다. 어떻게 보면 이 결론은 '지능'과 '인지'의 차이를 두드러지게 한다. 지능이 대개 수량화되고, 측정되고, 존재하거나 존재하지 않는 것으로 이해될 수 있는 **속성**(attribute)인 반면, 인지는 어떤 역학과 구조적 규칙성을 예화하는 **프로세스**로 간주된다. 이는 인지가 어느 존재의 구성에 내재한 지속적 자질이기보다는 본래 역동적이며 끊임없이 변화한다는 의미다. 나중에 보겠지만 이런 함의는 일반적으로 정보와 정보 처리를 어떻게 생각하는지와도 결부된다.

한편 저자들의 결론에서는 목표 지향적 행동과 정보 처리 간의 차이가 두드러진다. 그러나 그 차이가 아주 명확하지는 않다. 저절로 계속되는 비의식적 알고리즘의 경우에서 보았듯 정보 처리가 이후의 해석을 위한 틀을 제공한다면, 의식적 행동과 목표는 비의식적 인지가 의식 너머에서 수행한 추론에 이미 항상 영향을 받기 때문이다. 이 주장의 의미는 이 장과, 기술적 디바이스가 수행하는 비의식적 인지를 다루는 5장에서 철저히 탐색하겠다.

요약하자면, 수많은 연구에서 도출된 증거는 비의식적 인지가 수행하는 정보 처리의 속도와 복잡성을 확증해 준다. 비의식적 인지는 복잡한 정보에서 패턴을 찾아내고, 이 패턴에 기반해 추론을 끌어내고, 새로운 정보와의 학습된 상호관계를 추론하며, 이로써 직관, 창의성, 미학적 기호, 사회적 상호작용의 원천이 되는 강력한 수단으로 밝혀진다. 실험 대상자들이 비의식적으로 이미 배웠던 패턴을 의식적으로는 전혀 찾아내지 못했음을 상기하면, 비의식적 인지가 "형식적으로 복잡한 지식 구조를, 우리가 의식적으로 통제된 방식으로 자극의 의미를 생각하며 알아내는 능력에 비할 수 없을 만큼 더 빨리, '더 똑똑하게' 처리할 수 있다'는"(10) 저자들의 결론을 인정할 수 있다. 이 결론은 내 논지에서 대단히 중요한 요점 중 하나를 또렷하게 해 준다. 의식이 인지의 전부가 아니며, 복잡한 정보 자극이 넘치는 환경에서 비의식적 인지가 특히 중요하다는 인식이 커져 가고 있다는 사실 말이다.

비의식적 인지와 의식 간의 상호작용

이제 의식이 어떻게 비의식적 인지와 상호작용하고 그로부터 영향받는지 보겠다. 의식적 자기성찰로 비의식적 인지의 작용에 접근할 수 없다면, 그 영향은 어떻게 일어나는가? 더 나아가 영향은 인지적 비의식에서 의식 쪽으로만 흐르는가, 아니면 의식도 비의식적 인지에 영향력을 행사하는가? 이런 질문들이 스타니슬라스 데하네의 "의식과 비의식적 프로세스: 증거 축적의 별개의 형식들?(Conscious and Nonconscious Processes: Distinct Forms of Evidence Accumulation?)"(2009)에서 다루어진다. 이 글은 비의식적 학습을 의식과 조화시키는 이론적 틀을 제안한다. 데하네는 비의식적 인지를 "전문화된 정보 프로세서"로 보고, 이 전문화된 프로세서가 자신들의 결과를 아주 빨리, 비의식적 지각이 일어나자마자 270밀리 초 안에 피드 포워드한다는 것을 보여 주는 fMRI 증거(자신의 실험뿐 아니라 다른 이들의 실험에서도 얻은 증거)를 인용한다. 이런 빠른 반응 프로세서는 여러 가지 방식으로 지각에 영향을 주는 것으로 드러났다. 예를 들어 보이지 않는(역하) 점화 현상(prime)+이 의식적으로 지각된 목표와 일치한다면 실험 대상자가 더 빨리 반응할 수 있도록 준비시키고, 점화가 일치하지 않으면 인식을 방해하는 식이다. 더 나아가 전문화된 프로세서는 동적 임곗값에 도달할 때까지 증거를 추가할 수 있으며, 그 후에 반응이 일어난다(97). 학습은 동적 임곗값을 낮추는 효과가 있을 것이기 때문에, 이 메커니즘은 비의식적으로 배우는 능력을 설명해 줄 수 있을 것이다.

이런 증거를 고려할 때, 비의식적 인지가 의식에 영향을 주거나 역으로 영향을 받게 하는 메커니즘은 무엇일까? 데하네는 상향식(bottom-up)과 하향식(top-down) 신호의 조합을 통해 작용하는 뉴런의 반향회로를 상정하는 틀을 제안한다. 여기에서는 시간 차원이 중요하다. 피드 포워드 정보가 맥락상 주목의 초점을 결정하는 (의식적) 집행 기능(executive control)++에 잘 들어맞는다면, 의식과 관련되고 장거리를 커버하는 자극적 축색돌기(axon)를 가진 뉴런이 "먼저 그들을 자극한 감각기관에 보조적 신호를 보내기" 시

+ 심리학에서 어떤 자극에 우선적으로 노출이 되면 이미 기억 속에 있는 정보에 대한 접근성이 증가하는 현상.

++ 인지과학에서 고차원적인 인지 기능을 조절하고 관리하는 역할을 가리킨다. 이는 주의를 집중하고, 목표를 설정하고, 문제를 해결하며, 행동을 계획하고 조절하는 능력을 포함한다.

작하기 때문이다. 예를 들어 개가 숲속에서 어떤 소리를 들었다고 가정해 보자. 소리로 관심이 쏠리면 개는 귀를 쫑긋 세운다. 이는 낮은 수준의 감각기관 자극에 반응하는 하향식 보조 신호의 결과다. 이 높은 수준에서의 하향식 지원은 동적 임곗값을 넘을 때까지 "점점 더 강해지는 하향식 증폭 신호"를 보낼 것이다. 이 대목에서 의식과 관련된 뇌의 영역들은 원래 신호가 감쇠하더라도 이와 상관없이 활성화 상태를 유지할 수 있기 때문에 "활성화는 자가 증폭하며 비선형적으로 증가한다".

데하네가 "전역 작업공간(global workspace)의 점화"라 부른 이 현상은 피드 포워드 신호가 전문화된 프로세서에서 나와서 의식 속으로 들어가는 것과 상응한다. 더 나아가 이 대목에서 의식이 뉴런 활동과 조화를 이루면서 신체 전체의 다양한 시스템을 아우르기 때문에, "전역 작업공간 안에서 표상된 자극 정보는 많은 두뇌 시스템에 신속히 퍼질 수 있다". 예를 들어 개는 소리를 근처의 토끼에서 나온 것으로 식별하고 토끼를 쫓아 뛰어나갈 수도 있다. 피질 하부 프로세서가 어떻게 작용하는가에 대한 데하네의 분석에서 중요한 부분은 시간 차원이다. 피질 하부 프로세서가 0.5초 지나서도 지속되려면 이 하향식 지원이 필요하다. 데하네는 역하 신호(subliminal signal)를 "전문화된 프로세서에서 활성화하는 피드 포워드 파동을 일으킬 만큼의 힘은 있지만, 장거리 축색돌기를 가진 뉴런들의 전체 네트워크에서 대규모의 반향 상태를 촉발할 정도의 에너지나 지속력은 부족한" 것으로 정의한다.

이 분석에서 비의식적 혹은 잠재의식적 프로세싱과, 맬컴 글래드웰(Malcolm Gladwell)의 ≪블링크: 운명을 가르는 첫 2초의 비밀(Blink: The Power of Thinking Without Thinking)≫(2005)을 통해 대중화된 "주의 과실(attentional blink)"과 연관된 프로세싱 간의 차이를 찾아볼 수 있다. 주의 과실 상태에서는 정보가 의식에 도달하지 못하는데, 다른 프로세서에서 나온 정보가 전역 작업공간을 차지하고 있기 때문이다. 데하네, 클레어 서전트(Claire Sergent), 장피에르 샹죄(Jean-Pierre Changeux)(2003)가 제안한 주의 과실 모델은 "비의식적 프로세싱에서 주관적 지각으로의 비선형적 전이의 독특한 속성을 예측하는 데 성공했다. 이 '전부 아니면 전무(all-or-none)'라는 의식적 지각의 역학은 인간 주체의 행동으로 확인되었다"(2003, 8520). 예컨대 고릴라가 농구장을 가로질러 걸어가는데도 아무도 눈치채지 못한 사례에서, 이 모델은 전역 작업공간이 비의식적 인지 프로세스가 포워드하는 정보를 받아들이지 못하리라는 것을 예측할 수 있었다. '패스의 수를 세라'는 지시가 전역 작업공간을 차지해 버렸기 때문이다. 쿠이더와 데하네는 이 주의 과실 현상을 "전(前) 의식적 프로세싱(preconscious processing)"이라 부르고, 이를 "프로세싱이 상향식 힘보다 하향식 접근으로 제한될 때" 일어난다고 정의한다(Kouider and Dehaene 2007). 이와 달리 비의식적 혹은 잠재의식적 프로세싱은 활성화를 지속시키는 데 필요한 하향식 지원을 받지 못할 수도 있으며, 이 경우 단독으로 전역 작업공간을 활성화할 에너지나 지속력이 없다. 하지만 전 의식적 프로세싱은 일단 전역 작업공간이 비면 그 안으로 들어갈 수 있다. 고릴라의 예로 돌아가 보면, 이는 왜 어떤 실험 대상자들은 의식적으로 고릴라의 침입을 지각했는지 설명해 준다. 이유는 몰라도 그들은 전역 작업공간을 미리 다 차지해 버리는 패스 수 세기 임무에만 주의(혹은 집행 기능)를 집중하고 있지 않았던 것이다. 그래서 고릴라에 대한 정보를 담은 전 의식적 프로세스가 작업공간에 들어갈 수 있었고, 의식으로 접근할 수 있게 되었다.

데하네는 전 의식적 프로세싱과 비의식적 인지 간의 차이에 대해 중요한 사실을 지적한다. 역하 점화가 반응 시간을 조절할 수 있다 해도, "**그것이 항상 원래, 그 스스로 온전한 행동을 끌어내기는 어렵다**"(강조는 추가된 것. Dehaene 2009, 101). 비의식적 인지는 의식에서 임무를 할당받아 효율적으로, 능률적으로 수행할 수 있다. 또한 신체 내부와 외부 양쪽에서 오는 다양한 종류의 신호들을 통합하고 이 신호에서 추론을 끌어내 상충하거나 모호한 정보들 사이에서 결론에 도달해 폭넓은 행동에 영향을 주는 피드 포워드 활성화를 만들어 낼 수 있다. 단, 그렇다 해도 데하네가 말하듯 의식은 여전히 필요하다. "숙고 프로세스(deliberation process)에 관여하고, 주인 의식을 가지고 자발적으로 행동을 지원하는 정보

표상(information representation)" 때문이다(Dehaene 2009, 102). 이 관점에서 비의식적 인지는 의식을 지원하고 영향을 주지만, 스스로 온몸의 행동을 개시하지는 못하는 충직한 조언자와 같다. 말하자면 딕 체니보다는 조 바이든에 훨씬 가깝게 행동한다.

인지적 비의식과 의식의 관계를 더 상세히 설명하기 위해 이들 각각의 진화적 역할을 고려해 볼 수 있다. 이는 버기타 드레스프랭글리(Birgitta Dresp-Langley)가 논의한 주제다. 드레스프랭글리는 "감각 자극에서 통계적 학습 혹은 통계적 규칙성에 대한 암묵적 학습은 아마도 인간과 동물이 신체적 실재와 연속적인 감각 환경의 구조에 대한 지식을 습득하는 최초의 방식일 것"이라고 주장한다(Dresp-Langley 2012, 1). 드레스프랭글리는 "이런 형태의 비의식적 학습은 여러 영역과 시공간, 종들에 걸쳐 작동하며, 신생아들은 태어날 때부터 연속적인 언어 자극에 노출되고 시험받으면서 비의식적 학습을 경험하게 된다"고 설명한다(1). 이와 달리 의식은 "의식적 사고와 추상적 추론을 지원하는 복잡한 지식 표상과 연관해 훨씬 더 나중에 작동하기 시작한다"(1). 의심할 여지 없이 진화의 기간에 비의식적 인지가 먼저 발전했고 그 위에 의식이 구축되었는데, 이때 에덜먼이 재유입 신호(reentrant signaling)라 부른 것을 통해 그리고 이 외 다른 메커니즘들을 통해 비의식적 인지와 의식 사이에 엄청난 교차 접속이 일어났다. 단, 그렇다 해도 의식은 좁은 초점과 비교적 느린 역학 탓에 정보 처리 기능이 제한되므로, 비의식적 인지가 계속해서 환경에서 패턴을 식별하고, 얼굴과 신체 자세에서 감정적 단서를 처리하며(Tamietto and de Gelder 2010), 변수들 속의 복잡한 상호관계로부터 추론을 끌어내고, 행동과 정서적 태도와 목표에 영향을 주는 데 중요한 역할을 한다.

이 연구에서 기억해야 할 중요한 점은 인지적 비의식이 의식에 정보를 전송하는 기능만이 아니라, 현재 상황과 관계없는 정보는 전송하지 않는 기능 또한 갖고 있다는 점이다. 그렇지 않다면 정보를 처리하는 의식의 능력은 곧 압도당하고 말 것이다. 드레스프랭글리가 말하듯 "비의식적 표상은 의식적 프로세싱의 수준에서 복잡성을 감소시키는 것을 목표로 한다. 그리하여 뇌가 외부와 내부의 사건에 대해 알아낸 모든 것에서 의미 있는 의식적 경험을 만들어 내는 데 필요한 것만 선택할 수 있게 한다"(7). 드레스프랭글리는 다음과 같이 요약한다. "일상생활에서 이루어지는 인간의 수많은 의사결정은 무슨 일이 일어나고 있는지 혹은 그들이 실제로 무엇을 왜 하고 있는지 다 의식하지 못하는 사이에 이루어진다. 또한 소위 직관에 기반을 두는 인간의 결정과 행동은 적시에 적절히 이루어지는 경우가 매우 많으며, 이는 뇌가 힘들이지 않고 효율적으로 의식적 행동을 위한 표상을 활용하는 놀라운 능력을 반영한다."(7) 즉, 의식은 정보의 비의식적 인지 프로세싱을 필요로 하며, 그것 없이는 효율적으로 기능할 수 없을 것이다.

인문학적 개념으로서 비의식적 인지 : 맥다월-드레이퍼스 논쟁

비의식적 인지의 개념이 인문학에는 어떤 쓸모가 있을까? 그 한 사례로 인간 경험 전반에 합리성이 얼마나 스며 있는지에 대해 저명한 두 철학자 휴버트 드레이퍼스(Hubert Dreyfus)와 존 맥다월(John McDowell)이 했던 논쟁을 보겠다. 드레이퍼스와 맥다월은 철학 담론의 학제적 규범 안에서 논쟁을 벌였는데, 이로써 이들 규범이 비의식적 인지에 대한 논의에 어떤 식으로 방해가 되는지 보여 주었다. 겉으로 드러난 논쟁의 주제는 의식적 지식의 본질이었고 더 넓게 보자면 수십 년간 인지과학에서 지배적이었던 패러다임, 즉 뇌를 프로그램을 실행하고 추상 기호를 처리하는 컴퓨터로 보는 패러다임이었다. 논쟁의 발단은 드레이퍼스가 2005년 미국 철학학회에서 한 연설이었다. 드레이퍼스는 ≪마음과 세계(Mind and world)≫(1996)에서 이해가능성(intelligibility)에 합리적 기능이 배어 있다고 한 맥다월의 주장을 반박했다. 맥다월은 이에 답변했고, 이 둘의 입장은 ≪정신, 이성, 세계-내-존재: 맥다월-드레이퍼스 논쟁(Mind, Reason, and Being-in-the-World: The McDowell-Dreyfus Debate)≫에 실린 이들 각각의 논문 그리고 이 문제에 대해 의견을 밝힌 다른 수많은 철학자들의 논문에 정리되어 있다(Dreyfus 2013). 중요한 것은 보통의 인간 활동에 맥다월이 주장하는 바와 같이 합리성이 스며 있는지, 아니면 비합리적 프로세스 또한 중요한 역할을 하는지다.

뇌와 컴퓨터를 동일시하는 패러다임을 오랫동안 비판해 온 드레이퍼스는 인간 삶의 많은 부분이 그가 "열중한 대처(absorbed coping)"(22-23)라 부른 것을 통해 이루어지며, 이런 행동들은 근본적으로 개념적이지 않다고 주장한다. 드레이퍼스는 한창 경기 중인 축구선수, 대화 중 두 대화자가 서로 떨어져 선 거리, 젠더 역할 수행, (내가 보기에는 다소 문제가 있지만) 빨리 두는 체스를 하는 체스 대가를 예로 든다. 드레이퍼스는 이 실천들이 "모든 형태의 문화적 대처를 지배하는 **의미의 공간**"을 개시한다고 주장한다(25). 드레이퍼스는 "모든 인간 활동"이 "형성된 자연스러운 반응"이나 "이성의 공간"(26) 둘 중 하나로 설명될 수 있다는 맥다월의 입장을 반박하려 하며, '열중한 문화적 대처'는 이 중 어느 범주에도 맞지 않으며 나아가 열중한 대처가 인간 삶 전체에 퍼져 있다고 주장한다. 전 의식적 프로세싱과 비의식적 인지가 '열중한 대처'에 함께 뒤섞이면서 그 차이가 흐려지기는 해도, 드레이퍼스의 주장에서 '열중한 대처'와 앞서 논한 비의식적 정보 처리 프로세서 간의 유사성을 볼 수 있다.

드레이퍼스는 방에 들어가려고 문을 연다든가 분필로 칠

판에 쓴다든가 하는 등 일상생활 속 수많은 행동을 열중한 대처의 예로 든다. 또한 프로 운동선수같이 고도로 숙련된 개인들과 체스 대가들의 수행도 예로 삼는다. 드레이퍼스는 체스 대가들이 "자기들의 성공과 실패를 분석하기보다는 수백, 수천 번의 행동 결과로부터 배운다"고 주장한다. "그리고 그들은 비판적으로 정당화할 수 있는 **개념**을 배우는 것이 아니라, **지각 패턴의 유사성과 차이**를 점점 더 미세하게 감식하는 능력을 얻는다. 그래서 학습은 대가의 마음이 아니라 그의 세계를 바꾼다."(35) 드레이퍼스가 비의식적 인지를 언급하지는 않았지만, "점점 더 미세해지는" 패턴들에 대한 언급은 앞서 인용한 실험에서의 비의식적 학습을 연상시킨다.

맥다월은 이에 답변하면서 자신이 합리적 경험이라고 한 것이 어떤 의미인지 명확히 하기 위해 자신의 주장에 단서를 붙인다. "우리의 경험적 지식이 항상 어떤 문제에 대해 무엇을 생각할지 이성이 요구한 대로 결정된 결과라는 말은 아니다."(42) "보통 경험이 이런저런 경우에 맞는 지식을 우리에게 줄 때, 우리는 그러한 지식을 이미 갖고 있음을 알게 된다. 그것이 어떤 경우인지 따져 보고 판단해 그렇게 되는 것이 아니다. 경험이 합리적 주체에게 주는 지식이 합리적 주체에게 특별한 종류의 것이라는 말은, 그러한 지식에서 그러한 지적 활동에 중요할 수도 있는 기능들이 작동하고 있다는 의미다."(42) 이것은 합리성이 일상생활 전반에 퍼져 있다는 맥다월의 원래 주장보다 훨씬 축소된 주장이다. 이성이 있는 유기체가 이성을 행사한다는 식의 비슷한 말을 반복하는 것과 같다.

이 논쟁에서 놀라운 것은 드레이퍼스의 '열중한 대처'가 완전히 의식적이지 않은 인지 방식에 대한 생각 쪽으로 나아감에도, 두 철학자 모두 의식과 비의식적 사고를 완전히 분리하지는 않는다는 점이다. 둘 다 담론과 주장만으로 논쟁을 충분히 해결할 수 있다고 확신하는 것도 놀랍다. 맥다월의 경우, 합리적 주장을 이용해 이성의 중요성을 더욱 강조하는 식으로 제자리에서 맴돌고 있다. 둘 다 아리스토텔레스부터 하이데거까지 다른 많은 철학자들을 광범하게 언급하지만, 자기들이 토론하는 문제와 관계가 있을 법한 실험 연구는 전혀 인용하지 않는다. 훨씬 더 놀라운 것은, 둘 다 합리성을 포함해 의식적 프로세싱이 속도와 범위 면에서 제한되어 있다는 사실을 지적하지 않는 점이다. 드레이퍼스는 '열중한 대처'의 범주에 습관적이고 학습된 문화적 패턴을 넣으면서 습관의 역할을 인정하지만, 비의식적 인지가 어떻게 의식적 행동을 지원하고 그로부터 지원받는지 명확히 밝히지는 못한다. 맥다월은 우리가 어떻게 아는지를 의식적으로 알지는 못할 수도 있다고 인정하지만, 비의식적 인지의 정교한 패턴 인식과 추론 능력에 대해 다 아는 것 같지는 않다. 그래서 합리성이 인간들 간의 일상생활에 얼마나 중요한지를 전반적으로 과대평가하게 된다(맥다월이 대놓고 그렇게 말하지는 않지만, 인간만이 합리적 능력을 가지고 있다고 보는 것 같다).

드레이퍼스는 "컴퓨터는 무엇을 할 수 없는가"를 개괄한 자신의 책 두 권에서 설명한 것과 비슷한 이유로 이런 결론에 분명히 도전하려고 한다(근본적으로 드레이퍼스는 맥락 속에서 체현된 인간 행동은 컴퓨터가 습득할 수 있는 것보다 훨씬 더 풍요로운 의미의 지평선을 만들어 낸다고 주장한다). 그러나 산만한 주장을 계속 되풀이하고 실험이나 통계와 같은 경험적 증거를 이용하지 않기 때문에 철학 담론의 학제적 규범 안에서만 움직이며, 산만한 주장만을 통해 이 문제를 해결하려고 하는 면이 있다. 게다가 좁은 범위의 되풀이되는 주장 안에서조차 항상 '열중한 대처'를 주장하는 데 가장 적절한 수단을 택하지 못한다. 빨리 두는 체스를 하는 체스 대가의 예는 드레이퍼스를 '이것 아니면 저것' 식의 방어하기 힘든 입장으로 만든다(체스 대가는 열중한 대처를 이용하거나 합리성을 이용한다). 맥다월은 이 허점을 이용해 지적 분석 또한 그 활동의 일부가 되어야 한다고 지적한다. 드레이퍼스의 주장 속에서 잘 드러나지는 않지만, 그가 예로 든 활동이 빨리 두는 체스라는 사실은 중요하다. 이는 체스 대가가 생각할 시간이 없을 것이라는 점을 암시하며, 의식적 사고가 비의식적 인지보다 훨씬 더 느리다는 사실을 간접적으로 나타낸다. 사실 비의식적 인지는 정보를 꼼꼼히 추려내어 이성을 적용해야 하는 결정 단계에서만 의식에 정보를 전송하는 것 같다. 즉 모든 결정이 내려져야 하는 시간 중 단 5퍼센트에서만 이런 일이 일어나는 것이다. 그러나 이 5퍼센트로 뛰어난 선수와 체스 명수가, 체스 명수와 체스 대가가 나뉘는 것일 수 있다. 여기서 또다시 드레이퍼스의 주장은 경험 연구가 설명하는 의식과 비의식적 인지 간 조화의 종류를 완전히 밝히지 못한다.

즉 드레이퍼스의 주장은 그렇게 강력하지 않다. 드레이퍼스가 다수의 인간 정보 프로세싱이 전혀 의식적이지 않다는 것을 보여 줄 다른 수사와 참조 틀을 이용했더라면 사정이 달랐을지 모른다. 우리가 보았듯 이는 인지과학에서는 이제 널리 받아들여지는 명제다. 드레이퍼스가 이를 이용했더라면 논쟁은 인간이 이성적 능력이 있는지(맥다월은 자신의 주장을 이렇게 바꾸고 싶어 하는 것 같다)의 문제가 아니라 이성이 세계에서 일상적인 인간 행동에 핵심인지의 문제로 전환될 수 있었을 것이다.

이렇게 되었더라면 비의식적 프로세싱이 의식과 구별되면서 의식과 끊임없이 소통하고 의식이 처리할 수 있는 정보의 양을 제한함으로써 의식을 지원하며, 속도가 더 느리고 처리 능력이 제한된 의식이 압도당하지 않게 해 주는 방식에 대해 이야기할 수 있었을 것이다. 요점은 인간이 이성적 능력이 있다는 것(명백히 쉽게 반박할 수 있는 오류)이 아니라, 이성이 잘 해결할 수 있는 문제에 집중하기 위해 비의식적 인지의 지원을 받으며 사실상 비의식적 인지를 꼭 필요로 한다는 것이다.

그렇다면 지적 활동이 인간의 삶에서 핵심적이라는 맥다

월의 주장은 양적인 주장("얼마나 많은 인간 인지가 합리적인 것으로 간주될 수 있는가." 그러나 여기서 맥다월은 모든 인지 활동에 이성이 퍼져 있다는 근거에서부터 틀렸다)이 아니라, 얼마나 많은 것을 이성이 성취할 수 있는지, 이런 성취가 인간의 사회성과 현대의 인간 삶에 얼마나 중요한지에 대한 가치 판단으로 이해할 수도 있을 것이다. 비의식적 인지가 세계 속의 평범한 인간 기능에 절대적으로 중요하다는 것은 이성의 유용성을 반박하는 것이 아니라, 의식(그리고 의식과 더불어 이성)이 어떻게, 왜 발전할 수 있는지를 떠받치는 요인으로 이해될 수 있다.

요컨대 이 유명한 논쟁은 이를 다룬 논문집이 출간되고 다른 많은 철학자들이 글을 기고할 만큼 대단히 중요하게 여겨졌지만, 맥다월이든 드레이퍼스든 비의식적 인지를 고려에 넣지 않기 때문에 의도한 만큼의 효과를 내지는 못한다. 맥다월은 비의식적 인지라는 개념에 당연히 적대적일 것이고, 드레이퍼스가 나아가는 방향은 비의식적 인지에 대한 연구와 맞으며 여기에서 중요한 명확성을 얻고 있다. 이 논쟁은 철학과 같은 분야가 어떻게 합리적 주장을 강조하면서도 그 영역에 비의식적 인지를 포함시킴으로써 도전받는 동시에 활력을 얻을 수 있을지 보여 준다. 인문학의 다른 많은 분야에 대해서도 같은 얘기를 할 수 있을 것이다. 특히 디지털 인문학이 컴퓨터 알고리즘 형태의 비의식적 인지를 인문학 연구의 중심으로 가져오고 있는 지금 이 시대에는 더욱 그렇다. 이 주제는 8장에서 다룰 것이다.

다른 전통에서 비의식적 인지와의 유사물들

앞에서 합리성 담론에 집중하는 학문들이 비의식적 인지 프로세스를 인정한다면 어떻게 이득을 볼 수 있을지 논했지만, 여기에서는 인지에 대한 확장된 관점과 일부 겹치면서 갈라지는 비서구 전통과 대안적 전통을 살펴본다. 첫 번째 사례인 마음챙김(mindfulness)은 존 카밧진(Jon Kabat-Zinn)이 다른 이들과 함께 1979년 매사추세츠의과대학교에서 서구식 임상 실습에 도입하면서 명상 수련과 스트레스 완화 테크닉으로 나타났다["마음챙김에 기반한 스트레스 완화(MBSR, Mindfulness-Based Stress Reduction)]. 마음챙김은 이후 PTSD, 우울증, 불안, 약물 중독을 비롯해 다양한 이상 증상을 다루는 데 이용되었고, 정신의료계와 그 너머에까지 폭넓게 받아들여졌다. 이 테크닉은 바른 자세(가부좌를 틀고 앉거나 의자에 등을 쭉 펴고 앉는다)를 잡고 자신의 호흡에 집중하는 것으로 시작한다. 초보 명상자는 거의 시작하자마자 정신이 산만해진다[마이클 코발리스(Michael C. Corballis)의 ≪흔들리는 마음: 당신이 보지 않을 때 뇌는 무엇을 하는가(The Wandering Mind: What the Brain Does When You're Not looking)≫(2015)에서 탐색한 현상이다]. 명상자는 이 현상을 편견 없이, 호기심을 가지고 수용하는 자세로 보다가 '감이 오면(when it feels right)'[1] 다시 호흡에 정신을 집중하라는 조언을 듣는다. 연습을 하면서 처음에 제시된 시간인 십 분을 넘어서 더 오래 집중할 수 있게 되고, 신체의 리듬을 더 예민하게 인식하며, 의식적 경험은 사라지고, 들어오는 자극에 대한 반응 자체에 사로잡히지 않고서 조용히 그러한 반응을 수용할 수 있게 된다. 카밧진은 헨리 소로와 랠프 월도 에머슨 같은 미국 초월주의자들을 인용하면서 이런 연습이 불교와 기타 동양 종교하고만 일치하는 것은 아니라고 주장했지만, 이들 인물은 당연히 비서구권의 명상 실천에서 매우 큰 영향을 받은 바 있다.

비인지적 인지의 관점에서 보면 명상 실천은 의식의 내러티브에 투입하는 양을 줄여 주고 부분적으로든 전체적으로든 전역 작업공간을 깨끗이 해 주어서 특히 비의식적 프로세스에서 나오는 신체 프로세스, 감정적 반응, 현재의 자각에 대한 피드 포워드 정보를 받을 공간을 마련해 준다. 그리하여 명상자는 자신을 중심에 놓고 환경 안에 뿌리박힌 존재로서 자신의 몸 안에서 매 순간 실제로 일어나는 것과 더 긴밀히 접촉할 수 있게 된다. 이런 의미에서 명상은 이 책에서 발전시킨 틀과 양립할 수 있으며, 여태까지 제시된 지적 논쟁들에 경험적 요소를 더해 준다.

그러나 불교 전통에서는 명상 실천의 인식론적 결과, 특히 존재론적 결과에 대해 명백히 다른 방향이 취해진다. 비의식적 인지와 명상 간의 융합과 분기를 탐색하는 중요한 텍스트가 프란시스코 바렐라, 에번 톰슨, 엘리너 로시의 ≪체현된 마음: 인지과학과 체현된 경험(The Embodied Mind: Cognitive Science and Embodied Experience)≫(1992)이다. 이 책은 출간된 지 이십 년도 더 넘었지만 여전히 명상 실천과 함께 인지에 대한 체현된/환경에 뿌리박힌 관점을 설명하는 중요한 연구다. 이들은 호흡의 리드미컬한 활동에 집중하는 것과 같은 실천에 특히 초점을 맞춤으로써, 이 순간에 "경험의 매 순간 경험 대상만 달라지는 것이 아니라 경험 자체도 달라진다"는 사실을 알게 된다(69). 이들의 명백한 결론은 우리가 보통 말하는 그러한 자아는 없고, 오직 경험의 순간적 흐름만 있다는 것이다. 의식은 자아의 상실을 죽음과 맞먹는 것으로 두려워하기 때문에 공포에 사로잡혀 자아의 환상을 쫓는 경향이 있다. 명상의 목표는 이런 반응을 극복하고, 자아의 부재를 상실이 아니라 세계 속으로의 열림으로 깨달아[공(空) 혹은 순야타] 이 열림 안에서 자각의 경험에 대한 탐색을 시작하는 것이다.

공에 대한 이 더 나아간 깨달음과 결과에서 차이가 생겨난다. 객관주의와 주관주의 사이에서 "중도"를 찾는 마드야미카(Madhyamika) 학파의 불교 전통(Varela, Thompson, and Rosch, 229ff)에서는 공이 주체와 객체, 자아와 세계 모두로 확장된다. 자아가 근본이 없듯 세계의 근본 또한 없다. 초월주의적이거나 영구적으로 객관적인 기반 위에 있지도 않다. 그 대신 자아와 세계는 양자의 상호작용을 통해 서로를 존재하게 한다. 바렐라·톰슨·로시는 이를 "공존적 발생(codependent arising)"(110)이라 부른다. 이들이 말하듯 이는 자아가 환상이라는 견해를 지지하는 서구의 비슷한 전통과도 상당히 차이가 있다. "(서구 학문에는) 객관주의와 주관주의(절대주의의 두 형식) 사이에 중도를 위한 방법론적 기반이 없다. 인지과학과 실험심리학은 과학적으로 객관성을 유지하려 하기 때문에 자아의 파편화가 일어난다. 자아가 세계의 다른 여느 외적 대상과 마찬가지로 대상으로 즉 과학적 조사의 대상으로 취급되기 때문에, 정확히 바로 그 이유로, 자아는 시야에서 사라진다. 다시 말해서 주관성에 도전하는 바로 그 토대 자체가 객관성은 토대로서 건드리지 않고 놔둔다."(230) 그 결과, [인지과학과 실험심리학은] 철학적으로는 불교의 견해를 지지하면서도 실천적·일상적 기반에서는 거의 달라지는 것이 없다. 인지 이론의 경우만 예외다. 인지 이론은 자아가 세계에 뿌리박혀 있고 세계는 자아에 뿌리박혀 있다는 전제 위에서 그것이 "발제적 인지과학(enactive cognitive science)"이라고 부르는 틀로 나아간다.

그렇다 하더라도 인지 이론은 이론으로만 남는다. "발제적 인지과학 그리고 어떤 의미에서는 현대 서구 실용주의는 우리로 하여금 궁극적 토대의 결여를 직면하도록 요구한다. 둘 다 이론적 토대에 도전하면서 한편으로 일상의 생활세계를 긍정하고 싶어 한다. 그러나 발제적 인지과학과 실용주의 모두 이론적이다. 둘 다 우리가 어떻게 토대 없이 세계에서 살아갈 것인지에 대한 통찰을 제공해 주지는 않는다."(234) 그러므로 불교 전통이 "자아가 없음을 시사하는 것은 크나큰 축복이다. 생활세계를 깨달음을 위한 장소로, 길로 열어준다"(234)는 점에서 중요하다. 이 책의 연구 범위를 넘어 바렐라·톰슨·로시가 제기한 존재론적 문제들을 더 깊이 파고들지는 못하지만, 비의식적 인지 프로세스는 초월적 확신에 대한 필요성을 요하지 않으며, 어느 정도까지는 적극적으로 이를 무화시킨다. 이 점에서 이 책에서 발전시키는 틀은 발제적 인지와 양립할 수 있다. 비록 객관주의와 주관주의 간의 상호작용에 관한 질문들이 내 접근법과 바렐라·톰슨·로시의 접근법 간 차이가 나타나는 틈새를 보여 주지만 말이다.

내가 마지막으로 탐색하고 싶은 것은 그레이엄 하먼(Graham Harman)과 이언 보고스트(Ian Bogost)의 연구에 나오는 사변적 실재론(speculative realism)이다. 사변적 실재론은 인간을 탈중심화하려는 욕망, 비인간 타자들이 세계와 만나는 방식의 연구에 대한 관심, [토머스 네이글(Thomas Nagel)이 그의 유명한 논문에서 지적했듯] '우리는 결코 박쥐가 될 수 없다'는 깨달음 그리고 이런 생각들을 합칠 수 있는 통합된 틀을 만들어 내려 한다는 점에서 내 접근법과 비슷하다. 내가 다른 글에서 말했듯(Hayles 2014b), 대상이 우리에게서 무한히 물러나서 결코 알 수 없게 된다는 하먼(그리고 보고스트)의 주장뿐 아니라 내가 하먼의 모델에서 관계성(relationality)의 부족으로 보는 것을 비롯해 나와 그들의 견해가 다른 부분이 여러 군데 있다. 내가 보기에 하먼의 주장은 과학, 공학, 의학, 인류학, 디지털 인문학을 포함해 모든 형식에서 경험적 지식과 모순되는 것 같다. 이런 점 외에도 인지, 의식, 비의식에 대한 강조 또한 나의 틀에는 핵심적이지만 그들과는 별 관련이 없다. 그렇지만 포브온(Foveon)+ 장비를 갖춘 시그마 DP 디지털 이미지 센서에 대한 보고스트의 설명(Bogost 2012, 65-66)은 그가 기술적 인지를 표현하는 방식은 아니라 할지라도 기술적 인지가 어떻게 작용하는지 보여 주는 좋은 예가 될 수 있다(보고스트는 대상들이 실제로 세계를 어떻게 경험하는지 우리가 결코 알 수 없다는 자신의 주장에 맞추기 위해 기술적 인지를 일종의 캐리커처나 은유로 쓴다).

이 장을 마무리하기 위해 호모 사피엔스 종의 일원이 세계와 어떻게 조우하는가에 대한 내 상상을 상세히 설명하는 데에서 물러나 좀 더 넓은 관점에서 묘사해 보겠다. 호모 사피엔스는 정신을 바짝 차리고 이성과 추상적 관념을 이용할 수 있지만, 그 안에 전적으로 갇혀 있지는 않다. 자신이 환경에 뿌리박혀 있어서 내부 신체 시스템과 감정적·정서적 비의식적 프로세스를 비롯해 많은 원천에서 들어온 정보를 처리

+ 카메라의 이미지 센서 기술 중 하나.

하고 있음을 인식한다. 그는 생물학적 생명 형태와 기술적 시스템을 포함해 비인간 타자들의 해석적 능력들에 열려 있고 호기심을 느낀다. 그는 물질적 힘을 존중하고 그 힘들과 상호작용하며, 힘들이 삶이 출현하는 토대임을 알고 있다. 무엇보다도 그는 행성적 인지 생태계가 계속해서 변화하고 성장하고 번성하므로, 이를 보존하고 강화하며 진화시키기 위해 의식적이든 비의식적이든 자신의 능력을 이용하려 한다. 나에게는 이것이 이 장에 기술된 세부사항들에 대한 더 큰 그림이다.

03
인지적 비의식과 신유물론

전통적 인문학의 주제를 재평가하기 위해 발전한 접근법 중 유망한 것으로 신유물론이 있다. 신유물론들은 다양하지만, 그 깃발 아래 진행되는 이론적 틀들은 대개 비슷한 명제에 동의한다. 그중 주요한 명제가 언어, 합리성, 고차 의식을 비롯해 오랫동안 인간에게만 예외적인 것으로 통해 왔던 특징들과 인간 주체의 탈중심화다. 또한 물질이 수동적이고 무기력하기보다는 "생기 있고" "활기에 넘친다"는(베넷) 생각도 중요하다. 신유물론 중 어떤 것들(바라드, 파리시, 브라이도티)은 존재론을 강조한다. 이와 함께 준안정성, 역동적 프로세스, 집합체를 강조하는 들뢰즈의 선을 따라 존재론적 전제들을 재구성하는 경우가 많다(그로스, 파리카, 베넷). 일반적으로 이들 접근법은 인간을 특권을 지닌 특별한 범주가 아니라 비인간 생명과 물질적 프로세스와의 연속체 위에 위치시키는 경향이 있다(브라이도티, 그로스). 마지막으로 이들 접근법은 변혁적 잠재력을 강조하며 이를 새로운 종류의 정치적 행동을 할 능력과 연결하기도 한다(그로스, 브라이도티).

기가 질릴 만큼 복잡했던 언어적 전회(linguistic turn) 이후로 신유물론의 접근법들은 지친 뇌에 산소처럼 다가온다. 이들 접근법은 실제의 물질적 프로세스의 현실성에 초점을 맞추면서 인문학 담론에 물질적 프로세스의 복잡한 상호작용과 더불어 물질성을 들여온다. 모든 고차 의식과 언어적 행위가 아무리 정교하고 추상적이라 해도 우선 먼저 기저에 깔린 물질적 프로세스에서 출현해야 한다는 사실을 인문학 담론이 너무 오래, 너무 자주 망각해 왔기 때문이다.<1>

신유물론은 매우 전도유망하긴 하지만 심각한 한계도 있다. 확실히 신유물론은 의식과 인지는 고려하지 않는다. 아마도 의식과 인지를 논의에 도입하면 너무 쉽게 일반적 견해로 빠져 버려 물질성에만 초점을 맞출 때의 급진적 강렬함을 잃을지도 모른다는 우려 때문일 것이다. 이로 인해 수행상의 모순이 초래된다. 고차 의식을 지닌 존재만이 논쟁을 읽고 이해할 수 있지만, 신유물론자들은 인지가 살아 있는 존재와 살아 있지 않은 존재들을 위해 할 수 있는 기능을 거의 인정하지 않는다. 적어도 이런 담론들이 존재하려면 반드시 인지 프로세스가 관련되어야 함에도, 신유물론을 읽으면서 인지 프로세스를 인정하는 부분은 도무지 찾을 수 없다.

신유물론자들은 의식과 인지의 역할을 강조하는 담론이 예나 지금이나 이미 많으며, 물질성을 특히 중시하기 위해 이런 담론을 반복하거나 수정하는 것은 자기들이 할 일이 아니라고 항변할지 모른다. 그러나 물질성과 인지를 분리한다고 해서 물질성에 대한 옹호가 더 강력해지지는 않는다. 도리어 의식과 인지가 출현하는 구조와 조직을 만들어 내는 데에서 물질성이 하는 중요한 역할을 삭제하기 때문에 그 옹호를 약화시킨다. 이러한 구조와 조직을 만드는 것이 물질성의 '생기 있음(liveliness)'이 할 수 있는 전부는 결코 아니지만, 물질적 행위성의 특히 충만하고 중요한 형식이다. 이를 무시한다면 대단히 편파적이고 불완전한 그림을 얻게 된다. 게다가 이러한 삭제는 과도하게 일반화된 분석을 불러일으키며, 이로써 물질적 행위성의 종류들 사이에 있는 핵심 차이가 인식되지 않는다. 아마도 그 차이를 포함시키면 탈중심화 기획이 약화되기 때문인 듯하다. 이렇게 본다면 신유물론은 인간의 탈중심화를 인간의 완전한 삭제와 혼동하는 것이라고 할 수 있다. 탈중심화 기획이 성공하려면 무엇보다도 인간에게 그 기획이 왜 이로운지 설득이 필요하다는 점을 고려하면, 이러한 혼동은 비현실적이며 궁극적으로는 자멸적이다.

인지에 대한 확장된 생각이 제공하는 틀은 이런 한계를 상쇄하는 데 도움을 줄 수 있다(Hayles 2014a). 전통적으로 인지는 인간 의식 그리고 사고와 동일시되어 왔다. 앞서 보았듯 이런 견해는 인지생물학의 출현으로 압박받고 있다. 인지생물학은 모든 생명체, 심지어 식물과 미생물조차 인지 능력을 갖고 있다고 주장하면서 인지에 대한 훨씬 더 넓은 관점을 발전시켰다. 이제 인간 인지의 영역에서 비의식적 인지는 의식에 대해 핵심적 기능을 수행하는 것으로 여겨진다.

게다가 1장과 2장에서 말했듯 대부분 인간 행동은 의식적이기보다는 비의식적 탐색과 비의식적 프로세스 양쪽에서 비롯한다는 증거가 점점 더 많아지고 있다.

비의식적 인지에 대한 강조는 인간을 탈중심화하는 움직임과 함께한다. 인지 프로세스에서 의식/무의식 외의 또 다른 행위자를 인정하기 때문이기도 하고, 인간·동물·기술의 인지 간에 다리를 놓으면서 그것들을 질적으로 다른 기능으로 이해하기보다 연속선상에 두기 때문에 그렇다. 게다가 비의식적 인지라는 틀은 다른 종류의 물질적 프로세스들과 그에 따른 다른 종류의 행위성들 간의 차이를 인식하게 해 준다. 특히 결정론적 방법을 통해 적절히 다룰 수 있는 물질적 힘, 비선형적이고 평형 상태와는 거리가 멀어서 진화를 예측할 수 없는 힘, 재귀적으로 구조화되어 생명이 출현할 수 있는 힘의 부분들과, 인지로 이어지고 이를 직접적으로 지원하는 훨씬 더 작은 프로세스를 구별하게 한다. 행위성은 이런 연속체를 따라 존재하지만, 그 행위성들의 능력과 잠재성은 다 똑같지 않으며 마치 교환 가능하고 동등한 것처럼 다루어서는 안 된다. 마지막으로 비의식적 인지라는 틀은 '힘', '강도', '집합체' 그리고 그 외 것들이 결합·생존·진화의 힘을 띠면서 살아 있는 시스템에서 균형을 잡고 있음에 대한 인식을 토대로 신유물론에 만연해 있는 들뢰즈의 개념과 어휘에 대항하는 내러티브를 제공한다. 이런 식으로 수정하지 않고서 들뢰즈 철학의 모든 개념에 열광한다면, 신유물론이 그 자체로는 말이 된다 해도 일부 더 극단적인 신유물론들의 경우에는 자기 폐쇄적 담론에 빠져 다른 지식 실천들과 설득력 있게 연결되지 못할 위험이 있다. 또한 이데올로기적으로 편향되어, 어떤 실천이 실제 세계의 행동·실천·사건을 적절히 표상해서라기보다는 들뢰즈의 견해와 일치한다는 이유로 지지하게 된다.

이러한 주장은 신유물론들 내 다양한 진영 간의 차이를 주의 깊게 고려할 것을 요한다. 비의식적 인지라는 틀이 어디에서 어떻게 신유물론 기획에 건설적으로 힘을 보태어 신유물론의 주장들과 차별화하면서 유용한 수정안을 제공하고, 신유물론자들이 고려하지 않은 새로운 기반을 마련할지에 대한 엄격한 탐색도 필요하다. 분석을 용이하게 하기 위해 '존재론', '진화', '생존', '힘', '변환'을 비롯해 신유물론에서 핵심적인 개념들을 따라가며 주장을 진행시켜 보겠다.

존재론

신유물론자들 중에서 다소 이색적인 인물인 캐런 바라드(Karen Barad)는 자신의 유물론을 양자역학자 닐스 보어(Niels Bohr)의 물리-철학에서 이끌어 낸다. 보어는 1920년대 파동-입자의 이중성에 대한 실험 증거를 보고 베르너 하이젠베르크(Werner Heisenberg)의 것과는 확실히 다른 해석을 발전시켰다. 잘 알려져 있다시피 하이젠베르크는 “간섭(interference)” 해석을 옹호했다(관찰자가 실험에 개입하게 되면서 불확정성 원리가 나타난다. 즉, 운동량의 불확실성과 위치의 불확실성의 곱은 플랑크 상수로부터 계산된 극히 작은 양보다 작을 수 없다+). 반면 보어는 문제가 더 복잡하다고 생각했다. 보어는 측정을 하려면 실험자가 실험 도구를 정해야 한다는 점을 지적했다. 바라드는 명확성을 기하기 위해 단순화한 설정을 이용해, 위치 측정에 이용되는 도구들이 측정되는 어느 운동량과는 상호 배타적이라는 것을 보여 준다. 실험자는 그중에서 선택해야 한다. 결과적으로 위치를 측정하는 도구가 정확할수록 운동량 측정은 그만큼 더 불확실해지며, 역의 경우도 마찬가지다. 보어는 이런 상황을 실험자가 측정을 ‘방해한’ 것이 아니라, 위치와 운동량이 측정될 때까지 확정된 값을 갖지 않는다는 뜻으로 이해했다. 바라드가 지적하듯 이후의 실험에서 보어의 직관은 사실로 확인되었다.

+ 불확정성 원리에 따르면 입자의 운동량(속도와 질량의 곱)과 위치를 동시에 정확하게 측정할 수 없다는 제한이 있다. 즉 한쪽의 측정이 정밀해질수록 다른 쪽의 측정은 불확실성이 커진다. 여기서 ‘플랑크 상수’는 양자역학에서 중요한 상수로, 불확정성 원리가 작동하는 최소한의 제한을 정한다. 위치와 운동량의 불확실성 곱이 플랑크 상수로부터 계산된 값보다 작을 수 없다는 말은, 이 값이 양자 수준에서 측정 정확도의 한계를 나타낸다는 뜻이다.

보어에게 이 현상은 인식론의 영역에 남아 있었다. 보어에게 중요한 것은 실험 도구와 실험자를 포함하는 상호작용이 실재가 스스로 어떻게 모습을 드러내는지를 결정하고 무엇이 알려질 수 있는지에 이론적 한계를 부여하는 복잡한 단위(unit)를 형성한다는 것이었다. 여기에 바라드가 크게 기여한 바는 존재론으로 도약하면서 보어의 통찰을 확장한 것이다. 바라드는 측정/측정자(measuring/measurer)라는 단위를 "현상(phenomenon)"이라 부르면서 "현상은 세계의 구체적 물질적 수행"이라고 설명하고(2007, 335), 이를 가리키기 위해 "내부작용(intraaction)"이라는 용어를 고안해 낸다. "내부(intra)"라는 표현은 적어도 두 행위자가 관련되어야 한다는 점을 강조한다. 두 행위자는 각각 서로의 내부작용을 통해 동시에 상대를 존재하게 만든다. 이로써 바라드는 철학의 우선적 질문들 중 하나에 답한다. 왜 무(無)가 아니라 무언가가 존재하는가? 바라드가 보기에 내부작용이 없는 우주란 그 자체로 형용모순이다. 내부작용 없이는 우주 같은 것이 아예 존재할 수조차 없기 때문이다.

나는 듀크대학교에서 입자물리학자 마크 크루스(Mark Kruse)와 함께 과학과 소설에서의 양자역학에 초점을 맞추어 가르치는 수업 "과학소설, 과학적 사실"을 진행하면서 학생들과 바라드의 책을 읽었다. 크루스는 최근 힉스 입자를 발견한 팀에 참여 중이고, 나는 그가 바라드의 주장을 어떻게 생각할지 궁금했다. 크루스는 과학자로서 동료들과 함께 유럽원자핵공동연구소(CERN)에서 한 실험이 실재에 관해 뭔가를 보여 준다고 믿을 것이 틀림없다. 모든 과학 분야 중에서도 입자물리학은 (우주론 그리고 우주 화학과 더불어) 철학의 우선적 질문을 실험적으로 입증하는 데 가장 가까이 다가가 있다. 그 분야에서 확실한 답을 갖고 있다고 주장할 사람이 있을지 의심스럽기는 하지만 말이다. (이런 문제에 맞닥뜨리면 크루스는 늘 이렇게 말하곤 했다. "그건 철학적 문제예요." 실험을 할 수 있는 문제가 아니라는 뜻이다.) 그렇지만 입자물리학은 이제 빅뱅('팽창'이라 불리는 일시적 기간) 이후 우주의 첫 10억분의 1초에 대한 시나리오를 제공한다. 입자물리학은 이 어마어마하게 큰 사건의 메커니즘과 그와 관련된 제한 요소를 가정해 왔다. 크루스는 틀림없이 이러한 배경을 염두에 두고서 바라드의 비전이 합리적이면서 동시에 자기 분야의 경험적 결과들과 일치한다고 말했다.

바라드는 자신의 분석을 양자물리학으로 끝내지 않고 상호/내부작용의 핵심적 역할을 강조하기 위해 여러 담론, 문화정치학, 페미니즘 이론을 빌려 "행위적 실재론(agential realism)" 개념을 구성한다. 그럼에도 양자역학 이론과 실험에 대한 바라드의 세심한 설명은 그의 기획에 중요한 기초적 지식을 제공하며 어떤 특징을 부여한다. 바라드는 (일반적으로는 인정되지 않지만) 양자역학이 미시적 대상만이 아니라 거시적 대상에도 적용되며, 지금까지 가장 포괄적이며 가장 성공적인 과학 이론이라고 주장한다.<2> 바라드가 양자역학에 대해 인상적인 전문 지식을 가지고 있다 해도, 회의적인 독자라면 그의 분석이 소립자에서 유기체, 인간, 문화로 옮겨 갈 때 어떤 차이가 수반되는지 질문할 것이다. 근본적 수준에서는 실재가 내부작용적이라 해도, 문화도 반드시 그럴까?

비의식적 인지라는 틀이 중요한 기여를 할 수 있는 지점이 바로 여기다. 수준(level) 문제가 중요하기 때문이다. 각기 다른 수준에서 작동하는 특정한 역학들은 물질적 프로세스와 창발적 결과로서 비의식적 인지를 구별할 방법을 제공할 뿐 아니라, 의식/무의식 특유의 구성 양식을 밝혀 준다. 그리하여 이 틀은 양자 효과와 문화적 역학을 이어 주고, 바라드의 주장이 존재해야만 한다고 가정하면서도 명쾌하게 논하고 있지는 않은 그 사이의 결합 조직을 메우는 데 도움을 준다. 이런 면에서 바라드는 신유물론자들 대부분과 다르지 않다. 각 수준에 따라 달라지는 역학의 문제는 신유물론자들의 담론에서 소홀히 다루어진다. 경험적 사실은 이들 수준이 서로 다른 구성 양식을 특징으로 한다는 것을 보여 준다. 비의식적 인지라는 틀은 이 차이들 중 일부가 어떻게 작용하는지 명확히 밝힘으로써 신유물론의 이론과 주장을 적절히 교정해 준다. 예를 들어 2장에서 보았듯 비의식적 인지 프로세스는 의식의 생산에 관여하는 장거리 축색돌기를 가진 뉴런의 강화 작용이 없으면 약 500밀리 초 이상 지속될 수 없다 (Kouider and Dehaene [2007]; Dehaene [2009]). 이런 하향식 강화가 일단 일어나면, 그다음으로는 데하네가 말했듯 "전역 작업공간의 점화"가 일어난다. 이로써 반향회로가 활성화하고 사고는 무한히 지속된다. 상향식 신호와 하향식 강화의 결합은 생물학적 유기체의 뉴런 프로세스에서 서로 뚜렷이 다른 수준들이 얼마나 중요한지 보여 준다. 이와 비슷하게 규모에 따라 달라지는 현상 또한 계산 매체의 기술적 인지에서 찾아볼 수 있다. 여기에서는 상향식과 하향식의 커뮤니케이션이 다소 연속적으로 일어난다.

왜 신유물론자들이 수준 문제를 얼버무리고 넘어가려 하는지 이해하려면 들뢰즈 철학을 참조할 필요가 있다. 들뢰즈의 철학은 신유물론에 어마어마한 영향을 미쳤다. 엘리자베스 그로스(Elizabeth Grosz)는 들뢰즈를 이렇게 설명했다. "들뢰즈는 대체로 존재론자다. 들뢰즈의 관심은 실재적인 것(the real)에 대한 우리의 개념에 다시 활기를 불어넣는 것이다."(Grosz 2011, 55) 들뢰즈는 '주체', '유기체', '기호'에 맞서는 글을 쓰면서(Deleuze and Guattari 1987), 가타리와 공저로 쓴 글과 자신의 단독 저작에서 그러한 객체들에 의존하지 않고 '정동', '강도', '아상블라주[집합체]', '탈주선'이 이끄는 생기를 포용하는 비전을 창조해 내려 한다. 물론 들뢰즈와 가타리는 주체가 존재한다는 것은 인정하지만, 여러 수준에 걸쳐 횡단적으로 절단하는 힘을 강조하며, 이로써 전통 철학의 개념들 대부분을 우회한다. "기계적 아상블라주의 한 면이 지층에 맞닿으면, 그것은 틀림없이 일종의 유기체

혹은 의미화하는 총체성 또는 주체에서 기인하는 결정을 만들어 낸다. 또한 기관 없는 신체에 면한 쪽도 있는데, 그것은 끊임없이 유기체를 해체해 비의미적 분자들 또는 순수한 강도들을 순환하게 하며, 그 자체를 강도의 흔적으로서 이름에 불과한 것과 함께 남아 있는 주체로 본다."(Deleuze and Guattari 1987, 4)

들뢰즈에 대한 더 극단적인 해석에서 일부 신유물론자들은 "기관 없는 신체에 면한 쪽"에만 집중하면서 자기들의 담론에서 꼭 필요한 다른 면인 응집력과 캡슐화(encapsulation) 등은, 또 유시 파리카(Jussi Parikka)가 벌레를 "기계학적 되기(machinological becomings)"로 정의했던 것과 같이(Parikka 2010, 129) 살아 있는 존재들 특유의 수준에 따른 역학 등은 삭제해 버린다. 다음에서 보겠지만 여기에서 모순이 발생하고 설명이 매우 편파적으로 기울거나 과학 실천, 특히 진화 생물학을 심각하게 왜곡하게 된다. 또한 이런 극단적인 접근은 비의식적 인지를 자각의 양태와 더불어 현대의 문화에서의 형성적 힘으로 상상하는 것을 거의 불가능하게 하며, 당연히 그러한 힘으로 발전시키는 것도 불가능하게 한다.

진화

들뢰즈의 원칙을 적용하려는 더 대담한 시도 중 하나는

루시아나 파리시(Luciana Parisi)의 ≪추상적인 성: 철학, 생명공학, 욕망의 돌연변이(Abstract Sex: Philosophy, Bio-Technology and the Mutations of Desire)≫(2004)다. 파리시의 기획은 신유물론들 대부분과는 달리 진화생물학(생물-물리학적인 것), 성적 재생산(생물-문화적인 것), 생명공학(생물-디지털적인 것)을 포함해 다른 수준의 분석들을 인식하고 연결하는 틀을 만들어 낸다. 파리시는 그가 "다윈주의와 신다윈주의"라 부르는 것에 대해 대항 담론을 구성하기 위해 린 마굴리스(Lynn Margulis)의 세포내공생(endosymbiosis) 이론에 초점을 맞춘다. 세포내공생이란 15억 년 전쯤 세포가 자유롭게 살아가던 다른 유기체를 흡수해 돌연변이를 일으킨 과정을 말한다. 세포내공생 이론에서는 진핵생물 세포(핵과 세포기관을 가지고 있고 막으로 둘러싸인 세포)가 상호작용하는 개체들의 공동체에서 유래했다고 본다. 파리시는 세포내공생 이론이 유전을 통해 자연선택이 일어난다는 관점, 동일한 것의 반복을 특권화하는 관점에 맞선다고 보았기 때문에 관심을 가졌다. 파리시에 따르면 다윈의 패러다임에서 유전은 "유전적 단위(모든 차이의 원인)의 자기증식 경제를 가리킨다. 유전은 환경에서 유전자의 자율성을 확증해 준다.… 유기체가 태어난 환경은 유전적 물질의 유전 기능을 재프로그래밍할 수 없다"(49). 이 구절은 왜 파리시가 다윈주의와 신다윈주의를 적으로 보는지 확실히 보여 준다. 이들 관점에서는 유전되는 것이 근본적으로 보수적인 힘이기 때문이다. 자연선택을 재생산을 위한 경쟁으로 이해하기 때문에 더욱 그렇다.

파리시가 싸우는 유령은 사실 종이호랑이다. 진화에 대한 이런 관점은 1940년대 진화생물학에서는 맞을지 몰라도, 후성유전학에서의 최근 연구는 유전자가 어떻게 표현되는지와 관련해 DNA가 전부가 아니라는 것을 보여 준다. 언제, 어떤 유전자가 활성화되는지 조절하는 호르몬과 여러 화학적 신호들이 수행하는 유전자 조절은 대단히 중요한데, 이런 조절 메커니즘은 거꾸로 환경 조건의 영향을 받는다(Lopez-Maury, Marguerat, and Bahler 2008). 결과적으로 유전자 표현은 파리시가 말하듯 "환경과 유전자 간의 피드백 관계"를 배제하지 않는다(49). 게다가 파리시의 주장은 볼드윈 효과(Baldwin effect)를 무시하고 있다. 볼드윈 효과는 종에서 일어나는 돌연변이들 간의 피드백 루프와 종들이 돌연변이를 뒷받침하기 위해 환경을 조정하는 방식을 밝힌다. 돌연변이는 환경을 진화적 발전과 연결 짓는 또 하나의 수단이다. 더 나아가 다윈주의적 패러다임은 모든 종이 다른 종과의 관계와 주변 서식지의 역학에 의해 정의되는 생태적 지위(ecological niche)의 가능성과 도전에 대응한다고 가정한다. 그러니 파리시가 "[신다윈주의에서] 환경은 무의미하고 무력하며 수동적 발전 맥락으로서 죽어 갈 운명이다"라고 주장하는 것은 틀렸다(49).

왜 세포내공생에 초점을 맞추었을까? 세포내공생 이론은

어느 정도는 "진화 이론의 동물 우선주의(호모 사피엔스의 우선권)"(62)를 버린다는 점에서 호소력이 있다. 게다가 세포내공생 이론은 생존을 위한 경쟁보다는 동화와 네트워킹을 강조한다(Margulis and Sagan 1986). 그러나 세포내공생 이론을 다윈주의와 신다윈주의의 대척점에 놓는다면, 동화와 네트워킹 또한 그 자체로 진화상의 생존 전략이라는 점을 놓치게 된다. 특히 (파리시가 받아들이듯) 지구 환경이 변화하고 산소 수준이 높아지기 시작했을 때 혐기성 박테리아가 생존 전략으로 호흡을 하는 박테리아와 융합했다는 사실을 받아들인다면 더욱 그렇다(63).

이상의 결점이 있기는 해도 파리시의 비전은 세포내공생 수준에서는 잘 통하며, "추상적인 성(abstract sex)"이라는 새로운 견해로 이어진다. 파리시는 "추상적인 성"으로 "유전공학과 인공자연, 박테리아의 섹스와 가상의 신체-섹스 개념을 정의하는 여성적 욕구 사이의 연결을 탐색하기 위해 물질 조직의 분자적 역학에서부터 시작하는" 분석을 의도한다. 이해하기 어려울 듯한지, 파리시는 자신의 들뢰즈 이론 지향을 분명히 드러내는 구절에서 이렇게 설명한다. "주로 섹스는 사건이다. 신체 조직의 모든 수준(생물학적, 문화적, 경제적, 기술적 수준)에 다 영향을 미치는 불확정적 능력을 촉발하는 커뮤니케이션과 정보 재생산 방식의 현실화다.… 섹스는 정체성을 확정하기는커녕 연결과 전달의 가장 관계없는 요소, 물질, 형식, 기능들을 접고 펴는 봉투다."(11)

(인간이든 비인간이든) 주체에 제한될 수 없고 모든 수준에 생명(그리고 비생명)을 확산하는 힘으로서 섹스라는 비전은 박테리아 수준과 그것이 수행하는 동화, 분할, 영양 작용, 재생산의 기능에 적용할 때는 설득력 있는 통찰이다.

그러나 이 비전은 파리시가 다른 두 가지 수준, 생물-문화적 수준과 생물-디지털 수준으로 옮아가면 그다지 잘 통하지 않는다. 여기에서 문제는 파리시의 분석이 부정확하다기보다는 들뢰즈적 관점 안에서만 거의 완전하게 작동하며 생명공학, 디지털 매체, 정보, 문화연구의 다른 탄탄한 담론들과 연결하기는 어렵다는 점에 있다. 예를 들어 파리시는 "유기적 자본" 장에서 이렇게 쓴다. "산업자본주의와 더불어 재생산성은 많은 해독된 신체들(내용과 표현의 재료들)을 종속시키고 규제하려는 내용과 표현의 생물-물리학적 형식을 새롭게 구성함으로써 사회-유기체적 계층에서 추상화된다. 산업자본주의는 그들의 빈약한 코드를 기계적 재생산의 리듬으로 가져와 (핵과 세포질) 재생산의 해독된 사회-유기체적 양식을 재영토화한다."(103) 여기에서 시험관 수정, 인간과 비인간 복제 등과 같은 재생산 기술의 도움을 받는 유전공학을 포함해 파리시의 비판 대상은 전부 "산업자본주의"의 범위 안에 있다. 어떤 기술이 관련되는지, 문제가 무엇인지, 파리시의 분석이 문제를 해결하는 데 정확히 어떻게 도움이 될 것인지에 대한 구체적 언급은 별로 없다. 그보다는 앞서 형성된/앞서 존재하는 객체들을 들뢰즈식 탈영토화의 힘에 담론적으로 개방시킬 따름이다.

파리시의 분석이 박테리아와 세포 수준에서 가장 잘 통한다는 사실이 놀라울 것도 없다. 이 수준에서는 생존 투쟁을 복잡하게 만드는 의식이 존재하지 않기 때문이다. 내부와 외부 환경을 정의하는 투과성 막에 둘러싸인 단세포 유기체는 재생산 시간이 매우 짧고 돌연변이 발생 비율이 상대적으로 더 높은 데에서 보듯 더 복잡한 유기체와는 질적으로 다른 방식으로 자신의 환경과 상호작용한다. 단세포 유기체는 더 복잡한 유기체보다 돌연변이를 일으킬 잠재성이 크기 때문에, 이들의 경우에는 '강도'에 대한 민감도나 돌연변이를 일으키는 '아상블라주'로서 세포와 같은 들뢰즈의 용어들이 실제로 몇몇 중요한 점을 포착한다. 유기체가 더 복잡해질수록 세포 역학은 다른 많은 수준과 구성 양식에 통합되며, 들뢰즈적 탈영토화를 거스르는 힘은 그만큼 더 강해진다. 결과적으로 파리시는 생물-문화적, 생물-디지털 수준에서는 들뢰즈의 어휘와 개념을 거의 쓸 수 없게 되며, 세계에서의 실제 실천과 의미 있는 연결을 만들어 내지 못하고 자폐적인 담론적 거품을 만들어 내는 데 그친다.

단세포보다는 복잡하지만 포유동물보다는 훨씬 단순한 중간 수준 정도의 생명체 사례가 곤충이다. 곤충은 그래서 들뢰즈식의 흐름, 변형, 탈영토화의 역학이 어디까지 설득력 있게 적용될 수 있는지 보여 주는 흥미로운 사례가 될 수 있다. 곤충은 의식을 결여한다는 점에서는 단세포 유기체와 같다. 그러면서 세포처럼 비교적 단기간에 생식을 하고 더 많은 돌연변이를 만들어 낸다(이런 이유로 초파리는 수십 년간 실험자들의 사랑을 받았다). 파리카는 곤충 떼의 흥미로운 사례를 비롯해 곤충들에게 들뢰즈의 아이디어를 적용했다. 곤충 떼가 화학 신호와 그 밖의 비의미론적 소통 양식을 통해 집단적 행동을 할 잠재력이 커지면 비의식적 인지가 출현한다.

파리시는 벌의 소통에 대한 카를 폰 프리슈(Karl von Frisch)의 선구적 연구를 언급하면서 다음과 같이 주장한다.

> 벌들은 표상적 객체가 아니라 기계학적 되기다. 벌들은 환경상의 변동을 자신들의 조직적 구조의 일부로 지각하고 파악하는 능력 면에서 맥락화된다.… 상호작용의 지능은 어느 벌 한 마리나 심지어 안정적 단위인 벌 집단에 있지 않고, 되기의 '사이' 공간에 있다. 벌들은 곤충 공동체의 사회적 행동 연속체로 표현되는 중요한 영역(milieu)과 관련된다. 이 공동체는 표상의 내용이 아니라 비인간 행위자들의 사회가 갖는 분산된 조직에 기반한다.(129)

표상을 부인한다니 놀랍다. 특히 소위 '흔드는' 벌의 춤을 생각하면 그렇다. 벌의 지향점, 벌이 내는 에너지, 춤의 방향, 이 모두가 식량 원천에 대한 정확한 정보를 소통한다. 왜 이것이 파리카의 관점에서는 표상을 구성하지 않는가? 그 주된 이유는 사실들이 반대쪽을 가리킬 때조차 들뢰즈식 패러다임에 충실하려 하기 때문인 것 같다. 벌과 그들의 환경 간 연속체, 개체에 선행하며 이를 대체하는 힘으로서 강도, 우연적인 아상블라주가 대신 환기된다. 이런 어휘와 개념은 사회적 곤충의 행동에서 어떤 측면의 특징을 묘사하는 데에는 잘 맞지만, 비의식적 인지와 표상적 행동의 가능성은 낮게 평가한다. 이러한 말소를 교정하는 데 비의식적 인지의 틀이 도움을 줄 수 있다.

이는 들뢰즈의 되기와 인지, 주체성, 고차 의식 간에 중간지대를 구축할 수 있을 것인가라는 중요한 질문을 제기한다. 순수주의자라면 그러한 중간 지대는 불가능하다고 반대할 것이다. 여기에서는 그 밖의 모든 것이 나오는 힘과 강도 쪽(들뢰즈의 관점), 혹은 힘들이 작용하는 대상인 존재에 선행하는 객체로서 개별 주체 쪽, 둘 중 어느 한쪽에 기원의 특권을 부여해야 하기 때문이다. 이런 관점에서는 둘이 동시에 우선권을 쥘 수 없으며, 어느 하나를 선택하는 일은 각각의 세계관에 걸맞은 복잡한 연쇄적 결과를 수반한다. 그러나 우리는 이 둘을 양자택일을 강요하는 반대되는 것들이 아니라 통합된 전체(들뢰즈와 가타리는 두 가지 면을 아상블라주로 보았을 것이다)에 대해 제각기 나름의 진실과 통찰을 가진 두 가지 다른 관점으로 자리매김시킨다. 이 경우, 이런 상황과 바라드가 논한 입자/파동의 이중성 간에서 유비를 끌어낼 수 있을 것이다. 이 유비에서는 우주에서 점질량(point mass)으로 있는 입자는 객체와 일치하지만, 파동은 사건과 비슷하다. 객체와 사건 중 어느 것이 먼저인지 묻는다면, 바라드의 관점에서는 잘못된 질문을 하는 것이다. 그보다는 내부작용의 지점들, 물질적 프로세스와 의식 특유의 구조화된 그리고 조직화된 패턴 사이의 역학과 연속적인 상호작용이 어디에 있는지 질문해야 한다.

비의식적 인지는 물질적 프로세스와 자각의 양태 사이를 매개하면서 내부작용이 내부와 외부 환경('사건')으로부터의 감각 자극을 주체('객체')의 출현과 연결하는 핵심 장소를 제공한다. 이 관점에서 본다면 비의식적 인지라는 틀은 들뢰즈에 반대하거나 따르는 것이 아니라, 두 관점 사이를 매개하는 다리다. (비의식적 인지의 관점에서는 아니지만) 이와 비슷하게 매개적 입장을 채택하려 했던 이론가들이 그로스와 로지 브라이도티(Rosi Braidotti)다. 이 두 사람은 힘/강도와 주체/유기체 사이에서 균형과 같은 것을 잡으면서, 각자 특유의 수사와 추론 방식을 가지고 구체적으로 작업한다. 우리는 생존이라는 중요한 문제를 통해 그로스와 브라이도티의 접근을 비교해 볼 수 있고, 그 맥락에서 비의식적 인지가 하는 역할을 더욱더 잘 설명할 수 있다.

생존

그로스는 다윈을 명쾌하게 논의하면서 베르그송 그리고 들뢰즈와 나란히 놓으려고 시도한다. 특히 그로스는 다윈이 인간과 동물, 모든 생명이 진화 프로세스를 통한 연속체이며, 인간과 비인간 동물이 절대적으로 분리된 것이 아니라 정도 면에서만 차이가 있을 뿐이라고 주장했다는 점에서 인간을 탈중심화하는 자신의 프로젝트에 도움이 된다고 본다. 예를 들어 언어의 인간적 특징이 이미 다른 동물에게도 더 낮은 정도로 존재한다면, 이는 곧 생명을 "가상적인 것을 실재화하고, 경향과 잠재성들을 현실로 만들고, 그것들이 가능하게 만드는 행동을 실행하고 극대화하기 위해 기관과 행동을 탐색하는, 계속 진행 중인 경향"으로 보는 들뢰즈의 견해와도 크게 다르지 않다(Grosz 2011, 20). 물론 이런 화해를 이루어 내려면 다윈에게서 삭제해야 할 부분이 좀 있다. 특히 자연선택이 (개체들의 집단뿐 아니라) 유기체에, 유기체를 통해 작용한다는 다윈의 가정이 그렇다. 다윈에게서와 달리 들뢰즈에게 유기체는 연속적인 역동적 재배치에 따른 준안정성에서 때때로 출현하는 것이다.

그로스는 어느 정도는 성 선택을 강조함으로써 유기체가 자연선택의 초점이 되는 것을 피한다. 그로스는 (일부 진화 생물학자들이 시도하듯) 성 선택을 자연선택으로 축소할 수 없다고 주장하면서, 이를 "신체적 강도화의 힘, 쾌락이나

'욕망'을 일으키는 능력, 감각을 생성하는 능력"으로 본다(118). 이는 그로스가 다윈이 "성차와 성 선택에서 (대부분의) 생명체가 비적응적·비환원적·비전략적으로 투자하는 것"을 강조한다고 보는 점과 연관된다. 물론 회의론자라면 성 선택이 짝을 찾는 경쟁과 궁극적인 재생산의 성공을 통해 자연선택과 연관된다는 점을 지적할 수 있다. 그로스는 이 점을 인정하지만 그것이 전부는 아니라고 주장한다(120). 공작의 꼬리 등 화려한 것들을 떠올리면, 이것들이 어떤 적합도(fitness)를 나타내는지 확실치 않다. 오히려 공작이 이 공작이 아닌 저 공작을 선호하는 이유는 재생산 적합도와는 거의 관계가 없고 그로스가 주장한 대로 쾌락·욕구·감각과 큰 관계가 있다.

비의식적 인지라는 틀은 여기에 무엇을 추가할 수 있을까? 다윈식의 유기체와 들뢰즈식의 흐름 간에 불거지는 암묵적 갈등은 그로스의 논문 "지각불가능성의 정치학(A Politics of Imperceptibility)"(2002)에서 가장 잘 드러난다. 그로스는 페미니즘 전략으로서 정체성 정치학에 반대하면서, 혼종적이며 균열이 있다고 인정한 정체성조차 여전히 시간이 지나면서 복제되어 동일자의 반복으로 이어질 것이라고 주장한다. 진짜 변화를 가능하게 하려면 다른 이론적 지향이 필요하며, 변환과 끊임없는 변화, 탈영토화에 열려 있을 것을 강조해야 한다. 그것이 바로 들뢰즈식 패러다임이다. 하지만 들뢰즈가 반대한 주체, 유기체, 기호, 객체를 어느 정도라도

참조하지 않는다면 어떻게 정치적 행위성을 동원할 수 있을지 알기가 어렵다.<3>

비의식적 인지라는 틀은 환경과의 관계에서 변화할 수 없는 의식의 효과를 시사하지 않고서도 물질적 프로세스와 그것의 창발적 결과인 비의식적 인지에 행위성을 자리매김시킬 수단을 제공한다.<4> 그로스는 이렇게 썼다. "주체로서 우리가 우리를 주체로 구성하는 바로 이 힘들의 주인 혹은 행위자라는 상상은 유용한 허구지만 사실과는 다르다."(2002, 471) 비의식적 인지라는 틀은 주체를 정치적 행동을 할 수 있는 행위자로서 완전히 삭제하거나 무시할 것을 요하지 않으면서도, 물질적 힘을 주체인 우리와 연결해 "우리를 구성하는 바로 그 힘들의 … 주인"으로서 주체의 환상을 해체하는 데 이바지한다.

여기에서 그로스의 주장은 때때로 부자연스럽다. 그러나 지각불가능성(imperceptibility)은 미 국가안보국의 스파이 행위가 폭로되고 소셜 미디어와 검색 엔진 등의 연관 트래킹과 자료 수집이 알려지면서 정치적 측면에서 새롭게 부각되었다. 오늘날 많은 이들이 자기 페이스북을 닫고 웹에서 자신의 존재를 지우려 하고 있고, 지각불가능성이 바람직한 입장으로 여겨지게 되었다. 2006년 브라이도티는 "지각불가능하게 되기의 윤리학"에 초점을 맞추어 그로스의 주장을 확장하면서(또한 수정하면서) 이 경향을 예견했다. 브라이도티는 많은 신유물론자들과 달리 주체를 인정하며, "지속 가능한 주체"를 강조한다(Braidotti 2006, 135) "이 주체는 생리학적으로 자아의 육체적 물질성 속에 뿌리박혀 있지만, 육화된 강도적 혹은 유목적 주체는 사이 존재(in-between)다. 외부의 영향을 받아들이면서 동시에 정동을 밖으로 풀어낸다."(135) 브라이도티는 ≪포스트휴먼≫에서 "나는 그들과 별 관계가 없다"(Braidotti 2013, 66)고 선언하지만, 명백히 들뢰즈와 가타리의 영향을 받았다.

브라이도티의 입장은 지속 가능한 주체를 어떻게 생각하는지에서 볼 수 있다. "지속가능성은 주체가 얼마나 많이 취할 수 있는가에 관한 것이다. 따라서 윤리학은 신체가 얼마나 많은 능력을 취할 수 있는가의 기하학으로 재정의된다."(2006, 136) "주체가 얼마나 많이 취할 수 있는가"라는 말은 주체가 "보통 '개별적(in-dividual)'[또는 가분적(di-vidual)] 자아라 하는 단일한 배치(singular configuration) 안에서 (공간 속에서) 굳히고 (시간 속에서) 강화하는 힘들 혹은 흐름들, 강도와 열정"에 자신을 얼마만큼 열 수 있는가를 뜻한다(136). 이때 브라이도티는 주체를 주체가 완전히 분해되는 문턱에 이르기까지 사건에 열려 있는 객체라고 생각함으로써 균형을 잡는다. "그래서 우리의 신체는 우리가 문턱 혹은 한계에 닿았는지, 그렇다면 언제 닿았는지를 우리에게 말해줄 것이다."(137) 브라이도티의 담론에서 주체는 이 문턱에서 균형을 잡으면서 어떤 때는 안정된 객체처럼 보이고 또 어떤 때는 곧 해체될 순간적인 아상블라주로 보인다['개체

(individual)'와 들뢰즈적 '가분체' 간에서 망설이는 점에 주목하라]. 똑같은 균형 잡기가 다음 대목에서도 확실히 보인다. 주체는 "강도적이고 역동적인 객체 … [즉] (시공간적으로 말하자면) 항구적인 변환의 흐름을 지탱하고 겪어 낼 만큼 안정적인 힘"이다(136). 이때 윤리학은 "고통을 지속가능성의 문턱에 다시 이르게 하는 데 있다"(139). 윤리학은 여전히 자아로서 강도를 유지하면서, "부서지면서도 여전히 버티고 있는"(139) 일관된 자아를 가능한 한 흐름 속으로 더욱더 가져가려는 결단이다.

브라이도티는 이를 "지속 가능한" 주체라 부름으로써 생존이 가장 큰 관심사임을 암시한다. 그러나 우리는 모든 '개체'는 (심지어 '가분체'도) 반드시 죽는다는 것을 알고 있다. 브라이도티의 담론에서 죽음과 지속가능성 사이의 명백한 갈등은 죽음이 개체에게만 적용된다는 주장으로 절충된다. 브라이도티는 "자기보존은 널리 공유하는 관심사"(146)이며 "자아의 자기보존은 너무나 강력한 충동이어서 파괴는 외부에서만 비롯될 수 있다"(146)라고 인정하면서도, 우리로 하여금 죽음을 "다른 것이 되는 내 힘의 극단적 형태"로 볼 것을 촉구한다(146). 예를 들어 신체의 부패에도 살아남는 분자, 혹은 그렇지 않은 분자(많은 단백질들은 개체의 죽음 이후에는 살아남지 못한다), 실컷 포식한 벌레 안에 그리고 그 벌레로 존속하는 원자가 있다.

하지만 당연히 이성을 가진 피조물은 인간이 유일하다.

사실상 다른 모든 생명체는 할 수 있는 한 살기 위해 투쟁할 것이며, 이는 그들이 결코 죽음을 받아들이지 않는다는 신호다. 가젤은 등에 암사자의 발톱을 느끼면서도 여전히 필사적으로 도망치려 한다. 이런 의미에서 브라이도티는 죽음과 마주하는 인간의 특권을 또다시 자리 잡게 한다. 브라이도티는 자신의 틀이 "인지가 아니라 정동을 통해 세계에 접근하는 것을 의미한다"(139)고 주장하지만 당연하게도 인지, 특히 인간이 소유한 고차 의식만이 그가 권하는 죽음과의 화해를 성취할 수 있다. 왜 브라이도티가 애초에 이런 생각을 개시했는지 의아해할 사람도 있을 것이다. 나는 브라이도티가 주체는 지속 가능하다는 자신의 주장과 들뢰즈적 패러다임에 대한 헌신 사이의 모순에 대한 해결책을 얻기 위해 그럴 수밖에 없었으리라고 추측한다. 말하자면 균형을 유지하기 위해 치러야 하는 대가다. 개체는 사라지지만, 그럼에도 '우리'의 또 다른 형태로 보아야 하는 들뢰즈적 흐름과 강도 속에서 다시 나타난다.

비의식적 인지라는 틀은 그로스와 브라이도티의 입장에 대해 또 다른 해석상의 대안을 제공한다. 비의식적 인지라는 틀은 주체가 흐름과 강도(그로스의 관심사)에 무관하다고 말하지 않고, 살아 있는 인간 주체가 해체의 문턱을 초과하지 않고서 거기에서 균형을 잡도록 요구하지 않으면서(브라이도티가 강조하는 것) 출현할 수 있는 장소다. 더 나아가 1장에서 보았듯 비의식적 인지를 일으키는 신경학적 구조가 인간에게만 국한되지 않고 동물 세계 전반에 걸쳐 존재한다는 경험적 증거가 꽤 많이 있다.

물론 담론적 혹은 이데올로기적 입장을 뒷받침하는 경험적 증거가 있느냐는 복잡한 문제다. 이런 결론에 도달하는 데 관련된 연쇄적 추론은 반드시 무엇이 증거를 구성하는지, 어떤 확인 기준이 따르는지 등에 대한 수많은 가정들과 함께 구성되어야 하기 때문이다. 그렇다 하더라도 경험적 근거를 주장할 수 있는 입장이 그러지 못하는 입장보다 더 낫다. 그러지 않으면 라투르가 지적했듯 실제로 그러한 사실과 이데올로기적으로 유도된 환상을 분간할 수 없게 된다. 들뢰즈적 패러다임이 경험적 검증을 (한다 하더라도) 그다지 강조하지 않고 "국가 과학(royal sciences)"에 대해 언급하는 것도 놀랄 일이 아니다. 들뢰즈와 가타리에 따르면 "소수 과학(minor sciences)"은 혼종적인 것들, 수학적으로 계산하기 어려운 흐름과 현상에 대한 접근에 관심을 갖는 반면, 국가 과학은 추상적인 법과 일반적인 원칙을 발견하는 데 관심을 둔다(Deleuze and Guattari 1987, 298-413, esp. 413). 비의식적 인지는 본래 측정이 어렵지만 다양한 실험으로 경험적으로 강력히 확인할 수 있기 때문에 이런 정의를 전복한다(Lewicki, Hill, and Czyzewska 참조). 비의식적 인지는 주류 '국가'와 주변화된 '소수' 사이를 연결하면서 의식이 대부분의 인간 행동을 인도한다는 믿음에 도전하지만, '소수'나 주변이 원래 '국가'나 다수보다 우월하다는 이데올로기에 물든 가정을 받아들이도록 요하지 않는다.

힘

'힘(force)'은 들뢰즈 패러다임에서 자주 환기되지만, 구체적이거나 정확하게 정의되는 경우는 드물다. 이 세계관에서 힘은 본질적 개념이다. 주체가 없다면 행위성을 어딘가에 놓아야 하는데, '힘'은 일종의 행위자 없는 행위자, '배치(agencement)'[보통 '아상블라주(assemblage)'로 번역된다. 사건들에 대한 들뢰즈식 강조를 약화시킬 위험이 있는 명사다]를 발생시키면서 참여하기도 하는 욕망이 되기 때문이다. 예를 들어 그로스는 "행위성이 없거나, 행위성과 정체성이 있는, 적극적이고 반응적인 다수의 힘들의 놀이"에 대해 말한다. "다시 말해 힘은 인간에 미달하면서 초월하는 반향으로 이해할 필요가 있다. 힘은 몰인간(inhuman)으로서 … 인간에도 불구하고, 인간 주위에서, 인간 안에서, 인간으로서, 힘이 작용하는 세계 안에 인간을 가능하게 만들면서 동시에 위치시킨다."(2002, 467)

그렇지만 이 웅변적 구절은 '힘'의 본질에 대해서는 여전히 대단히 부정확하며, 각기 다른 종류의 힘들이 띠는 차이를 다양한 과학 분야에서 광범하게 조사했다 해도 그 힘들을 구분하지 못한다. 예를 들어 파리시가 말하는 원자적이고 분자적인 수준에서 강력(강한 핵력), 약력(약한 핵력), 전자기력, 인력이라는 네 가지 근본적 힘을 찾을 수 있다. 화학에서는 이와 다른 종류의 힘이 용액과 현탁액 속에서 작용해, 자기조직화의 역학이 평형 상태와는 거리가 먼 시스템을 이루는 데서 작동한다. 파리시는 이들 용어를 종종 동원하지만, 평형 상태 시스템의 중요성을 인식하지는 못한다. 그러한 시스템의 역학은 선형 미분 방정식으로 설명할 수 있다. 선형 미분 방정식으로 어느 때에 시스템의 움직임을 정확히 예측할 수 있는가에 대해서는 많은 것이 밝혀져 있다(예를 들어 달에 로켓을 쏘아 올린다든가 특정 날씨 조건에서 차를 멈춰 세우는 것).

파리시와 다른 사람들은 예측불가능성의 측면에서 비선형적 역학에 특권을 부여하고는 하며, 그럼으로써 이런 시스템을 적절히 다루지 못하는 과학이 무능하다고 암묵적으로 주장한다. 하지만 이는 시뮬레이션 과학이라는 중요한 새 분야를 무시하는 소행이다. 시뮬레이션 과학에서는 카오스적이고 복잡한 시스템들을 모델화해 이 시스템이 어떻게 움직이는가에 대해 신뢰할 만한 지식을 내놓고 있다(파리카는 곤충 떼 그리고 다른 무리 짓기 행동에 대한 컴퓨터 시뮬레이션에 관심을 보인다는 점에서 이례적이다). 게다가 '힘'의 모호함은 신유물론에 핵심이어야 할 문제를 피해 간다. 그 문제란, 그 움직임이 결정론적이기 때문에 관련된 힘들의 총합으로 정확히 계산될 수 있는 물질적 힘과, 생명과 인지를 포함해 점점 더 복잡한 결과의 출현으로 이어질 수 있으며 자기조직적이고 카오스적이며 복잡한 역학들과 연관된 힘들 간의 차이다. 여기에는 적응적인 시스템과 그렇지 않은 시스템 간의 중요한 차이도 있다. 화학에서의 벨로우소프-자보틴스키 반응과 박테리아의 세포내공생의 역사 모두 자기조직화하는 시스템의 예이지만, 박테리아는 적응적이며 환경의 변화에 따라 변할 수 있는 반면 BZ 반응은 예측 불가능한 다양한 시각적 디스플레이를 만들어 낸다 하더라도 그와 같은 식으로 적응적이 될 수 없다.

비인간 힘에 행위성을 부여할 때 이런 구분은 핵심적이다. 예를 들어 창문으로 날아오는 돌은 유리를 깰 때 행위자로 행동한다고 말할 수 있다. 이 경우 돌의 궤적과 힘은 완전히 결정론적이며, 관련된 요소들을 안다면 정확히 계산할 수 있다. 사람과 다른 생명체들을 죽이고 가공할 규모로 에너지를 방출할 수 있는 눈사태의 행위성은 이와 다르다. 날아가는 돌과 달리 눈사태는 임곗점과 관련이 있는데, 이는 정확히 언제 일이 터질지 예측하기가 어렵거나 아예 불가능할 수도 있다는 뜻이다. 그럼에도 여기에서 행위성은 의도적이지도, 불가사의하지도 않다. 관련된 요소를 다 알 수 있다면 모델을 만들어 그것이 어떻게 행동할지에 대한 합리적 추정치를 도출할 수 있다(지진에 대해서도 같은 말을 할 수 있다. 이 경우 모델은 지진이 정확히 언제 일어날지 예측할 만큼 훌륭하지는 않아도 지진이 일어날 법한 장소와 일어날 시간 동안의 대강의 강도를 예상할 수 있다). 그러나 역학을 자기조직화할 수 있는 시스템의 행위성은 또 다른 문제다. 여기에서는 정말로 놀라운 결과가 나타날 수도 있다. 지구 행성의 역사에서 수백만 년 전 생명의 출현이 좋은 예다. 이 모든 것이 물질적 프로세스의 행위성과 비인간 힘의 중요성을 보여 준다고 말할 수도 있겠지만, 이러한 일반화는 이들과 관련된 역학과 구조의 종류를 더 정확히 하지 않는다면 김이 빠져 버린다.

다양한 종류의 힘들 그리고 그 힘들이 구현하는 다양한 종류의 행위성에 대해 이렇게 많은 것이 알려졌는데도 왜 '힘'은 여전히 그토록 모호한가? 행위성을 위에서 말한 관점에서 논하는 순간, 들뢰즈적 패러다임을 끌고 가는 '힘'의 불가사의한 효과는 이미 알려진 행위성들의 집합 속에서 증발해 버린다. 다른 종류의 행위성을 인정할 때조차도 복잡성과 자기조직화로 이어지는 것에 특권을 부여하고(예를 들어 파리시에게서 뚜렷이 드러난다), 선형성보다 비선형성에 가치를 부여하며, 평형 상태의 시스템보다 전혀 그렇지 않은 것을 높이 평가하는 경향이 있다. 추측건대 이런 힘들이 새롭고 예기치 못한 결과로 이어지기 때문일 것이다. 그러나 바로 이 비선형 시스템들에서 생명이 출현했다. 따라서 이처럼 비선형적인 것을 선호하는 경향에서 살아 있지 않은 것보다 살아 있는 것, 단순하고 결정론적인 것보다 복잡하고 적응적인 것을 암묵적으로 우위에 두기 쉽다고 의심하는 것도 논리적으로 타당성이 있다. 그러나 이러한 결과는 인간 중심을 해체하고, 인간을 탈중심화하고 행위성을 갖지만 살아 있지 않은 것들을 찬양한다는 큰 목표 때문에 이런 결론에 이를 수 없다. 이런 모순은 서로 다른 종류의 행위성과 힘들을 더 구체화하지 않고서 어떤 힘보다 다른 힘을 더 선호하는 것이 경험론적 결론이 아니라 이데올로기적 선택임을 드러낸다.

비의식적 인지라는 틀은 인간·동물·기술 스펙트럼 전반의 다양한 수준에서 구조, 역학, 조직(즉 '힘')을 명백히 밝힘으로써 다수의 신유물론과 차이를 둔다. 이 틀에서는 인지 전반을 암묵적으로 강조하며, 인지가 중요하고 연구할 가치가 있다는 믿음을 드러낸다. 이 틀은 비의식적 인지를 주장하면서 인지적으로 보이는 행동, 특히 의식이 연관되지 않은 행동의 종류를 **늘리려** 한다. 이 측면에서 비의식적 인지라는 틀은 인지적인 것의 영역을 그 밑에 깔린 물질적 프로세스에서 나왔지만 그것과는 구별되는 특별한 종류의 능력으로 확장한다고 할 수 있다. 이런 종류의 접근이 무엇을 제공해야 하는지 더 살펴보기 위해, 이제 신유물론의 또 다른 핵심 주제인 변환으로 넘어가 보겠다.

변환

변환(transformation)은 보통 신유물론 담론에서 여러 이유로 높이 평가된다. 정치적 장에서의 건설적 변화에 대한 희망 때문이기도 하고(그로스, 브라이도티), 인간을 중심에 두지 않는 더 환경 친화적인 세계에 대한 희망 때문이기도 하며(파리시, 슈킨, 베넷), 인간 자신 안에서 생산적 변화를 열어 줄 가능성 때문이기도 하다(브라이도티, 파리카). 이런 것들은 중요하고 의미 있는 목표이며, 물질적 프로세스 안에 행위성을 위치시킨다는 생각은 인간 행위자가 아니라 다른 곳에 행위성을 두는 것이 특히 바람직하다는 점을 고려하면 대단히 흥미로운 가능성이다. 그럼에도 오늘날 지구상에서 가장 큰 변환적인 힘은 의심할 여지 없이 인간 행위성과 인간 개입이다. 그 효과는 기후 변화, 비인간 동물 서식지의 전 세계적 감소, 인류세라는 개념, 인간의 행동이 우리의 통제 능력을 넘어서는 힘을 풀어놓고 있는 현실에서 드러나고 있다.

변환에 대한 논의에는 인간 행위성에 대한 인식과 최근 기술적 대상에서 비의식적 인지가 기하급수적으로 증가하고 있다는 사실이 반드시 포함되어야 할 것이다. (들뢰즈를 언급하고 몇 가지 들뢰즈식 어휘들을 쓰기는 하지만) 다른 신유물론자들보다는 들뢰즈에 덜 의존한다고 주장하는 제인 베넷은 베르나르 스티글레르(Bernard Stiegler)를 참조하면서 기술(technics)과 인간의 상호 침투를 인정한다. 다른 글에서 내가 주장했듯(Hayles 2012) 이런 상호 침투는 홍적세에 인간 종이 처음 출현했을 때만이 아니라 현재에도, 특히 인간의 방향 탐색부터 웹에서 읽기로 활성화된 신경학적 구조까지 모든 것에 영향을 미치는 심층적 기술 기반시설에도 해당된다.

베넷은 이런 상호 침투에 관해 중요한 주장을 한다(Bennett 2010). 인간 행위성이 항상 의식과 비의식 기능 사이의 신체 내부만이 아니라 신체와 환경 사이에도 분배되어 있다는 주장이 그것이다. 베넷의 사례에는 먹을 수 있는 물질(영양 공급을 통해 신체에 영향을 준다), 광물(예를 들면 뼈 형성을 통해 영향을 준다), 벌레[최근 연구가 보여 주듯 벌레들의 "작은 행위성"(96)은 숲이 사바나로 바뀌는 데에서 볼 수 있다. 이는 베넷이 명확하게 언급하지 않은 사례다]까지 포함한다. 베넷은 "전형적인 미국인의 식단"이 "이라크 침략에까지 이어지는 프로파간다에 광범하게 영향을 미치는 데 한몫했을 수도 있다"(107)고 추측하면서 다양한 수준의 분석을 가로질러 연결하려 한다. 그러나 물질적 프로세스에 초점을 맞추기 때문에 이런 아이디어를 기록하거나 심지어 탐색하는 것조차 거의 불가능해진다. 드론, 무인 자율 차량, 기타 기술적 디바이스와 관련해 비의식적 인지를 고려에 포함한다면, 베넷의 사례와 추측 간에 벌어져 있는 틈새를 메우는 데 도움이 될 것이다.

마지막으로 물질적 프로세스에 대한 탄탄한 설명은 분석의 끝이 아니라 비유기적인 것에서 유기적인 것, 비인간적인 것에서 인간적인 것, 의식적인 것과 비의식적인 것, 생물학적인 것과 기술적인 것에 걸쳐 여러 수준에서의 접근을 구성하는 필수 요소가 되어야 한다. 여러 신유물론자들은 이런 내부작용의 '객체(entity)' 측면만 지나치게 많이 고려된 탓에 물질적 프로세스가 평가 절하되는 결과가 비롯했다고 주장할지 모르지만, '사건' 측면만을 생각하는 것도 살아 있는 것의 본질적 특징을 파악하지 못하게 한다. 특히 살아 있는 유기체의 능력 즉 오래 지속되고, 환경을 구성할 뿐 아니라 환경과 상호작용/내부작용하며, 비의식적일 때조차도 창발적일 뿐 아니라 의도적 행위성을 배치하는 살아 있는 유기체의 능력은 파악하기 어렵다. 어느 접근 하나로 이 모든 것을 다 알 수는 없겠지만, 비의식적 인지는 대부분의 신유물론적 분석에서 현재 결여된 본질적 구성 요소들을 보충해 줄 수 있다.

정치적으로 보면 비의식적 인지는 기술적 대상에 세계관에 준하는 특권을 부여하여, 기술적 대상의 능력을 구성하고 정의하는 감지기와 작동기의 본질과 대상의 행동을 연결 짓는다.[5] 살아 있는 유기체들(몇 가지 예외는 있다)은 소급적으로 이해해야 하지만(예를 들어 진화 과정을 역설계함으로써 이해해야 하지만), 기술적 대상은 만들어진 것이다. 창발적 결과들(성공을 위해서는 신중한 조율이 요구되는 특별한 경우)은 제쳐 두고, 각각의 기술적 대상은 그것이 어떻게 움직일 것인지 결정하는 일련의 설계 사양을 지니고 있다. 대상이 네트워크에 들어가 인간 파트너와 상호작용/내부작용할 때, 놀라움과 예상치 못한 결과가 나올 잠재성은 기하급수적으로 증가한다.

들뢰즈적 패러다임은 놀라움, 새로운 잠재력, 돌연변이를 일으키는 아상블라주들을 생성하는 살아 있지 않은 기술적 대상에 대한 이해를 강화하는 데 기여한다. 비의식적 인지라는 틀은 인간의 인지적 힘과 관련된 구조와 조직에 대한 정확한 분석과 더불어 그 힘을 동원하는 비환원적인 경험적 접근법을 제공하면서 비인간이 그 나름의 인지적 힘을 지니고 있다고 주장한다. 비의식적 인지라는 틀은 엄밀하게는 신유물론, 생기적 유물론, 지각불가능성 혹은 유목적 주체성이 아니라, 과학적이고 기술적인 지식을 인식하면서 세계에서 인간의 위치에 대한 전통적 견해에 변화를 일으키려 하는 패러다임이다.

04
의식의 대가: 톰 매카시의 ≪찌꺼기≫와 피터 와츠의 ≪블라인드사이트≫

의식의 미덕을 찬양하는 밝은 멜로디 밑으로 흐르는 어두운 화음처럼, 의식이 전부가 아닐 수도 있다는 의혹이 서구 사상의 역사 내내 흐른다. 19세기 말과 20세기 초, 초현실주의 운동과 자동기술법 같은 실천 등은 의식의 표면을 깨뜨려 열어 뭔가 다른 것(덜 합리적인 것, 덜 일관된 것)을 출현하게 하려고 했다. 20세기 말, 이런 경향은 뇌의 트라우마와 기타 신경학적 이상에 대한 신경과학적 연구가 발전하고 특히 PET와 fMRI 스캔처럼 개선된 진단 기법이 나오면서 더 뚜렷해지기 시작했다. 올리버 색스(Oliver Sacks)의 ≪아내를 모자로 착각한 남자(The Man who Mistook His Wife for a Hat)≫(1998)와 다마지오의 ≪데카르트의 오류: 감정, 이성, 인간의 뇌(Descartes' Error: Emotion, Reason, and the Human Brain)≫(1995) 같은 신경학적 장애에 대한 대중적 이야기는 정상적인 인간 행동을 뒷받침하는 비의식적 프로세스의 핵심적 역할에 관심이 쏠리게 했다. 이런 자원을 잃게 되면 아무 일도 없었던 듯 수행할 수 없게 되는 의식의 무능함 또한 드러났다.

이런 생각들이 문화 전반에 퍼지면서 리처드 파워스(Richard Powers)의 ≪에코 메이커(The Echo Maker)≫(2007), 조너선 레덤(Jonathan Lethem)의 ≪머더리스 브루클린(Motherless Brooklyn)≫(2000), 마크 해던(Mark Haddon)의 ≪한밤중에 개에게 일어난 의문의 사건(The Curious Incident of the Dog in the Night-time)≫(2004), 스콧 베이커(Scott Baker)의 ≪뉴로패스(Neuropath)≫(2009), 이언 매큐언(Ian McEwan)의 ≪견딜 수 없는 사랑(Enduring Love)≫(1998)과 같은 작품들과 같이 작가들이 의식에 난 금을 탐색하는 데 박차를 가하기 시작했다. 비평도 이에 발맞추어 '뉴로픽션(neurofiction)'이라는 카테고리를 제안했다. 스티븐 번(Stephen Burn)이 편집을 맡은 ≪현대소설연구(Modern Fiction Studies)≫ 특집호 "신경과학과 현대소설"(61.2, 2015 여름호)이 대표적이다.

이런 확산 가운데 의식의 대가를 분석하고 문화적·경제적·진화적·윤리적 함의를 예리하게 탐구한 두 작품에 주목해 볼 만하다. 톰 매카시의 ≪찌꺼기≫와 피터 와츠의 ≪블라인드사이트≫다. ≪찌꺼기≫는 작중에서 확실히 설명되지 않는 사고로 비의식적 인지가 수행하는 기능을 상실한 익명의 화자를 중심으로 하고, ≪블라인드사이트≫는 이보다 넓은 배경하에서 의식의 변칙적 형태들을 재현하면서 호모 사피엔스 종(그리고 지구의 다른 생명체들)이 의식을 획득한 이후로 걸어온 진화상의 길에 수반된 이해관계들을 탐색한다. 두 소설은 최근의 신경과학 연구에서 영향을 상당히 받았지만, 과학이 이끄는 길을 그저 따라가기만 하지는 않는다. 두 소설은 과학이 밝혀낸 것을 넘어 훨씬 멀리까지 의식의 결과를 탐문하며, 특히 의식의 현상학적이고 문화적인 차원을 탐색한다. ≪찌꺼기≫는 비의식적 인지의 상실을 통해, ≪블라인드사이트≫는 의식적 사고를 완전히 결여하고 있지만 지구의 것보다 훨씬 우월한 기술을 발전시킨 외계인 종을 통해, 비의식적 인지의 핵심적 중요성을 강조한다. 두 소설 모두 고차 의식이 지닌 최고 지위가 의문의 대상이 될 때 전통적인 서구 문화에서 당연하게 받아들여지던 가정들이 얼마나 광범하게 약화되며 심지어 부인되는지 보여 준다. 이러한 가정에는 고차 의식과 그 진본성(authenticity)의 연관성, 고차 의식이 (인간) 삶에 의미를 줄 수 있는 능력, 고차 의식과 합리적 행위자 경제 이론의 동일시, 고차 의식과 정교한 기술 발전의 얽힘, 지구상에서 (그리고 그 너머까지) 인지적으로 가장 진보한 종으로서 인간에게 고차 의식이 부여했다고 여겨지는 우월성이 포함된다.

≪찌꺼기≫: 의식 대 물질의 집요한 힘

≪찌꺼기≫에서는 어느 사고를 둘러싼 배경이 모호한 상태에서 두 가지 세부 사항이 뚜렷이 두드러진다. 화자가 신경학적으로 손상을 입었다는 사실 그리고 보상으로 850만 파운드의 합의금을 받았다는 사실이다. 부상의 정확한 성격은 밝혀지지 않았지만, 우리는 화자가 몸 오른편의 운동 제어 능력을 상실했다가(그러니까 좌반구에 손상을 입은 것이다), 시냅스 네트워크를 "재편성(re-route)"(19)하는 치료를 받아서 다시 사지를 움직일 수 있게 되었다는 사실을 알게 된다. 일부 기능은 회복되었지만, 완전히 자연스럽지는 않다.

자신의 책에서 올리버 색스는 "탈체현된 여인(Disembodied lady)"의 사례를 상세히 설명한다(Sacks 1998, 43-54). 이 여성은 고유 감각을 상실한 결과, 마치 자신의 인형 신체를 조종하는 인형 조종사인 것처럼 원하는 동작에 의식적으로 집중해야만 몸을 움직일 수 있었다. 여성은 자신이 "기울어졌다(Pithed)"고 묘사하는데, ≪찌꺼기≫의 화자도 이와 비슷해 보인다. 화자는 부상으로 느슨해진 부분을 보완하기 위해 시냅스 네트워크를 훈련해 원하는 움직임을 의식에서 거듭 시뮬레이션하는 법을 배운다. 하지만 시뮬레이션에서 현실로 오면 그가 상상 속에서는 수없이 들어 올렸던 당근이 도통 말을 듣지 않는다. 당근은 악의적 행위성으로 가득한 털투성이 덩어리일 뿐이다. 그는 이렇게 말한다.

"내 실패의 원인: 물질(matter)."(17) 이는 좁은 의미에서는 난데없이 그를 친 대상을 말하고, 은유적인 넓은 의미에서는 그의 삶을 덮치고 지배하게 될 분투를 말한다.

이 분투가 취하는 형식은 화자가 당한 사고에 비의식적 인지 또한 피해를 입었음을 강하게 암시한다. 비의식적 인지가 [의식-비의식의] 루프에서 제거되면, 패턴의 탐지와 추론, 소마틱 마커를 일관된 신체 표상으로 통합하는 것, 동시성을 얻을 수 있도록 다양한 시간적·공간적 사건을 융합하는 것을 비롯해 정상적이라면 비의식적 인지가 다루었을 임무들을 의식이 수행해야만 한다. 비의식적 인지의 첫째 기능은 반응이 느리고 정보 처리 능력이 제한된 의식이 정보에 압도당하지 않도록 유지하는 것이다. 따라서 비의식적 인지가 없다면 의식은 항상 정보 과부하의 위험에 아슬아슬하게 처하게 된다.

화자의 의식은 신체와 세계와의 연결이 미약해진 상태여서, 점점 더 많은 통제를 강박 수준까지 추구함으로써 이를 보정한다. 합의금이 더해지면서 이는 그를 "재발제(re-enactment)"에 착수하도록 내몬다. 재발제는 예측할 수 없고 끊임없이 변화하는 물질세계와, 그 물질세계를 통제할 수 있는 조건하에서 재생산함으로써 자신이 "포착"할 수 있는 익숙한 패턴으로 만들려는 화자의 시도 사이에서 벌어지는 분투를 극화한다. 그는 셔츠가 냉장고 문 끝에 일정 방식으로 스치면서 문을 부드럽게, 그러나 너무 쉽게 열리지는 않을 때까지 몇 번이고 거듭 여는 것과 같은 일상적 몸짓을 자신의 몸으로 연습하기 시작한다. "제대로" 해내는 데 성공하면 등뼈를 따라 따끔거리는 느낌 그리고 그 순간에는 마치 자신이 진정으로 살아 있는 존재인 듯 느끼게 해 주는 신체적 신호들을 보상으로 받는다. 로런스 바살로가 주장했듯 화자의 이 강박적 반복은 정상적 인간의 기능에 없어서는 안 될 모달 뇌 시뮬레이션(modal brain simulation)을 인위적으로 만들어 내려는 시도로 보인다(Barsalou 2008).[1] 화자는 부상 탓에 내면의 정신적 프로세스를 통해 이를 할 수 없기 때문에 외부화하려 한다. 그러나 그렇게 해 봐야 자연스럽게 이루어져야 할 일을 허술하게 대체할 뿐이라는 것을 깨닫게 된다. 그것들이 그에게 순간적으로 주는 느낌은 결코 지속되지 않으며, 그 느낌이 희미해져 가면 점점 더 기묘해지는 고생스러운 반복과 재발제를 통해 이를 다시 포착하려는 충동에 쫓긴다.

화자는 운동감각적 유동성만이 아니라 아마도 거울 뉴런에 입은 손상 때문에 공감을 위한 신경학적 능력도 상실한다.[2] 갑자기 생긴 돈 덕분에 그는 "스태프"에게 원하는 것을 요구할 수 있게 된다. 그는 재연자(reenactor)와 세트 디자이너 등 스태프들을 마음먹은 대로 부릴 수 있는 개인 노예처럼 다룬다. 그들 중에서 가장 중요한 인물은 타임 컨트롤 UK의 나즈룰 람 브야스(Nazrul Ram Vyas)다. "나즈는 나를 위해 모든 것을 가능케 했다. 다 되게 했다."(67) 체현된 행동을 통해 세계와 연결되어 있다고 느낄 수 없게 된 화자는 처음 나즈를 만났을 때 그에게 전화를 걸어 달라고 부탁했듯 의식적 자기성찰을 통해 연결을 재창조하려 한다. "나는 우리 레스토랑 테이블에서 우주의 위성까지, 즉 신호를 받아서 타임 컨트롤 사무실로 되돌려 보내는 위성까지 이어지는 삼각형을 마음속에 그렸다."(87) 화자는 지상층 아래 전선을 까는 일꾼들을 우연히 발견하고 그들이 할 수 있는 연결을 생각하면서 말한다. "브라만 이상이다. 신이다. 세계의 전선을 깐다는 것, 그리고 다 덮는다는 것. 그것의 루트, 그것의 접합."(120)

화자가 비의식적 인지 없이 작동하는 의식의 결과를 보여 주는 반면, 나즈는 체현된 행동 그리고 모달 감각(modal sensation)으로 공급된 자극과 마치 완전히 독립된 것처럼 형식적 상징을 조작함으로써 계산하는 의식의 인지주의 패러다임을 구현한다. 화자가 나즈에게 자신이 원하는 바를 설명할 때, 나즈의 "눈은 그 뒤의 것이 윙윙 돌아가면서 처리를 할 동안에도 텅 비어 있었다. 나는 그 눈이 나에게 계속하라고 말할 때까지 기다렸다"(89). 나즈와 화자가 함께 재현하는 인간 인지의 비전은 점점 더 악몽에 가까워진다. 그것은 공감 없이 움직이는 합리성, 비의식적 인지의 지원 없이 이루어지는 결정, 세계에 뿌리박음으로써 만들어지는 연결성 없이 취하는 행동이다.

의식의 역기능을 (재)발제하기

화자의 재발제를 처음으로 촉진하는 촉매 역할을 한 욕실의 '갈라진 금'은 마치 각성제를 벌컥벌컥 마시면서 존 케이지(John Cage)의 "우연성의 음악(chance operation)"을 쏟아 내는 양 그의 프로젝트를 특징짓는 우연과 광신적인 정밀성의 기이한 조합을 보여 준다. 이 금에서 자라난 상상에서 화자는 건물 전체, 뒤죽박죽이 된 기억, 전해 들은 일화, 공상 속 만남을 떠올린다. 예를 들어 그가 안뜰과 관련해 내린 지시들은 그의 경험에서 비롯한 것이 아니라 친구 캐서린이 가장 진짜 같다고 느꼈던 어린 시절의 장소에 대한 설명에서 비롯한 것이다. "콘크리트 위의 그네 … 그리고 그네 오른쪽으로 몇 미터 떨어진 곳에 단이 하나 있었어. 나무 덱 말이야."(76) 화자는 이 장면을 정확하게 재창조하기 위해 캐서린의 설명을 빌려 온다(122).

화자는 자신이 가진 이미지에 따라 오디션을 거쳐 재연자들을 선택하고, 그들에게 어떻게 행동해야 하는지 세세히 정해 준다. 예를 들어 건물 관리인처럼 명확한 이미지가 없을 때는 마스크를 쓰라고 요구한다. 얼굴을 가리는 흰색 하키 마스크다. "간 부인"(화자가 그에게 하루 종일 간을 튀기라고 명령했기 때문에 이렇게 불린다) 역을 맡은 재연자에게 지시를 내릴 때, 그는 복도에 쓰레기봉투를 내놓는 부인 옆을 지나갈 때 부인이 무슨 말을 해야 할지 정할 수가 없다.

그래서 "억지로 시키는 대신(혹은, 더 나쁘게 뭔가 상투적인 말을 꾸며 내는 대신) 그에게 적당한 표현을 하나 찾아내게 하기로 마음먹었다"(143). 마치 자신이 지시한 행동과 말들은 다소 작위적이라는 식이다. 그가 엄격한 통제 속에서 움직이고 있다는 감각은 마치 곧 벌어질 현실이 미리 정해 놓은 법칙을 따라가고 있는 것처럼 보이게 하지만, 이런 내러티브상의 금들(은유적으로 욕실 벽의 금을 상기시키는 금들)은 그 결정력이 그의 의식 속에서 튀어나온 허구들로 가득한 연극적 장면과 내러티브에 불과함을 보여 준다.

허구성에 대한 단서는 도처에 널려 있다. 예를 들어 나즈와의 첫 번째 만남을 묘사한 대목이 그렇다. "그는 내가 상상한 모습과 흡사하면서도 좀 달랐다. 이것 역시 예상한 바였다."(85) 한참 뒤에 화자가 사소한 것에 정신을 팔고 있을 동안 나즈가 중요한 정보라고 여긴 것을 전해 주려고 화자를 방해하자 화자가 소리친다. "안 돼요!" "당신은 들어요, 나즈. 내가 중요한 얘기를 하고 있잖아요." 그는 계속한다. "나는 그가 내가 말한 그대로 자료 검토자들을 지나 달려가 내 말이 옳았다고 판단하는 것을 보았다. 내가 한 말이 중요한 것이다. 내가 없으면 계획도 없고 차트를 알 필요고 뭐고 아무것도 없다."(272) 여기에서 의식은 겉보기에는 세계를 서술할 뿐 아니라 내러티브에 먼저 무엇이 들어갈지 결정하는 독재자처럼 행동하고 싶은 꿈을 이룬 것 같다. 이러한 의미에서 ≪찌꺼기≫는 고차 의식의 제국주의라 부를 만한 것의 과장된 비전을 제시한다. 의식만이 통제권이 있고 인간 행위성의 유일한 창시자라고 주장하는 경향을 악몽에 가까울 만큼 확대하는 것이다.

2장에서 인용했던 대목에서 다마지오는 의식이 개인을 행동의 중심으로 만들어 초점을 맞추는 경향이 있다고 지적한다. "의식은 … 개인이 … 그 단어의 넓은 의미에서 자아가 최초이자 최고가 되도록 세계의 상상력을 제한한다고 할 수 있다."(Damasio 2000, 300) 의식, 특히 고차 의식은 소비주의 문화의 과잉에 참여하고 이를 확고히 하는 데 한몫함으로써 자아에 대한 초점을 자유주의 이데올로기, 자본주의, 환경 수탈에 내재한 개인주의와 연관 짓는다. ≪찌꺼기≫에서 이 과정은 광적 집착으로 과장된다. 화자의 의식은 비의식적 인지가 제공하는 바닥짐 없이 세상을 헤쳐 나가면서 환경 전체를 통제하려고 하며, 그 결과 그의 자아 감각은 기괴하리만큼 부풀어 오른다. 집착이 커질수록 자아의 욕구는 다른 누구에게 어떤 대가를 치르게 하건 상관없이 절대적인 법처럼 취급된다.

이 프로세스의 경제학은 명쾌하다. 화자는 자신의 계획에 필요한 인력을 사고, 두둑한 월급에 보너스까지 얹어서 자신의 "스태프"에게 지급하고, 내시 균형(Nash equilibrium) 매트릭스상에서 그의 (심리적) 성공이 다른 모든 것에 우선하도록 타인들을 자기 뜻대로 부린다. 돈을 나눠 주는 대신(그는 돈을 쓰레기처럼 여기며 해당 금액에 대해 희미한 개념밖에 없다) 군말 없이 복종할 것을 요구한다. 예를 들어 안뜰에서 오토바이를 고치는 역을 맡은 재연자가 기름을 조금 쏟자, 화자는 그에게 기름 자국을 그대로 두라고 말한다. "나중에 저걸 포착하고 싶을 수도 있으니까."(144) "포착한다고요?" 재연자가 묻자, 화자는 잔뜩 화가 나서 생각한다. "'포착한다'는 말이 무슨 뜻인지 나더러 설명하라는 건 그가 할 일이 아니었다. 그 말은 뭐가 되었건 내가 뜻하고자 하는 바로 그 의미였다. 나는 내 말대로 하라고 그에게 돈을 주고 있는 거다. 멍청한 놈."(144) 또 다른 예에서, 화자는 피아노 연주자의 아파트에서 흘러나오는 음악을 듣고 있는 도중에 연주자가 계단을 살금살금 내려가는 것을 보고 충격을 받는다. 놀란 화자가 설명을 요구하자 피아노 연주자는 당황하면서 다른 일 때문에 자리를 비울 때 녹음된 음악을 틀어 놓았다고 실토한다. 화자가 받은 감각적 자극은 음악이 실제로 연주하는 것이든 녹음된 것이든 똑같았지만, 그는 "분노와 현기증으로 얼굴이 새하얗게 질려"(157) 나즈에게 외친다. "저 놈을 혼내 줘요! 진짜 못된 놈이군! 작살을 내 주라고!" 그러나 나중에 그는 이렇게 말한다. "내 말은 어디까지나 은유적 표현이었다." 그러고는 이렇게 애매하게 덧붙인다. "아마 그럴 것이다."(159) 훨씬 나중에 그는 이렇게 말한다. "나는 [자의적으로 정하는] 규칙에 얽매이지 않았다. 모두가 규칙을 따랐지만 나만은 예외였다."(225)

마르크스가 주장했듯 자본주의가 노동자를 그 자신의 노

동에서 소외시킨다면, 화자는 돈을 써서 산업혁명 시대 악덕 자본가보다도 훨씬 더 노동자를 소외시킨다. 그는 반복되는 패턴에 대한 그의 만족할 줄 모르는 욕망을 일시적으로 달래 줄 뿐 아무런 만족도 낳지 못하는 지루한 노동을 몇 시간 동안이나 휴식도 없이 계속하도록 재연자들에게 강요한다. 그는 이렇게 말한다. "나는 보통 건물을 하루 여섯 시간에서 여덟 시간씩 정해진 대로 돌아가게 했다. 가끔은 다섯 시간 연속으로 그렇게 할 때도 있었다."(161) 그는 하루 종일 싱크대를 스쳐 지나가는 연습을 할 때처럼 반복적 몸짓에 사로잡힌 채, 때로는 건물을 닫았다 다시 여는 것도 잊고 재연자들이 최대한 정해진 대로 맞춰서 하게 놔둔다.

시간성과 타협하기

화자가 받는 만족감은 순간적이다. 그래서 그는 끊임없이 새롭게 수정을 가하고 통제력을 얻을 수 있는 새로운 영역을 도입해야 한다. 처음에는 그가 의뢰한 건물의 모델을 통해 이런 작업이 이루어지고, 그래서 건물 안에 모형들로 위치를 잡을 수 있다. 그다음에는 이를 실제 건물로 복제한다. 예를 들어 그의 오토바이광 모형이 무릎을 꿇고 있어서, 그는 오토바이광 연기자에게 먼저 보도 위에 무릎을 꿇어 달라고 했다가 그다음에는 그네 위에 무릎을 꿇게 하여 삶을 시뮬레이션과 일치시킨다. 불길할 정도로 확장되는 의미심장한 역학이다. 이렇게 모델에서 짜낼 만큼 다 짜내고 나서는, 우연히 차 타이어를 고친 수리점에 주목하게 되면서 한 발 더 나아간다. 그는 거기에서 세 소년을 발견하고 제일 나이 많은 아이에게 "진짜 사람들"이 어디에 있는지 묻는다. 소년이 대답한다. "저는 진짜예요."(168) 나중에 화자는 비행기 격납고 안에 수리점을 그대로 본떠 짓게 한다. 그는 타이어를 고치는 장면을 재연하게 하면서 이렇게 말한다. "느낌이 몰려왔다. 건물에서의 재연 첫날, 간 부인이 계단에서 내게 말을 걸었을 때 느꼈던 미끄러지듯 날아가는 느낌 같기도 하고, 몇 번 느꼈던 몸의 오른쪽 부위를 관통하는 짜릿한 느낌 같기도 했다. 뒤섞인 듯한 그 느낌은 급기야 소년이 이렇게 말하자 더욱 강렬해졌다. '저-는-진짜예요.'"(177) 그의 감정이 이 대사에서 최고조에 이른 것은 우연의 일치가 아니다. 훨씬 더 나중에 화자는 이 모든 재연에서 그의 유일한 목표가 "우리와 동떨어진 것이 하나도 없을 때까지, 내가 했던 경험과 나를 갈라놓는 것이 아무것도 없을 때까지, 먼저 이해하거나 배우지 않고, 자기성찰도, 어떤 것도, 어떤 우회로도 없어질 때까지, 내가 행동과 대상들과 물 흐르듯이 자연스럽게 합쳐질 수 있게 하는 것"이라고 설명한다.

화자는 비의식적 인지의 빠른 정보 처리 능력을 상실했기 때문에 의식의 느린 속도가 허용하는 이상으로 속도를 올릴 수가 없다. 그래서 그는 세상이 느려지도록 명함으로써 이를 보정한다. 그는 피아노 연주자에게 설명한다. "하던 대로 시작하세요. 아니, 반쯤 느리게요. 느리게 치다가, 제일 느린 대목까지 오면 최대한 길게 그 음을 그대로 유지하세요."(224) 가만히 있으라고 명령했던 관리인에게는 이렇게 말한다. "이제 뭐든지 훨씬 더 느리게 하세요.… 내 말은, 생각을 더 느리게 하셔야 한다는 겁니다. 더 느리게 생각하고, 주변의 모든 것도 더 느려지게 하세요. 그러니까 마스크 안에서 눈을 움직인다면, 그것도 천천히 하면서 이렇게 생각하세요. 나는 지금 이 벽 일부를 보고 있어. 아직도 그 부분을 보고 있어. 이제 천천히, 아주 조금씩 그 옆 부분을 보는 거야. 이제 문 끝이 보인다. 하지만 아직 제대로 다 볼 만큼 시간이 없었기 때문에 그게 문인지는 몰라. 이 모든 과정도 진짜로 천천히 생각하셔야 합니다."(224) 그의 편집광적 집착은 심해지다 못해 해가 복도 바닥을 지나가는 시간을 재어 보고 이전에 관찰한 것과 맞지 않음을 알게 되자 스태프 관리 책임자인 애니와 프랭크에게 이렇게 불평하는 데까지 이른다. "햇빛이 제대로 들지 않아요."(224) 애니는 처음에는 당황했지만 결국 그의 말뜻을 알아듣고 몇 주가 지났기 때문에 시간상의 차이가 있다고 설명한다. "태양의 각도가 그전하고는 달라진 거예요."(229) 화자는 실수를 빠르게 복구하려 하는데, 이는 그가 어느 정도까지 자신의 환경을 통제할 수 있다고 믿는지 보여 준다.

또한 시간을 느리게 하라는 요구는 화자의 "스태프"들,

그가 명령한 대로 하도록 고용된 사람들에게만 통한다는 것이 암묵적으로 드러난다. 전체 세계에서는 다른 전략이 필요하다. 그는 코치가 선수들에게 소리치는 것을 듣고 이 전략을 발견한다. "천천히 해. 매초를 다 속도를 늦추라고."(238) "그건 좋은 충고였다." 그는 이렇게 생각하고는 자신의 지각을 느리게 해 그가 순간들 안에서 여유롭게 움직일 수 있을 때까지 순간들이 드러나게 하는 연습을 하기 시작한다. 앞서 보았듯 비의식적 인지가 수행하는 기능들 중 하나는 (100밀리 초 동안 각기 다른 지점에서 일어나는) 시간상으로 별개의 사건들을 동시적으로 인식하도록 통합하는 것이다. 화자는 이런 비의식적 메커니즘이 없는 상태에서 움직이기 때문에 그의 의식은 자기만의 시간 조작 버전을 자유로이 실행해 마치 현실이 그의 머릿속에서 슬로모션 영상으로 상영되듯 결정적 순간들에 행동의 속도를 늦춘다.

화자는 이런 전략을 쓰면서 동시에 두 가지 방향을 취한다. 고용한 재연자들의 행동을 끝없이 반복하게 해 재연 속으로 더 깊이 들어가는 한편, 현실 세계 속으로 들어간다. 거기에서 시뮬레이션과 현실이 서로 녹아들기 시작한다. 실행 계획이 점점 더 복잡해지면서 이미 비의식적 인지의 도움 없이 처리해야 하는 정보로 과부하가 걸린 그의 의식은 망가지기 시작한다. 그는 반복해서 몇 시간 혹은 며칠 동안 의식을 잃고 "트랜스" 상태로 빠져들고, 나즈는 점점 더 야심차게 변해 가는 화자의 계획을 따라가려고 분주히 움직이면서 자신의 계산적 능력에 점점 더 의존하게 된다. 화자는 이렇게 말한다. "윙윙 돌아가는 소리가 들릴 지경이었다. 그의 계산뿐 아니라 끝없이 줄지어 선 점원과 서기와 계리사들과 같은 그의 모든 선조들이 타자기와 장부와 계산기를 가지고 그의 두개골 속에서 합쳐져 훨씬 더 큰 명령을 실행하는 거대한 시스템이 되어 윙윙 돌아가는 소리였다."(234-235) 화자의 궁극적 계획이 실제로 은행을 털 동안 은행 강도질을 재연하는 것이라는 사실을 알게 되자, 나즈는 화자가 보기에 "취한 것 같았다. 내 프로젝트가 그에게 열어 준 훨씬 더 복잡하고 더 극단적인 정보 관리의 가능성에 취해 일종의 황홀경을 향해 내달리고 있었다. 나의 실행자"(235). 나즈는 화자에게 이렇게 답한다. "감사합니다. 이렇게 많은 정보를 처리해 보기는 처음입니다."(235)

트라우마에 중독되기

화자의 의식이 점점 더 변덕스러워지면서 그의 정신 중 일부는 분열되어 작은 사람이라는 복화술적 형태로 재출현한다. 나즈는 그가 시의원이라고 했지만, 화자의 생각과 상태를 객관적으로 알려 주는 또 다른 환각적 존재다. 그 인물의 말이 환각이라는 사실은 그가 코르다이트 냄새가 난다고 말할 때 암시된다(238). 화자가 여러 차례 맡았지만 다른 이들은 전혀 맡을 수 없었던 냄새다. 디에게시스(diegesis)+ 안에서, 이 환각은 서술하는 의식이 자신의 기능 장애를 인정하고 화자의 현상적 경험과 그가 점점 더 망상에 가까워지는 목표를 좇는 이유를 정확히 설명하기 위해 이 허구를 꾸며냈음을 암시한다. 디에게시스 바깥의 관점에서 보면, 화자가 기능 장애 속으로 더 깊이 빠져들어 가면서 저자가 그 인물을 이용해 독자에게 필요한 설명을 해 줄 수 있게 된다. 화자의 지각과 (추정된) 독자의 상식적 세계 경험 사이의 거리가 커지면, 저자는 독자가 점점 믿음을 잃게 될 위험을 무릅써야 한다. "작은 시의원"은 이런 가능성을 예견하고 두 관점 사이를 매개하고 서로를 봉합한다. 작중 트레벨리언 박사의 말도 이와 비슷한 맥락에 있다. 화자가 처음 트랜스 상태에 빠졌을 때 나즈의 부름을 받고 온 트레벨리언 박사는 뇌가 트라우마에 직면하면 스스로 내분비 오피오이드를 만들어내어 사실상 트라우마를 입은 사람을 자체적으로 중독되게 만들며, 또다시 중독되기 위해 거듭해서 트라우마의 근원으로 되돌아온다고 설명한다(220).

+ 서술자에 의한 서술. 서술자가 자신의 말로 작중 상황을 전달하는 것.

진짜 시뮬레이션들

그러나 이러한 설명으로도 화자의 행동이 점점 더 미쳐 간다는 것은 완전히 가릴 수 없다. 화자는 은행강도에 관해 읽고 처음에는 이를 재연하라는 명령을 내리지만, 이내 "천재적 도약"을 한다. "다른 차원으로의 도약, 지금까지 애써 작업해 온 모든 단계를 포함하면서 삼켜버리는 도약.… 그것은 재연극을 제한 밖으로 끌어내어 다시 세상 속으로, 직원들이 재연극인 줄 모르는 실제 은행 안으로 밀어 넣는 것이다. 그것은 내 동작과 몸짓을 시간과 공간상의 시작점으로, 재발제가 시간과 뒤섞인 지점으로 되돌려 놓게 될 것이다. 그것으로 나는 핵심부 속으로 뚫고 들어가 자연스럽고 완벽한, 진짜로서 살게 될 것이다."(265) 이 계획은 장 보드리야르(Jean Baudrillard)라면 아마도 무척 마음에 들어 했을 만한 진짜 재연 혹은 재연된 실재라는 모순어법을 만들어 낸다(Baudrillard 1995). (윤리적 문제에는 놀라울 정도로 눈을 감지만) 나즈는 즉시 실행 계획상의 문제를 찾아낸다. 연기를 하는 은행강도들로 하여금 어떻게 화자가 진짜 강도짓으로 옮겨 갈 생각이라는 것을 눈치채지 못하게 할 것인가다. 나즈는 화자의 의도가 들키게 될 때 벌어질 결과들을 해결하기 위해 강도질 이후 도주를 위해 개인 비행기를 빌려서 "스태프"와 재연자들을 전부 태우고 비행기를 날려 버리자고 제안한다.

물론 화자가 꿈꾸는 완벽함은 영원히 손 닿지 않는 곳에 남는다. "잔여(residual)"(작은 시의원이 쓴 단어로, 화자는 나즈에게 이를 사전에서 찾아보라 한다), 즉 찌꺼기가 불가피하게 남을 것이므로. 의미심장하게도 재연된-진짜 은행 강도를 엉망진창으로 몰아넣은 찌꺼기는 현존이 아니라 부재다. 연습에서 재연자들은 카펫에서 툭 튀어나온 주름을 발견하는데, 유난히 정확성을 추구하는 화자는 이를 그대로 재현하기를 바랐다. 심지어 확실히 그 부분이 튀어나오도록 카펫 밑에 나무 조각을 쑤셔 넣도록 했다. 하지만 재연된-진짜 강도질에서는 튀어나온 주름이 없었다. "카펫은 매끈했다."(290) 화자는 무슨 일이 일어났는지 설명한다. "나는 그의 발이 튀어나온 곳을 찾는 것을 보았다. 나머지 몸은 앞으로 움직였지만 그의 발은 여전히 뒤에 남아 그 주름을 찾고 있었다. 그의 몸 나머지 부분은 계속 앞으로 나아가다가 결국은 발이 허공으로 휙 들렸다."(290) 이 "존재하지 않는 주름"을 시작으로 일련의 끔찍한 사건들이 연쇄적으로 일어난다. 강도 재연자들 중 한 명이 우연히 다른 사람을 쏘게 되고, 화자는 은행에서 도주한 후 도망간 버려진 비행기 격납고에서 이 사건을 재연한다. 그는 자신의 행동을 "반은 본능적인 반사 작용"이라고 하지만, 이내 인정한다. "내가 단지 그 때문에 방아쇠를 당겨 [살아남은 강도 재연자를] 쏘았다고 한다면 거짓말일 것이다. 나는 실은 그러고 싶어서 그렇게 했다."(299)

"존재하지 않는 주름"은 부재의 현존으로 이해할 수 있다. 넓게 보면, 그것은 최후의 연속적인 사건들을 개시하는 주름 이상의 것으로 작용한다. 내러티브 전반에 또 다른 종류의 현존하는 부재, 즉 비의식적 인지가 어른거린다. 이것은 화자가 비진본성(inauthenticity)을 느끼게 만드는 부재, 의식이 보정하려 하는 부재하는 기능성, 화자가 진짜처럼 느끼기 위해 점점 더 극단적으로 가지 않을 수 없게 만드는 사라진 프로세스다. 이러한 의미에서 소설 제목과 같은 "찌꺼기"라는 단어는 도저히 다루기 힘든 물질의 저항뿐 아니라 저항이라는 다루기 힘든 물질, 다시 말해 의식 자체를 의미할 수도 있다. 여기서 지원 시스템을 완전히 잃은 의식은 고칠 수 없이 분열된 인지 전체의 찌꺼기라는 자신의 지위를 인정하기를 거부하고, 결코 언급되지 않지만 유령처럼 이 텍스트를 지배하는 부재 즉 인지적 비의식을 보충하려 필사적으로 애쓴다.

≪블라인드사이트≫와 신경과학

≪찌꺼기≫에서는 신경과학에 관한 내용이 잘 드러나지 않고 저변에 깔려 있는 반면, ≪블라인드사이트≫에서는 전면에 놓인다. 와츠는 독자들을 계몽하려는 목적이 약간 깔린 '인포덤프(infodump)'+에 의지한다. 와츠는 심지어 자신이

참고한 신경과학 연구들의 서지 목록을 책에 포함시킨다. 그러니 와츠가 ≪찌꺼기≫의 화자를 연상시키는 인물인 "종합자(synthesist)" 시리 키턴(Siri Keeton)을 넣은 것도 놀랄 일은 아니다. 신경학적 손상이 ≪찌꺼기≫에서는 사고로 인한 것이지만, 시리에게서는 극단적 반구절제술의 결과다. 통제 불능의 간질에 대한 극단적 치료책으로 뇌의 반구를 외과적으로 제거한 것이다. 그 결과 시리는 공감을 느낄 수 없게 되고 합리적 계산을 통해서만 주로 움직인다. 이러한 모습은 시리가 초등학생 시절(수술 후) 운동장에서 못된 아이들에게 두들겨 맞고 있는 친구 로버트(롭) 파글리노를 도와주러 가기로 마음먹는 첫 장면에서 드러난다. 시리는 악동들을 기습해 박살을 내면서 자기가 어떤 피해를 입히는지 전혀 개의치 않고, 아이들의 고통에 공감을 느끼지도 못한다. 롭은 시리가 끼어든 덕을 보지만, 시리의 잔인함에 충격을 받고 그 후로는 그를 "포드-맨(Pod-man)"이라 부른다.

≪찌꺼기≫의 화자처럼 시리는 전혀 다른 종류이기는 하지만 정교한 보상 전략으로 자신의 행동상 결함에 대응한다. 시리는 의미론적 내용과 별개로 의도·감정·동기를 전하는 얼굴의 미세한 움직임과 미묘한 제스처인 "정보 위상(information topologies)"을 읽는 전문가가 된다. 시리는 다음 장인 5장에서 서술할 소시오미터(sociometer)와 비슷하게

+ 소설 등에서 한꺼번에 주어지는 배경 정보.

움직인다(외적 도구를 통하지 않고 자신의 지각을 훈련해 이를 해낸다는 점만 다르다). 대부분 사람들이 이를 당황스럽게 여긴다는 점을 알고 시리는 이렇게 생각한다. "사람들은 표면에 달라붙은 의미론적 내용과는 전혀 별개로 패턴에 그것만의 지능이 있다는 사실을 받아들이지 못할 뿐이다. 위상을 제대로 조작한다면 그 내용은 맞아떨어지게 된다."(115)

시리의 전문지식은 그 자신이 공감을 전혀 느끼지 못하기 때문에 더 놀랍다. 시리는 자신의 능력을 철학자 존 설(John Searle)의 '중국어 방(Chinese Room)'에 비유한다. 설은 이를 강인공지능에 도전하는 사고 실험으로 제시했다. 설은 문에 구멍이 뚫린 방 안에서 의자에 앉아 있는 한 남자를 상상한다. 바깥의 누군가가 구멍으로 중국어 문자가 적힌 종이를 건넨다. 남자는 중국어를 전혀 읽거나 말할 줄 모르지만, 들어오는 글자들을 규칙서를 이용해 발치의 바구니에 담긴 중국어 문자가 적힌 종이들과 맞춰 보고 맞는 답을 구멍으로 내보낸다. 남자의 답이 아주 그럴듯해서, 그의 대화 상대는 방에 있는 남자가 답변으로 내놓은 한자들을 이해한다고 믿어 버릴 것이다. 그러나 설은 그 남자가 컴퓨터와 같다고 주장한다. 컴퓨터는 주어진 규칙에 따라 상징들을 일치시키지만, 의미는 전혀 이해하지 못한다. '중국어 방'이라는 쟁점에 대해 많은 답변들이 있었다. 시리는 그중 가장 설득력 있는 답변을 고른다. 중국어를 이해하는 것은 남자 혼자가 아니라 규칙서, 문자들이 담긴 바구니, 심지어 그가 앉아 있는 의자까지 포함하는 방 전체라는 답변이다.

시리는 거울 뉴런이나 다른 신경학적 능력을 통해서가 아니라 유추를 통해 면밀히 관찰하고 추론을 끌어내며, 이런 데이터에서 남들은 어떻게 느끼는지 결론을 추론할 수 있게 해 주는 자신의 훈련과 경험(그의 프로토콜)을 바탕으로 공감을 이해한다. 시리는 친구 롭에게 이렇게 말한다. "공감은 남들이 어떻게 느끼는지 상상하는 거랑은 별 관계가 없어. 그보다는 너라면 같은 경우에 어떻게 느낄지를 상상하는 거야."(234) 시리의 방법은 남이 어떻게 느낄지를 읽어 내고 그런 다음 그의 동기를 상상해 보는 것이다. 시리는 롭에게 이렇게 말한다. "난 그저 관찰만 해. 그게 다야. 사람들이 뭘 하는지 잘 보고, 무엇이 그렇게 하게 만드는지를 상상하지."(233)

이 대화에서 롭은 올리버 색스의 "탈체현된 여인"과 비슷한 사례를 가져와(Sacks[1998], 43-54를 언급하지는 않는다) 이렇게 말한다. "그들 중 몇몇이 뇌척수가 제거된 기분이라고 말했어. 그들은 손에 동작 신호를 보내고서 그냥 신호가 도착했다고 믿어야 했지. 그래서 그들은 이를 보상하기 위해 시각을 이용했어. 너와 내가 당연하게 여기는 정상적인 포스-피드백(force-feedback)+ 대신 대체물로 시각을 이용한 거야."(233) 롭은 계속해서 이렇게 말한다. "네가 쓴 '중국어 방'의 비유는 그들이 시각을 이용한 것과 비슷해. 너는 실은 거

+ 게임용 기기에서 게임 중의 충격이나 진동을 실제로 느끼게 하는 것.

의 공감을 느끼지 못하면서도 그것을 만들어 냈지. 이런 말은 하지 말아야 할지도 모르겠는데, 완전히 확실하지는 않아도 어떻게 보면 너의 공감이 진짜 공감보다 더 나을 거야. 그래서 네가 훌륭한 종합자인 거라고."(233)

롭의 말이 암시하듯 공감을 느끼는 것과 공감이 부여하는 지식을 재창조하는 것 사이에는 여전히 중요한 차이가 남아 있다. 때때로 시리는 자신의 예전 자아에 대한 꿈을 꾼다. 꿈을 꿀 때 시리는 그 이전 삶의 생생함에 매혹된다. "난, 나는 가끔 그의 꿈을 꾼다.… 그가 되는 꿈을 … 그 꿈은, 다채롭다. 모든 것이 더 강렬하다. 소리, 냄새. 삶보다도 더 풍요롭다."(234) 이 차이, 풍요로운 감각 환경에 푹 잠겨 있다는 느낌과 외부에서 이를 재창조하는 것 사이의 차이는 진본성과 ≪찌꺼기≫의 화자의 삶에서 그토록 엄청난 혼란을 일으켰던 재구성 사이에서 일어나는 데리다적 차연(différance)이다. 시리에게 이 결여는 당장 재앙으로 나타나지는 않지만, 중요한 순간에 그를 이 길이 아닌 저 길로 가게 하는 결정적 힘으로 표면화한다.

인간(과 비인간) 의식을 수정하기

와츠는 해양생물학으로 박사 학위를 받았는데, 인간 신경과학을 연구하기 전에 이미 진화생물학, 특히 비인간 종의 진화생물학을 기본적으로 충분히 이해하고 있었던 것이 분명하다. 와츠는 '정상적' 정신 작용과 거리가 아주 먼 인물들을 상상하는 데 자신의 연구뿐 아니라 이런 배경지식도 이용한다. 와츠는 작중 인물들의 행동을 개시시키기 전에 그들의 상호작용에 동기를 제공한다. 한 외계인 종이 2082년 2월 13일 대리 자격으로 지구를 방문한다. 이들 외계인은 마치 카메라 플래시 전구의 전 지구적 네트워크로 지구의 사진을 찍는 것처럼 지구 표면 구석구석까지 영상화하는 시각적 감시 장비 네트워크로 지구를 시각적으로 캡처한 다음 장비를 불태워 버린다. 사람들은 이를 '반딧불(Fireflies)'이라고 부른다. 이에 대응해 각국 정부들은 외계인들을 찾아내기 위한 탐사를 시작하기로 결정한다. 그들은 카이퍼 대의 목성 너머 한 혜성에서 온 전파 신호를 포착해 우연히 외계인들의 위치를 찾아낸다. 그런 다음 외계인들과 접촉하기 위해 우주선 '테세우스'를 타고 탐사 여행을 떠날 팀을 꾸린다.

테세우스의 승무원들은 전통적 경계 너머까지 인간 신경학을 밀어붙인 시도를 각각 대표한다. 카르보플라틴 근육계로 강화된 어맨다 베이츠는 우주선 제작자들이 요구하는 대로 만들어져 로봇 전사들을 지휘하도록 훈련된 군인이다. 언어학자 수전 제임스는 감응력이 없는 뇌 이식을 받았을 뿐 아니라, 자신의 뇌를 네 가지 별개 구역으로 분할하고 구역마다 다른 인격이 깃들게 했다. 아이작 쉬핀델은 생물학자로, 보철물로 자신의 부속을 너무나 많이 변경해 "엑스레이를 듣고 초음파의 음영을 보"며, 자기 연구실 장비를 공감각적으로 경험하는 인물이다(105). 종합자인 시리는 지구에 보고서를 보내는 임무를 띤 "객관적" 관찰자로 파견된다. 마지막으로 지휘관인 주카 사라스티가 있다. 그는 뱀파이어다.

와츠는 책 맨 끝의 "주석과 참조"에 뱀파이어 생리학과 진화의 역사에 관한 장을 넣어(367-384) 뱀파이어들의 우월한 분석 기술과 높은 수준의 패턴 감지 능력(omnisavantism), 우월한 시각과 청각, 인간에 비해 우월한 일반 인지 능력을 설명한다. 또한 와츠는 "뱀파이어들은 Y-프로토카데린을 해독하는 능력을 상실했다. 그들의 유전자는 인류의 Y 염색체에서만 발견된다"(368)고 상상한다. 그래서 뱀파이어들의 식단에서 인간이라는 먹잇감이 없어서는 안 될 요소가 되었지만, 그들은 인간 식량 자원을 고갈시키지 않도록 휴면["언데드(undead)"] 상태를 발전시켜 장기간 활동하지 않고 지낼 수 있게 되었다. 뱀파이어들의 진화상 아킬레스건은 "십자가 결함(crucifix glitch)"으로, 이는 "정상적으로는 분리된 시각령(visual cortex)의 수용체 배열이 교차 연결되는 현상"(368)이다. 이 때문에 뱀파이어들은 직각의 배열을 보게 되면 큰 발작을 일으킨다(자연에는 직각이 거의 존재하지 않지만, 인간들이 유클리드 기하학에서 이를 발견하면서 출현했다). 이런 이유로 (그리고 오직 이런 이유 때문에) 뱀파이어들은 멸종되었다가 결국 21세기 후반 인간에 의해 (<쥬라기 공원> 같은 식으로) 유전적으로 재구성되었다.

와츠는 승무원들 중에 뱀파이어를 포함시켜 '생태적 지위(ecological niche)'라는 아이디어를 진짜처럼 생생하게 만든다. 인간과 뱀파이어는 높은 인지 기능이라는 같은 영토적 지위를 놓고 경쟁하기 때문이다. 인간은 다른 모든 포유동물 도전자를 절멸시키거나, 길들이거나, 보호 구역에 가두고서 먹이 사슬의 최상위에서 군림한다. 그러나 뱀파이어가 부활했기 때문에 그들과 접촉하게 된 인간들은 상위 포식자의 눈에 먹잇감으로 비치는 드문 입장에 처하게 되었다. 부활한 뱀파이어들이 문명의 제약 탓에 실제로 인간을 잡아먹지는 않는다 해도 이는 겉치레일 뿐이며, 인간이 뱀파이어의 포식을 피할 수 없었던 깊은 진화적 역사를 완전히 억누르지는 못한다. 우주선에 탄 인간들이 온갖 변경과 적응, 보철로 그들의 능력을 확장했다 해도 뱀파이어는 눈 깜짝할 새에 그들 모두를 죽일 수 있다. 인간들이 지휘관으로 뱀파이어를 받아들이면서 불편하게 의식했던 사실이다. 뱀파이어 뒤에는 또 다른 존재, 우주선을 움직이는 퀀티컬(Quantical) AI가 숨어 있다. 시리는 이렇게 설명한다. "사라스티는 공식적 중재자였다. 우주선이 말할 때는 그에게 말했다. 그리고 사라스티는 우주선을 선장이라고 불렀다." 시리는 이 말도 덧붙인다. "우리도 다 그랬다."(26)

로르샤흐를 해석하기

와츠는 이렇게 등장인물들을 배치하고서 그들이 목성 열 개와 맞먹는 중력 질량을 가진 행성인 빅벤의 그림자 속에 숨어 있는 외계인의 우주선 로르샤흐 호와 마주치는 것으로 이야기를 시작한다. 폭이 30킬로미터에 달하는 이 우주선은 "단순한 원환체가 아니라 루프와 다리, 가늘고 뾰족하게 튀어나온 탑 모양 유리 섬유가 뒤엉킨 도시 규모의 뭉치"였다(108). 우주선의 내부 환경은 "태양의 그것보다 수천 배 더 강력한" 자기장과 몇 분 이내에 인간에게 치명적 영향을 줄 만큼 강한 전자기 방사선으로 가득해서 인간이 견딜 수 없다. 게다가 우주선은 빅벤의 압축 벨트로 잔해를 빨아들이고 있다. "그 인공물과 충돌한 입자들은 그냥 달라붙어 버렸다. 로르샤흐는 거대한 전이성(轉移性) 아메바처럼 게걸스럽게 먹이를 집어삼켰다.… 그 과정은 절대 멈추지 않았다. 로르샤흐는 탐욕스러웠다."(109) 이는 로르샤흐 호가 여전히 성장하는 중임을 암시한다. 인간들이 두려워하는 지구 멸망이라는 목표까지 포함해 기획되었으므로, 완전히 성숙하면 훨씬 더 무시무시한 존재가 될 것이었다.

사라스티는 어물거릴 시간이 없다고 판단하고 승무원들에게 로르샤흐 호 내부를 습격해 가능하면 표본을 포획하도록 명령한다. 로르샤흐 호 급습의 전술지휘관을 맡은 어맨다 베이츠는 다른 사람들에게 차폐막 안으로 들어가라고 명령하고 자신은 밖에 남는다. 그러나 동료 승무원들이 베이츠와 통신하려 하자 그는 수수께끼 같은 대답을 한다. "난 이미 죽었어."(162) "난 여기에 없어." "(나는) 아무 데도 없어." "나는 아무것도 아니야."(171) 시리는 베이츠의 안면 보호 덮개를 보면서 이렇게 말한다. "뭔가가 없어지고 있다고 말할 수 있었다. 그의 표면들은 전부 사라져 버렸다."(162) 나중에 쉬핀델은 시리에게 베이츠가 자신이 존재하지 않는다고 "믿을" 뿐 아니라, 그 사실을 "알고" 있다고 말한다(180). 시리는 강하게 흥미를 느끼고 우주선의 인터랙티브 백과사전 격인 '컨센서스'에서 트라우마를 입은 뇌가 신체와 외부 세계에 대해 극단적 오인을 일으키는 방식을 전부 찾아본다(여기에서 와츠의 인포덤프 중 하나가 나온다, 193). 훨씬 더 나중에 시리는 이렇게 결론짓는다. "뇌간은 최선을 다한다. 뇌간은 위험이 보이면 신체를 차지하고 위층의 사장실에 앉아 있는 늙은 뚱보보다 백배는 빠르게 반응한다. 하지만 세대가 거듭되면서 이를 둘러싼 움직임은 점점 더 힘들어진다. 이것이 바로 삐걱거리는 신경학적 관료 체제다."(302)

뇌간이 가지고 있지만 "삐걱거리는 신경학적 관료 체제"인 "위층"에 전달할 수 없는 지식이란 와츠의 책 제목에 영감을 준, '맹시(blindsight)'로 알려진 신경학적 현상을 가리킨다. 옥스퍼드대학교의 저명한 맹시 연구자 로렌스 와이스크랜츠(Lawrence Weiscrantz)는 뇌의 한쪽 시각중추 V1에서 작은 종양을 제거한 환자를 십 년에 걸쳐 추적했다. 환자는

(신경 연결의 교차 탓에) 반대편에서 일어난 일은 아무것도 보지 못하게 되었다(예를 들어 Weiskrantz et al. 1974를 보라). 환자는 사건이 빨리 일어날 때 볼 수는 없어도 뭔가가 일어나고 있다는 것은 대충 안다고 말했다. 맥스 벨먼스(Max Velmans)는 이 현상을 이렇게 설명한다.

> 맹시는 일측성 선조체 피질에 손상을 입어서 시야의 절반을 볼 수 없게 된 상태다. 보이지 않는 시야 반쪽에 시각 자극이 오면 환자는 그쪽에 모든 주의를 다 쏟고 있어도 볼 수는 없다. 시각 자극을 볼 수 없기 때문에 그에 대한 지식도 없다고 주장한다. 그러나 시각 자극의 성질에 대해 추측해 보라고 하면서 강제로 선택하도록 하면 아주 정확히 추측해 낼 수 있다. 예를 들어 와이스크랜츠와 동료들이 조사한 한 환자는 볼 수는 없어도 서른 번 전부 수직 줄무늬와 수평 줄무늬를 구별할 수 있었다. 즉 환자는 필요한 지식은 가지고 있지만 자신이 안다는 사실을 알지 못한다. 정보 처리의 관점에서 보면 그의 시스템 중 한 (모듈화된) 부분이 정보를 가지고 있지만 시스템 전체에서 이를 사용할 수는 없는 것과 같다.(Velmans 1995)

테세우스 호 승무원들이 조우한 외계 생명체, 소위 스크램블러(scrambler)들은 알고 있지만 자신이 안다는 것을 알지 못하는 맹시가 있는 사람들과 비슷하다. 스크램블러에게는 의식이 결여되었기 때문이다. 와츠의 등장인물들은 스크램블러와 비교해 보면 인간이 의식을 진화시키면서 무거운 진화적 형벌로 대가를 치렀다고 추측한다. "의식은 에너지와 처리 능력을 낭비하며, 정신병 수준까지 자기 강박을 몰아붙인다. 스크램블러들은 그럴 필요가 전혀 없다. 그들은 더 인색하다. 그들은 도구도, 우주선도 없이, 심지어 신진대사까지도 일부만 하면서 더 단순한 생리, 더 작은 뇌를 가지고 사고를 한다.… 그들은 우리의 인지를 뒤집는다. 그들은 별 사이를 여행한다. 자의식의 방해를 받지 않는다면 지능은 이런 일을 할 수 있다."(302)

베이츠는 자아를 가진 인간으로 로르샤흐 호에 들어갔지만, 극단적으로 이질적인 환경에서 급격하게 자아를 잃고 일시적으로 스크램블러에 훨씬 더 가까워지는 경험을 한다. 베이츠는 의식에 의한 자아의 구성에 선행하는 비의식적 인지와 물질적 프로세스로 축소되어 문자 그대로 "아무도 아닌 존재(no one)"[3]가 된다. "나는 죽었어"라는 베이츠의 선언은 유기체의 삶의 종말이 아니라 이야기하는 자아의 중단, 의식이 기능을 멈출 때 위상적 표면이 깨끗이 지워진 '나'를 말한다. 시리는 이를 이해하며, 그런 식으로 베이츠의 상황을 분석한다. "어맨다 베이츠의 '나는 존재하지 않아'는 헛소리일 것이다. 하지만 그 밑에 깔린 [비의식적] 프로세스가 똑같은 말을 할 때, 그것은 기생체[의식적 프로세스]가 죽었다고 알리는 것일 뿐이다. 비의식적 프로세스는 자유를 얻었다

고 말하는 것뿐이다."(304)

베이츠는 테세우스 호로 돌아와서 자아 감각을 다시 회복하지만, 그의 의식이 삭제되었던 것은 로르샤흐 호 환경 태생인 외계인들 또한 의식 없이 기능한다는 것 이상을 암시한다. 인간들은 스크램블러의 죽은 표본을 가져와서 광범한 실험에 쓴다. 외계의 스크램블러들은 인간과 완전히 다른 신경구조를 지니고 있다. 로버트 커닝햄(쉬핀델이 급습에서 살해당할 때 우주 동면에서 깨어난 생물학자)은 스크램블러들이 "머리가 발달하지 않았으며, 무리 지은 감각 기관조차도 없다"고 말한다. "안점 혹은 색소 세포 같은 것으로 뒤덮인 신체 … 그것들의 구조 하나하나가 독립된 통제하에 있어.… 몸 전체가 하나의 분산된 망막처럼 행동해. 이론상으로는 그 덕분에 시각이 엄청나게 예민해."(224) 커닝햄은 외계인이 "진화 공학의 완벽한 기적"이지만, 중추신경계가 없기 때문에 "나무토막처럼 멍청하다"고 판단한다(226).

인간들이 마지막 급습에서 살아 있는 표본들을 포획해 왔을 때, 실험을 통해 이 판단이 잘못되었음이 드러난다.<4> 처음에는 반응이 없던 스크램블러들이 은밀히 소통을 하고 있었던 것이다. 인간들은 협력을 강요하기 위해 그들을 상처 입히기로/고문하기로 결정한다. 그러자 곧 그들은 놀라운 기하학적 기술을 보여 준다. 숫자 목록을 주고 쿡쿡 찌르자 그들은 "요구하는 대로 십의 자리 소수를 예측해 낸다"(265). 커닝햄이 이를 "자폐증 환자들이 특정 작업만 탁월하게 수행하는 기술"이라고 폄하하자, 수전 제임스는 명백한 결론을 이끌어 낸다. "그들은 지능적이야, 로버트. 우리보다 더 똑똑해. 어쩌면 주카코다도 똑똑할지도 몰라. 그리고 우리는, 왜 그걸 그냥 인정하지 못하지?"(265) 나중에 제임스는 시리에게 이렇게 말한다. "그들은 지능이 있어. 우리도 다 알아. 하지만 그들에게 고통을 주지 않는 한 그들은 자기들이 안다는 것을 알지 못하는 것 같기도 해. 꼭 모든 감각에 맹시가 다 퍼져 있는 것처럼 말이야."(274)<5>

≪블라인드사이트≫와 의식의 대가

이 텍스트에서는 제목과 동일한 맹시가 이따금씩 발생한다. 예를 들면 쉬핀델이 시리에게 그의 의식적 시각 인식이 로르샤흐 호의 자기장에 의해 봉쇄되었지만 어떻게 자신에게 던져진 배터리를 가까스로 잡았는지 설명할 때가 그렇다. "수용기에는 아무 문제도 없어.… 뇌는 이미지를 처리하지만 거기에 접속할 수는 없어. 뇌간이 그 일을 떠맡지."(170) 나중에 쉬핀델은 이렇게 설명한다. "단지, 느낌이 와. 그게 다야. 어디에 손을 뻗어야 할지 느낌이 온다고. 뇌의 한 부분이 다른 부분과 몸짓 맞추기 놀이를 하는 거지."(180) 맹시는 인포덤프로 언급되고 "주석과 참조" 부분에서 설명되는 대로, 트라우마로 일어나 뇌 손상을 가져오는 모든 증상에 대한 제유로 기능한다. 모든 증상은 의식적 사고에는 한계가 있으며 인지를 의식하고만 동일시하는 것은 부적절함을 각각의 방식으로 드러낸다.

와츠는 결코 의식을 발전시키지 않은 외계인들에게 의식적 지각, 감정, 반응을 설명하는 인간 언어는 소음에 불과할 것이라고 가정한다. 시리는 이렇게 말한다. "네가 스크램블러라고 상상해 봐. 지능은 있지만 통찰력은 없고, 뭘 해야 할지 목록은 있지만 자각은 없다고 말이야. 네 회로는 생존과 지속을 위한 전략으로 시끄러워. 유연하고 지능적인 데다 기술적이기까지 하다고. 그런데 그걸 모니터하는 다른 회로는 전혀 없어. 너는 뭐든지 생각할 수 있지만 아무것도 의식하지는 못한다고."(323) 그다음 시리는 인간 언어가 어떻게 들릴지 상상해 보라고 말한다. "그에 대한 유일한 설명은, 유용한 메시지라는 식으로 코드화된 헛소리로 들릴 것이라는 거야. 그게 속임수라는 사실은 시간과 노력을 허비하고서야 드러나게 돼. [인간 언어라는] 신호는 주는 것은 없고 적합도는 감소시키면서 그걸 받느라 자원만 소비해 버리게 만들지. 신호는 바이러스야. 바이러스는 친족이나 공생체, 다른 동맹들한테서는 생기지 않아. 신호는 공격이라고."(324) 시리는 인간과 이 외계 종 사이에는 어떤 화해도 있을 수 없다고 결론짓는다. "단어 바로 그 자체가 전쟁 행위인데 어떻게 평화롭게 지내자는 말을 하겠어?"(325) 인간 언어가 의식에서 발생했다는 바로 그 사실 때문에 외계인은 인간을 진화상의 적으로 볼 수밖에 없다.

의식의 대가가 현대 문화에서 더 널리 논의되면서(예를 들어, Hansen 2015) 다른 여러 작가들 또한 언어를 스티븐 핑커(Steven Pinker)식으로 인간 종의 독특한 성취로 보는 것이 아니라 바이러스나 질병, 혹은 윌리엄 버로스(William Burroughs)가 ≪벌거벗은 점심(Naked Lunch)≫(1959)과 그 외 작품에서 보여 주었듯 다른 의사소통 방식으로 대치될 진화상의 딸꾹질로 상상한다. 예를 들어 벤 마커스(Ben Marcus)의 ≪불타는 알파벳(The Flame Alphabet)≫(2012)에는 부모들에게 유독한 아이들의 언어가 나온다. 아이들의 언어는 들을수록 부모들을 병들게 하고, 결국 죽음을 초래한다. 엘리 호로위츠(Eli Horowitz), 매슈 더비(Matthew Derby), 케빈 모펏(Kevin Moffett)은 ≪침묵의 역사(The Silent History)≫(2014)에서 부모들이 아무리 애를 써도 음성 언어를 이해하지 못하고 배울 수도 없는 아이들 세대를 상상한다. 아이들은 음성 언어 대신 미세한 표정 변화를 통해 서로 의사소통을 한다. 아이들은 빨리 쉽게 배우며 자기들끼리 소통하는 어휘 일체를 개발한다. 화자들 중 한 명이 이 의사소통을 목격하고 이렇게 묻는다. "이 빈 공간[음성언어의 부재]을 어떤 미지의 능력들이 채웠을까? 끊이지 않는 언어의 개입 없이, 세상은 얼마간이라도 더 밝아졌을까? 더 뚜렷해졌을까? 말의 부재는 정말로 자유의 형태였을까?"(8) 우리는 이런 질문들을 의식 그 자체에 확장할 수 있을 것이다.

말이 없다면, 이야기하는 의식은 침묵할까? 만약 그렇다면 자아는 새로운 방법을 만들어 낼까, 아니면 완전히 사라질까? 언어가 최고의 성취라기보다 부채일지도 모른다는 바로 이 생각은, 의식의 대가가 지구상의 다른 모든 피조물과 지구 그 자체까지 인간이 지배할 수 있다는 베이컨적 명령을 포함해 인간예외주의 그리고 그것이 전통적으로 부여해 온 특권에 대한 기반에 어떻게 의문을 던질 수 있는지 보여 준다.

의식 없는 첨단 기술

와츠가 직면한 문제 중 하나는 의식적 자각 없이 이루어낸 외계인의 엄청나게 우월한 기술을 어떻게 설명할 것인지다. 와츠는 그 원인을 창발적 복잡성에서 찾는다. 인공지능 전문 컴퓨터과학자이자 내 예전 UCLA 동료였던 마이클 다이어(Michael Dyer)는 인공생명 시뮬레이션에서 환경이 더 지능적이 될수록 에이전트들의 머리에 지능은 더 적게 넣어야 한다고 말했다. 환경의 구조화된 특수성들 덕분에 에이전트들이 환경과의 상호작용을 통해 창발적 복잡성을 진화시킬 수 있기 때문이다. 테세우스 호의 생물학자인 커닝햄은 외계인 우주선 로르샤흐 호와 스크램블러들와 관련해 비슷한 역학을 제시한다. 커닝햄은 이를 설명하기 위해 흔히 알려져 있는 벌집의 예를 든다. 머릿속에 벌집 전체의 계획을

다 넣고 있는 벌은 없다. 벌은 옆의 벌들도 같은 일을 할 동안 본능에 따라 원을 그리며 밀랍을 뱉어 낼 뿐이다. 밀랍선이 서로 덮이면서 가장 빽빽한 조밀도를 띠는 다각형인 팔각형이 만들어진다. 벌집은 그 창발적 결과다. 커닝햄은 로르샤흐 호의 경우 스크램블러가 바로 벌집이라고 말한다. 우주선의 환경 역학이 빚어 낸 창발적 결과라는 것이다(267). "로르샤흐의 자기장이 역침투 메커니즘이라고는 생각지 않아. 아마 그건 생명 유지 시스템의 일부일 거야. 그게 스크램블러 신진대사 중 상당 부분을 조정하고 규제하나 봐."(267) 외계인들은 분산된 인지뿐 아니라 분산된 유기체적 생명을 재현한다.

자유로이 살아가는 독립 유기체들이 먼저 발전하고 그다음에 기술이 만들어진 지구에서와 달리, 이들 외계인에게서는 기술과 생물학적 생명이 함께 진화하면서 서로가 서로를 자극해 더 깊은 상호작용과 더 큰 창발적 복잡성으로 이끌었던 것이다.<6> 커닝햄은 스크램블러들에게 유전자도, 독립적인 재생산 메커니즘도 없다는 사실을 발견한다. 우주선이 그들을 무더기로 성장시킨다. 앞뒤에 배꼽이 달린 스크램블러들 중 맨 위의 것이 싹터 나와서 성숙하면 움직일 수 있게 된다. 의식은 없고 지능은 있는 스크램블러들은 생존하라는 명령을 만들어 낼 자아가 없고, 생존 본능은 '우주선 더하기 스크램블러'에 있다. 우주선 환경이 없다면 스크램블러들은 수일 내로 죽을 것이기 때문이다. 스크램블러들의 대사 작용을 조절하고 보충해 줄 우주선의 환경이 없다면 신진대사가 서서히 쇠퇴할 것이다. 커닝햄은 스크램블러들을 붙잡아 테세우스 호로 데려오면서 그들이 은유적으로 "숨을 참고 있다. 그리고 영원히 참을 수는 없을 것이다"라고 말한다(267).

스크램블러들과는 반대로, 인간의 주류적 관점은 우리가 독립적인 (그리고 사회적인) 유기체이며 기술은 나중에 추가된 문화적 성취라고 본다. 기술이 있으면 물론 좋지만, 우리의 생존에 본질적인 것이라고는 할 수 없다. 그러나 모든 기술적 인지 시스템이 내일 망가져 버린다면, 전체적 대혼란과 인간 종의 대량멸종이 이어질 것이다. 모든 교통 시스템이 작동하지 않고(차와 트럭조차 컴퓨터화된 발화 시스템을 갖추고 있으며, 열차와 항공기는 계산 장비와 완전히 상호침투되어 있다), 모든 급수와 위생 설비가 멈추며, 모든 전력망이 중단되고 모든 국내외 공급 라인이 끊긴다. 은행 시스템이 붕괴하고 농축산 생산이 중단된다. 가장 견고한 수동식 도구를 제외하고는 의료 장비도 전부 사용할 수 없게 된다. 전원과 벽지 주민들 일부는 살아남겠지만, 사망자 수가 수백만에서 수십억에 이를 것이다. 이런데도 어째서 우리는 여전히 스스로를 우리의 기술과 독립해 있으며 기술 없이 살아갈 수 있는 존재라고 생각한단 말인가? 이쯤에서 다마지오의 통찰을 떠올려 볼 만하다. "의식은 개인, 개별 유기체, 넓은 의미에서의 자아를 최초이자 최고라고 여기도록 상상의 세계를 제한한다."(Damasio 2000, 300) 즉 의식은 인간 자아가 주요 행위자이며 기술은 나중에 추가된 보철일 뿐이라고 주장한다(Stiegler 1998과 비교해 보라).

와츠는 사라스티가 테세우스 호 자체를 무기로 만들어 로르샤흐 호로 뛰어들면서 승무원들에게 즉각적 죽음을 선고하는 클라이맥스에서, 기술적 인지와 인간 인지 사이의 깊은 상호 연결을 보여 준다. 이 결말에서는 시리만 명령받은 대로 지구로 돌아가 사람들에게 외계인의 위협에 대해 경고하기 위해 무인 우주 탐사선을 타고 탈출한다. 그러나 수전 제임스는 사라스티의 반유클리드적 약물에 저항하고 간섭한다. 그리하여 제임스는 대발작에 빠지고, 로봇 전사들 중 하나가 그의 두개골을 깨고 전자 장비를 삽입한다. 죽지 않는 몸이 된 제임스는 이번에는 우주선의 심장부에서 퀀티컬 AI, 즉 '선장'의 통제하에 다시 움직이기 시작한다. 불안해진 시리는 사라스티가 지휘관이기는 했는지 묻는다. "그가 자기 입으로 말한 적이 있기는 해? 제힘으로 뭐든 결정했냐고? 우리가 그의 명령을 따르고 있었던 거야, 아니면 그냥 네가 다 한 거야?"(353) 선장은 죽지 않은 몸이 빼앗은 키보드를 두드려 시리에게 답한다. "너 기계로부터 명령 싫어한다. 이쪽이 더 만족."(353) 물론 인간이 컴퓨터보다는 진화상의 숙적인 뱀파이어로부터 명령을 받는 쪽을 더 좋아한다는 상상은 아이러니하다. 그들이 우주선의 AI에 의존하고 있다는 관점에서 보면, 그들과 스크램블러 간의 차이는 보기만큼 그리 크지 않다. 혹은 더 정확히 말하자면, 의식은 생각한 만큼 엄청나지 않다.

시리는 14년에 걸쳐 지구로 가는 긴 여행을 시작하면서 우주에서 인간의 역할에 대해 깊이 생각한다. 의식은 곧 장애라는 사라스티의 함의에 맞서, 수전 제임스는 그렇다면 인간이 왜 살아남았는지 묻는다. "의식이 정말로 유해하다면, 자연선택이 의식을 제거했을 거야."(306) 사라스티는 이렇게 응수한다. "너는 진화의 프로세스를 너무 순진하게 이해하고 있어. 적자생존 같은 건 없어. 가장 적합한 것이 생존하는 것일지도 모르지. 해결책이 최선인지는 중요하지 않아. 중요한 것은 그게 다른 대안들을 물리치는지 여부일 뿐이지."(306)

위상학적 관점에서 이 말을 해석해 본다면, 함수의 극댓값(local maximum)이 솟아올라 있는 적합지형도(fitness landscape)를 상상해 볼 수 있을 것이다. 그러나 어딘가 다른 곳에서 훨씬 더 큰 최댓값(global maximum)이 솟아오른다. 이때 진화적 관점에서 문제가 되는 점은, 극댓값에 오른 유기체가 최댓값까지 가려면 그 사이의 거리를 가로지르느라 적합도가 떨어지고 악화되어야만 하므로 최댓값에 결코 이를 수가 없다는 것이다. 결과적으로 당장의 경쟁자들에 비하면 더 생존에 적합해지지만, 전체적 관점에서는 그렇지 못하다. 이런 유추로 보자면 지구는 국지적 환경이며, 거기에서 인간은 자신의 생태적 지위 안에서는 (신화적 뱀파이어는 별개로 치고) 극댓값을 성취했다. 그러나 우주 다른 어딘가에는 더 큰 최댓값 법칙이 있다. 시리는 사라스티의 말뜻을 이해했다. "스크램블러들이 규범이었다. 전체 우주에서 진화는 자율적이고 조직화된 복잡성의 끝없는 확산, 자신의 존재를 영원히 알지 못하는 자가 복제하는 기계로 가득한 거대하고 무미건조한 튜링 머신에 불과했다. 그리고 우리. 우리는 흡충이고 화석이었다."(325)

시리는 지구에서 오는 통신을 모니터하는데, 음악과 인간의 말이 점점 더 적게 들리기 시작한다. 또한 아버지에게서 "우편물 유치" 통신을 수신하는데, 이는 돌아오지 말라는 암호화된 경고로 해석된다. 지구에서 오는 언어가 단어에서 클릭 소리 그리고 뱀파이어들 특유의 쉭쉭거리는 소리로 바뀌어 가면서, 시리는 <쥬라기 공원>의 공룡들처럼 뱀파이어들이 사슬을 끊고 울타리에서 뛰쳐나와 이제 온 세상에 다 퍼져 나간 것은 아닌지 의심하기 시작한다. 게다가 시리는 뱀파이어들이 의식에서 비의식의 존재 양식으로 진화하기 시작했을지도 모른다고 생각한다. 시리는 이렇게 생각한다. "지구를 물려받게 되어 있는 쪽은 우리 인간이 아니라 뱀파이어들이었다. 그들은 어느 정도 감응력이 있었던 것이 틀림없지만, 꿈꾸는 듯한 반의식 상태[그들의 상태]는 우리의 자기 강박 비슷하게 미성숙의 증표였으리라. 그들은 그런 속성을 제거하고 있었다. 그건 하나의 단계일 뿐이었다."(362) 시리는 자신이 어떻게 변했는지 숙고하면서 이렇게 말한다. "뱀파이어와 우주선 가득한 괴물들, 침입해 오는 외계 종족들 덕분에 나는 다시 인간이 되었다. 어쩌면 최후의 인간일

지도 모르지. 집에 돌아갈 즈음에는 내가 우주에서 유일한 감응력 있는 존재일 수도 있어."(362) 이 관점에서는 의식은 서툴지만 눈앞의 경쟁자들보다는 나은 진화적 차선이었다. 그러나 결국 치러야 할 대가가 이득을 넘어섰고, 경쟁의 맥락이 지구를 넘어 우주로 확장되면서 의식은 쇠퇴해 사라졌다.

이 결론을 생각해 보는, 의식 있는 존재인 우리 곧 독자란 무엇인가?

'정상적' 의식과 기술적 인지

≪찌꺼기≫와 ≪블라인드사이트≫를 평가하는 방법 하나는 이들 텍스트가 정상성(우리 곧 독자가 있는 곳으로 추정되는 자리)을 구성하기 위해 사용하는 전략을 분석하는 것이다. 이 관점에서 보자면 서로 너무나 다른 전략들이 눈에 들어온다. ≪찌꺼기≫에서 화자는 우리가 쉽게 동일시할 수 있는 자리에서 시작한다. 그는 자기 잘못과 무관한 큰 사고를 겪은, 무고한 행인이다. 그 결과 그는 상실한 기능을 되찾으려 애써야 한다. 물론 여기에서부터 끔찍하게 지독한 강박으로 기울어 가기 시작해 세상을 통제해야만 할 정도의 정신병으로까지 가기는 한다. 반대로 ≪블라인드사이트≫에서는 주인공이 처음에는 상상할 수 있는 최대한까지 기술적 조정과 증강을 거쳐 인간의 기준에서 아주 멀리 떨어져 있고,

고딕 소설과 신화의 피조물인 뱀파이어도 나온다. 그러나 이야기가 진행되면서 그들은 외계인들과 비교해 정상처럼 보이기 시작하고, 그들과 조정되지 않은 인간들 간의 차이는 외계인들이 재현하는 압도적이고 엄청난 차이에 밀려 덮인다. 결국 정상성은 다시 비정상으로 뒤집히고, 비의식적 우주에서 인간의 운명 또한 그렇다.

또한 기술적 인지는 두 텍스트에서 전혀 다른 역할을 한다. ≪찌꺼기≫에서는 기술적 인지가 보이지 않는다. 오늘날 기준에서 보면 화자가 모르는 단어나 개념이 나올 때마다 나즈에게 사무실의 동료에게 전화를 걸어 찾아보고 다시 전화해 달라고 부탁해 나즈가 이를 듣고 그에게 설명해 주는 것이 이상하게 보일 것이다. ≪찌꺼기≫는 이미 2001년 나온 PDA 팜 파일럿(Palm Pilot)과 스마트폰 블랙베리가 있던 시대인 2005년에 출간되었다. 지금은 어디서나 보이는 아이폰이 2007년에 출시되었음을 고려하면, 그때는 이미 주위에 스마트폰과 소형 디지털 기기들이 많이 있어서 정보를 얻는 절차가 지금과 특별히 다를 것이 없었다. 그러므로 위의 상황은 오히려 기술적 인지가 ≪찌꺼기≫에서 사실상 아무런 역할도 하지 않는다는 사실에 주목하도록 의도된 것 같다. 화자는 재연자들을 모을 때 자기가 시키는 대로 따를 인간들을 고른다. 그는 분산된 인지 네트워크 안에서 움직이는 것이 아니라 자신의 (기능을 못 하는) 인지를 세상으로 확장하기 위해 스스로 고안해 낸 대단히 독특한 네트워크 안에서 움직인다.

더 나아가 우리가 보았듯 화자는 이 네트워크를 이용해 현실에 자신의 의지를 관철하려 한다. 이런 점은 (환각인) 키 작은 시의원이 "잔여"(259)라는 단어를 사용할 때 살짝 암시된다. 화자는 평소처럼 나즈에게 전화를 걸어 그 단어를 사전에서 찾아서 철자를 불러 달라고 한다. 나즈가 말한다. "명사예요." 그러고는 이렇게 묻는다. "키 작은 시의원이 뭐라고 했는데요?" 시의원이 말한 단어의 철자를 되풀이해 불러 주고, 화자는 이렇게 말한다. "이 이상하고 쓸모없는 잔여(residual). 그런데 그는 s를 z가 아니라 s로 발음했어요. re-c-idual. 이 철자로 찾아봐 줘요." 이 발음은 화자의 환각의 산물이므로 당연히 일반적 용법에는 존재하지 않는다. "그 단어는 못 찾겠는데요." 나즈가 말한다. 이 말에 화자는 화를 내며 나즈에게 "가서 더 큰 사전을 찾아오라고 해요!"라고 명령한다. "이제 정말 기분이 나빠지네. 만약 키 작은 시의원이 여기에서…." 그러자 나즈가 다시 묻는다. "키 작은 시의원이 누구예요?"(271) 이 장면은 길게 이어지면서 어떤 단어가 사전에 있는지를 포함해 무엇이 현실로 간주되는지 자신이 결정할 수 있다는 화자의 믿음을 보여 준다. 만약 텍스트에서 기술적 인지가 큰 역할을 했더라면, 기술적 인지는 뇌물을 먹이고 보수를 주어도 소용이 없으므로 화자는 내내 비슷한 난관에 부딪쳐야 했을 것이다. 화자는 자신의 네트워크를 인간에게만 국한함으로써 망상을 유지할 수 있다.

이와 달리 ≪블라인드사이트≫에서는 인간 인지와 기술적 인지 시스템의 상호 침투가 이 허구의 미래(2082년 이후)에서 '뉴 노멀'을 구성한다. ≪찌꺼기≫의 화자와 마찬가지로 시리는 파괴적 사건을 겪고 정상성을 되찾기 위해 애쓴다. 독자들이 이해할 수 있을 법한 열망이다. 시리가 결코 완전히 성공하지 못한다는 사실은 전 애인 첼시가 치명적인 바이러스에 감염되어 죽기 전에 그를 다시 만나고 싶어서 그에게 연락하는 장면에서 그려진다. 첼시에게 즉시 다시 전화를 거는 것이 당연히 '정상적인' 반응일 것이다. 그러나 시리는 그에게 어떻게 행동하고 무슨 말을 할지 알려 줄 규칙인 '적절한 알고리즘'을 찾느라 며칠을 허비한다. 그러나 ≪찌꺼기≫의 화자의 경우와 마찬가지로 그렇다고 해서 시리를 괴물로 보게 되기보다는, 이런 곤란한 상황에서 아예 아무런 행동도 취할 수 없다는 사실이 슬픔을 자아낸다.

우리가 테세우스 호에 탄 인물들에 대해 차차 알게 되면서 그들을 낯선 존재로 만드는 소격 효과는 감소하고, 기술적으로 강화되고 인지 기능이 조정되었음에도 그들의 반응이 아주 익숙해 보이게 된다. 스크램블러들이 출현하면서부터는 독자들의 정상성과 승무원들의 차이는 무의미해진다. 그러나 귀환하는 항해에서 시리가 자신이 우주에 마지막으로 남은 감응력 있는 존재일지 모른다고 생각할 때, 그 정상성은 갑자기 비정상적인 것으로 뒤바뀐다. 시리는 자신이 그야말로 테세우스 호에서 일어난 일 혹은 인물들이 실제로 했던 말이 아니라 그들이 의도한 것을 재현하고 있다고 우리 독자에게 되풀이해서 경고한다. 시리의 마지막 말은 이 메시지를 우리에게 확실히 인식시킨다. "그러니까 나는 정말로 어떤 식으로든 당신들에게 말할 수가 없다. 당신들은 그저 당신이 시리 키턴이라고 상상해야 한다."(362) 그러면서 도도새 한 마리가 다른 새들과 자신을 동일시하듯 독자들에게 자신과 동일시해 달라고 부탁한다. 기술적 인지가 아무리 발전하더라도 이런 상황을 바로잡아 줄 수는 없다. 의식은 항상 지휘를 내리고, 하드웨어를 기획하고, 인터페이스가 어떻게 그리고 어떤 방식으로 작동할지 결정하는 혼합체의 일부이기 때문이다. 물론 우리가 사라스티와 '선장'을 고려에 넣지 않는다면 그렇다. 그렇다면 비의식이 지배하는 우주에서 의식이 다시 예외적인 것이 된다.

≪찌꺼기≫와 ≪블라인드사이트≫는 의식의 대가를 고려할 때 '정상적'이라는 개념 그 자체가 어떻게 변형되는지 보여 준다. 이들 텍스트는 '정상성'이 의식이나 인간 인지에만 충분히 근거를 둘 수 없음을 암시한다. 기술적 인지가 이미 등장했고 NASA가 다른 태양계에서 지구와 비슷한 행성들을 발견했다고 발표하는 우주에서,<7> 인간 인지는 더는 기술적인 것과 비인간적인 것, 지구의 것과 외계의 것을 비롯한 다른 모든 인지를 평가할 수 있는 '정상적' 기준이 될 수 없다. 인간을 탈중심화하는 것이 동물 연구, 포스트휴머니티, 신유물론, 그 밖의 프로젝트들을 비롯해 현대 문화이론

의 주요 취지라고 할 때, 인지의 토대 전체는 행성적 규모로 변화한다. 여기에서 인간 행위자는 다른 많은 인지자들을 포함하는 복잡한 상호작용에서 한 구성 요소일 뿐이다. 의식이 왕관인가 짐인가 혹은 둘 다인가는 이런 행성적 인지 생태계(어쩌면 그조차도 벗어난 생태계)의 더 큰 맥락에서 재평가되어야 한다.

2부

인지 집합체

05 인지 집합체: 기술적 행위성과 인간의 상호작용

≪사회적인 것을 재구성하기: 행위자 네트워크 이론 소개(Reassembling the Social: Introduction to Actor-Network-Theory)≫(2007)에서 라투르는 "사회적인 것의 사회학"이 인간과 대상을 인위적으로 구분 짓는다고 비판했다. "어떤 인간 행동이든 벽돌을 놓으라고 소리 질러 명령하는 것, 물과 시멘트의 화학적 결합, 손의 움직임으로 밧줄로 전해지는 도르래의 힘, 동료가 준 담배에 불을 붙이려고 성냥을 긋는 것과 같이 매 순간 서로 뒤얽힐 수 있다."(74) 나는 라투르의 연구를 대단히 존경하며 행위자 네트워크 이론(Actor-Network-Theory, 이하 ANT)이 과학학에 큰 기여를 했다는 점을 기꺼이 인정한다. 그럼에도 이 구절은 왜 인지에 초점을 둔 틀이 복잡한 인간 시스템에 대한 기존의 접근에 중요한 차원을 더해 주는지 잘 보여 준다. 행동이 "소리 질러 명령"하는 것으로 시작되고, 물질적 힘이 이 결정의 결과로 동원된다는 데 주목할 필요가 있다. 시멘트는 그 자체로는 구조

물을 만들 수 없다. 시멘트가 구조물의 재료로 나타나려면 인간의 개입이 꼭 필요하다. 즉 라투르가 인간 행동과 물질적 힘 간의 대칭을 보여 주려 의도했다 해도, 인지 프로세스는 그의 사례에서 핵심 역할을 한다. 내가 강조했듯 여기서 요지는 인간의 선택을 찬양하자는 것이 아니라 모든 생물학적 생명 형태와 많은 기술적 시스템을 포괄하도록 의사 결정자들의 스펙트럼을 확장하는 것이다. 의사 결정자들은 물론 물질적 힘을 동맹으로 동원할 수 있고 또 그렇게 하지만, 특정 방향으로 배를 몰고 가려는 이들이다.

나는 인간과 비인간 인지자들 간의 이 같은 복잡한 상호작용과 물질적 힘을 동원하는 능력을 설명하기 위해 '인지 집합체'라는 용어를 사용하려 한다. 라투르 그리고 들뢰즈와 가타리(1987) 또한 '집합체(assemblage)'를 언급하지만, 인지 집합체에는 그들이 사용한 방식과는 다른 특정한 특징이 있다. 특히 인지 집합체에서는 시스템을 통과하는 정보의 흐름과, 그 흐름을 만들어 내고 조정하며 해석하는 선택과 결정이 두드러진다. 인지 집합체에는 물질적 매개자와 힘이 포함될 수도 있지만(그리고 거의 항상 포함되지만), 이런 행동유도성(affordance)을 동원하고 복잡한 상황 속에서 행위 하도록 그들의 권력(power, 힘)을 지휘하는 것은 집합체 안의 인지자들이다.

권력 개념을 언급했으니 이제 권력이 (그리고 권력의 시녀인 정치가) 어떻게 이 틀 안에서 나타나는지 보여 주겠다.

여기에서 라투르는 권력이 (인간과 비인간) 중재자들에 의해 생산되는 효과라고 지적한다는 점에서 중요한 단서를 제공한다. 중재자들은 일시적이고 변동하는 배치(configuration)를 구조로, 즉 권력을 만들어 내고 공고히 하며 휘두를 수 있는 지속적이고 견고하며 재생 가능한 구조로 바꾼다. 라투르는 ANT가 정치와 사회적 불평등을 무시하는 이론이라는 비판에 대응하면서, ANT가 중재자에 초점을 맞추기 때문에 정치가 항상 다른 식으로 가능하게 할 수 있는 잠정적 실천이 된다고 주장한다. 라투르가 "사회적인 것"을 설명적 힘으로 동원하는 동료들을 가리켜 말하듯 "사회적인 것의 사회학자들"은 권력을 가능하게 만드는 중재자들을 무시하기 때문에 권력을 신비화하게 되고, 이로써 구성적 변화는 더 상상하거나 개시하기 어려워진다. "사회학자들이 사회적 설명을 이용할 때 주의하지 않으면 관성, 지속성, 불균형, 확장, 지배를 생산하는 데 작용하는 중재자라는 실천적 수단을 제쳐 놓음으로써 그리고 그 모든 다른 수단을 사회적 관성이라는 무력한 힘과 융합함으로써 사회적 불평등의 진짜 원인을 은폐하게 된다."(85)

라투르는 내가 인지자와 물질적 프로세스를 구분하는 데 동의하지 않겠지만, 중재자에 초점을 맞추는 그의 관점은 인지자를 행위자로 보는 내 시각과 잘 맞는다. 내 접근 방식은 인지를 재상상하고 비의식적 인지가 눈에 띄는 역할을 하는 틀을 만듦으로써, 인지 집합체와 그 집합체 안에서 작동하는 중재자들을 기술적으로 발전한 사회에서 권력을 창조·확장·조정·실행하는 수단으로 분석할 수 있게 해 준다.

라투르가 사회학에 가한 비난은 인문학에도 똑같이 (혹은 훨씬 더) 적용될 수 있다. "권력을 얻기 위한 수단은 세심하게 계획하고 수정할 수 있는 데 반해 사회학, 특히 비판적 사회학은 권력의 보이지 않고 불변하며 동질적인 세계를 너무 자주 대신 내세웠다.… 그렇기에 사회적인 것의 사회학자들은 '권력 관계'와 '사회적 불평등'을 망각했다는 비난을 들어 마땅하다."(86) 여기에서 라투르가 세심하게 계획하고 수정할 수 있다는 점을 강조하는 것은, 권력 관계를 수정하려면 집합체(내 관점에서는 인지 집합체)들이 합쳐지고, 인간과 기술적 행위자들 사이의 연결을 만들어 내고, 정보의 흐름을 개시·조정·변화시키는 방식에 대한 상세하고 정확한 분석이 필요하다는 의미다. 집합체들은 그렇게 함으로써 영역 안에서 가능한 결정의 종류와 범위, 그 안에서 출현하는 의미를 언제나 이미 결정하는 맥락을 만들어 낸다.

라투르는 강한 어조로 비판적 사회학에 대한 비판을 전개하는데, 이는 불행히도 비판적 인문학에도 적용된다. "속담에서도 말하듯 절대 권력이 반드시 부패한다면, 너무나 많은 비판 이론가들의 과도한 권력 개념 사용도 그들을 부패시켰다. 적어도 그들의 학문을 잉여적으로 만들고 정치학을 무력하게 만들었다."(85) 이 마지막 구절은 1970년대와 1980년대 그리고 그 이후 인문학에서의 권력 비판에도 너무나 명백하게 적용되기 때문에 특히 강력하다. 대중을 설득하는 데 효과적이었는지로 정치적 의제를 판단한다면, 이 시기에 인문학을 휩쓸었던 해체 이론은 관대하게 해석하자면 뒤섞인 결과를 가져왔다고 할 수 있다. 해체 이론은 인문학 안에서 많은 교수들을 급진화하는 데에는 성공했지만, 무의미하고 모호한 담론들로 일반 대중을 인문학에서 멀어지게 했고 인문학을 사회에서 점점 더 주변적으로 만들었다. 이를 고려한다면, 복잡한 인간 시스템과 기술적 인지가 상호 침투하는 이 시대는 권력이 어떻게 만들어지고 변형되고 분배되고 실행되는지에 집중함으로써 권력 관계를 분석하는 또 다른 접근을 시도하기에 적절한 때일지도 모른다. 다시 말해서, 인지 집합체에 집중할 필요가 있다.

이제 이 핵심 용어를 좀 더 자세히 분석해 보겠다. 들뢰즈와 가타리의 용례에서 '집합체[agencement]'는 연결·사건·변형·되기의 함의를 띤다. 들뢰즈와 가타리는 욕망, 정동, 횡단적 에너지를 인지보다 중시하지만, 나는 '인지' 개념을 넓게 정의하기 때문에 중요한 차이가 여전히 남아 있기는 해도 다소나마 내 논의를 그들에게 가까이 가져갈 수 있다. 나는 [집합체라는 용어를 통해] 어떤 것은 추가하고 어떤 것은 버리면서 끊임없는 흐름 속에 있는 부분들의 잠정적 집합이라는 의미를 전달하고 싶다. 이들 부분은 그리 단단히 묶여 있지는 않아서 변환이 가능하면서도, 아주 느슨하게 연결되어 있지도 않아서 부분들 사이에서 정보가 흘러 다닐 수 없다. 여기에 함축된 중요한 의미는 아주 낮은 수준의 선택에서 높은 수준의 인지까지, 결국 더 큰 관심 영역에 영향을 주는 결정까지 나아가는 식으로 배열(arrangement)이 확대될 수 있다는 점이다.

독자들은 내가 인지를 "의미와 정보를 연결하는 맥락에서 정보를 해석하는 프로세스"로 정의했음을 기억할 것이다. 이런 의미의 인지에 초점을 맞춰 해석·선택·결정 활동을 강조하고, 인지가 부여하는 특별한 특질들 즉 유연성·적응성·진화가능성을 논의했다. 인지 집합체 접근법은 전체적 관점에서 이런 특질들을 시스템, 하부시스템, 개별 행위자들의 배치로 간주한다. 이 배치를 통해 정보가 흐르고, 흐름에 작용하는 인지자들의 해석 활동을 통해 변환이 일어난다. 인지 집합체는 여러 수준과 장소에서 작동하면서 조건과 맥락이 변화하면서 변환되고 변이한다.

왜 네트워크가 아닌 집합체를 대안으로 선택하는가? 라투르가 때때로 "집합체"를 "네트워크"의 유사어로 쓰기는 해도(Latour 2007) 네트워크 쪽을 보통 선호하기 때문에 특히 이런 질문이 나올 법하다. 네트워크는 일반적으로 그래프 이론으로 분석되는 변과 노드로 구성되며, 드문드문하고 매끈한 물질성을 의미한다고 여겨진다(Galloway and Thacker 2007). 이와 반대로 집합체는 만져지고, 합쳐지고, 반발하고, 변이하는 육체적 의미의 연속성(contiguity)을 허용한다. 동적 시스템이라고 보자면 네트워크는 교환·변환·전파의 장소로 기능한다는 점에서 집합체와 비슷하지만, 복잡한 삼차원 적 위상에서 일어나는 상호작용의 의미는 담고 있지 않다. 반면 집합체에는 안팎으로 말리고 감긴 표면 위에서 많은 동종들과 동시에 상호작용하는 복수의 양적 객체들과 함께하는 정보 처리도 포함된다.

인지 집합체에서는 인간과 기술적 시스템이 상호 연결되어 있기 때문에 각각의 인지적 결정은 의식/무의식, 인지적 비의식, 중앙 신경 시스템에 신호를 보내는 감각/지각 시스템을 포함해 모든 범위의 인간 인지에 걸쳐 일어나는 상호작용과 함께 다른 것들에게도 영향을 미친다. 더 나아가 인간의 결정과 해석은 기술 시스템과 상호작용하며 때로는 그것들이 작용하는 맥락에 결정적 영향을 미친다. 전체적으로 보아 인지 집합체는 일반적으로 인지와 동일한 기능을 수행한다. 즉 새로운 상황에 유동적으로 반응하고, 이 지식을 적응 전략에 통합하고, 경험을 통해 새로운 전략과 대응을 만들어 내도록 진화한다. 인지와 인지 집합체의 경계가 흐릿하기 때문에, 연구자의 분석 관점과 분석 목적에 따라 그 경계가 구분될 때가 많다. 그렇다 해도 특정 상황에서는 그와 관련된 인지의 종류를 특정하고, 결과적으로 그 진화 궤적을 통해 그 효과를 추적하는 것이 가능하다.

20세기 말 가장 변혁적인 기술은 인지 집합체였다. 인터넷이 가장 좋은 예다. 증기기관, 철도, 항생제, 핵무기와 핵에너지 등 많은 현대 기술이 엄청난 힘을 발휘했지만, 인지 집합체는 정보의 흐름을 통해, 따라서 인간과 기술적 참여자들 간의 인지를 통해 변혁적 잠재력을 가능케 하고, 확장하고, 지원했다는 점에서 특별하다. 본질적으로 혼종인 인지 집합체들은 행위성이 인지자들 간에 어떻게 분배되는지, 행위자들이 어떻게 그리고 어떤 방식으로 전체적 역학에 기여하는지, 결과적으로 기술적·사회적·법적·윤리적 책임이 어떻게 배분되어야 하는지 대한 질문을 제기하게 한다. 인지 집합체들은 기술적 매개의 중요성을 인식하게 하고, 개별적 책임을 강조하기보다 전체적이고 관계적인 관점을 채택하는 윤리적 탐구를 촉구한다.

이 장에서는 인지 집합체의 개념을 발전시키면서 기초 수준의 도시 기반시설에서 시작하겠다. 나이절 스리프트(Nigel Thrift)는 세계가 어떻게 움직이는지에 대한 우리의 일상적 가정을 지배하는 기반시설을 "기술적 무의식(technological unconscious)"이라고 불렀다(Thrift 2004). 기술적 무의식은 일상적 예측, 습관적 반응, 패턴 인식, 인지적 비의식 특유의 활동들을 통해 무의식적이고 비의식적인 방식으로 우리의 행동을 조정한다. 나는 여기에서 더 깊이 들어가 개인적 차원에서 직접적으로 상호작용하는 디지털 어시스턴스를 논하기 위해 분석의 초점을 신체로 돌리겠다. 이런 디바이스들은 더 영리해지고 더 많은 컴퓨터 시스템에 연결되며 웹 전반에서 정보 포털에 더 많이 접속할 수 있게 되면서, 사용자의 심신에 신경학적 변화를 일으키고 추후의 상호작용에 영향을 미치는 부가적 학습을 위해 정보를 모으고, 처리하고, 전하고, 저장하고, 이용하면서 변형되는 유동적 집합체를 형성한다. 사용자의 반응과 상호작용이 자기 자신조차도 모를 자신의 성향을 점점 더 많이 드러내면서 감시의 가능성은 계속해서 더 커진다. 여기에서는 이러한 궤적을 알렉스('샌디') 펜틀랜드(Alex Pentland)가 개발하고(Pentland 2008) 미머신(MeMachine)에서 프란스 판데르 헬(Frans van der Helm)이 극단적 개념 증명(proof-of-concept)으로(AR Lab 2013) 잘 보여 준 '소시오미터(sociometer)'를 통해 분석하겠다.

그다음으로 지금 진행 중인 여러 연구 프로그램에서 눈에 띄는, 기술적 자율성의 증가가 띠는 함의를 분석하겠다. 그 예로 자율주행차, 안면인식 시스템, 자율형 무기가 있다. 나는 '조종사가 움직이는 드론'에서 '자율 군집 드론'으로의 이행에 초점을 맞추겠다. 기술적 자율성이 확장될수록 기술 디바이스의 인지 능력도 커져야 한다. 먼저 인지의 재분배가 일어나고, 그다음에 그에 따라 행위성이 분산된다. 담론 지형을 뒤흔들고 문화적 실천을 개편하는 기술적 디바이스의 경향은 군사용 드론의 경우 악화되고 있다. 여기에는 다름 아닌 삶과 죽음의 문제가 달려 있을 수도 있다. 이처럼 엄청난 논란을 일으키는 대표적인 경우가 소위 전쟁법을 기술하는 국제 조약으로, 국제 조약은 기술적 매개의 효과를 전혀 고려하지 않고 행위성이, 따라서 결정하는 힘이 전적으로 인간에게만 있다고 가정한다. 기술적 디바이스가 행위성을 지니게 될 때 일어나는 중요한 변화들은 복잡한 인간 사회 시스템에 기술적 인지가 상호 침투할 때 무슨 일이 일어나는지 보여 준다. 이제부터 말하겠지만 그 결과로 초래된 인지 집합체는 인간 인지가 작동하는 맥락과 조건을 바꾸어 놓으며, 궁극적으로는 진보한 사회에서 인간이 된다는 것의 의미에 영향을 미친다.

기반시설과 기술적 인지

MIT 미디어랩의 알렉스 ('샌디') 펜틀랜드는 기술적 인지의 미래를 상상하면서 이렇게 말한다. "갑자기 인류가 살아 작동하는 신경 시스템을 시작한 것 같다. 공공 보건 시스템, 자동차 교통, 비상사태와 보안 네트워크가 전 세계에 퍼져 있는 살아 있는 유기체처럼 전부 다 지능적이고 반응하는 시스템이 되어 가고 있다.… 눈과 귀 역할을 하는 감지기(sensor)를 가지고서 말이다."(2008, 98) 이런 비유는 신경과학자들에게는 새로운 것이 아니다. 신경과학자들은 신체의 신경 시스템을 통해 흐르는 정보를 묘사하기 위해 교통의 비유를 쓴다(Neefjes and van der Kant 2014). 로라 오티스(Laura Otis)가 19세기 과학자들이 신경과 전신선 네트워크를 연관 지은 것을 놓고 주장하듯, 이런 비유들에는 실제로 개념적 힘이 있다. "은유는 과학자들의 생각을 '표현하지' 않

는다. 은유가 곧 생각이다."(Otis 2001, 48)

도시의 '신경 시스템'과 인간의 신경 시스템 간의 상호작용을 탐색하기에 딱 좋은 것이 7000마일[약 1만 1265킬로미터]의 도로 교통을 통제하는 로스앤젤레스의 자동 교통 감시 통제 시스템(Automated Traffic Surveillance and Control System, ATSAC)이다. 나는 2014년 11월 ATSAC 센터를 방문해 책임자인 에드워드 유(Edward Yu)와 대화를 나누었다. ATSAC의 심장부에 있는 컴퓨터 시스템은 도시 전체의 감지기와 작동기에서 흘러들어 오는 신호를 받는데, 유연하고 적응적이며 진화적이어서 스스로 작동을 조정할 수 있다. 인간 오퍼레이터들과 결합된 ATSAC는 기술적 비의식 인지가 수백만 도시 거주자들의 삶에 영향을 주기 위해 인간의 능력과 협업하는 방식을 보여 준다.

지면에서 지하 4층 깊이 정도 아래에 있는 센터는 원래 폭탄 공격에서 시 공무원들을 보호하기 위해 설계된 지하 벙커에 있다(지하 벙커가 지금은 ATSAC로 넘어갔다는 사실은 어쩌면 교통 통제가 로스앤젤레스에 얼마나 중요한지 의도치 않게 드러내는 것인지도 모른다). 센터로 흘러들어 오는 정보에는 1만 8000개 루프 검지기에서 온 보고가 포함된다. 이 루프 검지기들은 자기 유도로 작동하며, 4000개 이상의 교차로에서 매초 교통량과 속도를 기록하고 400개 이상의 감시 카메라가 가장 복잡하거나 중요한 교차로를 모니터한다. 컴퓨터 알고리즘은 이런 데이터 스트림을 분석하면서 막히는 차선을 자동적으로 상쇄하기 위해 신호등을 조절한다. 이에 따라 관련된 신호들도 바뀌어야 한다. 예를 들어 주요 도로로 들어오는 옆길은 주도로의 신호등과 함께 작동하도록 시간이 맞춰진다. 모든 모니터링 정보는 실시간으로 처리된다. 전체 시스템은 잠재적 위험을 예방하기 위해 루프 감지기에서 허브까지 구리 전선으로 연결되며, 정보는 광섬유로 센터에 전달된다. 이처럼 ATSAC는 시에서 기반시설에 상당한 투자를 했음을 보여 준다. 이 센터의 건설은 로스앤젤레스에서 1984년 올림픽을 위해 착수되어 2012년에 최종적으로 완공되었다.

엔지니어들은 매일의 교통 외에도 대통령 방문이나 블록버스터 영화 시사회 같은 특별한 사건에 시스템을 맞추고 조정한다. 자동 사이클(automatic cycles)에조차 특별한 설비가 갖춰져 있다. 예를 들어 [횡단보도에서] "보행" 신호를 작동시키려면 버튼을 눌러야 하지만, 대규모 정통파 유대교도 공동체들이 있는 지역에서 유대교 안식일 낮에는 자동으로 작동하도록 프로그래밍된다. 그 시간대에 정통파 유대인들은 기계류를 작동시키지 못하게 되어 있어서 버튼을 손으로 누를 수 없기 때문이다. 또 낮 시간대가 계절에 따라 다르기 때문에, 시스템에는 일 년간의 일출과 일몰 시간이 프로그래밍되어 있다.

시스템의 감지기, 작동기, 알고리즘의 도움 없이 인간의 힘으로 이런 광범한 교통 조정 작업을 수행하기란 불가능할 것이며, 시도하는 것 자체가 엄두가 안 날 만큼 많은 비용이 들 것이다. 한 연구에 따르면 이 시스템은 교차로에서 멈추는 시간을 20~30퍼센트까지 감소시켜 주며, 운행 시간을 13퍼센트까지 줄여 주고, 휘발유 소비는 12.5퍼센트, 대기 오염물질 배출은 10퍼센트 줄여 준다(Rowe 2002). 이런 통계는 로스앤젤레스 사람들의 삶에 실제 효과를 발휘한다. 나는 이십 년을 로스앤젤레스에서 살아온 사람으로서 교통 패턴이 얼마나 중요하게 되었는지 증언할 수 있다. 교통 패턴은 업무 일정, 엔터테인먼트를 즐길 기회, 친구 네트워크와 같은 삶의 여러 선택을 좌우할 정도다. 에드워드 유는 커뮤니티 회의에 참석할 때마다 청중들에게 강력 범죄를 겪어 본 사람이 몇 명이나 있는지 묻고는 한다. 대개는 백 명 중 두세 명이 손을 든다. 그러면 그는 살면서 교통 문제를 겪어 본 사람은 얼마나 있는지 묻는다. 사실상 거의 모두가 손을 든다.

ATSAC에 예화된 기술적 인지는 구체적으로 인간 인지와 어떻게 상호작용할까? 알고리즘은 교통 정보가 한 주 동안 저장된 데이터베이스와 통합된다. 이를 통해 시스템은 패턴을 추출할 수 있게 되고, 이 패턴을 이용해 알고리즘을 업데이트한다. 운전자들 또한 패턴을 감지한다. 아마 처음에는 의식적으로 감지하겠지만, 같은 길을 수없이 오가면서 무의식적으로 감지하게 된다. 이상이 발생하면 운전자들은 금세 이를 알아차리고 센터에 전화를 걸어 오퍼레이터에게 특정 교차로에서 일어난 문제를 알린다. 오퍼레이터들도 패턴을 내면화해야만 한다. 그래야 정보에 근거해 결정할 수 있다. 에드워드 유는 새로운 직원이 정상 상황과 특이 사항을 구분할 만큼 경험을 쌓기까지 훈련 시간이 일 년 반 정도 걸린다고 말했다. 예를 들어 산타모니카 대로는 산타모니카 고속도로로 이어진다. 고속도로 입구가 막히면 거리에서 교통이 더 빨리 흐를 수 있게 신호를 조절해 봐야 아무 소용이 없다. 문제를 악화할 뿐이다. 교차로가 막히게 되면 그 정보를 보여 주는 스크린 그래프가 붉은 색으로 깜빡이기 시작하고, 오퍼레이터는 문제를 찾기 위해 카메라 피드를 멈출 수 있다. 내가 방문했던 오후에는 다운타운 지역 알라미다 스트리트의 한 교차로에서 교통 체증이 일어났다. 카메라 영상에서 경찰이 시위에 대비하기 위해 거리 일부를 막고 있는 것이 보였다. 불행히도 경찰들은 센터에 시위에 대해 미리 알리지 못했고, 러시아워가 다가오면서 다운타운 지역 전체가 엉망진창이 되지 않도록 적극적으로 개입할 필요가 있었기 때문이었다. 이런 경우에 필요한 도로 전체의 신호 네트워크는 한 오퍼레이터가 한 번의 명령으로 바꿀 수 있다.

ATSAC는 인간의 의식적 결정, 즉 오퍼레이터와 운전자 모두에게서 일어나는 인간의 비의식적 패턴 인식과 컴퓨터 알고리즘, 프로세서, 데이터베이스의 기술적인 인지적 비의식 간의 생산적 협력을 보여 주는 좋은 예다. 울리크 에크만(Ulrik Ekman)은 지능 도시(intelligent cities)의 위상학을 논하면서 다음과 같이 말했다. "도시 설계는 활동적 도시 노드들의 환경적·기술적·사회적·개인적 다양성 사이에서 일어나는 중인 엄청나게 복잡한 상호작용을 충족해야 한다." (Ekman 2015, 177) ATSAC는 이런 복잡성들 속에서 기능하면서 인지 집합체가 어떻게 작동하는지 보여 준다. 일부 운전자가 시스템에서 벗어나고 일부는 들어오면 모든 지점의 구성 요소들이 유동적으로 작동한다. 그 밑에 있는 기반시설은 안정적이지만, 컴퓨터의 스크린 인터페이스는 이전의 문제 지점이 정리되고 새로운 문제 지점이 생길 때마다 끊임없이 바뀐다. 이와 마찬가지로 알고리즘에는 기본적 인지 구조가 설정되어 있지만, 그것들 또한 패턴이 추출되면서 조정된다. 이러한 패턴은 맥락이 바뀌고 새로운 의미가 생산되면 연속적 오퍼레이션을 조정하기 위해 이용된다.

이 시스템의 인지 기능에는 정치적 가정이 예화되어 있다. 교통이 매끄럽게 흐르는 것이 바람직하다는 가정이다. 이는 로스앤젤레스 사람들의 경험에 긍정적으로 기여한다. 물론 교통체증을 감소시켜 가뜩이나 악명 높은 로스앤젤레스의 차량 의존도를 계속 유지시키고 심지어 증가시킨다는 단점도 있다. 그러나 시스템은 버스 전용 차선도 관리하며, 이를 통해 대중교통 이용을 장려하도록 고안되었다.<1> 따라서 최종 결과는 전반적으로 긍정적이라고 할 수 있다. 시스템은 수십 년 동안 정치 체제가 달라지더라도 도시 투자의 수혜를 입었다. 정치 체제들은 서로 달랐지만 온 도시를 아우를 때까지 시스템을 계속해서 운영하고 확장하려는 정치적 의지를 보였다. 따라서 ATSAC는 기술적인 인지적 비의식을 복잡한 인간 시스템 속으로 깊이 침투시킨 데에서 건설적 결과가 나올 가능성을 보여 준다. 시스템이 이익과 손실에 대한 시장 고려와 직접적 관련이 없다는 점은 주목할 만하다.

디지털 어시스턴트와 정보 포털

이제 도시 교통 기반시설이라는 매개에서 사적인 차원으로 더 가까이 다가가, 디지털 어시스턴트와의 더 밀접하고 어쩌면 신경학적으로 더 중요한 상호작용을 고려해 보겠다. 캘리포니아 산호세의 VIV 연구소에서 개발 중인 디바이스인 VIV는 웹 리딩(web reading), 지오로케이션(geolocation),+ 모바일 상호작용, 실생활 쿼리(real-life queries)++를 통해 기능을 진화시킨다(Levy 2014). 곧 "차세대 시리(Siri)"로 시장에 출시될 이 프로그램은 GPS 오리엔테이션을 즉시 프로그래밍하고 문장을 분석하며 오픈 시스템과 결합해 서드파티의 소스에 연결한다. 개발자 댄 키틀로스(Dan Kittlaus), 애덤 치버(Adam Chever), 크리스 브리검(Chris Brigham)은

+ 유무선망에 연결된 휴대 전화와 컴퓨터 등 기기의 지리적 위치 정보.

++ 데이터베이스 등에서 원하는 정보를 검색하기 위해 요청하는 것.

≪와이어드(Wired)≫에서 플로 차트와 함께 VIV의 탐색 테크닉을 보여 주면서, VIV가 비교적 복잡한 쿼리를 분석할 수 있다고 말한다. 예컨대 "형의 집에 가는 길에 라자냐와 잘 어울리는 저렴한 와인을 찾아서 가져가야 해"라는 쿼리가 있으면 프로그램은 먼저 '형'을 가족 관계로 분석해 사용자의 구글 연락처에서 적절한 항목을 찾는다. 그다음 경로를 표시하고, 빠진 변수들을 찾아내고, 사용자에게 와인을 가지러 경로에서 얼마나 벗어날 의향이 있는지 묻는다. 이런 정보를 가지고 프로그램은 웹에서 라자냐 요리법을 탐색해 라자냐가 토마토, 치즈, 파스타가 들어간 음식임을 알아낸다. 와인-음식 조합을 탐색해 적절한 포도 품종을 찾아내고, 더 조사해 '저렴한' 것을 볼 수 있는 가격 범위를 산출한다. 다음 단계는 가는 길에 있는 와인 상점 목록을 찾아 적당한 상점의 와인 리스트를 뽑아내는 것이다.

VIV는 계속 학습해서 점점 커져 가는 데이터베이스의 인터페이스를 따라가도록 설계되었다. 컴퓨터 과학자 톰 미첼(Tom Mitchell)이 카네기멜런대학교의 그룹과 함께 개발한 NELL(Never Ending Language Learning program) 같은 언어 학습 프로그램과 달리, VIV는 위치, 사용자의 관심 범위, 취향과 선호 등 실제 세계와 상호작용한다는 이점이 있다. VIV는 더 넓은 범위의 움직임과 지식을 가지고 시간 대 돈, 품질 대 가격, 가까움 대 멂과 같은 상호 대립적 요소를 서로 연관 짓는 계산을 수행할 수 있다. VIV는 움직임을 지시하고,

지명 약어(location indicator)와 같은 감지 신호를 해석하고, 쿼리에 반응하면서 사용자의 인지와 상호작용한다. 더 나아가 클라우드의 엄청난 저장 공간과 빠른 처리 속도, 데이터 조작의 계산력을 활용한다. 인지 집합체의 일부로 간주되는 VIV와 사용자는 안정적인 통신 노드를 구성하는데, 이 노드를 둘러싸고 웹 쿼리 그리고 큐레이팅 알고리즘과 연관된 다른 기능들이 존재한다. 이 큐레이팅 알고리즘은 VIV의 데이터를 무수히 많은 관련 데이터베이스에 저장된, 사용자에 대한 다른 정보와 상호 연관 짓는다. VIV의 출시가 성공한다면, 지오로케이션을 특정 상품에 대한 요구와 통합할 것이므로 상당한 상업적 가치를 지니게 되리라고 예측할 수 있다. 게다가 현재의 스마트폰과 데스크톱 검색으로 가능한 수준을 뛰어넘는 규모의 데이터 수집을 할 수 있게 될 것이다. 그러면 과거의 여정뿐 아니라 현재의 궤적에 대한 위치 데이터, 실시간 사용자 움직임까지 이런 여정과 관련된 쿼리 그리고 구매와 상호 연관시킬 수 있다. 이런 기능 중 일부는 이미 GPS 기기에서 이용 가능하다. 예를 들어 탐색 카테고리에서 보이는 상점 위치가 그것이다. 기업들은 이런 정보를 이 탐색 카테고리에 띄우는 데 돈을 지불했다. 이용할 수 있는 경로가 여러 개일 때 GPS는 보통 목록에 오른 상점들을 가장 많이 지나치게 되는 경로, 예를 들면 쇼핑몰이나 플라자를 지나치게 되는 경로를 택한다. 이 모든 것 그리고 이 이상이 VIV에서 잠재적으로 이용 가능하게 될 것이다.

또한 이렇게 영리한 디지털 어시스턴트를 쓰는 것은 사용자가 이런 기술적 인지를 일상생활에 통합하는 방식에 영향을 미치게 될 것이다. 이런 디바이스가 있으면 인간 뇌에 있는 진화된 인지 능력들(예를 들면 자신이 어디에 있는지 방향을 읽고 판단하는 능력)이 덜 자극을 받게 될 것이라고 예상할 수 있다. 이제 디바이스가 사용자를 위해 길을 찾아 주고, 길 찾기와 관련된 인간의 시냅틱 네트워크는 위축될 것이기 때문이다. 우리는 인간의 신경이 디지털 매체에 최소한으로만 노출되어도 장기적 효과를 낳는 변화가 생길 수 있다는 사실을 웹 탐색과 프린트물 읽기를 비교해 평가한 실험을 통해 알고 있다(Hayles 2012). VIV와 같은 디지털 어시스턴트를 더 많이 사용할수록 길을 찾는 타고난 능력은 쇠퇴하므로, 결과적으로 더 많이 기기를 사용하게 되리라는 것도 충분히 예측할 수 있다.

게다가 디바이스는 행동의 동질화를 초래할 수 있다. 탐색하느라 이리저리 돌아다니는 일은 줄어들고 판에 박힌 행동은 늘어날 것이다. 쇼핑 습관에서도 같은 일이 벌어질 것이다. 가게 안을 이리저리 돌아다닐 필요가 없어지고 원하는 물건을 바로 고를 수 있게 된다. '욕망' 자체가 마케팅에 의해 조작된다. 대체로 사용자를 기업의 의도에 맞춰 넣는 경향이 심화되고 확대될 것이다. 증강현실 또한 VIV의 기능의 일부가 되면, 의식적 인지 수준만이 아니라 비의식적 수준에서도 이러한 심화가 일어날 것이다. 다른 디지털 행동유도성과 마찬가지로 VIV도 베르나르 스티글레르가 약이면서 치료제인 파르마콘적(pharmacological) 역학이라 부른 특징을 따를 것이다(Stiegler 2010a, 2010b). 스티글레르는 디지털 행동유도성이 편리함이라는 강력한 이점, 욕망의 충족, 강화된 내비게이션과 함께 한편으로는 감시의 증가, 마케팅의 유도, 자본주의적 착취를 가져올 것이라고 말했다.

VIV와 같은 디바이스들은 스파이크 존스(Spike Jones)의 영화 <그녀(Her)>(2012)가 암시하듯 완전히 의식적인 기술 시스템의 선구일까? 20세기와 21세기가 우리에게 가르쳐 준 것이 있다면, "불가능해!"라고 외치는 것은 바보들뿐이라는 사실이다. 우리가 아직은 기술적 인지의 도래를 기다리고 있다고 상상하고 싶을지라도, 기술적 인지는 무수히 많은 복잡한 시스템과 계산 기기 속에 이미 실현되어 있다. 깊은 기술적 기반시설을 갖춘 사회에서 사는 인간들은 언어 학습 시스템을 비롯해 기술적 인지에 의해 형성되고 상호 침투된 인지 집합체 속에 얽혀 있다. 스티븐 핑커가 논쟁적으로 주장했듯(Pinker 2007) '언어 본능'이 인간을 다른 생물학적 유기체와 깊이 갈라놓고 인간의 독특함을 나타내 주는 특징이라면, 인간과 인간의 디지털 대화 상대 사이에서는 언어 격차가 좁혀지고 있다.

사회적 신호와 신체적 감시

MIT 미디어랩에서 펜틀랜드는 대학원생들과 연구하면서 집단들 간 사회적 신호의 생리학적 표지를 탐지·측정하고 보여 주도록 고안된 소시오미터라는 디바이스를 개발했다(Pentland 2008). 이 디바이스는 어깨에 배지처럼 다는데, (IR 트랜시버를 통해) 누가 누구와 이야기하는지, 얼마나 오래 그리고 어느 정도 집중해서 이야기하는지 탐지한다(Choudbury and Pentland 2004; Pentland 2008, 99-111). 또한 소시오미터는 강조의 밀도와 같은 비언어적 대화 특징을 분석하고, 신체의 움직임을 좇고, 거기에서 관련된 활동을 추론하고, 다른 사람들과의 근접도를 측정하고, 이런 데이터에서 사회적 맥락을 찾아낸다. 펜틀랜드는 소시오미터로 측정한 행동이 의식적인 자각의 수준 아래에서 일어난다는 이유로 이를 "정직한 신호"라 부른다. 더 나아가 펜틀랜드는 이를 가짜로 꾸며 내려면 너무나 많은 노력이 요구되므로 그러기는 사실상 불가능하다고 주장한다(Pentland 2008, 2-3).

소시오미터는 통합된 신체 상태 표상을 만들어 내기 위해 신체 정보를 감지하고 처리함으로써 인간의 인지적 비의식과 유사한 기술적 양식의 오퍼레이션을 실행한다. 앞서 보았듯 인간의 인지적 비의식은 다른 이들로부터의 사회적 신호를 비롯해 행동 패턴을 인식하고 해석한다. 이런 인지적 비의식 기능의 중요성은 소시오미터에서 외재화될 때 명백해진다. 펜틀랜드와 그의 연구팀은 소시오미터가 탐지하는 사회적 신호를 통해 연봉 협상에서 데이트 선호도까지 다양한 상호작용의 결과를 예측할 수 있다. 30초 정도밖에 안 되는 가벼운 행동만으로도 소시오미터 데이터는 한 집단이 어떤 결정에 도달할지 정확히 알려 준다. 이런 예측이 언어적 내용이나 합리적 논쟁에는 전혀 주목하지 않고 단지 소시오미터가 사회적 신호를 분석한 데에서만 얻어진다는 사실은 강조할 만하다.

이런 실험에는 여러 가지 함의가 있다. 첫째로 이들 실험은 소시오미터가 한 집단이 집단의 기능을 개선하는 데 도움을 주는 피드백 도구로 유용하다는 점을 보여 준다. 펜틀랜드는 이렇게 말한다. 그의 연구팀은 "한 집단의 정직한 신호를 읽는 소시오미터의 능력에 기반해 컴퓨터 알고리즘을 개발했다. 이 기술을 이용해 집단 순응 사고와 양극화 같은 문제를 피하는 데 도움이 될 피드백을 제공함으로써 그 집단이 순조롭게 일을 진행해 나가도록 해 주는 실시간 회의 관리 도구들을 만들기 시작했다"(49).

더 근본적으로 소시오미터 데이터는 사회적 신호가 인간의 사교성에 얼마나 핵심적인지, 거꾸로 합리적 토론과 의식적 숙고가 전통적으로 생각했던 것보다 얼마나 더 한계가 많은지 보여 준다. 이 관점에서 본다면 인간은 벌과 개미 같은 사회적 곤충과 공통점이 있을지 모른다(E. O. 윌슨이 다른 맥락에서 주장했듯 말이다. Wilson 2014, 19-21). 펜틀랜드는 이렇게 썼다. "정직한 신호는 의사소통을 하고, 정보의 발견과 통합을 통제하고, 결정을 내리는 데 이용된다."(83) 이런 통찰을 바탕으로 펜틀랜드는 이렇게 주장한다. "우리 지능에서 중요한 부분은 개별적 특질이 아니라 네트워크적 특질로 존재한다. 우리의 개인적 인지 프로세스의 중요한 부분은 신호와 모방과 같은 비의식적이고 자동적인 프로세스를 통해 네트워크에 의해 인도된다."(88) 펜틀랜드는 전통적인 절제된 표현으로 이렇게 예측한다. "우리는 우리가 계몽 철학자들이 상상했던 이상화된, 합리적인 존재와 거의 닮지 않았다는 것을 깨닫게 될 것이다."(88)

이상의 결론에는 이 외에도 중요한 필연적 귀결이 따른다. 사회적 신호는 생성되고, 전달되고, 받아들여지고, 인식되는 데에 시간이 걸리기 때문에 인지적 비의식(200밀리 초 범위)이나 의식(500밀리 초 범위)보다 느린 타임라인상에서 작동한다. 펜틀랜드는 사회적 신호가 30초 범위에서 작동한다고 추정하는데, 내러티브와 같은 복잡한 언어적 정보를 해석하는 데 걸리는 시간과 유사한 시간대다(107-111). 이는 언어적 정보와 사회적 신호의 처리가 비슷한 타임라인을 따라 일어나서 대화에 참여하는 두 사람 간에 피드백 루프가 생성될 가능성을 열어 준다는 것을 암시한다. 예를 들어 대화자들은 서로 언어적으로 더 깊이 대화에 빠져들수록 서로의 몸짓을 따라 하기 시작한다. 펜틀랜드는 이런 종류의 모방이 일어날 때 상호작용하는 사람들이 상대방을 더 좋아하고 신뢰하며 더 만족스러운 결과에 이르게 된다는 것을 보여 주는 연구를 인용한다(10-11). 또 다른 필연적 귀결은 사회적 신호가 음성 언어와 달리 참여자 양쪽 모두에게 영향을 준다는 것이다. 음성 언어는 말하는 사람 본인에게 꼭 영향을 주지 않고서도 상대방에게 전달될 수 있다. 펜틀랜드는 이 효과를 다음과 같이 요약한다. "사회적 신호를 쓸 때는 쓰는 본인도 상대방만큼이나 영향을 받고는 한다. 신호는 일방향이 아니라 쌍방향이다. 그래서 사회적 천의 한 귀퉁이를 잡아당기면 네트워크의 구성원 전체가 잡아당겨진다."(40)

진화적으로 보아서 사회적 신호는 언어 이전에 발전한 것 같다. 여러 포유동물이 영역을 협상하고, 의도를 전달하고, 집단 활동을 조화시키기 위해 이런 신호를 이용한다. 펜틀랜드는 다음과 같은 뇌 연구를 인용한다. "우리 모두는 다른 사람들을 읽고 그들에게 반응하는 능력을 우리에게 주는 네트워킹 하드웨어를 가지고 있다."(37) 특히 펜틀랜드는 그의 책 2장에서 거울 뉴런을 언급한다(Barsalou 2008; Ramachandra 2012). "이 신호-반응 채널은 언어적 채널보다 훨씬 더 먼저 진화한 것 같다. 이 채널의 기능들 위에 언어가 성립되었다."(42) 먼저 비의식적 인지와 닮은 경로가 발전하고, 나중에 의식이 출현해 그 위에 구축되었다.

그렇다면 소시오미터는 의식적 숙고에 이용할 수 있도록 정보를 수집·해석·분석하고 보여 주는 인지적 비의식의 외재화로 간주할 수 있을 것이다. 집단이 효과적으로 기능하는 데 사회적 신호가 핵심적이라면, 펜틀랜드 그리고 그의 연구팀과 다소 상이한 결론을 끌어낼 수 있을 것이다. 소시오미터의 외재화는 인지적 비의식의 작동이 사회적 네트워킹, 집단 의사결정, 인간의 사교성에 핵심적이라는 것을 보여 준다. 소시오미터는 인지 집합체의 일부로 기능하면서 디바이스를 어떤 목적으로 누가 사용하는지에 따라 그 경계가 다공적인(porous) 인간-기술 시스템과 얽혀 든다. 그 양상은 자기가 자신의 반응을 모니터하는지, 다른 누군가의 반응을 감시하는지 혹은 외부에서 집단의 행동을 분석하는지, 말하자면 집단의 허락을 받아서 또는 허락 없이 집단의 역학을 분석하는지에 따라 다를 수 있다.

이런 현상은 내가 신체적 감시(somatic surveillance)라 부르는 새로운 분석 범주의 필요성을 제시한다. 전통적 감시 기술이 외적인 모습, 동작, 옷차림 등에 초점을 맞추었다면, 신체적 감시는 신체 내부의 표지들을 기록하고 실시간으로 이를 보여 준다. 신체적 감시가 완전히 새로운 개념은 아니다. 예를 들어 거짓말 탐지기 테스트는 심장 박동과 전류를 발생시키는 피부의 반응과 같은 생리학적 반응을 측정해 이를 움직이는 그래프로 보여 준다. 병원의 의료 장비들은 모니터에 심장 박동을 보여 준다. 하지만 이 기술들이 실시간으로 작동한다 해도, 소시오미터가 보여 주는 두 가지 중요한 특징은 없다. 바로 이동성과 소형화로, 기술을 몸에 붙이고 다닐 수 있게 하는 데 꼭 필요한 특징들이다(이동성의 중요성에 대한 의학적 관점에서의 분석은 다음을 보라. Epstein 2014). 신체적 감시를 위해 웨어러블(wearable)을 이용한다는 생각은 비교적 새로운 것이며, 그 함의는 아직도 조사되지 않은 부분이 훨씬 더 많다.

네덜란드 연구자인 프란스 판데르 헴은 이 상황에 자극받아 미머신(MeMachine)이라 부른 것을 만들어 냈다. 판데르 헴과 그의 연구팀은 로봇공학과 인공 기관 분야 첨단 연구로 국제적으로 유명한데, 이들은 몸에 다양한 추적 감지기를 붙여서 실험 대상자의 움직임을 실시간으로 보여 주는 해부학적 인체 동영상 디스플레이를 비롯해 연구를 도와줄 하드웨어 디바이스와 소프트웨어 프로그램을 개발했다. 이들의 작업은 근육, 힘줄, 관절이 어떻게 움직이는지에 대한 상세한 지식을 필요로 하기 때문에, 인간의 이동성을 구성하는 복잡한 상호작용을 더 뚜렷하게 드러내도록 인체를 피부가 없는 모습으로 이미지화한다. 이 인체는 군터 폰 하겐스(Gunther von Hagens)의 <인체의 신비> 전에 나오는, 피부를 다 벗긴 신체처럼 보이는데, 실제로 살아 있고 그와 대응하는 몸과 완벽하게 일치해 움직인다는 점에서 훨씬 더 드라마틱하다. 이 이미지를 만들어 내는 기능들은 연구 목적으로 이미 개발되어 있어서, 몇 가지만 수정하면 신체적 감시를 시각적으로 보여 주는 사례로 만들 수 있다. 그것이 바로 미머신이다.

2012년 판데르 헴은 많은 청중 앞에서 비디오테이프에 녹화된 프레젠테이션으로 미머신을 보여 주었다. 비디오는 준비 과정을 보여 준다. 감지기를 붙일 수 있도록 털이 수북한 가슴을 면도하고, 손가락마다 조심스럽게 감지기를 붙인다. 눈의 움직임을 추적하는 디바이스가 달린 머리띠를 쓴다. 감지기와 무선으로 소통하는 컴퓨터 장비가 든 백팩을 어깨에 멘다. 준비가 다 끝나면, 말쑥하게 차려입은 판데르 헴이 이 장비를 다 걸치고 무대 위에 오른다. 판데르 헴의 얼굴은 머리띠로 일부 가려져 있고, 손가락 감지기를 가리는 장갑을 꼈으며, 몸에 붙은 감지기도 옷으로 가렸다. 그러나 스크린에서는 모든 것이 드러난다. 피부 껍질이 벗겨진 인체 이미지가 판데르 헴의 자세, 몸짓, 신체 언어를 보여 주고 그의 심장 박동을 읽는 ECG, 근육에 의해 생성되는 전기 충격을 추적하는 EMG, 피부 전도도를 나타내는 전류 발생 반응, 뇌파를 보여 주는 EEG 판독, 어디를 보고 있는지를 알려 주기 위해 안구 추적 데이터를 이용한 삽도를 보여 주는 데이터가 스크린 아래에서부터 올라온다. 각각의 데이터 클러스터는 실시간으로 평가되어서, 청중은 판데르 헴의 주목 초점, 각성 수준, 감정 상태, 뇌 활동, 근육의 긴장도를 알 수 있다. 여기에서 인지적 비의식이 처리하는 정보가 전례 없는 수준까지 공개된다. 게다가 판데르 헴은 비디오에 녹화된 강의에서 미머신의 미래 버전에서는 스텔락(Stelarc)+과 비슷

+ 호주 커틴대학교 교수이자 행위예술가. 인간 신체의 능력을 향상하고 인간과 기계와의 친화 관계를 탐구하기 위해 자신의 신체와 기계

한 식으로 청중이 그의 신체 상태에 개입하게 할 수도 있을 것이라고 암시한다. 예를 들어 생리학적 한도가 도를 넘으면 판데르 헬의 기능 중 일부를 제거함으로써 그에게 "벌주는" 식으로 생리학적 한도에 제한을 가하는 것이다. 이 경우 미머신의 인지 집합체 경계는 판데르 헬과 그의 활동을 모니터하는 기술적 디바이스뿐 아니라 관객들까지 포함하게 될 것이다. 이런 전망은 미머신의 외재화가 감시당하는 사람의 생각, 정동, 자율 반응 중 사실상 어떤 것도 개인만의 것으로 남지 않거나 외부의 조사에 저항할 수 없게 되는 감시 시나리오를 만들어 낼 수 있음을 뜻한다.

델프트기술대학교에서의 발표 후 판데르 헬과 이야기를 나누었을 때(van der Helm 2014), 그는 그 프로젝트를 신체 감시의 윤리적·사회적·문화적 함의에 대한 토론을 자극하려 의도된 도발이라고 했다. 판데르 헬은 미머신 발표를 본 윤리학자, 철학자, 그 외 많은 사람들이 미머신의 감시 잠재력에 충격을 받고 기술이 더 발전하기 전에 프라이버시와 공공정책, 윤리적 가이드라인의 문제를 탐색할 것을 제안했다고 말했다. 판데르 헬은 이들의 견해에 전혀 공감하지 않았으며, 왜 사람들이 자기 연구실에 와서 대화에 참여하지 않고 무슨 권리로 사후에 제약을 가하려 하는지 모르겠다고 말했다.<2>

나는 판데르 헬의 반응에서 다음과 같은 사실을 발견했다.

장치를 결합한 퍼포먼스를 발표했다.

판데르 헴의 반응은 인문학자들이 기술 프로젝트에서 멀리 떨어져 외부의 관점에서 판단하는 식의 접근법에 문제가 있음을 보여 준다. 그러는 대신에 인문학자가 판데르 헴의 연구실에 가서 매주 연구실 회의에 참석하고, 질문을 던지고, 토론에 참여하고, 연구팀이 고려할 만한 자료 읽기를 제안한다고 생각해 보자.<3> 최종 결과는 전혀 달랐을 수도 있다. 판데르 헴은 미머신을 기술적으로 중립적인 프로젝트로 보여 주기보다(델프트기술대학교에서 발표한 방식이다), 패널 토론을 위한 기회, 경고성의 이야기로 구성할 수도 있었을 것이다. 혹은 기술에 어떻게 보호 장치와 제한을 가할 수 있을지에 대한 토론과 더불어 이 기술의 잠재적 위험성에 대한 이야기를 만들 수도 있었을 것이다. 이러한 의미에서 우리는 미머신을 과학과 인문학 간의 생산적 협력을 위한 기회를 놓친 사례로 볼 수도 있다.

또 다른 의미에서 미머신은 인지적 비의식의 작용이 기술적 매개를 통해 외재화되어, 인간의 인지적 비의식, 기술적 인지, 인간 의식이 다양한 피드백 루프와 재귀적 순환 인과관계를 통해 실시간으로 상호작용하면서 전례 없는 감시의 잠재성을 지닌 인지 집합체를 만들어 내는 상황을 보여 준다.

분산된 행위성과 기술적 자율성

인지 기술은 더 큰 행위성과 자율성을 향해 나아가는 명확한 궤적을 보여 준다. 이는 초단타매매(high-frequency trading, HFT) 알고리즘이 5밀리 초 이하의 속도로 주식 거래를 하는 것과 같이, 일부 사례에서 인지 기술이 인간이 할 수 없는 일을 하고 인간 가능성의 영역 밖에서 행동을 수행하기 때문이다. 또 다른 경우에는 자율주행차에서처럼 가장 제한된 자원인 인간의 '주의'라는 부담을 줄이려 한다. 어쩌면 가장 논쟁적인 기술적 자율성의 사례는 현재 개발 중인 자율 드론과 살상 능력을 지닌 로봇일 것이다. 이들 기술은 여러 전통적 가정을 뒤흔들기 때문에, 군사 집단에서나 일반적 논의에서나 격렬한 토론의 주제가 되어 왔다. 그래서 이들 기술은 분산된 행위성의 함의, 더 넓게는 인지 집합체가 복잡한 인간 시스템과 상호작용하면서 새로운 가능성, 도전, 위험을 만들어 내는 방식에 대한 시범 사례가 될 수 있다. 나는 자율 드론에 초점을 맞추어 연구 범위를 제한하겠다. 하지만 자율주행차와 같은 비군사적 기술과 안면 인식 시스템과 같은 준(準)군사 기술만이 아니라 로봇 전사의 제조에도 이와 동일한 여러 문제가 있다.

지금이야말로 기술적 자율성을 분석하기에 딱 적합한 때다. 기술적 자율성을 실현할 만큼 기술적 진보가 이루어질 가능성이 충분하지만, 아직 다른 길이 '차단'되어 찾기 어려울 만큼 기술적 기반시설이 일상생활에 깊게 파고들지는 않았기 때문이다. 다시 말해, 지금은 결정의 시기다. 지금 시작하는 논의와 선택이 우리가 개발하거나 혹은 저항하는 인지 집합체에, 결과적으로는 우리가 우리 자신과 지구를 공유하는 다른 인지적 객체들을 위해 만드는 미래에 광범한 함의를 띠게 될 것이다.

재판이나 배심원단 없이 미국 시민을 살해해 헌법과 시민권을 명확히 위반한 사례나, 미국이 국경을 무시하고 다른 나라에서 수행한 드론 암살을 다루지는 않겠다. 이런 상황은 메데아 벤저민(Medea Benjamin)이 ≪드론 전쟁: 리모트 컨트롤로 죽이기(Drone Warfare: Killing by Remote Control)≫(2013)에서 잘 다루었다. 이 책에서 벤저민은 드론 프로그램에 격렬히 반대하는데, 헌법에 어긋난다는 이유뿐이 아니다. 더 구체적으로 말하자면 민간인 사상자("부수적 피해")가 30퍼센트에 이른다는 끔찍한 사실 때문이다.<4> 또한 나는 방목장 모니터링, 탐색과 구조 임무, 화재와 기타 생명을 위협하는 사고에 대비한 비상사태 대응을 포함해 민간 UAV(Unmanned Aerial Vehicle, 무인 비행체)의 수많은 이용 사례들과, 넓은 영역에 퍼져 있는 원격 환경 감지기들에서 정보를 수집하는 "데이터 뮬(data mule)" 또는 모바일 게이트웨이(mobile gateway)로 이용되는 UAV도 다루지 않을 것이다(Heimfarth 2014). 그보다는 조종사가 있고 자율적인 UAV<5>와 자율적으로 이동하는 다비행체(multivehicle) 시스템을 주로 다루겠다. 이들 무리는 조직화된 공격에서 어느 개체가 어떤 역할을 맡을지 스스로 결정한다. 다른 수준의 감지 능력, 인지, 결정력을 보여 주는 이런 다양한 사례들은 왜 더 큰 기술적 인지가 우리의 마음을 끌며, 사회적·정치적·윤리적 문제를 제기하는지 보여 준다.

9·11 이후 국가 대 국가 폭력에서 군사 분석가인 노먼 프리드먼(Norman Friedman)이 원정전(expeditionary warfare)이라고 부른 것으로 거대한 변화가 일어나면서, 목표물은 지리적으로 정의된 객체와 연관되기보다는 대단히 이동성이 강하고 유연한 반란군 그리고 '테러리스트'와 연관된다. 프리드먼은 적을 적이 감지할 수 없는 식으로 감시할 수 있다면, 적은 자신의 위치를 숨기고 은폐하는 데 많은 자원을 투입해야 할 것이며 이로 인해 공격을 펼칠 능력이 고갈될 뿐 아니라 더 멀리까지 공격하기가 더 어려워질 것이라고 본다. 프리드먼은 이러한 요소들이 합쳐져서 원정전에 유인 비행체보다 UAV가 유리해진다고 주장한다. 전투기는 보통 두 시간 정도 상공에 떠 있으려면 재급유를 해야 하고, 조종사는 높은 고도에서 피로해져서 휴식을 취해야 한다. 하지만 UAV인 글로벌 호크는 상공에서 재급유를 받으면서 며칠 동안이라도 상공에 떠 있을 수 있다. 조종사가 타고 있지 않으니 조종사의 피로도 문제가 되지 않는다(PBS 2013). 이런 요인들 때문에 미 공군에서 대대적 자원 재분배가 이루어졌고, 최근에는 모든 유형의 유인 비행체를 위한 조종사보다 UAV

조종사를 더 많이 훈련시키고 있다. 매년 드론 개발과 구입에 60억 달러를 쓰고 있으며(Human Rights Watch 2012, 6), 최근에는 유인 비행체 1만 대 대비 7000대의 드론을 배치하고 있다(Vasko 2013, 84).

미 공군이 현대식 무기로 UAV를 선택하게 된 요인에는 전 지구적 위성 배치, 우월한 운항 도구, 기체역학의 진보로 인한 안정성과 연료 경제성 개선, 강력해진 계산력, 시각 정찰과 장애물 회피 그리고 지상과의 공조를 위한 더 나은 감지기를 비롯해 여러 기술적 진보가 있었다. 이 연쇄에서 약한 고리는 UAV와 원격 조종사 간에 통신을 유지해야 한다는 점이다. UAV가 임무를 수행하려면 이 조건이 만족되어야 하기에, 원격 조종사가 드론을 너무 갑자기 비스듬히 날게 해서 연결이 끊어지면 내부적으로 문제가 생길 수 있다. 혹은 이란인들이 UAV에 가짜 GPS 좌표를 입력해 록히드 마틴 RQ170 센티넬 드론이 2007년 12월 이란 영토에 착륙했을 때처럼, 적에게 링크를 탈취당해 통제권을 빼앗길 수도 있다. 이는 개발의 다음 단계가 자율적으로 비행하는 무인 자율 비행체(Unmanned Autonomous Aerial Vehicles, UAAVs)와 다비행체 자율 시스템인 무인 자율 다비행체 시스템/군집(Unmanned Autonomous Aerial Multivehicle System/Swarm, UAAVS)이 되리라는 것을 암시한다. UAAVs와 UAAVS는 여전히 초기 단계에 있지만 개발이 빠른 속도로 진행되고 있다. 예를 들어 해군은 실험용 X-47B 스텔스

UAAV를 개발 중인데, 이는 자율적으로 임무를 수행하고 원격 조종사 없이도 항공모함에 착륙할 수 있다. 게다가 UAAVs와 UAAVS의 신뢰성과 견고성을 높이는 데 필요한 기술적 요소들이 특히 미국과 중국의 초국가적 연구 프로젝트에서 아주 급속히 통합되고 있다.

중국 연구자들이 영어로 쓴 최신 논문 한 편은 외부 환경뿐 아니라 그들 내부에서도 UAAVS에 대한 인식이 커져 가고 있음을 보여 준다(Han, Wang, and Yi 2013, 2014). 이 연구에서는 하나 이상의 비행체로 공격할 경우 개별 비행체들을 군집으로 조직화할 수 있게 해 주는 소프트웨어 개발이 논의된다. 이 모델은 '경매(auction)' 전략을 사용하는데, 이에 따르면 각 비행체 유닛은 연구자들이 '믿음(beliefs)', '욕망(desires)', '의도(intentions)'라 부르는 것을 평가함으로써 입찰 요구에 대응한다. 믿음과 욕구와 의도는 입찰에 대한 정량적 수치를 산출하는, 가중치를 준 공식으로 계산된다. 소프트웨어는 군집이 그들의 위치, 속도, 서로 간의 근접성('믿음'), 할당된 임무의 우선순위('의도'), 임무를 실행할 강도('욕망')를 고려하고 이들 매개 변수를 특정한 임무 목표에 맞출 수 있게 또 빠르게 변화하는 조건에서 경합하는 우선순위들 간의 균형을 맞출 수 있게 해 준다. 여기서 의인화된 표현은 그저 선택된 것이 아니다. 이들 표현은 군집의 외부와 내부 상태에 대한 감각적 지식, 자율적 행위성, 인지 능력이 커질수록 전통적으로 인간의 몫으로 유보됐던 의사 결정 능력 또한 커짐을 가리키기 때문이다.

자율 드론과 기타 자율 무기들이 출현하면서 그 윤리적 함의에 점점 관심이 높아졌다. 이런 논의들 대부분은 제네바협약이나 유사 조약들을 참조하는데, 이 조약들은 무기가 "민간인과 전투원을 구별"해야 한다고 요구한다(제네바협약 추가의정서 48조항, 국제인권감시기구 2013, 24에서 인용). 게다가 국제 인도주의 법안은 "예상되는 구체적이고 직접적인 군사적 이익에 비해 과도한 민간인 생명의 부수적 상실, 민간인에 대한 상해, 민간인 대상의 피해 혹은 이러한 복합적 결과를 일으키리라 예상되는" 것으로 정의되는 불균형한 공격을 금한다(국제 인도주의 관습법 데이터베이스, 국제인권감시기구, 24에서 인용). 마지막으로 추가적 요구사항으로 "군사력은 전쟁에서 이기기 위해 필요한 범위까지만 적에 대해 사용되어야 한다"는 내용과 같이 영국 학자 아민 크리슈난(Armin Krishnan)이 "군사적 필요성"이라고 정의한 다소 모호한 개념이 있다(Krishnan 2009, 91). 제네바협약에 명시되지 않은 사례들을 포괄하려 한 마르텐스 조항(Martens Clause)은 한층 더 모호하다. 이 조항은 무기가 "인류애의 원칙"과 "공공의 양심의 명령"에 어긋나지 않을 것을 요한다(국제인권감시기구, 25).

국제인권감시기구와 하버드 법학대학원 국제인권클리닉(International Human Rights Clinic, IHRC)은 이런 관점에서 자율 드론을 평가하면서, 자율 드론을 포함해 자율형 무기가 그에 요구되는 만큼 전투원과 민간인을 구분하기 어려울 수 있다고 주장한다. 반군이 의도적으로 민간인들 속에서 은신처를 마련하려 하는 전략을 쓴다는 점을 고려한다면 특히 그렇다. 피터 싱어(Peter Singer)는 아이 네 명을 등에 앉히고 무릎 꿇은 여자들의 다리 사이에 세워 둔 AK-47총으로 미군 공격대원을 쏘는 사격수의 예를 든다(Singer 2010, 303). 또한 이들 단체는 드론 공격이 "과잉공격 금지 원칙"과 "군사적 필요성"을 위반한다고 주장한다. 무엇이 필요성을 구성하는지가 맥락에 따라 분명히 다르고, 사용할 수 있는 무기의 종류에 따라서도 크게 영향받는다는 점을 고려한다면 말이다.

물론 2차 세계대전 이후 만들어진 제네바협약은 대규모의 국가 대 국가 폭력, 도시 폭격, 문화적 기념물의 불필요한 파괴, 나가사키와 히로시마에 대한 미국의 핵 홀로코스트로 특징지어진다. 원정전과 반군 공격이 증가하고 미국의 드론 공격이 계속해서 증가하면서 이 규약들은 시대에 대단히 뒤떨어져 보이고, 심지어 부적절해 보인다. 왜 이 규약들로 자꾸만 되돌아가는가? 훨씬 더 깊은 차원에서 본다면, 왜 죽이고 불구로 만드는 것이 목적인 전쟁에서 윤리에 신경 써야 하는가? 싱어가 말했듯 이렇게 많은 것이 잘못되었는데 그중에서 왜 무엇이 옳은지 결정하려 하는지 묻는 것은 "전쟁의 법"(309)이라는 표현에 내포된 모순어법을 곧장 겨눈다. 싱어는 제네바협약이 시효가 지났을 수도 있고, 훨씬 더 파괴적인 폭력이 따르게 될 또 한 번의 세계대전이 일어난다면 통하지 않을 수 있다고 인정한다. 하지만 우리가 지금 치르고 있고 앞으로 치를 가능성이 있는 전투 수행에 대한 유일한 국제적 합의라는 점에서는 옹호한다. 싱어는 전쟁이 아무리 야만스럽고 잔인하더라도 극단까지 기꺼이 갈 용의가 있는 "야만인"(309)들과 전쟁에 제한을 두려는 사람들 사이에는 중요한 차이가 있다고 믿는다. 하지만 이러한 주장은 심연 속으로 뛰어드는 것이나 마찬가지다. 무엇이 "제한"이고 무엇이 "야만"인가는 이들이 분명히 두자고 제안하는 차이만큼이나 맥락과 문화에 따라 달라지기 때문이다.

나는 인지 집합체라는 개념에 내재한 관계적이고 과정적인 관점에서 유인 드론과 자율 드론을 둘러싼 윤리적 문제들을 평가하는 것이 더 나은 접근법이 될 수 있다고 주장한다. 로봇공학에서 관계적 관점을 촉구하는 몇 안 되는 철학자들 중 한 명인 마크 코켈버그(Mark Coeckelbergh)는 대부분 윤리 이론들이 "윤리적 관심의 주요 대상을 개별 로봇[으로]" 보면서 자유주의적 개인주의 특유의 가정을 로봇공학에 그대로 적용하려 한다고 말한다(Coeckelbergh 2011, 245). 코켈버그는 그보다는 "인간과 로봇 모두 더 큰 기술-사회적 환경에 관계된 것으로 이해해야 한다"고 주장한다(245). 인지 집합체의 관점을 통해 윤리 문제를 고려하면, 기술적 구성 요소와 인간 구성 요소가 하는 선택·해석·결정을 특히 중시하게 된다. 정보가 UAV 감지기에서, UAV 소프트웨어가 실행한 선택을 거쳐, 전송된 데이터에 대해 감지기와 조종사가 내리는 해석에까지 흐르기 때문이다. 즉 조종사와 전술지휘관과 관련 변호사들과 대통령 고문과 보좌관들까지 연관되는, 미사일을 어디에 떨어뜨릴지에 대한 결정에까지 흐르기 때문이다. 자율 드론과 군집 드론은 선택·해석·결정을 다른 식으로 배분하며 작동하겠지만, 이들 또한 인간과 기술적 인지자들이 관련된 복잡한 집합체에 참여한다.

상황에 내재한 현실적 복잡성보다는 단순화된 그림을 선호하는 해설자들은 '인간의 결정' 대 '기술적 실행' 사이에서 선택이 이루어진다는 식으로 상황을 분석하고는 한다. 하지만 실제는 그렇지 않다. 라투르가 주장하듯 기술적 행동유도성의 수단을 바꾸는 것은 언제나 이미 수단이 구상되는 조건에 영향을 미치며(Latour 2002), 그래서 수단과 목적은 연속적으로 순환하는 인과성 사이클에서 서로를 상호적으로 공동 구성한다. 말하자면 인간 기획자는 기술적 시스템에 맡기기 어려운 특별한 역할을 맡는다. 인간 기획자는 인간 의식과 비의식 인지가 뚜렷하게 기여한 인간 사회성과 세계적 시야라는 맥락에서 윤리적·도덕적 결과를 상상하고 평가하는 일을 자신이 얽혀 있는 기술적 인지 시스템보다 훨씬 더 잘할 수 있기 때문이다. 결론적으로 인간 인지에 고유한 가치의 잠재성을 인정하면서도, 인간 인지가 인지의 전부라거나 인간 인지와 상호 침투하는 기술적 인지자에서 영향을 받지 않는다고 주장하지 않는 틀이 필요하다. 이 상황을 인지 집합체로 이해하게 되면, 지금의 현실을 강조하면서 최종적으로 어떤 행동을 취하든 윤리적 책임의 불균형한 분배와 인간과 기술적 인지 사이의 상호작용 양자를 모두 중시할 수 있게 된다.

단, 인지 집합체 접근법은 윤리적 문제에 유용한 관점을 제공할 수 있지만 자율 드론과 군집 드론을 미군이 개발해야 하는지, 개발한다면 어떤 환경 아래서 개발이 전개되어야 하는지와 같은 긴급한 문제에 그 자체로 답을 주지는 못한다. 조지아공과대학교의 로봇공학자 로널드 아킨은 드론 개발을 긍정적으로 보면서 무기 소프트웨어에 "윤리적 조정자(ethical governor)"를 넣어 무기가 먼저 목표가 전투원인지 판단하고, 그다음에 비례 기준을 충족하는지 평가하도록 할 수 있을 것이라고 말한다. 이런 제안은 나에게 대단히 순진하다는 인상을 준다. 이런 식의 결정은 모호할 뿐 아니라, 근본적으로 무기 설계자가 이 기준에 동의할 것이라고 가정하기 때문이다. 미군이 그렇게 하기로 결정한다 하더라도 다른 나라와 비국가 단체들이 설계한 자율 무기가 이런 제한을 포함하지 않는다면, "군사적 필요성" 때문에 미국도 결국은 같은 식으로 하는 수밖에 없지 않겠는가?

기술적 해결책으로는 문제를 풀 수는 없다. 신중한 논의와 숙고, 인간 인지자가 인지 집합체 안에서 행위를 할 때 지니는 중요성을 강조하는 통찰이 필요하다. 궁극적으로 인간은 인지 집합체 안에서 일어나는 다른 모든 일들과 마찬가지로 이런 선택 또한 기술적 인지와 상호 침투한다는 것을 항상 인식하면서, 기술적 행위자에 얼마나 많은 자율성을 주어야 할지 결정하는 존재다. 많은 이들이 완전히 자율적인 무기는 개발해서는 안 되고 사용 또한 당연히 안 된다고 주장한다. 국제인권감시기구와 IHRC는 이 문제를 다룬 신중한 백서에서 이렇게 결론짓는다. "자율형 기술의 개발은 인간이 완전히 그 루프에서 떨어져 나오는 단계에 이르기 전에 중단되어야 한다."(36) 스톡데일센터에서 1년간 진행돼 군사 윤리와 리더십에 관한 10차 연례 매케인컨퍼런스로 마무리된 "윤리와 출현하는 군사 기술" 프로그램도 비슷한 결론에 도달했다. "자율 타격 시스템을 실제 이용할 때는 극도의 주의를 기울여야 한다."(Stockdale Center 2010, 429) 이들은 이렇게 썼다. "우리는 이런 시스템에 '강인공지능'을 통합하는 데 강력히 반대한다. 강인공지능이 예측불가능성을 낳고 인간 책임을 완화할 가능성이 매우 크다는 점을 고려하면, 이런 시스템은 학습하고 심지어 목표를 선택할 수 있게 될 것이다."(429-430) 셰필드대학교의 노엘 샤키(Noel Sharkey)는 더 직설적이다. 샤키는 웹사이트 <디펜스 원(Defense One)>에서 다음과 같이 말했다. "자율 타격 시스템을 완전히 자율적으로 만들어서는 안 된다. 그러면 순식간에 확산되고 걷잡을 수 없게 될 것이다."(Tucker 2014) 확산의 위험은 사실이다. 이미 55개 국가가 UAV를 제작할 능력을 갖추었거나 무기 공장을 짓고 있다. 전 세계적으로 50킬로미터 이상 범위까지 이용 가능한 UAV의 목록을 담은 프리드먼의 부록은 220페이지에 달한다(Friedman 2010). 뉴욕시 페이스 대학교의 매슈 볼턴(Mattew Bolton)은 UAAVS를 통해 자율적으로 전개되는 근사력의 문제를 이렇게 정리했다. “무기의 자율성이 커지면 국제 평화와 안정뿐 아니라 인도주의와 인권법에 심각한 위협이 제기된다.… 알고리즘에 의한 죽음은 생명, 존엄, 정당한 절차에 대한 인간 고유의 권리를 침해한다.”(Tucher 2014)

이런 분석에서 인식되고 있듯 자율형 무기를 개발할 가능성은 전투가 수행되는 방식에 구조적 변화가 일어나고 있음을 시사한다. 1차·2차 세계대전에서는 국가가 많은 인간을 동원해야 했지만, 이제는 자율적으로 작동하고 치명적 힘을 발휘할 수 있는 전투 무인 비행체로 대치될 수 있다. UAV는 지금 500~1000달러 정도면 만들 수 있는데, 100만 달러면 2000대의 군집 드론을 배치할 수 있다. 국고를 크게 축내지 않을 금액이다. 이는 UAV 하나만으로 수행되는 것과는 전투의 양상을 전혀 다르게 만들 수 있다. UAAVS를 이용해 거의 누구나 거의 모든 곳에 대규모 공격을 가할 수 있는 가능성이 열리게 된다.

대니얼 수아레즈(Daniel Suarez)의 ≪킬 디시전(Kill Decision)≫(2013)에서 이러한 악몽 같은 시나리오가 허구의 형식으로 전개된다. 톰 클랜시(Tom Clancy)의 후계자가 될 만한 작가인 수아레즈는 소설에 군사 장비와 작전에 대한 상세한 설명을 집어넣는다는 점에서 클랜시와 비슷하지만, 미국의 정책에 훨씬 더 비판적이며 유토피아적 충동에 더 공감을 보인다. ≪킬 디시전≫의 플롯은 아프리카에서 호전적인 베짜기개미를 연구하는 곤충학자 린다 매키니를 둘러싸고 전개된다. 매키니는 정체를 알 수 없는 자들의 암살 목표가 되었다가 수수께끼의 인물 오딘이 이끄는 비밀스러운 흑인 군인들에게 가까스로 구출된다. 정체불명의 적들은 매키니를 비롯해 UAAV 군집을 만드는 데 이용하는 기술에 대해 깊이 있는 지식을 가진 사람이면 누구든 암살 목표로 삼는 듯 보인다. UAAV 군집이 매키니가 개미 집단 군락에서 발견한 것과 똑같은 페로몬 신호를 이용해 군집 내 동료를 인식하고 공격을 조율하기 때문이다.

오딘과 부대원들(까마귀 두 마리가 포함되어 있다)이 그 UAAVS를 추적하면서, 드론이 새로운 종류의 전투를 나타낸다는 사실이 명백해진다. 먼저 분명한 메시지에 따라 미국 안에서 드론 암살이 시작된다(실제로 언젠가 일어날 것이 거의 확실한 사태다). 처음에 정부는 이를 테러리스트들이 폭탄을 터트린 것이라며 은폐하고, 희생자들은 어떤 연관성도 없이 무작위로 선택된 것처럼 보인다. 그러나 공격자들이 드러나지 않았지만 더 큰 음모가 진행 중이었다. 우리가 확실하게 알 수 있는 것은 바로 그 시기에 대규모 군집 드론 편대를 만들기 위한 미국 예산 지출 법안이 통과된다는 것뿐이다.

소설이 제기하는 질문은, 그러므로 UAAVS가 유인 비행체나 조종사가 있는 UAV보다 낫다는 점을 감안할 때 대규모 자율 드론 전투가 불가피한가다. 자율 드론은 확대할 수 있는 규모에 제한이 없기 때문에 수백 대, 수천 대까지 늘릴 수 있다. 소설에 등장하는 UAAVS는 거대한 상업용 화물수송기 안에 있으면서 배를 공격하는 드론들의 군집이다. 드론 각각은 자율적이지만, 군집의 화학적 신호에 반응한다. 화물수송기는 남중국해에서 군사 작전을 전개하는 미 함대를 가로막으려 한다. 미 군함이 전멸하고, 그 공격의 책임을 중국인들에게 돌리는 국제 분쟁이 일어나리라는 것을 충분히 예측할 수 있다. 그 결과 드론 입법이 승인되는 것처럼 보이고, 미국과 세계 전체가 자율 드론 전투의 새로운 시대로 밀어 넣어지게 된다. 오딘은 이렇게 말한다. "자율 드론이 있으면 무력을 사용하는 데 시민들의 동의가 필요 없어요. 돈만 있으면 되죠. 그리고 그 돈 뒤에 누가 있는지도 절대 알 수 없을 걸요."(Suarez 2013, 261)

수아레즈는 소설에서 암시하듯 우리가 더는 자율형 무기의 확산을 통제할 수 없게 되는 <터미네이터> 같은 시나리오 속으로 빠져들기 전에 국제 조약으로 자율형 무기를 제한해야 한다고 믿는다. 또한 수아레즈는 미국이 드론 기술을 제일 먼저 개발하고 이용한 나라로서 기술적 우위를 이용해 왔지만, 다른 나라와 비국가 단체들의 드론 확산을 막을 수 없는 단계까지 간다면 정치적 환경상 규제에 나서지 않을 수 없을 것이라고 말한다. 미 외교협회에서 발행하는 보고서에서 미카 젱코(Micah Zenko)는 이렇게 썼다. "미국은 최근과 같은 드론 공격 정책을 지속할 수 없다. 내부 개혁이 없다면, 드론은 국가가 처벌받지 않고 살상력을 이용할 수 있으며 규제받지 않는 무책임한 수단이 될 위험이 있다."(Zenko 2013, 4)

아이러니하게도 제한 없는 드론 전투의 위협은 더 이상의 확산을 금지하는 국제 조약을 주장하기 위해 미국이 자신의 드론 정책을 먼저 개혁해야 할 강한 동기를 제공할 수 있다. 이런 상황은 미국이 핵무기를 제일 먼저 개발하고 사용했지만 다른 나라들이 핵 능력을 얻었을 때 국제적 통제를 주장한 선도자가 되었던 것과 유사하다. 물론 핵무기는 개발하려면 엄청나게 많은 자원이 필요해 많은 국가들이 하기에는 한계가 있다. 자율 드론은 훨씬 더 저렴하다. 같은 전략이 먹힐지는 두고 봐야 한다.

인간 감정과 기술적 인지

지금까지 나는 인간과 기술적 인지가 상호작용하되 그 인지적 능력에서 차이가 크지 않다는 점을 강조했다. 기술은 속도와 계산 능력, 빠른 데이터 처리가 강점이고, 인간은 감정, 포괄적인 세계적 시야, 다른 마음을 이해하는 공감 능력이 있다. 로봇공학자 아킨은 전투원에게는 인간 감정이 판단을 흐리고 잘못된 결정으로 이끈다는 점에서 골칫거리라고 보는 경향이 있다(Arkin 2010). 그러나 감정과 공감은 긍정적 측면도 있다. 인지 집합체의 일부로 고려할 때 감정과 공감은 중요한 기여를 할 수 있다.

프랑스 이론가 그레구아르 샤마유는 자살 폭탄 테러범을 "자기 몸 밖에는 가진 것이 없는 자들"이라고 불렀다(Chamayou 2015, 86). 이는 알카에다와 IS 같은 집단들에 적용한다면 분명히 틀린 말이다. 이들 집단은 AK-47 소총, 로켓 수류탄, 자살 폭탄, IED, 그 외에도 수많은 무기를 가지고 있다. 그러나 정말로 자기 몸 밖에는 가진 것이 없는 저항의 사례들도 있다. 천안문광장에서 탱크와 홀로 맞선 학생, 인도에서 영국 군인들에게 매를 맞으면서 간디를 따라 다라사나 소금공장으로 갔던 무저항 불복종 운동가들 수백 명이 그런 사람들이다. 전 세계가 다라사나 소금공장에서 일어난 일에 분노했듯 원칙을 따르기 위해 의도적으로 자신을 해를 입을 수 있는 취약한 자로 만드는 것은 이를 목격하는 사람들에게 강력한 감정을 환기시키는 힘이 있다. 또한 취약성은 의도적이든 아니든 폭력을 저지르는 자들에게 강한 감정을 불러일으켜, 때로는 그들이 실행 가능한 해결책으로 폭력을 거부하도록 이끌 수도 있다.

브랜던 브라이언트(Brandon Bryant)의 사례가 이런 경우다. 브라이언트는 6년 가까이 미 공군에서 드론 감지기 조종사로 일하다가 재입대하면 받을 수 있는 10만 9000달러의 보너스를 거절하고 일을 그만두었다. 브라이언트는 결국 심리 치료를 받아 외상 후 스트레스 장애 진단을 받았다. 기자 매슈 파워(Matthew Power)가 말하듯 이 진단은 "전시에 다른 사람에게 가하는 폭력에 집중하는 데에서 다른 이들에게 한 일(혹은 그들을 위해 하지 못한 일)에 대한 감정 쪽으로의 이동"을 나타낸다(Power 2013, 7). 샤마유는 이런 변화를 드론 조종사도 고통받는다고 주장하기 위해 미군이 쓰는 아전인수식 전략으로 본다. 그러나 샤마유의 해석은 "영혼이 파괴되는 경험"을 통해 브라이언트가 느꼈던 감정을 제대로 평가하지 못한다(Power, 7). 드론 조종사가 그들이 죽이거나 불구로 만드는 사람들보다 훨씬 더 적은 피해를 입는다는 점을 고려하면, 그들 중 일부가 진짜로 "도덕적 피해"(Power, 7)를 경험한다는 사실은 인간 감정이 인지 집합체에 기여하는 바 중 하나로 이해될 수 있다. 이는 기술적 시스템에서는 실제로 상응할 만한 것을 전혀 찾아낼 수 없는, 생물학적 생명 형태 고유의 것이다.

감정, 언어, 인간 사회성, 신체적 반응과 더불어 기술적 적응은 현대 인간의 형성에 핵심적이다. 이 목록에 전쟁이 추가되어야 하는지는 논쟁의 소지가 있지만, 20세기와 21세기는 이러한 경향이 수정된 형태로라도 지속될 것임을 시사한다. 국제적 네트워크와 우리와 우리의 디바이스를 연결해 주는 피드백 루프가 확산하고 심화하면서 우리는 더는 의식이 홀로 우리를 이끌고 나간다는 환상을 품을 수 없게 되었다.

인간과 비인간 모두를 위해 어떻게 하면 역기능과 죽음을 목표로 하는 것이 아니라 삶을 강화할 수 있도록 현대의 인지 생태계를 재상상할 수 있을까? 인간/기술 혼종의 비의식적 인지가 하는 역할을 인식하고 이를 인지 집합체로 개념화하는 것은 물론 완벽한 답이 아니지만, 이 작업에 꼭 필요한 구성 요소다.

문화 비평가들에 따르면 정보 교환이 인지 집합체 안에서 어떻게 일어나는지 정확히 알아야만 이를 출발점으로 삼아 조정과 변형, 전개 혹은 자제, 앞으로 나아가는 궤적 혹은 반대 사례로 자율형 무기 시스템을 금지하는 국제 조약에 대한 분석과 논쟁을 시작할 수 있다. 그러므로 이런 분석에 개념적 발판을 제공하는 것은 대단히 정치적인 행위다. 군사적 맥락에서도 그렇지만, 이 장에서 예로 든 것과 같이 기술적 비의식 인지가 인간 시스템과 상호 침투하는 다른 많은 일상적 맥락에서도 그렇다.

우리는 기술적 인지 시스템을 설계하고 실행하고 확장할 때 우리 자신을 부분적으로 설계할 뿐 아니라 전 지구 인지 생태계에도 영향을 주고 있다는 사실을 인식하고 이 점에 주의를 기울여야 한다. 우리는 기술적 자율성이 어느 정도까지 인간의 복잡한 시스템에 점점 더 본질적인 것이 되어야 하며 또 그렇게 될 것인지 집단적으로 결정하는 미래를 향해 나아가고 있다. 따라서 우리의 인지가 기술적 시스템과 다른 생명체와 어떻게 얽히는지에 대한 더 정확하고 포괄적인 관점이 있어야 이러한 미래를 더 잘 설계하고, 인지 집합체에서 인간의 역할을 더 겸허히 인식하며, 생명을 더 긍정하는 실천을 할 수 있게 될 것이다.

06
시간성과 인지 집합체: 금융 자본, 파생상품, 초단타매매

앞 장에서 도시 기반시설에서 개인 어시스턴트에 걸쳐 인지 집합체가 거하는 장소들을 조사함으로써 이것이 어떻게 작동하는지 보여 주었다. 이 장에서는 금융 자본, 특히 금융 파생상품에서 인간과 기술적 인지가 얽히는 더 한정된 실천에 초점을 맞춘다. 여기서는 정보의 흐름·선택·해석만이 아니라 인지 집합체가 순식간에 통제를 벗어나 버리는 시간적 루프를 만들어 내는 경향이 문제가 된다.

아울러 또 다른 문제는 '기술적 인지자들이 초단타매매(high-frequency trading, HFT)에서 작동하는 속도' 대 '집합체의 인간들의 인지적 타임라인' 사이의 엄청난 차이이다. 초단타매매는 더 빠른 프로세서 속도, 컴퓨터 메모리의 엄청난 증가, 정보가 빛의 속도에 가깝게 흐르는 광섬유 케이블과 결합해 인간 인지와 기술적 인지 사이에 시간적 격차를 낳고 기술적 행위성을 위한 자율성의 영역을 만들어 냈다. 알고리즘은 이 '단절된 행위성(punctuated agency)'의 공간 안에서 추론을 하고 맥락을 분석해 천 분의 몇 초 안에 결정을 내린다. 초단타매매는 파생상품이 이미 금융 거래를 지배하기 시작했을 때 등장했다. 파생상품 고유의 복잡한 시간성은 초단타매매의 변화된 시간성과 상호작용하면서 금융 시장의 허약성, 피드백 루프 그리고 자기 증폭형 역학에 대한 취약성을 더 악화시킨다. 이 효과들을 분석하면 기술적 인지와 인간 인지의 상호 침투가 인간 행위자들이 움직이는 풍경을 어떻게 재정의하는지 볼 수 있다.

다른 알고리즘들과 겨루는 알고리즘들이 우세해지면서 기계-기계 생태계가 창조됐고, 이 생태계는 기계와 인간이 혼합된 이전의 생태계를 대치하고 기술적 자율성이 작동하는 구역들을 만들어 냈다. 이 구역들은 자칫하면 파국적 실패로 이어질 수도 있으며, 실제로 그런 결과를 낳고 있다. 이러한 의미에서 이 장은 앞 장 말미의 논의를 이어가 설계 프로세스에서 인간 인지가 중요하다는 점과, 인지 집합체의 역학을 설계하는 데에서 인간 인지가 맡는 핵심적 역할을 이야기하겠다. 특히 기술적 인지자가 지니게 될 자율성의 종류와 기술적 자율성이 작동하게 될 구역을 구체적으로 밝히면서 인간 인지의 역할을 다룰 것이다. 현재 작동하는 기술적 자율성의 결과 중에서도 초단타매매의 경우에는 인간 행위성과 기술적 행위성의 분배에 급격히 변화가 일어나면서 금융 시장의 안정성을 위협하는 '블랙스완' 사건들이 점점 더 자주 일어나고 있다. 또한 알고리즘 사이에서 복잡한 생태계가 출현하면서, 여러 경제 모델 밑에 깔린 효율적 시장 가설이 시대에 뒤떨어진 것까지는 아니라 하더라도 크게 약화하고 있다. 초단타매매는 위험을 크게 증가시키고 불평등을 악화시키기 때문에, 더 지속 가능하고 공정하고 공평한 결과를 만들어 내기 위해 전체적 접근법(systemic approach)이 어떻게 효과적으로 개입할 수 있을지 탐색하기에 중요한 사례다.

앞으로 보겠지만 이 목표를 달성하려면 인간들이 더 많은 결정력을 행사하고 기계의 자율적 행동 범위는 더 제한되도록 시간 생태계를 변경하는 것이 핵심이다. 앞서 자율형 무기 시스템에 대한 토론에서와 같이 인지 집합체가 어떻게 작동하는지 인식해야만 건설적 개입과 전체적 변화를 위한 중요한 자원을 얻을 수 있다는 사실을 잊지 말아야 한다.

복잡한 시간성과 파생상품들

라투르는 미셸 세르(Michel Serres)를 따라 기술적 인공물의 시간적 접힘(temporal folding)이라는 개념을 발전시켰다. 망치는 "망치로 주형된 광물, 손잡이가 된 참나무 … 독일 공장에서 제작되어 시장에 나온 후 10년간의 세월"을 포함해 이질적 시간성을 압축하고 있다(Latour 2002, 249). 그 안에는 과거가 포개져 있을 뿐 아니라, 망치가 사용될 못과 같은 미래를 예상하고 그 미래가 존재하도록 돕는다는 의미에서 미래 또한 포개져 있다. [더 명쾌한 예는 해머 건(hammer gun)일지도 모르겠다. 해머 건은 못 카트리지뿐 아니라 빠르게 못을 박는 패턴에 적합한 새로운 건축 자재의 개발도 촉진했다.]

모든 기술적 인공물은 이러한 이질적 시간성을 압축한다. 그런데 파생상품은 선물(future) 계약이라는 본질상 그 시간성이 특히 더 복잡하다. 그 예시로 영어에서 미래완료, 프랑스어로는 더 우아하게 전미래(futur antérieur)라 하는 동사 형태를 생각해 볼 수 있다. 미래와 과거의 기이한 혼합인 전미래는 "다음 주까지는 끝나 있게 될 것이다(I will have been done by next week)"에서처럼 "will have been"이라는 복합 동사로 제시된다. 이것은 미래(will)처럼 보이다가 방향을 돌려 다시 마치 이미 일어난 것처럼(have been) 이 지점을 돌아본다. 이런 식으로 현재의 표현을 통해 미래를 과거와 접합한다. 이렇게 오던 길로 되돌아가는 움직임은 가치의 문제에서 중요한 결과를 낳는다. 어제의 신문을 그 전날 읽을 수 있다면 매우 유용하겠지만, 오늘 읽는다면 아무 쓸모가 없다. 영화 <페이첵>(2003)은 이런 클리셰를 깔고 시작한다. 이 영화에서 마이클 제닝스(벤 애플렉)는 다국적 기업을 위해 어떤 일을 완수하고 나서 세부사항은 기억에서 지운다. 결국 제닝스의 과거 자아는 무가치해 보이는 잡동사니가 담긴 봉투와 수백만 달러의 급료를 맞바꾼다. 그러나 제닝스의 과거/미래 자아가 이미 (내다)보았듯, 그 잡동사니야말로 그의 생존에 반드시 필요한 것이었음이 나중에 밝혀진다.

파생상품 트레이더이자 문화이론가인 엘리 아야체(Elie Ayache)가 ≪블랙스완: 가능성의 종말(The Black Swan: The End of Probability)≫(2010)에서 지적하듯 접혀진 시간은 쓰기(writing)를 통해 창조되는 잠재적 혹은 실제적 변화와 연관되어 있다. '서면' 계약으로서 파생상품은 만료일자를 통해 미래를 보고, 그런 다음 다시 이 미래의 날짜를 이미 행사 가격(strike price. 파생상품의 만료 시 가치)과 연관된 것으로 되돌아본다. 처음 파생상품이 만들어질 때 이미 발효된 이런 복잡한 시간성은 현대에 초단타매매 알고리즘이 이용되게 되면서 기하급수적으로 더 강력해지고 널리 퍼졌다. 이는 파생상품이 작동하는 미시 시간성을 통해 그 자체의 미래 완료 버전을 만들어 낸다. 본질적으로 인간 인지는 이런 시간성의 구역들에 접근할 수 없다. 알고리즘의 관점에서는 이미 과거로 희미해졌으나 이를 탐문하는 인간에게는 의식적 인식의 미래에 있는 시간 창에서 그 전자 흔적만을 좇을 수 있을 따름이다.

파생상품은 아야체가 말했듯 쓰기의 한 형태로 간주할 수 있다. 이런 쓰기는 파생상품이 실연하는 시간상의 접힘 때문에 본질적으로 복잡한 맥락 속에서 발생한다. 맥락과 쓰기/읽기는 역동적 상호작용 속에 함께 묶여 있다. 각각은 서로를 안정화하는 데 도움을 주면서 시간을 통해 변화하는 유동적 변동성으로 작용한다. 이런 상황은 보르헤스의 단편

소설 "≪돈키호테≫의 저자, 피에르 메나르(Pierre Menard, Author of the Quixote)"(1994)에서 유쾌하게 묘사된다. 이 단편소설에서 20세기 프랑스 비평가인 메나르는 ≪돈키호테≫를 재창작하려 한다. 기억에서 베끼거나 재구성하는 것이 아니라 세르반테스의 원작을 단어 하나까지 그대로 따르면서 자신의 상상력으로 이를 새롭게 쓰려 한다. 보르헤스가 말하듯이 세르반테스에게는 쉽게 솟아났던 생각들이 20세기 작가에게는 거의 떠올리기도 어려운 것이 되었다. 보르헤스가 ≪돈키호테≫에서 고른 예로 "진실, 그것의 어머니는 역사다"(Borges 1994, 53)라는 문장이 있다. 해체주의는 말할 것도 없고, 홀로코스트와 오웰의 ≪1984≫ 그리고 스핀 닥터의 역사를 아는 사람들에게 이것이 무슨 의미겠는가? 아야체는 보르헤스의 소설을 이용해 지속성 있는 기입(inscription)으로서 쓰기는 단일한 언어의 흐름 속에 제멋대로의 혼란스러운 흐름을 넣음으로써 맥락을 매끄럽게 하고 선형화할 뿐 아니라, 그것과 상호작용함으로써 맥락을 엄청나게 바꾸는 간극 혹은 단절을 만들어 낼 잠재력이 있다고 말한다. 아르준 아파두라이(Arjun Appadurai)도 최근 저서 ≪단어로 구워 내기: 파생상품 금융 시대에 언어의 실패(Baking on words: The failure of Language in the Age of Derivative Finance)≫(2016)에서 쓰인 것으로서 파생상품의 본질을 강조한다. 이 책에서 아파두라이는 2008년의 시장 붕괴는 본질적으로 언어의 실패라고 주장한다.

미래완료에 내재한 복잡한 시간성은 파생상품과 부합한다. 여느 글쓰기가 그렇듯 파생상품은 그것이 기입된 맥락을 변화시키지만, 그 맥락을 넘어 파생상품으로 작용하면서 더 넓은 맥락을 변화시키기 때문이다. 예를 들어 파생상품이 어떻게 쓰이고 교환되는지 간략히 살펴보겠다. 가장 단순한(평범한) 형식에서 파생상품은 기초자산을 위한 일종의 보험 혹은 헤지(hedge)다. 가격이 올라갈 것이라 믿고 주당 100달러에 A 주식 100주를 샀다 치자. 하지만 떨어질 수도 있다는 것도 알고 있어서, 특정한 미래의 날짜에 그 주식을 100달러에 팔 수 있는 파생상품을 산다. 주식이 오르면 수익을 본다. 반대로 내릴 경우, 파생상품 가격이 10달러였다고 하면, 손실은 10달러로 한정된다. 주식 가격이 내려갈 것이라고 생각한다면 헤지는 반대 방향으로 작용한다. 이 경우에는 미래의 날짜에 시장가가 그때쯤에는 더 낮다 해도 일정 주가에 주식을 팔 수 있는 파생상품을 구입한다. 주식 자체를 사기보다는 레버리지(투자를 운영하는 자산 비율)를 크게 늘리는 조치로 옵션을 팔 수도 있다. 이는 파생상품이 기초자산의 구입 여부와 관계없이 그 나름대로 거래되는 프로세스를 보여준다.

파생상품의 가치는 시간에 따라 변하므로 그 가격은 확률을 이용해 모델화해야 한다. 피셔 블랙(Fisher Black)과 마이런 숄스(Myron Scholes)가 개발하고(Black and Scholes 1973) 로버트 머튼(Robert Merton)이 나중에 추가한 유명한 미분방정식에서(세 저자의 이름을 따서 BSM이라 부른다), 파생상품 가격은 기본 주식 가격의 함수, 안전이자율(예를 들면 예치금 증권의 이자율), '내재변동성(implied volatility)' 즉 기초자산 가격의 변화율로 계산된다. 파생상품 가격과 내재변동성을 제외하고는 모든 매개 변수가 알려져 있으므로, 누구나 내재변동성의 값을 추정하고 가격을 구하거나 역으로 BSM을 '거꾸로' 돌리고 시장가격을 이용해 내재변동성을 계산해 낼 수 있다. 변동성이 높아질수록(즉 기본 주식 가격이 시간 함수로 더 많이 달라질수록) 파생상품 가격도 높아진다. 더 큰 변화는 기초자산을 헤지 하는 데 더 많은 위험이 있음을 의미하기 때문이다.

BSM은 위험이 (적어도 이론상으로는!) 사라지도록 기초자산을 헤지 하기 위해 파생상품 가격을 어떻게 매길 것인지 보여 주었다는 점에서 큰 공적을 세웠다. BSM이 개발되면서 파생상품 시장은 폭발적으로 성장했다. 이는 '동적 복제(dynamic replication)'로 알려진 전략을 통해 이루어지는데, 기본 주식의 양은 주식 가격(그리고 결과적으로는 파생상품 가격)이 시간에 따라 변화하면서 계속해서 바뀐다. BSM은 현실과 괴리된 여러 가정을 만들어 낸다(예를 들어 거래 비용이 없으면 누구나 시가에 영향을 주지 않고 언제든지 사고팔 수 있다). 그중 당연히 가장 중요한 것은 가격 변동이 평형 모델을 따르리라는 가정이다. 가격 변동을 그래프로 그려 보면, 이 모델은 가격 변동이 정상적인 곡선 분포를 따라가다가 널리 잘 알려진 종형 곡선으로 끝날 것이라고 가정한다. (보통 변동의 제곱 대수를 이용한다. 이를 대수 정규 분포라 부른다). 이 대목에서 아야체는 만약 일어날 확률이 매우 낮은 사건이 일어난다면 가공할 효과를 발휘할 수 있다는 나심 탈레브(Nassim Taleb)의 '블랙스완' 주장을 기반으로, 사실상 평형 가정을 옹호할 수 없게 만드는 결정적 균열이 일어날 수 있고 또 진짜로 일어난다고 지적한다. 아야체는 쓴다. "블랙스완은 일어날 확률이 전혀 없지만 맥락을 변화시키는 사건, 다시 말해 정말로 우발적인 사건이다."(Ayache 2010, 11)

그렇다면 무엇이 파생상품의 가격을 결정하는가? 아야체에 따르면, 시장 자체다. 가격만 알면 누구든 BSM을 풀어 내재변동성을 구할 수 있다는 것을 기억하라. 시장이 가격을 확정했기 때문에, 시장은 변동성도 결정한다. 이는 시장이 시장 자체의 실행에 기반한 일종의 재귀적 루프 속에서 작동한다는 의미다. 그래서 아야체에게 시장은 "심지어 근본적인 존재론의 문제"다(2010, 11). 아야체가 주장하는 (내가 보기에) 무시무시한 결론은, 시장은 본래 예측 불가능하며 무엇이 되었건 다음에 일어나는 일이라고밖에는 말할 수가 없다는 것이다. 시장은 일정 기간 동안은 평형 모델을 따르는 듯 보일지 몰라도 항상 예측할 수 없고 우연적 국면에 열려 있다. 아야체가 '조건부 청구권(contingent claims)'이라 부른 파생상품 쓰기는 파생상품의 작용에 고유한 시간 속 접힘을 통해 예측할 수 없고 길들일 수도 없는 미래를 현재 속으로 주입한다. 워런 버핏이 파생상품을 두고 대량파괴 금융무기(financial weapons of mass destruction)라고 한 유명한 말은 파생상품의 이런 측면을 강조한다(Buffett 2002).

파생상품이 [현재에] 도입한 허약성은 장외파생금융상품의 엄청난 확장으로 악화되었으며, 이는 전혀 규제받지 않고 있다. 1996년부터 1999년까지 상품선물거래위원회 위원장이었던 브룩슬리 본(Brooksley Born)은 장외파생금융상품까지 정부의 규제력을 확장하려 했을 때 엄청난 저항에 부딪쳤고, 결국 PBS의 다큐멘터리 <경고(The Warning)>(2010)에서 상세히 다루어진 대로 상품선물거래위원회가 장외파생금융상품을 규제하지 못하도록 금지하는 입법 조치가 나왔다. 다큐멘터리 제목이 암시하듯, 돌이켜보면 본의 우려는 전적으로 옳았던 것 같다. 장외파생금융상품을 규제하려는 시도가 있고 나서 곧 롱텀캐피털매니지먼트가 사실상 파산했다. 아래에서 설명하겠지만, 이는 파생상품이 주요하게 작용한 실패였다.

파생상품을 씀으로써 미래완료 시간성 루프가 존재하게 되며, 이로 인해 파생상품 쓰기는 기회의 바람이 부는 데라면 어디로든 자유로이 떠가는, 근본적 기반에서 분리된 추론(extrapolation)의 형태가 된다. 브라이언 로트먼(Brian Rotman)이 환율에 기반한 파생상품 분석에서 말했듯(Rotman 1987), "돈의 특정한 미래 상태는 어떤 것이든 '객관적인' 것, '진짜' 거래 세력에 의해 결정되어 저기에서 기다리고 있는 증명서가 아니라, 돈의 가치를 예측하기로 한 돈 벌기 행위, 바로 그것에 의해 존재하게 **될 것**이다. 옵션과 선물은 외국환지급이자율의 변동성으로 초래되는 금전 손해에 대한 보험이자 투기로서의 전략을 제공했지만, 이제는 그 이자율을 결정하는 요소의 불가해한 일부가 되었다”(1987, 96, 강조는 추가). 로트먼은 미래완료 동사 형태를 사용해 그의 분석에서 파생상품이 수행하는 시간 속의 접힘을 추적한다. 시간은, 두 번 접힌다.

트라우마, 억압, 시장

물론 이러한 주장이 정확지 않을 수도 있다고 반박할 수 있다. 아야체가 완벽한 우연성이라고 한 것은 시장이 보통 따르는 바로 그 평형 행동과 모순되지 않는가? 시장의 존재론적 힘에 대한 아야체의 비전은 우연성의 절대적 본질에 대한 캉탱 메이야수(Quentin Meillassoux)의 철학적 논쟁에서 자극받고, 아야체가 금융 자본에 적용한 신자유주의적 환상의 산물이다. 그 반대편에는 스콧 패터슨(Scott Patterson)이 헤지 펀드 트레이더들의 어마어마한 재산과 거대한 자아의식을 타블로이드식으로 경쾌하게 설명한 글에서 ‘진실(Truth)’이라 부른 것이 있다. 시장이 합리적이며, 일관성 있는 법칙을 따르고, 예측 가능한 궤적을 따라간다는 믿음이 그것이다. 한 세기 동안 트레이딩을 통해 그 진실을 폭넓게 조사한 관점에서 보면, 평형 모델 뒤의 가정들은 더 자세히 들여다볼 가치가 있다.

빌 마워(Bill Mauer)는 "신학적으로 억압된 것들"을 다룬 논문을 아브라함 드무아브르(Abraham de Moivre)와 평형 모델의 역사에 대한 설명으로 시작한다(Mauer 2002). 드무아브르는 1773년 지금은 종형 곡선이라고 부르는 무작위적 사건을 도표화할 때 나타나는 분포에 계속해서 측정 오류가 난다는 것을 발견했다. 드무아브르에게 종형 곡선은 신의 계획의 증거였다. 우연한 사건으로 보이는 것에도 숨겨진 질서가 있다고 인간을 안심시켜 주는 신의 지문이었다. 마워는 세계가 점점 더 세속화하면서 정상적 분포에서 명백히 인정되는 신의 계획이 줄어들었거나 혹은 더 정확히 말하자면 그가 '신학적 무의식'이라 부른 인정받지 못한 추정 속으로 깊이 파고들어 갔다고 주장한다. 예를 들어 마워는 대학생들에게 어떤 측정을 시켰는데 결과가 종형 곡선의 분포와 다를 경우, 학생들이 이를 얼버무려서 무심결이지만 신학적 무의식을 재연하는 경우가 많다는 사실을 지적한다. 프로이트가 나중에 억압되었다가 증후로 되돌아오는 트라우마 위에 무의식이 세워진다고 주장했듯, 드무브아르는 자신이 신학적 무의식을 포착해 냈다고 생각했다. 그러나 마워는 그것이 결국은 증후로 되돌아오는 신학적 연상을 억압함으로써 형성된다고 주장한다. 이 경우 증후는 현실과 현실의 모델, 실제 움직이는 주식시장과 주식시장을 설명한다고 주장하는 평형 모델 간의 경계를 흐린다. 이런 점 때문에 도널드 매켄지(Donald MacKenzie)는 모델들이 기존의 현실을 반영하는 데 그치지 않고 시장을 의도대로 몰고 간다고 주장하면서 금융 모델을 "카메라가 아니라 엔진"이라고 말했다.

BSM과 함께, 주가가 무작위적인(브라운) 분자 운동과 비슷하게 '무작위적 행보'를 따라가다가 마침내 위에 설명한 정상적 곡선으로 끝난다는 머튼의 생각에서 아마도 가장 영향력 있는 시장 모델인 평형 가정이 나온다. 이 가정은 효율적 시장 가설(efficient-market hypothesis, EMH), 즉 시장은 '정보적으로 효율적'이기 때문에 모든 참여자가 과거와 현재의 국면에 대해 같은 정보를 가지고 있고, 이 정보는 이미 가격에 반영되었다는 생각과 밀접히 연관되어 있다. 다시 말해 EMH는 가격이 어느 순간에든 세계의 상태를 실제 그대로 정확히 반영한다고 가정한다. 이에 대한 당연한 결과로 이 모델은 결국 지표 평균이 달성하는 것(경험적 데이터로 확인된 결과)을 초과해서 수익을 낼 수 없음을 시사한다. BSM은 파생상품을 위한 '최적' 가격이 얼마가 되어야 하는지 모델링하면서, 역설적으로 트레이더들이 BSM 모델이 나타내는 것보다 더 비싸게 팔든 싸게 팔든 가격이 잘못 매겨진 파생상품을 찾아내 차익 거래를 하기 위한 기회(가격 차이로부터 이득을 보기 위해 자산을 동시에 사고파는 것)를 제공한다. 여기에서 모델의 예측은 시장 가격에서 벗어날 수도 있지만 이상적 기준으로 받아들여진다. 이는 현실을 모델과 맞추려는 작용에 의해 일어나는, 현실과의 불일치에 맞서 거리를 두는 자기 지시적 루프의 한 사례다.

매켄지는 BSM이 역사적으로 실제 파생상품 가격과 얼마나 잘 일치했는지 세심하게 분석하면서, 그 역사를 "뚜렷이 구별되는 세 단계"(MacKenzie 2008, 202)로 나눈다. 첫 번째 기간은 시카고 옵션 거래소가 문을 연 1973년 4월 이전과 거래소가 영업을 시작한 첫해다. 그때는 "시장 가격의 패턴과 블랙-숄스(Black-Scholes) 값+ 사이에 상당한 차이"(202)가 있었다. 두 번째 시기는 1976년부터 1987년 여름까지로, 가격이 블랙-숄스 값과 일치했다. 그다음 세 번째 시기는 1987년부터 2005~2006년까지로(매켄지가 책을 쓰던 시기다), 이때는 "특히 지수 옵션(즉 스탠더드앤드푸어스 지수 같은 주요 주가 지수와 묶인 옵션)과 관련해" 잘 맞지 않았다.

이에 대한 매켄지의 설명은 놀라울 정도다. 매켄지는 일

+ 피셔 블랙(Fischer Black)과 마이런 숄스(Myron Scholes)가 공동으로 개발해 1973년에 발표한 옵션 가격 결정 모델을 사용해 계산한 옵션의 이론적 가격을 의미한다. 블랙-숄스 모델은 주식 옵션의 가격을 산출하는 데 널리 쓰이는 수학적 모델로, 옵션 만기까지 주가 변동성, 무위험 이자율, 행사 가격, 현재 주가 등을 고려해 콜 옵션과 풋 옵션의 가치를 계산한다. 이 모델의 결과인 블랙-숄스 값은 옵션의 '공정한' 가격을 추정해 주는 중요한 수치로, 트레이더들이 매매 결정을 내리는 데 도움을 준다.

단 트레이더들이 BSM을 쓰기 시작하면서 그들의 활동으로 인해 위에서 말한 대로 실제 가격과 모델의 예측이 더 잘 일치하게 되었다고 추측한다. 파생상품의 가격이 언제 저평가되거나 고평가되었는지 모델을 이용해 판단하고 이에 따라 행동을 취하게 되었기 때문이다. 매켄지는 1987년 10월 시장에 일어난 쓰나미가 이를 겪었던 트레이더들에게 너무나 큰 트라우마가 되어서 그들의 심리에 영원히 사라지지 않을 흔적을 남겼고, 이 때문에 더 높은 시장 위험을 인식하게 되면 일종의 무의식적 보상 심리로 옵션에 모델 지표보다 더 높은 가격을 매기게 되었다고 말한다. 모어의 관점에서 보면 이는 신학적 무의식이 아니라 그 반대의 증후로 볼 수도 있을 것이다. 어쨌든 신의 지문이 모든 거래에 다 남지는 않는다는 것을 알게 된 데 대한 (의식적일 뿐 아니라) 정서적인 반응이다. 때로는 급격한 선회는 신적이기보다는 악마적으로 보이는 붕괴를 가져온다.

매켄지는 1987년 붕괴가 남긴 여전한 트라우마로 인해 변동성 스마일(volatility smile),+ 변동성 스머크(volatility smirk),++ 변동성 스큐(volatility skew)+++와 같은 용어들이 나

+ 옵션 가격 결정에서 중요한 개념으로, 만기일과 행사 가격이 동일한 옵션이라도 내재변동성이 서로 다른 현상. 이는 행사 가격에 대한 내재변동성을 관찰할 수 있으며, 그 결과 미소 모양의 곡선이 나타난다.

++ 등가격과 외가격 옵션의 내재변동성은 그대로인데 내가격 옵션

왔다고 본다. BSM이 예측한 대로 굴곡 없이 가지 않고 옵션 거래에서 권리 행사 가격을 거슬러 움직이는 변동성이 위쪽이나 옆으로 휘어진다는 이유에서 붙은 이름들이다. 매켄지는 "스큐는 경험적 가격 분포가 블랙-숄스-머튼 모델의 로그 정규 가정에서 어느 정도 벗어나는지 설명할 수 없을 만큼 극단적인 것 같다"고 쓴다(2008, 204). "가격은 1987년 붕괴가 반복될지 모른다는 **두려움**을 구체화했을지도 모른다."(205, 강조는 원문을 따름) 이 설명이 설득력을 얻으려면, 1929~1939년 대공황을 겪은 세대 그리고 대공황이 그 세대에게 영원토록 남긴 흔적을 기억해야 한다. 나는 1929년 봄 남편을 갑자기 잃고 어린 자식 넷을 부양해야 했던 내 할머니를 기억한다(그때까지 할머니는 집 밖에서 일을 해 본 적이 없으셨다). 나중에도 할머니는 끈 조각을 모아 코바늘 뜨개질로 테두리를 감치셨는데, 일평생 검약하시던 분이라 어차피 버릴 재료가 아니라면 절대 그런 쓸데없는 장식용으로는 쓰지 못하셨다. 물론 이제 그 세대는 무덤 속으로 사라졌다. 1987년 붕괴는 28년 전의 일이고, 그 당시에는 태어나지

의 내재변동성이 낮아지면서 그래프가 찌그러진 입 모양으로 변하는 현상.

+++ 옵션의 행사 가격에 따라 내재변동성이 달라지는 현상. 이 때문에 내재변동성 그래프가 오른쪽이나 왼쪽으로 기울어지며, 이는 시장의 불균형적인 리스크 기대를 반영한다.

도 않았던 젊은 트레이더들이 지금 파생상품을 작성하고 있다. 공포가 여전히 남아 있는 것이라면, 어떤 메커니즘이 그것을 만들어 내는 중이고, 어떤 역학이 평형 모델을 쓸모없게 만들어 버릴 만큼의 격심한 파열을 빚어내는 것일까?

피드백 루프: 확률의 결정적 약점

매켄지가 투기 시장 붕괴의 원인을 판단하기 위해 수행한 상세한 사례 연구들을 참고하는 편이 이들 질문에 대답하기에 유용할 것이다. 그 연구 중 하나는 파생상품을 거래하는 회사인 롱텀캐피털매니지먼트(LTCM)의 실패에 관한 것이다. 매켄지는 1987년 붕괴처럼 피드백 루프가 중요한 역할을 했다는 사실을 발견했다. LTCM은 1994년 존 메리웨더(John Meriwether)가 설립했고 BSM의 설립자인 마이런 숄스와 로버트 머튼을 이사회에 참여시켰다. 숄스는 1997년 노벨상을 수상하게 된다(이때 피셔 블랙은 작고한 상황이어서 노벨상 수상자에서 제외되었다). 기본적으로 LTCM의 거래 전략은 이상 현상이나 잘못된 가격 설정을 찾아내 자신들에게 이롭도록 옵션을 만들어 낸다는 점에서 차익 거래를 중심으로 하는 것이었다. 매켄지가 연구에서 인용한 사례는 30년짜리 미 재무부 발행 장기국채 대 '홀수년' 29년 채권 가격이다(2008, 216-217). 30년 국채는 대개 29년 국채보다 높은 가격에 팔렸지만, 만기일이 가까워질수록 가격이 같아지는 경향이 있었다. 그래서 LTCM은 30년 국채의 기한을 줄이고 29년 국채 옵션을 만들려고 했다. 만기까지 보유한다면 옵션은 틀림없이 돈이 되겠지만, 문제는 그 기간 동안의 손실로 더 많은 담보물이 요구될 수도 있었다는 것이었다. LTCM은 레버리지가 40:1까지 치솟는 일도 드물지 않았기 때문에 이는 심각한 문제였다(평균은 27:1이었지만, 헤지펀드에는 드문 일이 아니었다).

러시아가 1998년 8월 17일에 루블화로 매겨진 채권에 대한 채무불이행을 발표하자, 이 사건은 투자자들이 더 현금화하기 쉽거나 안전한 것을 찾아 비유동성 혹은 위험성이 높은 투기상품에서 탈출하는 '고등급 선호 현상(flight to quality)'을 촉발했다. 매켄지에 따르면, LTCM은 어떤 사건은 고등급 선호 현상으로 이어질 수 있다고 예측하고, 이런 이유로 투자자들에게 삼 년간 회사에 그들의 자본을 그대로 맡겨 달라고 요청했다(2008, 230). 그럼에도 상대적 가격(위의 예에서 30년 국채와 29년 국채의 차이)이 벌어지기 시작했고, 차액이 커지면서 이를 노리는 매매인들이 보유량을 줄여서 사실상 가격 압박을 훨씬 더 심해지게 만들었다.

LTCM은 손실이 커져 가면서 엄청난 타격을 입고 1998년 8월 자산의 44퍼센트를 잃었다. 치명타는 메리웨더가 자신의 투자자들에게 발송한 월간 뉴스레터였다. 메리웨더는 이것이 보기 드문 매수 기회라는 입장을 취했지만, 투자자들은 뉴스레터의 숫자를 보고 일제히 자기들의 자본을 빼내어 LTCM을 위기로 몰아넣고 도산 직전까지 몰고 갔다. 실은 메리웨더가 옳았다. LTCM이 더 오래 버틸 수만 있었더라면 결국 급작스러운 가격 하락에서 제법 수익을 볼 수 있었을 것이다. 이 상황은 존 메이너드 케인스의 유명한 경구를 연상시킨다. "시장은 당신이 상환 능력이 있을 때까지만 비합리적일 수 있다."(Lowenstein 2001, 123에서 인용). 그러나 그들은 때를 놓쳤다. 9월 20일, 뉴욕 연방수사관들과 미 재무성 차관보 게리 겐슬러(Gary Gensler)가 LTCM 이사회와 만나서 LTCM 최대 채권자 열네 명이 90퍼센트의 소유권을 받는 조건으로 펀드에 36억 달러를 투입하는 데 동의하는 합의를 급히 중재했다.

매켄지는 여기서 고등급 선호 현상이 주요 요인이라고 인정하면서도, 또 다른 힘이 작용했다고 주장한다. LTCM의 성공과 놀라운 수익(몇 년간 40퍼센트)은 수많은 모방자들을 양산했다. 그들은 LTCM의 행보에서 경제 모델을 추론해 자기들의 모델을 이에 맞추려고 했다. 이는 매켄지가 "슈퍼포트폴리오"라 부른 것을 만들어 냈다(MacKenzie 2005). 사실상 LTCM의 성공은 모방을 불러왔고, 모방자들이 늘어날수록 투자 양상에서 다양성이 감소하게 되었으며, 결과적으로 혼란에 더 취약해지게 되었다(생태학에서는 잘 알려진 결과다). 1987년 붕괴와 그 세부 사항[이전 사례에서는 포트폴리오 인슈어런스+와 기계적 매각이 문제였고, 이후 사례에서는 차익 거래가 문제였다]은 다르지만, 한 가지 비슷한 점이 눈에 띈다. 두 차례의 붕괴 모두 평형 모델의 한도에서 벗어나 자기 강화하는 하강 나선을 만들어 내는 피드백 루프와 연관이 있다는 점이다.

LTCM 이사회에 숄스와 머튼이 있었기 때문에 여러 논평가들은 회사가 파산하자 BSM 모델이 잘 작동하지 않는다고 결론을 끌어냈다. 또 어떤 이들은 회사의 파산을 탐욕, 과도한 위험, 오버 레버리징 탓으로 돌렸다. 하지만 매켄지는 회사가 보호 장치를 두었으며, 지표와 현금 보유고가 (비교적) 건실했다는 점을 강조한다. 내가 매켄지의 분석에서 끌어낸 교훈은 이것이다. 아무리 신중하게 계획을 세우고 스트레스 테스트를 거치고 노벨상 수상자들이 있어도, 파생상품이 발생시키며 가치의 불안정성과 맥락의 파열을 가져오는 일시적 접힘의 결과를 막기에는 역부족이라는 것이다. 피드백 루프가 출현할 조건들이 맞아 떨어질 때 피드백 루프는 폭발적으로 발생할 것이며, 이는 종종 파괴적 결과로 이어진다. 게다가 역사는 2007~2008년의 붕괴와 그 결과로 일어났으며 우리가 아직도 완전히 회복하지 못한 대침체(Great Recession)에서 그랬듯, 조만간 그 조건들이 맞아떨어지는 날이 또 오리라는 것을 보여 준다.

+ 보험형과 유사한 펀드.

글로벌화, '과도한 특권', 2007~2008년 금융 위기

피드백 루프는 2007~2008년 금융 위기의 주요인이기도 했을까? 물론 피드백 루프가 한몫했지만, 모든 금융 과실 또한 작용했다. 오버레버리징, 과도한 리스크, 이중성, 부당 이용, 이중 거래, 해묵은 인간의 탐욕 등이 그것이다. 파생상품은 주로 두 가지 외피를 쓰고 있었다. 신용부도스왑(credit default swap)+을 이용하거나, 서브프라임 모기지에 대한 옵션 형식을 띠고 있었다. 신용부도스왑은 채권자에게 채권에 대한 채무를 갚지 않을 경우를 대비해 보험을 팔았다. 2007~2008년까지 주가 급상승기에 신용부도스왑을 제공한 주요 미국 회사로 AIG(American International Group)가 있다. AIG는 서브프라임 모기지를 '분할 발행'한 묶음 자산(bundled asset)에 대해 파생상품을 내놓았다. 즉 서브프라임 모기지를 조각으로 쪼개 각기 다른 위험 등급으로 나누어 자산담보부증권(Collateralized Debt Obligations, CDOs)으로 판매한 것이다. 모기지 상환이 먼저 가장 높은 트랑슈(tranche)++에서 이루어지고, 이런 채권들의 채무가 이행되

+ 채권의 신용 익스포저를 이전하기 위한 두 당사자 간의 장외(OTC) 계약.

++ 금융 시장에서는 투자 상품을 여러 개의 부분으로 나누어 각각 다른 위험과 수익률을 가진 채권으로 판매하는 방식. 프랑스어로 '조각'

어야만 수익이 다음 분할 발행으로 내려가는 식이었다. 채무불이행 비율이 정상보다 높은 위험 투자가 모든 트랑슈의 기반이었는데도 최고 등급 트랑슈는 신용평가 기구에 의해 AAA 투자로 평가되었다. 게다가 신용부도스왑은 대부분 파생상품과 같이 서브프라임 모기지의 기초자산에 바탕을 두지 않아도 그것만으로 거래될 수 있었다. 더 많은 투자자들이 들어올수록 투기 거품이 커졌다.

경제 상황이 나빠지면서 이런 서브프라임 모기지 대다수가 채무불이행 상태에 빠지기 시작하자, AIG는 모든 채무를 갚을 수 없었다. AIG는 유동성 위기와 파산 가능성에 직면하자 "파산시키기에는 규모가 너무 크다"는 이유로 미 연방준비은행에서 850억 달러의 긴급 구제 금융을 받았다. 그 당시로서는 역사상 최대 규모의 긴급 구제 금융이었다. 결국 이 액수는 재무성이 추가 펀드를 제공하면서 1832억 달러까지 불어났고, AIG는 정부 대출을 갚기 위해 수많은 자산을 매각할 수밖에 없었다. 수많은 대출을 갚을 수 없게 되면서 금융 상태가 악화되었고, 거의 모든 경제 부문에 영향을 주었다. 여기에서 피드백 루프는 범위상 전 지구적이었다. 미국 증권시장을 급락하게 만들고 중국, 유럽, 그 외 지역의 증권 시장까지 여파가 퍼져 나갔다.

이 이야기는 미국 경제뿐 아니라 전 세계 금융 시스템에

이라는 뜻이다.

관한 것이다. 매켄지는 LTCM의 실패에 대해 숄스의 회고를 다음과 같이 전한다. "롱텀의 실책은 … 시간이 갈수록 세계가 점점 더 글로벌해지고 있다는 것을 미처 알아차리지 못했다는 데 있다."(MacKenzie 2008, 242) 세계 경제를 포괄하는 범위가 넓어질수록, 미국이 달러를 세계의 준비 통화로 가짐으로써 누리는 "과도한 특권"(Yaroufakis 2013, 93)에 대한 야니스 바루파키스(Yanis Varoufakis)의 분석이 맞아 들어간다.<1> 1971년 닉슨 대통령이 미국 달러를 금본위제에서 분리해 통화들을 한데 묶어 주는 기준이 없어지고 브레턴우즈 협정이 무효화되면서, 미국의 헤게모니적 지위와 달러의 높은 안정성 덕분에 재무부 발행 장기채권과 회사채 투자 기관 모두에서 미국을 향한 투자가 일어났다.

바루파키스가 지적하듯 1970년대부터 파생상품이 기하급수적으로 성장하면서 사채 양이 엄청나게 증가했다. 파생상품은 어떤 미래 사건에 대해 현재에 작성된 계약이므로, 자체적인 시장 가치와 교환 가치를 지니는 금융 투자를 창출함으로써 기업 소유권을 통해 '진짜 경제'와 관련된 증권과 같은 기초자산을 레버리지한다. 브레너가 강력하게 주장했듯(Brenner 2006) '진짜 경제'는 1970년대 이후로 침체에 빠졌고 심지어 쇠퇴하고 있을지 몰라도, 이런 시장이 늘어날수록 금융경제는 확장된다.

이런 인플레이션에 의한 돈 공급 외에도 미국이 1970년대 이후로 끌고 온 쌍둥이 적자, 국가채무 적자와 무역 수지

적자가 있다. 바루파키스는 웅변적으로 묻는다. "그러면 누가 적자를 갚을 것인가? 답은 간단하다. 전 세계 나머지 나라들! 어떻게? 미국의 쌍둥이 적자를 메우기 위해 두 개의 대양을 건너 쉬지 않고 몰아치는 영속적인 자본의 쓰나미로."(2013, 22) 중국과 독일 같은 흑자 국가들에서 흘러들는 쓰나미. 바루파키스는 격렬한 분노와 열렬한 웅변을 동원해<2> 2차 세계대전 이후 글로벌 플랜으로부터의 이행을 추적한다. 그 당시 미국은 유럽과 일본에 투자를 하기 위해 자국의 흑자를 이용했다. 바루파키스는 흑자국들에서 미국으로 흘러든 돈의 흐름을 글로벌 '미노타우로스'의 이미지를 가져와 묘사한다. 미국 소비자들은 바로 그 나라들이 생산한 제품을 구매하고 빚을 늘려 간다. 그다음에는 해외 자본에서 자금을 끌어오고, 이런 식으로 끊임없이 돌고 돌면서 쌍둥이 적자를 더 늘린다. 바루파키스는 2007～2008년의 위기가 이런 사이클을 더는 지속할 수 없게 했다고 주장한다. 그게 뭐가 되었건 간에 쌍둥이 적자가 결과에 상관없이 영원히 계속해서 늘어날 수는 없으므로, 지속 가능한 모델이 아니라는 것은 자명하다. 바루파키스에 따르면 글로벌 미노타우로스의 종말과 더불어 전 세계 경제에서 국제무역과 자본의 흐름을 위해 계속해서 실행할 수 있는 메커니즘은 사라졌다. 이런 문제가 해결되지 않는 한 대침체를 언제까지나 과거지사로 돌릴 수 없다.

시드니대학교 정치경제 부교수 딕 브라이언(Dick Bryan)과 마이클 래퍼티(Michael Rafferty)는 오스트레일리아 울런

공대학교 상경대와 합동해 1970년대 이후 파생상품의 기하급수적 성장에 대해 또 다른 설명을 내놓는다(Bryan and Rafferty 2006). 이들은 파생상품의 추상적 본질이 시간과 공간을 초월해 균형을 성취할 방법을 제공하며, 금본위제가 포기된 후 돈과 자본의 초국가적 흐름을 고정시키는 데 도움이 된다고 주장한다. 요점은 서브프라임 모기지 조각으로 구성된 CDO(부채담보부채권)로 예시할 수 있다(그들의 예가 아니라 나의 예다). 어떤 모기지든 모기지 지불을 할 책임이 있는 특정 채무자와 금융 담보물 역할을 하는 특정한 집에 묶인다. 채무자가 빚을 갚지 못하면 채권자는 끝이다. 그러므로 모기지에 돈을 빌려 준 은행들은 전통적으로는 채무자의 신용이 좋고 대출을 갚을 능력이 되는지 신중하게 확인했다. 그러나 같은 자산이 다른 수백 명에게 넘겨져서 CDO로 판매되면 상황은 크게 달라진다. 우선 CDO를 판매한 회사는 그것이 불량해도 상관없다. 판매에서 이미 수수료를 받아 챙겼기 때문이다. 두 번째로, CDO를 판매하는 채권자들은 AIG를 통해 CDO에 관한 보험을 든다. 그러면 CDO에 문제가 생겨도 AIG가 책임을 떠맡는다. AIG 자체가 파산 위기에 처하게 되면, 정부가 긴급 구제 금융으로 개입해 AIG를 구해 준다. 그래서 위험은 다시 계속 이전되어 결국은 납세자들이 비용을 떠안게 된다. 이런 식으로 이제 위험은 전 세계로 퍼진다.

이런 시스템에서 두 가지 결과가 나온다. 하나는 바루파키스가 주장하듯 파생상품이 사채의 형태로 기능하면서 통화 공급량을 계속해서 부풀리고 이 사이클에 점점 더 많은 돈이 쏟아부어지는 것이다. 두 번째는 이제 금융 경제가 전체 경제 활동에서 차지하는 비율이 계속 늘어나는 반면, 진짜 경제는 약화되는 것이다. 그 결과 초단타매매 알고리즘을 포함해 금융 파생상품의 효과를 분석하는 것이 그 어느 때보다도 더 중요해졌으며, 기술적 인지가 금융 자본의 풍경을 변화시키고 있다. 이는 우리로 하여금 이번에는 인간 인지자와 기술적 인지자의 균등하지 않은 타임라인에서 파생상품이 실연하는 복잡한 시간성의 또 다른 차원 그리고 인지 집합체를 되돌아보게 한다.

초단타매매 알고리즘과 2010년 5월의 주식시장 대폭락

매매 알고리즘이 어떻게 재귀적 피드백 루프를 통해 끊임없는 상호적 인과 관계에 관여하고 때로는 인간 이성에 도전하는 결과를 가져오는지 보여 주는 사례가 하나 있다. 아마존에서 ≪파리 만들기(The Making of a Fly)≫라는 제목의 책 가격이 열흘 만에 최초가 199달러에서 2400만 달러로 치솟은 일이 있다. 정확히 말하자면 23,698,655.93달러에 배송비가 추가되었다(2011년 4월 CNN 보도. www.michaeleisen.

org/blog/?p=358). 어떻게 이런 말도 안 되는 가격이 나왔을까? 한 판매자의 알고리즘이 이 책에 다른 판매자의 알고리즘 가격의 1.27배를 매겼는데, 이것이 거꾸로 첫 번째 알고리즘 가격 대비 0.998배로 가격이 매겨지게 했다. 예를 들어 책이 두 번째 판매자에 의해 100달러에 올려지면, 첫 번째 판매자의 알고리즘은 책 가격을 127달러로 매긴다. 이 수정된 가격에 반응해 두 번째 알고리즘은 126.75 달러의 가격을 매긴다. 그러면 첫 번째 알고리즘은 책 가격을 160.96달러로 매긴다. 이런 식으로 수백만 달러까지 가게 된다. 물론 세계에 대한 더 깊이 있는 지식과 더 넓은 세계적 시야를 지닌 인간이라면 이 숫자가 말도 안 된다는 것쯤은 바로 알았을 것이다.

이러한 작용이 인간 트레이더에서 자동 매매 알고리즘, 특히 초단타매매로 옮아가게 된 시장 혁명은 언제, 왜 일어났는가?[3] ≪월스트리트저널≫ 기자 스콧 패터슨은 자동매매의 역사를 추적한다(Patterson 2012). 패터슨은 그 기원이 조슈아 레빈(Joshua Levin)이 다텍(Datek)을 위해 설계한 프로그램이라고 설명한다. 다텍은 뉴욕증권거래소가 부과하는 수수료를 피해 회사들이 서로 직접 주식을 사고팔 수 있게 해 주는 사설 거래소인 인스티넷(Instinet)에서 주식 거래를 하는 회사였다. 다텍은 인스티넷에 수수료를 낮춰 달라고 요구했다가 거절당하자 독자 행보를 걷기로 했고, 레빈이 새로운 종류의 전자 풀, 아일랜드(Island)를 만들었다. 아일랜드에서는 '단검', '스나이퍼', '침입자', '잠입자' 같은 이름을 가진 알고리즘들이 수 밀리 초 정도의 반응 시간에 사고파는 최첨단 인공지능을 이용해 서로 싸웠다. 레빈은 1996년 1월, 그의 와처(Watcher) 프로그램 이용자들에게 이런 이메일을 보냈다. "우리는 아일랜드가 좋고, 공정하고, 저렴하고, 빠르기를 바랍니다. 그렇게 되도록 정성을 쏟고 있습니다. 우리는 잘하고 있습니다. 셀렉트넷(selectNet)은 나스닥이 운영합니다. 그들은 정성을 쏟지 않습니다. 인스티넷은 로이터가 운영합니다. 그들은 잘하지 못합니다.… 우리와 아일랜드에 합류하지 않으시겠습니까?"(Patterson 2012, 121에서 인용)

레빈이 인스티넷이 잘하지 못한다고 썼을 때, 이는 초단타매매 트레이더들이 대중의 눈으로부터 자기들의 매수 호가를 감춰 주는 인스티넷과 같은 거래소의 도움을 받아 다른 트레이더들과 고객들을 기만하고 있다는 의미였다. 예를 들어 트레이더는 고객을 위해 대량의 주식을 사겠다고 해서 가격을 올려놓은 다음, 오른 가격에 인스티넷으로 그 주식을 팔게 한다. 고객은 이 부가 합의에 대해서는 모를 것이다. 인스티넷에 관한 부분은 알 수 없기 때문이다. 다른 사례에서는 트레이더들이 주식을 선행 매매한다. 예를 들어 트레이더가 X사의 주식 10만 주 구매 주문을 냈다면, 더 빠른 알고리즘을 가진 초단타매매가 주문을 탐지하고 주식을 구매하여 더 높은 가격에 다시 내놓을 것이다. 곧 듣게 되겠지만, 이를 '스니핑(sniffing)'이라 부른다.

수익을 극대화하려는 자본주의적 명령을 좇는 대규모의 기술적 시스템을 통제한다는 것은 호시절에도 어렵고 복잡한 일이다. 이에 딱 들어맞는 사례가 시장을 더 공정하게 만들려는 미국 증권거래위원회(U.S. Securities and Exchange Commission, SEC)의 시도다. SEC는 주문 처리 규정(Order-Handling Rules)을 도입해 전자 증권 거래 네트워크(Electronic Communication Networks, ECNs)라는 새로운 장치를 만들고, 인스티넷 같은 시장이 나스닥에 자기들의 시세를 올리게 하는 규제 조치를 부과했다. 패터슨은 ECNs의 효과를 다음과 같이 말한다. "이 주문 처리 규정 덕분에 나스닥 시장 전체가 컴퓨터 중심 매매에 활짝 열린 전자 플랫폼 쪽으로 이동하게 될 것이다.… 전화에 기반한 인간 딜러 시스템은 급속히 아일랜드와 같은 전자 풀에서 나고 자란 컴퓨터 자키들의 스크린 기반 사이버펑크 네트워크가 될 것이다."(2012, 128)

컴퓨터화된 매매에 수문이 열리면서부터는 속도가 관건이 되었다. 주식 거래 회사들은 대형 거래소가 운영하는 서버 팜(server farm) 안의 선반 공간(rack space)에 자기네 컴퓨터를 놓기 위해 고액의 수수료를 기꺼이 지불한다[동일 장소 배치(colocation)라 부른다]. 가까이 있어야 거래소에서 트레이더에게 정보를 전송하는 시간을 몇 밀리 초라도 줄일 수 있기 때문인데, 그 시간차에서 발생하는 작은 가격 차이를 이용해 돈을 벌 수 있다. 최근에는 미국의 초단타매매 트레이더들과 영국의 트레이더들을 연결하기 위해 수십억 달러를 들여 초고속 대서양 횡단 케이블이 건설되는 중이다. 이로써 5밀리 초 정도 시간이 빨라질 것으로 예상되는데, 밀리 초당 약 10억 달러의 이익을 볼 수 있다고 추산된다(Johnson et al. 2012, 4).

초단타매매의 결과로 주식을 보유하는 평균 시간은 어느 거래소에서나 확 줄어들었다. 2차 세계대전 이후에는 그 시간이 4년이었으나 2000년대 들어 8개월로 줄었다. 2011년에는 일부 추정치에 따르면 놀랍게도 22초가 되었다(Patterson 2012, 46). 이에 따라 주식 거래에서 교환되는 정보량도 어마어마한 숫자로 불어났다. 고속 거래를 추적하는 회사인 나넥스(Nanex)는 모든 미국 주식, 옵션, 선물, 지수에 대해 하루에만 1조 바이트의 데이터가 교환된다고 추산한다(Patterson 2012, 63).

고속 거래가 늘어나면서 뉴욕증권거래소와 나스닥 두 곳이 독점하던 시장은 인스티넷뿐 아니라 대중의 눈에서 시세가 숨겨진 매매 사이트인 '다크 풀(dark pool)'과 같은 수많은 비공개 시장으로 분산되었다. SEC는 이런 분열에 대처하기 위해 2007년 내셔널 마켓 시스템(National Market System) 혹은 Reg NMS라고 불리는 새로운 규제 조치를 도입했다. 모든 전자 시장을 하나의 네트워크로 묶어서 진짜 전국 시장으로 움직이게 하기 위한 조치였다. Reg NMS의 핵심은 주식을 팔거나 사는 주문이 모두 가장 좋은 가격을 갖는 시장으로 전송되어야 한다는 명령이다. 예를 들어 나스닥에서 매도한 주식 가격과 뉴욕증권거래소에 더 높게 나온 가격이 일치하지 않는다면, 주문은 자동적으로 나스닥으로 들어가게 된다. 이런 명령을 실행하기 위해 전자 주식시세 표시 테이프가 보안 정보 프로세서(Security Information Processor, SIP 피드)라는 이름으로 도입되었다.

Reg NMS의 귀결로 이제는 거래소가 언제 어디에서나 가격을 모니터해야만 하게 되었고, 사실상 최첨단 알고리즘을 사용하지 않을 수 없게 되었다. 게다가 의도치 않은 귀결도 있었다. 주문은 주문을 낸 시간에 따라 우선권을 부여하는 전자 모니터링 시스템인 '큐(queue)'에서의 위치에 따라 실행된다. 그러나 패터슨이 설명하듯 "주문이 한 거래소 큐에서 갑자기 거부되어 다른 거래소로 전송되거나, 그보다 가격이 좋은 주문이 나타나면 큐의 맨 끝으로 보내질 수도 있다"(2012, 49). 이는 시스템을 다루는 새로운 수많은 방법들이 제시되게 했다. 초단타매매 트레이더들은 이즈음에는 거래소의 최대 고객이 되어 있었다. 2009년에는 이들이 전체 거래의 75퍼센트를 차지한다고 추산되었다. 게다가 뉴욕증권거래소는 2005년 4월 사설거래소 아키펠라고(Archipelago. 레빈의 아일랜드를 모델로 했다), 2년 후에는 유럽의 합동 주식시장인 유로넥스트(Euronext)와 합병하면서 비영리 단체에서 영리를 추구하는 기업으로 바뀌었다. 나스닥은 2006년 시세를 매기는 서비스에서 허가를 받은 국립 거래소로 바뀌었고, 2011년에는 수입의 3분의 2를 초단타매매로 벌어들였다(Lewis 2014, 163).

거래소들은 자신들의 주주를 만족시켜 주어야 할 영리기업으로 운영되면서, 지난 수십 년간 거래의 주 수익이었던 구식의 지정가 주문(명시된 가격 제한 내에서 사고파는 주문)을 훨씬 넘어서는 새로운 주문 유형을 도입했다. 더 나아가 경쟁이 너무나 심해져서 초단타 거래 트레이더들이 거래 한 건당 벌어들이는 돈은 더 적어졌고, 그러다보니 "메이커+와 테이커++" 수수료에 더 의존하게 되었다. 이는 유동성을 최대화하기 위해 거래소들이 만든 구조였다.

유동성을 확보하기 위해, 이를 제공하는 트레이더는 대개 소액의 수수료를 받지만 유동성을 가져가는 트레이더는 소액의 수수료를 지불해야 한다(메이커/테이커 정책이라 한다). 패터슨은 새로운 주문 유형이 리베이트/수수료 구조와 결합되었을 때의 효과를 요약한다. 새로운 주문 유형은 "초단타매매 트레이더들이 시장이 움직이고 있을 때 큐 앞쪽에 있는 특정 기준가에 주문을 숨긴 채로 게시해 다른 트레이더들을 밀어낼 수 있게 해 준다. 시장이 상승하고 하락할 때조차도 주문은 움직이지 않는다.… 큐 앞에 서서 시장이 변동할 때 숨어 있음으로써, 회사는 [리베이트 혹은 메이크] 수수

+ 예약 주문을 내는 사람.

++ 시장가 주문을 넣는 사람.

료가 이미 지불된 주문을 몇 번이고 다시 낼 수 있다. 다른 트레이더들은 주문이 거기 있다는 사실을 알 길이 없다. 되풀이해서 그들의 주문은 숨겨진 매매 위에 올라서고, 다른 회사들이 '테이크' 수수료를 지불하게 만드는 보이지 않는 덫으로 작용했다."(Patterson 2012, 50)

이런 상황은 내가 뱀파이어 자본주의(vampiric capitalism)라 부른 새로운 유형의 하이퍼자본주의의 출현을 보여 준다. 마크 네오클레우스(Mark Neocleous)가 말했듯 마르크스는 ≪자본≫에서 뱀파이어를 노동 계급의 피를 빨아먹는 자본에 대한 은유로 사용한다(Neocleous 2003). 이와 달리 뱀파이어 자본주의는 다른 자본주의 기업을 먹이로 삼는다. 이런 사례는 주식시장이 본래의 목적에서 얼마나 멀리까지 떠내려왔는지 보여 준다. 살 아르눅(Sal Arnuk)과 조셉 살루치(Joseph Saluzzi)가 설명하듯 주식시장은 원래 신생 회사들이 기업공개(IPO)를 함으로써 자본을 끌어와 혁신을 추동하고 시장에 다양성을 만들어 낼 수 있게 해 주기 위해 설립되었다(Arnuk and Saluzzi 2012). 또한 주식시장은 일반인들에게 가처분 소득을 뮤추얼 펀드, 옵션, 그 외 투자 수단을 통해 주식시장에 투자할 방법을 제공해 주었다. 초단타매매 트레이더들은 이런 유용한 서비스는 하나도 하지 않는다. 그들은 시장에 유동성을 제공한다는 주장으로 자기들의 존재를 정당화한다(Perez 2011, 163). 그들이 거래를 너무 자주 하기 때문에 매도 주문과 매수 주문 사이의 차액 또한 줄어들었는데, 그들은 이것이 모두에게 이익이 된다고 주장한다. 그러나 앞으로 보겠지만 이것은 이 이야기의 또 다른 면이다. 수수료가 적어지기는 하지만 거래를 너무 자주 하기 때문에 순식간에 티끌 모아 태산이 된다. 결국 이 금액은 일 년에 수십억 달러에 이른다. 다 투자자들의 호주머니에서 나온 돈이다. 이것이 혁신에 끼치는 유해한 효과는 상장 회사의 놀랄 만한 감소에서 볼 수 있을 것이다. 1997년에는 공개 기업이 8200개 있었지만, 2010년에는 4000개밖에 남지 않았다(Patterson 2012, 59).

그러나 가장 끔찍한 효과는 초단타매매가 도입한 불안정성이다. 초단타매매 트레이더들이 이용하는 알고리즘을 분석하는 회사인 나넥스는 디스럽터(Disruptor)라고 하는 알고리즘을 발견했다. 디스럽터는 시장에 주문이 너무 많이 밀려들게 해서 사실상 시장 자체를 교란하도록 설계되었다(Patterson 2012, 63). 이런 불안정성은 2010년 5월 6일, 다우지수가 2분 동안 700포인트가 하락했다가 그만큼 빨리 되튀었을 때 충격적일 만큼 명백하게 드러났다. 어떻게 이런 일이 일어났을까? 그리스와 스페인의 채무 불이행 가능성으로 불안에 빠진 시장이 이미 하락 중이었을 때, 와델앤드리드파이낸셜(Waddell & Reed Financial)은 캔자스시티에서 7만 5000 단위 S&P 500 E-미니 선물 계약을 팔라는 큰 주문을 모니터하고 있었다. 이는 40억 달러 가치였다. 그들이 이용하던 알고리즘은 '고래(큰 주문)'를 쫓는 '상어 알고리즘'을 떨쳐 내기 위해 30초간 잠시 멈추었다가 시장 전체 규모의 약 9퍼센트 정도를 유지할 수 있는 속도로 팔도록 설계되어 있었다. 초단타매매 펀드들이 이런 매도 주문을 수 밀리 초 안에 샀다가 다른 초단타매매 트레이더들에게 다시 팔았다. 약간 더 낮은 가격으로 파는 경우도 종종 있었다. 이런 알고리즘들이 다시 주식을 팔았다. 규모가 커지고 시장이 급락하면서, 와델앤드리드의 트레이딩 알고리즘이 매도를 늘렸다. 그들의 9퍼센트 제한이 계속 늘어났고, 이것이 훨씬 더 심한 피드백 사이클을 부추겼기 때문이다. 패터슨은 "14초 안에 초단타매매 트레이더들이 놀랍게도 2만 7000 단위 E-미니 계약을 사고팔았다"고 말한다(Patterson 2012, 264).

시장이 급락하면서 다른 주식들도 영향을 받았다. 보통은 주당 50달러인 글로벌 컨설팅 회사 액센추어의 주식은 한 주에 1페니라는 말도 안 되는 가격까지 떨어졌다. 증권사들이 투자전문기관으로서 의무를 다하려고 내기는 하지만 절대로 그 주문대로 될 거라 보지는 않는 소위 '스터브 주문(stub quote)'이었다. 프록터앤드갬블의 주식은 평소 가격인 주당 60달러에서 30달러로 곤두박질쳤다. 이와 달리 어느 주식들, 특히 애플 주식 같은 경우는 깜짝 놀랄 정도로 가격이 뛰어서 주당 9만 9999달러를 찍었다(이것 또한 의심할 여지 없이 스터브 주문이었다). 광기가 계속되면서 수많은 초단타매매 트레이더들이 변동성에 놀라기도 하고 SEC가 소급적으로 거래를 취소할지 모른다는 우려 때문에 컴퓨터를 꺼 버렸다.

이로 인해 시장에는 훨씬 더 적은 매수자만 남았고, 시장의 급락은 더욱 가속화했다. 뉴욕증권거래소가 5초간 매매를 차단하고서야 비로소 피드백 사이클이 끊어졌고, 그 시점에서는 많은 주식 가격이 말도 안 되게 낮았기 때문에 알고리즘이 매도하기 시작해 몇 분 만에 시장은 다시 원래대로 되돌아갔다. 그러나 일부 매수자들은 이미 진짜로 피해를 입은 뒤였다. 가격이 바닥을 찍기 직전에 프록터앤드갬블을 사려던 한 사람은 1만 7000달러를 잃었고, 댈러스의 한 헤지펀드는 그들이 매수한 옵션 가격이 계약당 90센트에서 30달러로 뛰면서 수백만 달러 손실을 보았다.

나중에 SEC는 대폭락 이전 가격에서 변동폭이 60퍼센트를 넘은 거래는 '취소'하거나 '중단'시켰다. 그런 다음 SEC는 상품선물거래위원회와 공조해 대폭락에 대한 조사에 착수하고 2010년 9월 보고서를 냈다(대폭락이 일어났다가 회복되는 데에는 단 5분밖에 걸리지 않았지만, 무슨 일이 일어났는지 알아내는 데에는 꼬박 넉 달이 걸렸다). 보고서는 유동성에 초점을 맞추어, 와델앤드리드의 매도 주문이 "시장에서 유동성을 빨아들여 가격을 급락하게 한" 주원인이라고 결론을 내렸다(Buchanan 2011). 금융 문제에 대해 블로그에 글을 쓰는 이론물리학자인 마크 뷰캐넌(Mark Buchanan)은 나넥스 창립자이며 소프트웨어 엔지니어인 에릭 스콧 헌사더(Eric Scott Hunsader)의 연구를 참조한다. 헌사더는 와델앤드리드가 그 '운명의 날' 했던 거래 6483건을 추적했다.

뷰캐넌은 이렇게 말했다. "회사의 위탁 매매인이 그날 온종일 시장에 주식을 풀었다. 대규모 가격 영향을 최소화하려는 작전이었다."(Buchanan 2011, 2) 이 판매에서 문제를 찾는 대신, 헌사더는 이렇게 분석한다. "이 급락은 초단타 트레이더들에 의해 초래되었다. 그들은 보통 일정 가격 수준에서 사고팔 준비를 하고 유동성 공급자로 움직인다. 그러나 그날의 변동성 때문에 그들은 손실을 피하기 위해 보유 주식을 내던질 수밖에 없었다.… 유동성이 사라지게 된 원인은 와델앤드리드의 수동적 주문이 아니라 이런 매도였다."(Buchanan 2011, 2)

뷰캐넌의 글에 대한 논평들도 흥미롭다. "게스트"는 SEC 보고서를 '동화 같은 이야기'라 불렀다. "프리츠 정크"는 이렇게 말했다. "'거래하는 것'과 유동성을 공급하는 것은 다르다. 거래소들은 규제자들을 속여서 중개인들이 거래를 하는 대가를 받아도 괜찮다고 믿게 만들었다. 거래소들이 그것을 '유동성 제공'이라 부른다는 것이야말로 코미디다. 규제자들이 정신을 차리고 가격 하락 때문에 유발된 매도가 유동성을 제공하기보다는 제거했다는 사실(예를 들면 가격 움직임을 과장한 것)을 알아야 한다고 누군가 지적해 줄 때가 되었다."(Buchanan 2011, 3) '소파콜(SofaCall)'이란 닉네임의 유저는 이렇게 말했다. "이래서 내가 지난 6년간 시장에 들어가지 않았던 것이다. 이제는 바로잡을 수가 없다. 그저 대세를 따라가는 수밖에 없다. 카지노 도박이나 별다를 바가 없다.

SEC가 금융 시장에서 하는 짓보다 카지노가 더 정직하다고 믿을 수 있다는 점에서 차라리 도박 수수료를 내겠다." '매슈'는 SEC 보고서를 '금융 산업 홍보 전략'이라고 부르면서 이렇게 비판한다. "사기를 적당히 복잡하게 만들어 감춘다면 대부분 사람들은 자기들이 뜯어먹히고 있는 줄도 모를 것이다."(Buchanan 2011, 5) 'H-H-홈스(H_H_Homles)'는 모두가 동의한 내용을 간단명료하게 요약한다. "이 산업이 '사업'에 투자하는 '사람들'과 뭔가 관계가 있다는 허울은 사라져 버렸다. 언제나 온통 알고리즘뿐이다. 평범한 미국인이 스카이넷에 직면했다."(Buchanan 2011, 4)

2006~2010년까지 발생한 다른 소규모 폭락들에 대한 나넥스의 조사는 대폭락의 의미를 강조했다. 그런 소규모 폭락들은 개별 주식과 관련된 것이었고 너무 빨리 일어나 주목을 끌지 못하고 지나가 버렸다. 대폭락은 매일의 수치를 이용하는 통계에서는 드러나지 않는 경향이 있다. 그것들을 찾아내려면 나넥스가 이용한 것과 같은 아주 미세한 시간 기준이 필요하다. 나넥스의 분석은 Reg NMS가 시작되기 전인 2006년 254건의 소규모 폭락을 찾아냈고, Reg NMS가 몇 달간 확산 적용되고 있었던 때인 2007년에는 2576건을 발견했다. Reg NMS가 완전히 자리를 잡은 2008년에는 그 숫자가 4065건으로 늘어났다. 분명 Reg NMS의 의도하지 않은 효과가 폭락이 일어날 가능성을 극적으로 증가시켰던 것이다(www.nanex.net/FlashCrashEquities/FlashCrashAnalysis_Equities

.htmlco).

마이애미대학교 물리학자인 닐 존슨(Neil Johnson)은 동료들과 함께 나넥스의 연구를 확인하는 논문 "초고속 기계 생태계가 주도하는 금융계의 블랙스완(Financial Black Swans Driven by Ultrafast Machine Ecology)"을 발표했다 (Johnson et al. 2012). 존슨은 논문 초록에서 이렇게 말하고 있다. "우리는 시스템 전체에 걸쳐 인간-기계 혼합 단계에서 블랙스완 사건의 빈발로 특징지어지는 새로운 완전 기계화 단계로 갑작스러운 이행이 일어나고 있다는 경험적 증거와 이에 따른 이론을 제공한다." 존슨과 동료들은 2006년부터 2011년까지 1만 8530건의 블랙스완 사건을 분석하면서, 지속되는 매매 시간이 줄어들수록 그리고 전략의 다양성이 감소할수록 블랙스완 사건이 일어날 확률이 커진다는 것을 보여 주는 모델을 만들었다. 그들은 알고리즘이 아주 빨리 움직여야 하므로 선택할 전략이 단 몇 가지만 있어야 하며, 나아가 많은 알고리즘들이 아주 비슷한 전략을 사용해 피드백 루프가 일어날 가능성을 높일 것이라고 가정한다. 그 결과 블랙스완 사건이 더는 이례적인 일이 아니게 된다. 오히려 블랙스완 사건은 실제 거래에서 인간이 아무런 역할도 하지 못하고 기계가 이끄는 트레이딩의 역학을 반영한다. 2010년 5월 6일의 대폭락에 관한 SEC 보고서를 되돌아보면 이제는 와델앤드리드의 거래가 주원인이라는 결론이 틀렸음을 알 수 있다. 그것이 시작이었을 수는 있지만(노새 등을 부러뜨린 마지막 지푸라기 하나처럼), 이런 폭락을 불가피하게 한 것은 시스템 역학이다.

인간-알고리즘 상호작용의 복잡한 생태계

안크리스티나 랑에(Ann-Christina Lange)는 초단타매매 트레이딩(high-frequency trading, HFT)에 종사하는 회사의 트레이더들과의 인터뷰 67건에 기반한 연구에서, 인간이 어떻게 그들을 대신해 작동하는 알고리즘과 상호작용하는지에 대한 생생한 그림을 그려 낸다. 랑에는 이렇게 말한다. "나는 [트레이더들이] 자기들의 알고리즘을 시장을 더 효율적으로 만드는 순수하게 합리적인 행위자가 아니라, 시장에서 작동하면서 상호작용하는 매개자로 이야기하는 데 크게 놀랐다."(Lange 2015, 1) 랑에는 한 트레이더가 스크린을 가리키며 이렇게 말했다고 한다. "이 녀석이 어떻게 움직이는지 보여요. 난 이 녀석한테서 배운답니다.… 알고리즘 뒤에 누가 있는지 정말로 알 방법은 없지만, 이 패턴은 알아볼 수 있어요."(1) 또 다른 트레이더는 이렇게 말한다. "당신은 다른 알고리즘들을 읽는 겁니다. 알고리즘은 다 규칙에 기반을 두고 있어요. 다른 사람들과 거래하려면 일반화된 견고한 규칙들을 따라야 해요."(5) 비디오 게임 플레이어가 이에 대한 한 가지 비유가 될 수 있다. 플레이어는 다양한 전략을 시도

할 때 게임의 작용을 관찰함으로써 스크린 디스플레이를 생성하는 알고리즘을 지배하는 규칙을 추론한다. 플레이어는 연습을 하면서 게임이 특정 환경에서 어떻게 반응할지 예측할 수 있고, 그에 따라 자신의 전략을 정교화한다. 제임스 애시(James Ash)가 "엔벨롭(envelop)"이라 부른 현상이다. "엔벨롭은 사용자의 신체와 … '인터페이스 환경' 사이의 관계에서 출현한다."(Ash 2016, 9) 존슨이 앞서 말했듯 보통 초단타매매 알고리즘은 속도를 위해 입력의 다양성을 희생한다. 초단타매매 알고리즘은 대개 단 몇 가지 전략만을 사용하기 때문에 그 움직임을 지켜보는 트레이더들이 이를 "읽어 낼" 수 있다.

게다가 랑에가 지적하듯 알고리즘은 끊임없이 다른 알고리즘과 상호작용하면서 그의 말대로 집단행동으로 이해할 수 있는 복잡한 생태계를 생성한다. 인간의 관점에서 알고리즘들의 상호작용은 속임 동작, 재빨리 움직이기, 역정보, 위장 등 프로파간다(심리 전쟁 행동) 전투에서 흔히 보이는 움직임과 대항 행동을 닮았다. 예를 들어 매켄지는 명령 실행 알고리즘이 와델언드리드 알고리즘이 대규모 매수 주문을 실행하려 했을 때 했던 것처럼 보통 시장에 대규모 주문을 한 번에 내지 않고 소량으로 나누어서 천천히 낸다고 말한다(MacKenzie 2011). 어떤 알고리즘은 거래량평균가중가격(volume-weighted average price, VWAP)을 통해 이렇게 한다. 이전의 동등한 시간 구간에서 거래된 주식량에 비례해 주문을 나누는 것이다. 다른 알고리즘들은 '스니핑'을 통해 이 VWAP '고래(대량 주문)'를 찾아내고, 이 지식을 이용하기 위해 자기들의 주문을 선행 매매한다. 적법성이 의심스러운 다른 관행으로는 '스푸핑(spoofing, 위장하기)' 알고리즘이 다른 알고리즘들이 반응하도록 꾀어내기 위해 주문을 냈다가, 반응이 오면 바로 주문을 취소하고 그 지식을 이용해 수익을 내는 것이 있다. 랑에가 인터뷰한 한 트레이더는 이렇게 설명한다. "기세(quote)+가 되도록 많이 있으면 좋지만, 기세를 원하는 만큼 가질 필요가 없다는 것을 확인하고 싶기도 합니다.… 기세로 돈을 벌지 못하거나 심지어 잃게 될 수도 있으니까 그럴 때는 실행할 필요가 없는 게 좋지요. 그러나 기세가 제공하는 정보는 아주 중요합니다. 거기에서 무슨 일이 일어날지 아주 빨리 알 수 있거든요. 그리고 데이터 피드 업데이트가 들어오기를 기다릴 필요가 없어요. 그건 너무 느려요."(Lange 2015) 랑에와 대화를 나눈 또 다른 사람은 상황을 이렇게 요약한다. "그건 다른 알고리즘들과 싸우는 알고리즘입니다. 킬 스위치(kill switch)를 쓰는 것과 같지요. 적절한 알고리즘을 제 위치에 넣으면 우위를 차지해서 이득을 볼 수 있게 돼요."(lange 2015)

아르눅과 살루치가 지적했듯 초단타매매로 난 수익은 순수하게 투기적이며, 초단타매매를 이용하는 트레이더 집단

+ 증권시장에서 매매 계약이 성립되지 않았을 때의 호가.

에 돈을 벌어다 주는 것 외에는 실물 경제에 아무런 기여도 하지 않는다. 초단타매매 알고리즘이 실행하는 거래의 비율이 계속 증가할수록 그 결과로 시장 생태계는 점점 더 투기 쪽으로 가고 실물 경제와 시너지를 일으키는 상호작용은 줄어든다.

초단타매매가 시장을 더 취약하고 불안정하게 한다는 존슨과 나넥스의 주장에 모두가 동의하지는 않는다. 예를 들어 매켄지는 자신의 말이 복잡한 금융 트레이딩이 그러했듯 기술적 시스템의 불안정성에 대한 경고처럼 들린다 해도, 긍정적인 쪽으로든 부정적인 쪽으로든 판단을 내리기에는 데이터가 명확하지 않다고 주장한다(MacKenzie 2011). 초고속 극단적 사건(Ultrafast Extreme Events, UEEs)이 예외 현상이 아니라 자주 일어나는 사건이라는 나넥스의 발견은 두 가지 의미로 읽을 수 있다. 그것들이 너무 작고 너무 빨리 사라지기 때문에 별 문제가 아니던가, 혹은 우주 캡슐에 난 작은 금처럼 대파국의 조짐일 수 있다. 내가 보기에 매켄지는 너무 조심스럽게 평가한다. 내 눈에 작은 금들은 초단타매매와 인간 행위자가 만든 인지 집합체가 전체적으로 위험하며, 인간 인지보다 기술적 인지 쪽으로 너무 많이 기울어져 있다는 신호다.

UEEs를 어떻게 보든, 그 일부 효과는 논쟁의 여지가 없다. 위에서 그 한 가지 귀결로 실물 경제에 대한 투자보다 초단타매매를 통한 투기 활동이 엄청나게 성장하고 있는 점을 언급했다. 또 하나는 효율적 시장 가설이 무너지고 있다는 것인데, 독자들은 시장의 모든 참여자들이 본질적으로 동시에 같은 정보를 가지며 그 필연적 결과로 가격이 언제든 세계의 실제 상태를 반영한다는 생각을 떠올릴 것이다. 초단타매매에서 알고리즘은 자기들의 행동은 은폐하면서 경쟁 알고리즘에서 정보를 찾아냄으로써 시장 정보에 대한 평등한 접근을 방해하고 정보 불평등을 만들어 내도록 설계되었다.

세 번째 효과이자 아마도 가장 중요한 것은, 거래가 일어나는 시간 체제가 완전히 바뀐다는 점이다. 그 결과로 더 빠른 연결 회선, 더 빠른 거래 기반시설을 향한 '군비 경쟁'이 일어난다. 매켄지는 런던 증권거래소의 거래 플랫폼인 터쿼이즈가 이제는 129마이크로초(즉 천만 분의 일 초보다 약간 더 긴 시간)에 거래를 실행할 수 있다고 말한다(MacKenzie 2011). 트레이더들이 서로 붙어 서서 땀에 젖어 소리를 지르며 몸싸움을 하던 아수라장은 이제 파생상품과 초단타매매의 세계에서 돈을 벌 수 있는 작은 동요와 알고리즘적 상호작용을 쉬지 않고 탐색하는 스크린과 알고리즘의 세계로 바뀌었다. 앤디 클라크는 왜 의식이 진화 과정을 통해 출현했는지 논하면서(Clark 1989, 62), 의식이 인지 군비 확장 경쟁의 무기라고 불렀다(61). 이와 비슷하게 초단타매매는 의식보다 속도가 비의식적 인지 군비 확장 경쟁의 무기가 된 진화의 영역으로 간주할 수도 있을 것이다. 그것은 직접적인 의식적 개입이 접근할 수 없는 시간 체제에서 자율적인 궤적을 따라 진행하겠다고 위협하는 무기다. 따라서 어떤 결론이 나든 전체 인지 집합체의 인지적 역학이 다루어져야만 한다.

시스템적 리엔지니어링: IEX와 집중 매매

마이클 루이스(Michael Lewis)는 ≪플래시 보이스: 월스트리트의 반란(Flash Boys: A Wall Street Revolt)≫(2014)에서 원래 캐나다 왕립은행(RBC) 자본시장 트레이더였던 브래드 카츠야마(Brad Katsuyama)의 경험을 기록한다. 루이스는 카츠야마가 (예를 들면 주식을 매수하기 위해) 응찰을 했는데 가격이 뜨자마자 그의 응찰가에서 멀어지는 것을 보고 얼떨떨했던 경험에 대해 이야기한다. 지금에 와서는 무슨 일이 일어나고 있었는지 짐작할 수 있다. 알고리즘이 그의 응찰을 발견하고 가격을 순식간에 더 높이 올린 것이다. 카츠야마는 무슨 일이 일어나고 있는지 알아보려는 여정에 나서서, 알고리즘이 어떻게 구성되고 무엇을 하는지 알아내기 위해 산업 전반에서 동료들에게 문의를 했다. 루이스에 따르면, 다른 트레이더들 중에도 실제로 상황을 아는 사람은 아무도 없었다. 이 이야기가 사실일 것 같지는 않다. 적어도 그들 중 누군가는 알지만 정보를 누설하기 꺼렸다는 쪽이 더 그럴듯해 보인다. 아무튼 카츠야마는 결국 무슨 일이 일어나고 있는지 알아냈고, 주식시장이 응당 따라야 할 적법한 목적이 왜곡되고 있다는 느낌을 강하게 받았다(앞서 보았듯 아르눅과 살루치도 지지한 결론이다. 루이스는 초단타매매 관행에 대해 주장하면서 그들의 의견을 인용한다). 다른 거의 모든 사람은 게임에 계속 응했지만, 카츠야마는 상황을 바로잡기 위한 모험을 시작했다.

카츠야마는 문제의 뿌리를 공격하기로 마음먹었다. 그 뿌리란 바로 인지적 군비 확장 경쟁의 결과를 가져온 전체적 역학이었다. 효율적 시장 가설과 규제력을 지닌 개입을 포함해, 시장이 작동하는 방식에 대한 예전 생각들은 급속히 한물 간 것이 되어 갔다. 루이스는 2010년 5월 증시 대폭락에 대한 SEC 보고서를 분석하면서 카츠야마의 반응을 인용한다. 카츠야마의 눈에 띈 것은 "뒤떨어진 시간 감각"이었다. 카츠야마는 이렇게 결론지었다. "일단 속도를 감지하게 되면 … 이런 설명은 … 맞지 않는다는 것을 알게 된다."(Lewis 2014, 81)

카츠야마는 초단타매매가 효율적으로 시장을 조작해 시장이 더는 편견 없는 중재자로 기능하지 못하게 되었음을 깨닫고, 동료들과 함께 새로운 거래소를 만들기로 했다. 그들은 이를 간단히 증권거래소(Investors Exchange, IEX)라 부르고, 주식과 파생상품 거래의 적법한 목적을 회복하려 했다. 그들의 목표는 거래 속도를 높이는 것이 아니라 반대로 속도를 느리게 해서 알고리즘이 얼마나 빠르든 모두의 주문이 동시에 도착하게 하는 것이었다. 이런 일반적인 아이디어에 더해, 카츠야마와 동료들은 어떻게 하면 시스템이 약탈적 전략에 최대한 저항하게 할 수 있을지 예측하는 데 긴 시간을 보냈다.

IEX가 신뢰를 얻고 거래소로서 공식 허가를 얻기 위한 싸움은 길고 고된 전투였다. 루이스는 IEX가 제 기능을 하고 있음에도(그것만으로도 작은 기적이었다), 투자자들이 IEX를 통해 거래를 발송하고 싶다고 중개인들에게 말할 때조차 일부 중개인들이 일부러 이런 지시를 무시하고 다른 거래소로 주문을 보냈다고 말한다. 여러 차례의 지연 끝에 IEX는 싸움에서 승리해 그저 거래 장소가 아니라 공식 거래소가 되었다.

IEX 웹사이트는 트레이딩에 대한 윤리적 접근이라 할 만한 것을 강조한다. 웹사이트에는 이렇게 나와 있다. "IEX는 시장에서 공정성을 제도화하는 데 헌신하며, 단순화된 시장 구조 설계와 최첨단 기술을 통해 더 균형 잡힌 시장을 제공합니다."(http://www.iextrading.com/about/) 사이트의 짧은 동영상은 이런 질문으로 시작한다. "주식 시장의 목적은 무엇일까요?" 그리고 초단타매매와 약탈 거래에 대한 설명이 나온다. 동영상은 1934년 증권거래법과 IEX의 원칙을 나란히 놓고 보여 주면서 끝난다. "공정하고 공평한 거래 원칙을 옹호한다", "공정하고 열린 시장에 장애가 되는 것을 제거한다", "투자자와 공공의 이익을 보호한다", "투자 주문이 직접적으로 완료되도록 기회를 실행한다". 이런 접근은 진지한 주목을 요할 만하다. 윤리적 책임이 자본주의적 시스템 안에서 가능하다는 의미일 뿐 아니라, 퇴직연금 펀드를 다루는 기관들과 같은 대규모 투자자들이 초단타매매가 창출한 수익이 결국 자기들의 호주머니에서 나가게 된다는 이유 하나만으로도 약탈적 알고리즘이 제멋대로 날뛰지 못하는 공정하고 공평한 거래소를 더 선호한다는 뜻이기 때문이다.

또 다른 해결책 하나는 부디시, 크램턴, 심이 빈번한 집중매매(batch auction)에 대한 논문에서 제안한 것이다(Budish, Cramton, and Shim 2015). 이들은 속도 경쟁의 비용을 거론한다. 뉴욕에서 시카고까지의 스프레드 네트워크 케이블을 설치하는 데는 3억 달러가 들며 소통 시간에서 3밀리 초를 단축해 준다. 또한 이들은 초단타매매가 유동성을 증가시킨다는 초단타 트레이더들의 주장을 검증하고, 이를 '스나이핑(sniping)' 비용과 대비해 평가한다. 스나이핑이란 시장 데이터를 늦게 받은 '묵은' 주문을 낸 증권사가 이를 미처 철회하기 전에 초단타 트레이더들이 낚아채는 것을 말한다. 이런 비용은 매수-매도 호가 차이로 판단되며, 모두의 거래 비용을 증가시킨다. 게다가 거래가 온종일 실행되는 연속 주문제한 북(continuous limit order book, CLOB) 트레이딩의 현재 시스템에서는 주문이 순차적으로 실행되기 때문에 스나이핑을 당할 확률이 높다. 묵은 주문을 철회하려 하는 증권사는 하나인 반면 그로부터 이익을 보려 하는 초단타 트레이더들은 여럿이며, 그들 중 하나가 회사의 주문이 순서대로 실행되기 전에 먼저 가로채는 데 성공할 확률이 높다.

부디시와 동료들이 지적하듯 CLOB에는 다른 문제들도 있다. 이들은 정상적으로 서로를 바짝 쫓아가는 두 유가증권, SPDR S&P 500 상장지수펀드(SPY)와 S&P 500 E-미니 선물거래(ES)를 조사했다. 이 둘은 S&P 지수에 기초하고 있으므로 높은 상관관계를 띠고 동시에 움직일 것이라고 누구나 예측할 수 있다. 측정 단위가 하루, 한 시간, 심지어 1분이라도 데이터는 이렇게 나타난다. 그러나 시간 측정 단위가 35만 분의 1초까지 줄어들면, 두 유가증권의 움직임 사이에 큰 차이가 벌어지면서 상관관계가 거의 완전히 무너진다. 이들은 이렇게 말한다. "이런 상관관계의 붕괴는 명백히 속도가 가장 빠른 쪽이 이용할 수 있는 기계적인 차익거래 기회로 이어진다."(2015, 2) 게다가 붕괴는 시장 효율성의 증대가 아니라 "2005년에는 중앙값 97밀리 초에서 2012년에는 7밀리 초까지" 수익성의 기회가 극적으로 떨어지는 심화된 군비 경쟁으로 이어진다(2015, 2). 군비 경쟁이 빨아들이는 돈의 액수는 상당하다. 이들은 이 두 가지 유가증권의 연간 비용을 7500만 달러로 추산한다. 이들은 그저 "총액이 상당하다"고만 말하며 모든 거래 증권에 대해 얼마나 비용이 들지 추측하기는 거부하지만, 굳이 로켓 과학자가 아니라도 그 비용이 수십억 달러, 어쩌면 수조 달러까지 치솟으리라는 것은 충분히 짐작할 수 있다. 실물 경제에는 아무 도움도 되지 않고 오직 군비 경쟁에 힘을 쏟는 초단타매매 회사들의 배만

불려 주는 돈이다.

부디시와 동료들이 모든 트레이더가 가격에 대한 동일한 정보에 동시에 접근했다고 가정한 최초 모델을 수정해, 군비 경쟁에 엄청난 투자를 하지 못한 회사들과 투자를 해서 그들보다 더 빠른 알고리즘을 갖게 된 회사들 간의 차이를 고려하자, 고전적인 죄수의 딜레마가 나타났다. "모든 회사가 속도에 투자하지 않기로 할 수 있다면 상황이 나아질 것이다. 하지만 각각의 회사 입장에서는 투자하는 쪽이 이익이 된다."(2015, 5)

부디시와 동료들은 이런 상호 연관된 문제들에 대한 해결책으로 시간을 연속체로 다루는 CLOB에서 빈번히, 말하자면 100밀리 초마다 실행되는 집중 매매 시스템으로 이동할 것을 제안한다. 집중 매매에서는 그 순간에 들어와 있는 모든 주문이 서로 경쟁하면서 사실상 '시간'에서 '가격'으로 경쟁의 장을 옮기게 된다. 이렇게 하면 더 긴 시간 단위로 함께 움직이는 유가증권들 사이의 연관성도 되살아날 것이며, 다시 '시간'에서 '가격'으로 경쟁이 이동할 것이다. 알고리즘이 작용해야 하는 시간의 길이가 증가할 테니 알고리즘을 더 빨리 움직일 수 있도록 단순하게 만들어야 할 동기도 줄어들 것이고, 더 다양한 트레이딩 전략을 가진 '더 영리한' 알고리즘의 개발을 자극하게 될 것이다. 그리하여 알고리즘 생태계의 깊이와 다양성이 증가하면서 결과적으로 생태계는 더 견고해지고 취약성은 감소할 것이다. 마지막으로 가격에 기반한 경쟁은 스나이핑, 값비싼 기반시설을 통한 더 빠른 연결의 구축, 점점 더 빨리지는 알고리즘을 만드는 데 투입되는 자원을 비롯해 군비 경쟁과 관련된 매매 비용을 증가시키는 쪽으로 가기보다는, 시장을 효율성 쪽으로 움직일 것이다.

트레이딩 속도를 늦추는 IEX와 집중 매매 아이디어라는 이 두 가지 해결책은 답이 규제가 아니라 전체적인 (리)엔지니어링에 있다는 믿음을 공유한다. 이 해결책들은 이익을 추구하려는 동기는 그대로 남아 있더라도 이익이 실현될 수 있는 방식을 바꿈으로써, 군비 경쟁에 투자하는 개별 트레이딩 회사들의 개인적 이익만이 아니라 극대화된 효율성, 공정성, 자본의 생산적 이용과 같은 더 큰 사회적 목표를 좇을 수 있도록 전체 시스템을 이동시킨다. 그러나 여기서 주의해야 할 것은 프로세스에서 어떻게 세계가 구성되는지에 대한 근본적 생각들이 변화하고 있다는 사실이다. 집중 매매 제안에서는 시간이 연속체에서 이산적인 간격의 세트로 바뀌고, IEX에서는 시간의 속도가 늦추어져 인간 지각 범위에 더 가깝게, 계산 속도에서는 멀어지게 거래가 일어난다. 이는 사소한 변화라고 할 수 없다. 이러한 변화들은 금융 자본의 영역 안에서 변화를 일으키면서 잠재적으로 금융 거래를 넘어서 사회적·문화적 삶의 다른 영역 속으로까지 확산될 수 있다. 그것들은 인지적 기술 시스템과 복잡한 인간 시스템의 상호 침투가 세계가 어떻게 움직이는지에 대한 우리의 감각을 결정하는 더 큰 기술-인식-존재론적 구조를 형성한다. 또한 이 변화들은 공정성과 사회적 선과 같은 윤리적 가치에 대한 강한 감각을 품고 전개되는 인간 행위성이, 다른 고려들로 제한받지 않는 이익 동기가 할 수 있는 것보다 인간의 번영에 더 좋고 새로운 전체적 구조를 창조할 수 있다는 것을 보여 준다.

금융 자본과 인문학

좋든 나쁘든 금융 자본은 초고속 기계 알고리즘의 자기 조직하는 생태계와 너무나 깊이 얽혀 있어서, 오늘날 그 알고리즘 없이는 우리 글로벌 경제를 생각할 수가 없게 되었다. 앞서 보았듯 기계 생태계는 환경의 작은 변화(즉 기계 생태계의 밖에서 작동하는 규제의 틀)에도 극히 민감하다. 모든 새로운 규제는 시스템을 작동시키는 새로운 방식을 가져온다. 이는 역사적 연구로 확인된 사실이다(Lewis 2014, 101). 카츠야마와 동료들은 이렇게 결론짓는다. "금융 규제로 문제가 해결될 가능성은 전혀 없었다."(Lewis 2014, 101). 부디시와 카츠야마의 해결책인 집중 매매 제안의 전체적 역학과 설계를 통해 문제를 공격한다는 핵심 전략은 인문학이 초단타매매와 금융 자본의 세계에 더 폭넓게 개입하는 데 맡을 수 있는 역할에 대한 중요한 단서를 제공한다.

카츠야마와 동료들은 시장을 더 공정하게 만들겠다는 이

상주의적 꿈을 품고 자신들의 비전을 현실로 만들기 위해 모든 것을 건다. 그들의 헌신은 더 큰 의미에서 상황이 엄격하게 기술적인 문제가 아니라 가치와 의미의 문제임을 보여 준다(기술의 본질은 기술적인 것이 아니라는 하이데거의 유명한 주장을 생각해 보라). 이 문제를 다루는 소수의 인문학자들 중 한 명이 베르나르 스티글레르다. 스티글레르는 일련의 중요한 텍스트들[≪기술과 시간≫ 1권, ≪기술과 시간≫ 2권(1998, 2008), ≪젊은 세대를 돌보기≫(2010) 그리고 특히 ≪새로운 정치경제학 비판≫(2010)]을 통해 인간과 기술의 공진화를 이해할 일반적인 틀을 제안하려 하는 야심찬 기획에 착수한다. 당장 뚜렷이 드러나지 않을 수도 있지만, 이 기획은 그 범위 때문에 인상적인 미덕과 한계를 모두 갖고 있다. 여기에서 제안한 사례인 초단타매매 알고리즘은 스티글레르의 틀을 정교화하는 데 도움이 될 수 있을 것이다. 또한 인간과 기술 사이 공진화가 현시대에 어디로 향하는지, 특히 인지 집합체와 그것들이 예화하는 복잡한 시간성 그리고 인간과 기술적 인지의 서로 비교할 수 없는 타임라인의 결과하에서 어디로 향하는지에 대해 새로운 통찰을 보여 준다.

≪기술과 시간≫ 1권과 2권에서 스티글레르는 3차 파지(tertiary retention)의 개념을 발전시킨다. 3차 파지는 개인이 직접 경험하지 못한 사건에 접근할 수 있게 해 주는, 인공물에 저장된 기억이다. 더 나아가 스티글레르는 3차 파지가 개별 인지에 선행한다고 주장한다. ≪젊은 세대를 돌보기≫에

서 이 공식은 '긴 회로(long circuits)'의 발전과 연결되며, 이는 초개체화(transindividuation)가 일어날 수 있게 해 주어서 개인이 지적으로 성숙해지고 책임을 지게 된다. 그러나 텔레비전, 비디오게임, 웹과 같은 프로그래밍 산업은 '긴 회로'의 발전을 저해하며, 이는 젊은이들의 주의를 사로잡아 내가 '깊은 주의(deep attention)'라고 부른 것의 전통을 과잉 주의(hyper attention)로 전환한다(Hayles 2012).

한편 초단타매매 프로그램 사례는 스티글레르가 3차 파지 개념으로 미처 인식하지 못한 인쇄중심적 편견을 볼 수 있게도 해 준다. 외부 저장장치로서 책은 3차 파지 개념에 잘 맞지만, 이 개념은 기술이 저장에 대한 것만이 아니라 기계 행위성과 전체적인 기계 생태계에 대한 것이 될 때 발생하는 균열은 보지 못하게 한다. 인간이 책을 읽고 그 읽기 행위가 인간의 인지 시스템으로 하여금 다른 식으로 작용하게 할 때, 책은 행위성을 띤다고 말할 수 있다. 이는 쓰기 혹은 스티글레르가 '그라마톨로지적(grammatological)' 프로세스라고 부른 것을 통해 생각을 전하는, 깊은 전통을 가진 인문학의 핵심적 역할이다. 그러나 이런 행위성은 인간이 읽기와 쓰기에 참여해야만 그 수동적 가능성에서 실제 현실로 전환된다는 데 주목해야 한다. 이와는 달리 초단타매매 프로그램은 일단 만들어져 작동하기 시작하면 어떤 인간 행위성도 필요로 하지 않는다. 인간들은 기계가 초단타매매에 핵심적인 마이크로 시간성에 접근할 수 있도록 회로에서 의도적으로 배제된다. 스티글레르는 알파벳순으로 정리하기 같은 '그라마톨로지적' 프로세스의 창조가 단어의 연속적 흐름을 문자, 음소 등과 같은 분리된 단위들로 쪼갠다는 데 주목한다. 그러나 디지털화에도 이와 똑같은 용어를 적용하면, 알파벳순 정리와 실행 가능 프로그램 코드 간의 차이가 드러나지 않게 된다. 문자가 수동적인 반면 기계에 의해 실행되는 코드는 인간의 개입 없이 실제로 사건이 일어나게 할 수 있다.

스티글레르의 표현대로 '긴 회로'는 인간 인지에 적용된다. 그러나 기계 또한 '긴 회로'를 지닌다. 여기에서 그 효과는 스티글레르가 인간의 것으로 본 것과는 전혀 다르다. 자동 매매 프로그램은 거래를 실행할 때 어떤 한도를 최적화하기 위해 우회하는 회로에서 긴 회로를 쓰기도 한다. 예를 들어 중개인들이 최대한 낮은 수수료를 지불하게 해 주기 위해 그렇게 한다. 다시 말해서 아르눅과 살루치가 "주문-생성에서 실행까지 나선형의 꾸불꾸불한 길"을 도표화하면서 지적했듯, 이 경우 긴 회로는 뱀파이어 같은 자본주의를 보호하고 발전시키는 효과를 낳는다(2012, 146).

지능 기계에서도 '긴 회로'는 예측과 관련이 있다. 이것 또한 알고리즘이 주식 가격의 다음 미세 움직임뿐 아니라 경쟁하는 알고리즘들이 곧 실행할 주문을 예측하게 해 줄 패턴을 찾을 때 기계의 기능이 된다. 어떤 의미에서는 이런 알고리즘은 다른 모든 알고리즘이 무엇을 하고 있는지 분석하는 실시간 데이터 스트림을 통해 움직일 때에는 지나치게 많이 기억하면서도(기억 과다), 프로세싱 유닛 속으로 흘러드는 엄청나게 많은 양의 정보에 대처하기 위해 어제 일어난 일(몇 년 전이나 몇백 년 전은 신경 쓰지도 않는다)에 대해서는 너무 적게 기억한다(기억 감퇴). 기억을 처리하기 위해 잠을 자야만 하는 인간과는 달리, 이런 기계들에서 사용되지 않는 컴퓨터 사이클이란 없다. 시장이 닫혔을 때조차도 기계들은 여전히 데이터를 모으고, 분석하고, 개장 주가가 얼마가 될지에 영향을 미칠 주문을 낸다.

기억의 기능에만 집중해서는 자동 매매 기계 생태계의 복잡한 역학을 이해하기 어렵다. 기계가 지닌 행위성 그리고 빛의 속도로 분석하고 예측하며 다른 알고리즘과 경쟁할 때 진화하고 배우는 능력도 중요하다. 자동 매매 시스템은 예측 불가능한 결과와 창발적 행동으로 이어질 수 있는 진화적 역학을 체현한다. 인간은 이런 시스템을 구성할 수 있을지는 모르지만, 그것들의 작동과 진화 그리고 변형을 완전하게 통제하지는 못한다. 문제는 기억만이 아니라 점점 더 우리를 뱀파이어 자본주의 쪽 가까이, 사회적 책임에서 멀리 몰아가는 글로벌 경제 시스템의 변형이다.

인문학자들의 관심을 끄는 초단타매매의 또 다른 측면은, 인간이 접근할 수 없는 마이크로 시간성으로 시간 체제를 변화시킨다는 점이다. 이에 대한 논의의 선두에 있는 이론가가 ≪피드-포워드: 21세기 매체의 미래에 관하여(Feed-Foward: On the Future of Twenty-First Century Media)≫(2015)를 쓴 마크 핸슨이다. 핸슨은 화이트헤드의 과정 철학을 연구하면서 '분위기 매체(atmospheric media)'라 부른 것에 초점을 맞춘다. 분위기 매체는 이해가 상대적으로 느리고 정보 처리 능력이 제한적인 의식이 매체로부터의 자극을 평가할 기회를 얻기도 전에 의식의 레이더 밑으로 은밀하게 날아 들어와 행동·정서·태도에 영향을 주도록 설계된 것이다. 핸슨이 말한 의미에서 초단타매매도 '분위기 매체'의 자격이 있는지는 잘 모르겠다. 초단타매매는 정서적 상태가 아니라 기계-기계 생태계 안에서 거래를 실행하는 것을 목표로 하기 때문이다. 그렇지만 초단타매매도 당연히 이와 비슷한 미세 시간 전략을 이용하며, 핸슨이 실연하는 분석이 어떻게 그와 관련된 정서적 영역을 넘어 확장될 수 있을지 시사한다.

이러한 시사점은 핸슨의 접근법을 루시아나 파리시와 스티브 굿맨(Steve Goodman)의 연상기억 통제(mnemonic control)에 관한 논문에 나온 접근법과 비교해 발전시킬 수 있다(Parisi and Goodman 2011). 핸슨과 다르게 해석하기는 하지만 파리시와 굿맨도 화이트헤드에서 시작해 그가 '파악(prehension)'이라 불렀던 것을 통해 정서적 신체를 다루기 위해 디지털 매체의 잠재력에 대해 쓴다. 파리시와 굿맨의 논문은 특히 제품 이미지 부여 작업, 브랜딩에 초점을 맞춘다. 파악이라는 현상이 신경 프로세스를 통해 의식에 도달할 때, 이전에 의식적으로는 경험된 적이 없다 하더라도 이미 친숙하게 느껴질 수 있다. 따라서 파리시와 굿맨은 우리로 하여금 제품 이미지 부여 작업의 영향에 영향받기 쉽게 하는 "살아 보지 않은 과거, 느껴 보지 못한 미래"(2011, 164)를 이야기한다. 파리시와 굿맨이 말하는 연상기억 통제는 스티글레르의 1차 파지(primary retention, 의식적 경험)보다 뒤에, 2차 혹은 3차 파지보다는 훨씬 더 일찍 작동하는 타임라인에서 작용한다. 그것은 더 나중에 '그라마톨로지적' 디코딩을 통해 일어나는 기입과 복원에 의존하지 않는다. 오히려 연상기억 통제는 의식에 선행하며, 신체의 정서적 반응에 직접적으로 작용하는 감각(sensations)의 형태로 밀려오고, 이제는 '정서 자본주의(affective capitalism)'라 불리는 문화적이고 매체적인 현상으로 이어진다. 이로써 연상기억 통제는 의식이 온라인에 연결되기 전에 일어나는 0.5초의 신경 프로세싱을 이용해 민감성과 취약성을 만들어 내 상품을 판매한다.

이와 반대로 핸슨은 21세기 매체가 하는 개입을 화이트헤드를 따라 '진동성의 연속체(vibratory continuum)' 혹은 '세속적 감성(worldly sensibility)'이라 부른 것 속에 놓고 싶어 한다. 여기서 중요한 것은 이러한 영향이 감각과 인식에 앞서 일어난다는 것이다. 핸슨이 말하듯 '21세기 매체'는 단지 21세기에 작용하는 매체만을 뜻하기보다는 '분위기' 혹은 환경적 효과와 아주 밀접한 특정 종류의 매체를 분석하기 위한 범주다. 이런 매체들은 너무 빠르고 광범하게 작동해서 파악이 일어나는 기반에 개입한다. 그래서 그것들은 인지적 타임라인에 선행하면서 특정 영역 안에서 가능한 그리고 관련성 있는 감각과 지각에 결정적으로 영향을 미친다.

이런 기획의 관점을 볼 때 핸슨의 연구는 적어도 세 가지 면에서 [21세기 매체를 분석하는 데] 핵심적으로 개입한다. 첫째, 그것은 기술과 인간의 인지적 타임라인이 서로 크게 다르다는 것을 인정하면서 기술적 인지와 인간 인지의 관계에서 시간성의 문제를 부각한다. 둘째, 이에 효율적으로 개입하려면 기술적 인지에 적절한 타임라인에서 해야 한다고 제안하면서, 그 지점을 지각과 감각이 인간에게 감지되기 100밀리 초 전으로 본다. 셋째, 이런 개입이 전체적이기만 하다면 효과가 있을 것이라고 인식한다. 핸슨은 화이트헤드의 실재에 대한 급진적으로 과정적인 관점을 가져와 수정함으로써 그렇게 하려 한다.

또한 이런 면에서 핸슨 분석의 한계는 이런 식으로 작용하는 매체의 예를 거의 전혀 내놓지 못한다는 점에 있다. 소시오미터와 사운드 아트 등 핸슨이 언급하는 매체들은 감각과 지각에 선행하는 것이 아니라 그것들을 통해 작용한다. 감각에 앞서 일어나는 개입을 설명하려면 이 책의 5장에서 도시 기반시설과의 관계에서 논의한 나이절 스리프트의 "기술적 무의식"에 기대야 할 수도 있다(Thrift 2004, 2007, 91). 앞서 보았듯 스리프트는 기술적 기반시설이 세계가 존재하고 움직이는 방식을 만들어 낸다고 본다. 예를 들어 흙, 잔디, 습지대와 비교해 콘크리트, 아스팔트, 강철이 무게를 견디는 능력과 운동감각적 특징에 대한 수많은 전제들이 여기 포함된다. 스리프트는 이렇게 말한다. "모든 인간 활동은 인간에게 귀속되어 있지만 그 내용이 거의 의문시된 적 없는 배경에 달려 있다. 배경은 거기 있으니까 거기 있는 것이다. 그것은 삶이 그 위를 떠다니는 표면이다."(2007, 91) 예를 들어 도시에서 자란 사람과 아프리카 부족 지역에서 자란 사람은 전혀 다른 식으로 전제할 것이다. 모든 삶의 영역에서 작용하는 수백, 수천 겹의 이런 전제들을 늘리다 보면 기술적 무의식 비슷한 것에 도달하게 된다. 그 내용은 "인지적 자극의 힘을 빌리지 않고서도 특정한 일련의 장소에 환경과 함께하는 신체(bodies-with-environments)를 연결하는 것"이다(Thrift 2004, 177). 기술적 무의식은 "상호관계가 확실하고 접촉이 당연해서 예측이 필요 없는, 개인에 앞서는 기질(prepersonal substrate)"이다(177). 이런 전제들은 세계와 신체, 기술적 영역과 이를 처리하고 조작하는 법을 배우는 인간 사이를 매개하는 고차원성의 인터페이스를 형성한다.

핸슨의 분석은 시간성이 이 상황 속으로 들어오는 본질적 방식들을 설득력 있게 포착하는 반면, 왜 매체가 고층빌딩, 경전차 교통 체계, 그 밖의 수많은 기술적 기반시설과 비교해 기술적 무의식에서 가장 눈에 띄는 자리를 차지해야 하는지에 대해서는 명확히 보여 주지 않는다. 그러나 (내가 1장과 5장에서 주장했듯) 거의 모든 이런 기반시설 건축물에 계산적 구성 요소가 있다는 데 주목한다면, 초점은 매체 전반이 아니라 구체적으로 말해 계산 매체(computational media)를 다시 향한다. 데이비드 베리(David Berry)가 말했듯 "계산적인 것의 존재론은 우리가 세계를 이해하는 배경이 되는 전제를 형성하는 데 점점 더 주도적이 되어 가고 있다"(Berry 2011, Kindle locations 2531-2532).

앞서 보았듯 계산 매체를 예외적인 것으로 만드는 특징은 **그것들의 인지 능력과 인지 집합체 내에서 행위자로서 인간과 상호작용하는 능력이다.** 그래서 계산 매체는 전인지(pre-cognitive) 범위와 인지 타임라인 전 범위에 걸쳐 인간의 인지 능력을 설명해 준다. 이것들은 감각에 선행하는 전제, 감각과 지각을 만들어 내는 자극, 소마틱 마커를 통해 인지적 비의식 속으로 들어가는 입력, 자각·의식·무의식 안의 경험이다.

이제 초단타매매로 되돌아가서, 이런 생각들을 자원으로 삼아 자동 매매의 기계-기계 생태계로의 이행에 담긴 함의를 더 완전히 이해할 수 있다. 초단타매매에서 인간의 의도성과 행위성이 열외로 취급되었다고 말하는 것이 완전히 정확하지는 않지만, 초단타매매는 이제 그 이전의 어떤 사례보다도 기술적 매개의 정교한 연쇄를 통해 더 눈에 띄게, 명백히 작용한다. 앞서의 인용에서 트레이더들이 설계하고 관찰하는 알고리즘에 인칭대명사와 젠더를 부여하는 데서 보듯 기술적 시스템이 행위적 힘을 보여 줄 때 항상 의인화 작용이 잠복하는 것은 거의 피할 수 없다. 기술적 무의식의 관점에서 인지가 복잡한 인간-비인간 기술 시스템들을 함께 엮는 식으로 시스템 전반에서 일어난다는 인식이야말로 어쩌면 이런 시스템에서 출현하는 주요 경향일지도 모른다. 인간의 복잡한 시스템과 인지적 기술 시스템은 이제 인지 집합체에서 서로 상호 침투하면서 우리가 아직 다 파악하고 이해하지 못한 수많은 함의와 결과를 촉발한다. 그럼에도 IEX와 집중 매매의 사례는 전체적 역학을 목표로 삼을 때 인간의 개입이 확실히 가능하며, 이런 개입이 인지적 생태계들을 더 지속 가능하고 인간의 번영에 더 긍정적이면서 더 공정하게 작용하도록 바꿀 수 있고 또 바꾸고 있다는 것을 보여 준다.

의미, 해석, 가치

이제 인문학이 초단타매매의 사례에서 보듯 점점 더 위태로워지는 상황에 어떻게 개입할 수 있을지 하는 긴급한 문제로 되돌아가 보자. 여기에서 스티글레르가 중요한 기여를 하는데, 그는 기술과 관련된 근본적 문제는 의미·해석·가치와 관계가 있다고 주장한다. 핸슨의 개입 또한 중요한 기여다. 핸슨의 연구 전반이 그렇듯이 ≪피드-포워드≫에서 그의 의도는 건설적인 정치적 행동을 가능케 하고 촉구할 이론적 틀을 제공하는 것이다. 앞서 보았듯 인문학이 주식시장의 규제적 개혁에 대한 토론에 기여할 수 있을 것 같지는 않다. 이런 개혁이 의도치 않은 유해한 결과를 가져오지 않게 하려면 전체적 역학에 대한 깊은 지식이 필요하다. 단, 인문학은 금융 자본이 이바지해야 할 더 큰 사회적 목적에 대한 논의에 기여할 수 있다. 최근 사건들이 생생하게 보여 주었듯 다른 어떤 것도 고려하지 않는 이익 동기는 시스템 전체에서 위험을 재앙에 가까운 수준으로 치솟게 할 것이고, 이는 결과적으로 전 세계 경제를 불안정하게 할 것이다. 인문학은 금융 자본을 역사적 관점에 놓고 이를 사회적 책임, 공정성, 경제 정의와 같은 가치와 연관 짓는 데 도움이 될 수 있다.

인지적 비의식이 부상하고 금융 자본에서 인지 집합체의 중요성이 점점 더 커지면서 인문학에서 중요한 의미의 문제들이 훨씬 더 중요해지고 있다. 이러한 틀은 의미와 상호 해석이 작용한다고 볼 수 있는 영역을 확대하기 때문에(1장에서 상세히 다루었다), 전통적 인문학과 초단타매매에서 수행되는 비의식적 인지 사이뿐 아니라 알고리즘의 기술적 인지와 그것들을 설계하고 실행하는 인간의 인지 사이에도 은연중에 다리를 놓는다.

다른 어떤 계획이 이런 목표를 더 멀리까지 끌고 나갈 수 있을까? 금융 자본에 대한 역사적 연구(Poovey 2008; Baucom 2005; Lynch 1998), 월스트리트에 대한 민족지학적 연구(Ho 2009; MacKenzie 2008; Lange 2015), 금융에 대한 STS 성향의 연구(Callon 1998; MacKenzie 2008), 자동화된 인지의 분석(Parisi and Goodman 2011; Thrift 2007)을 비롯해 이런 임무를 수행한 연구들이 이미 많이 있다. 이 부상하는 분야에 아직 보편적으로 인정된 이름은 없지만, '금융 자본에 대한 비판적 연구'로 부를 수 있을 것이다. 이는 경제적 실천과 관련된 세계 그리고 그 실천을 연결하는 용어다. 경제적 실천은 얼마나 많은 이익을 내는지의 관점에서만 고려될 수 없으며, 그래서도 안 된다.

인문학이 이런 노력에서 진지하게 받아들여지려 한다면 금융 자본의 어휘, 메커니즘, 역사를 배울 필요가 있다. 이런 점에서 스티글레르의 연구는 많은 것을 제공해 주기는 하지만 경제학자는 전혀 이해하지 못할 전문용어들로 서술되어 있다. 핸슨의 연구는 더 명쾌하지만 역시 금융 공동체가 넘기 어려울 법한 논증과 참고문헌들로 가득하다. 인문학의 풍요로운 비판적·철학적 전통과 금융 자본 사이에 다리를 놓으려면, 인문학자들이 금융 공동체가 이해할 수 있는 방식으로 글을 쓰고 발언하는 법을 배울 필요가 있다. 그래야만 이 분야들을 가로질러 성공적으로 아이디어가 교환될 수 있을 것이다. 경제학자, 경영대학원 교수, 트레이더, 정치인, 그 밖의 영향력 있는 행위자들과의 토론에 참여하기 위한 대가는 만만치 않지만, 인문학자들이 할 수 있는 잠재적 기여에는 그 이상의 값어치가 있다. 글로벌 금융 시스템에서 빠져나갈 길이 없다면, 앞으로 나아갈 길은 그 속으로 더 깊이 들어갈 것을 요할 수도 있다. '금융 자본에 대한 비판적 연구'는 인문학이 지분을 요구하고 주장을 펼치며, 우리 또한 금융 자본에 의해 변화될 때조차 그것을 변화시키는 기획이 되어야 한다.

07

직관, 인지 집합체 그리고 정치 · 역사적 정동들: 콜슨 화이트헤드의 ≪직관주의자≫

앞에서 말했듯 인지 집합체는 본질상 정치적이다. 인지 집합체는 인간-기술 인터페이스, 그와 관련된 선택에 대한 다양한 수준의 해석, 다양한 종류의 정보 흐름으로 구성되어 있어서 서로 다른 종류의 힘, 이해 당사자, 인지 방식을 예화하고 그 사이에서 협상하는 사회·기술·문화·경제적 실천들에 영향받는다. 앞서 5장과 6장에서는 이런 협상이 도시 기반시설과 금융 자본에서 각각 어떻게 일어나는지 탐색했다. 6장에서 초점을 맞춘 것은 알고리즘의 기술적 인지와, 그와 관련된 시간성의 유형을 변화시킴으로써 일으킬 수 있는 전체적 변화의 가능성이었다. 이와 달리 이번 장에서는 집합체들 안의 정동적 힘(affective forces)을 주로 볼 것이다. 이제부터 보겠지만 이 정동적 힘은 기술적 인공물이 하리라고 가정된 반응에 대한 인간의 반응을 넘어선다. 이 장은 아프리카계 미국 작가 콜슨 화이트헤드의 ≪직관주의자≫(1999)를 교재 삼아, 이 소설이 어떻게 풍성하게 직조된 정동적·체현적·해석적 맥락을 만들어 내는지 살펴볼 것이다. ≪직관주의자≫는 이들 맥락을 통해 인지 집합체를 구성하는 시스템이 어떻게 연결을 만들어 내고 이질적 현상들 간의 연관 관계를 만들어 내는지, 여러 위치들 사이에 어떻게 정보를 흐르게 하거나 차단하는지, 인간 인지와 기술적 인지의 다양한 수준에서 어떻게 선택을 하는지, 집합체가 부분들을 얻거나 잃고 역학상 전체적 변화를 겪을 때 어떻게 변형되는지 보여 준다.

≪직관주의자≫의 이야기는 명목상으로는 '전자 기계식 엘리베이터'를 중심에 놓고 있지만, 이내 더 큰 인지 집합체를 불러내고 그 경계를 조금씩 넓혀 간다. 이로써 최초의 '유색인' 여성 점검원 릴라 매 왓슨(Lila Mae Watson)부터 시 정치인들, 엘리베이터 점검부 그리고 엘리베이터 길드, 서로 경쟁하는 엘리베이터 조합인 유나이티드(United)와 아르보(Arbo), 마피아, 댄스홀의 기도 두 명 그리고 마지막으로 이들 인물 못지않게 중요한 "전 세계에서 가장 유명한 도시"(33)까지 아우른다. 이 도시는 온통 수직으로 이루어져, 기반시설인 엘리베이터에 대한 의존도가 높기로 악명이 높다.

이야기는 북부 도시들에서의 인종 통합 덕분에 유색인들도 어느 정도는 시 일자리를 알선받을 수 있지만 여전히 노골적인 인종차별주의가 주택 구성, 바에서의 가벼운 대화, 흑인 분장 쇼 같은 인종차별적 오락 등 도처에 남아 있는 시대를 배경으로 한다. ≪직관주의자≫는 이런 다양한 가닥들을 함께 엮어 나가면서 확연히 다른 두 가지 인지 양식을 전경화한다. 이 두 인지 양식은 엘리베이터 길드에서 권력을 두고 다투는 두 요인, 즉 경험주의(Empiricism)와 직관주의(Intuitionism)로 재현된다. 경험주의가 측정 가능한 변수들을 이용해 엘리베이터의 상태를 조사하고 경험적으로 입증할 수 있는 결과에 도달하는 반면, 직관주의는 측정이 아니라 직관, 내적 시각화, 감정에 기대고 주관적 감정을 통해 표현되는 판단에 이른다. 직관주의를 폄하하는 사람들은 이를 이용하는 점검원들을 "스와미(swamis)+, 부두교 신자, 주술사, 해리 후디니(Harry Houdinis)++" 등 "이국적 것, 사악한 외국의 것을 부르는 용어들로 부른다"(57-58). 반대로 경험주의자들은 반대파에게서 "지구가 평평하다고 믿는 놈들, 세상 모든 것이 너트와 볼트로 이루어진 줄 아는 놈들"(58)로 경멸을 받으며, 백인의 가치·실천·역사가 주입된 합리성과 동일시된다. 여기서 문제는 말 그대로 정치적이다. 길드 회장 선거가 다가왔기 때문이다. 직관주의의 대변자인 오빌 레버(Orville Lever)는 경험주의자이며 현재 의장인 챈커(Chancre)와 맞붙는다. 전통에 따라 승자가 엘리베이터 점검부의 회장이 된다.

+ 힌두교 종교 지도자.

++ 19세기 말에서 20세기 초까지 미국에서 활동하며 큰 인기를 끌었던 마술사.

물론 역사적으로 보면 제임스 클러크 맥스웰(James Clerk Maxwell)과 윌리엄 톰슨(William Thompson)(켈빈 경) 같은 영국 과학자들의 경험주의가 더 효율적인 증기기관을 발명해 우월한 해군력을 키우고 인도, 태평양 제도, 그 밖의 곳에서 토착민들을 정복함으로써 대영제국의 팽창에 핵심적 역할을 했다. 토착 부족민들이 서구의 기술과 접촉하게 되면서, 이러한 이야기는 전 세계에 걸쳐 비극적으로 되풀이되었다. 챈커는 이렇게 선언한다. "경험주의가 언제나 이성의 빛이었는데, 왜 최신 유행을 내세우는 건방진 것들과 상대를 한단 말입니까? 우리 아버지들의 시대, 아버지의 아버지들의 시대에나 그랬던 것처럼요."(27) 경험주의가 승리하는 법이다. 단, 화이트헤드의 소설에서만은 예외다. 이 소설에서는 "왜 직관주의자들이 경험주의자들보다 정확성이 10퍼센트 더 높은지 아무도 설명하지 못한다"(58).

엘리베이터 점검부에 고용된 최초의 여성이자 두 번째 아프리카계 미국인인 릴라 매 왓슨은 수직수송협회에서 학생으로 있으면서 직관주의자로 개종했다. 그 당시 제임스 풀턴(James Fulton)의 책 두 권, ≪이론적 엘리베이터≫ 1권과 2권을 접했다. 릴라 매는 이 책들에 빠져서 직관주의자가 되었다. 화이트헤드는 릴라 매가 '워커 125'에서 엘리베이터를 점검하는 장면에서 직관주의 방법론의 한 예를 보여 준다.

릴라 매는 등을 어루만지는 진동에 정신을 집중한다. 이제는 그 진동이 거의 눈에 보일 지경이다. 엘리베이터의 진동은 물색 원뿔형으로 그의 마음속에 녹아들고 있다.… 상승은 파란색 원뿔 주변을 맴도는 빨간색 못이다. 그 못은 엘리베이터가 올라가기 시작하면서 크기는 두 배가 되고 덜덜 떨린다. 모양과 움직임은 자기가 고를 수 없다. 누구에게나 자기만의 요정이 있다. 뇌가 어떤 식으로 돌아가느냐에 따라 다르다. 릴라 매는 항상 기하학적 형태였다. 엘리베이터가 5층에 닿자, 오렌지색 팔각형이 그의 마음속으로 굴러들어 온다. 팔각형이 빨간 못의 공격과 어울리지 않게 아래위로 통통 튄다.… 관심에 굶주린 팔각형이 앞으로 튀어나온다. 그는 그게 무엇인지 알고 있다.(6)

이내 릴라 매는 엘리베이터의 과속 조속기에 결함이 있다고 말한다. 그것은 오렌지색 팔각형의 기술적 상관물이다. 화자는 자유간접화법으로 엘리베이터에 관한 한 "그는 절대 틀리지 않는다"고 되풀이해서 말한다. 그리고 다음의 말이 텍스트의 결론처럼 따라온다. "그것이 그의 직관이다."(253)

비의식적 인지 그리고 자각의 양태에 대해 비의식적 인지가 지닌 핵심적 중요성을 이보다 더 직접적으로 주장하기는 어려울 것이다. 릴라 매의 의식적 마음은 점검을 하면서 저절로 떠오르는 모양들을 통제하지 못한다. "모양과 움직임은 자기가 고를 수 없다." 내러티브는 모양들이 "뇌가 어떤 식으로 돌아가느냐에 따라 다르다"는 것을 인정하면서, 그 모양이 릴라 매에게 들어오는 데이터에 대한 의미 있는 상호 해석을 재현한다는 것을 있는 그대로 받아들인다. 우리는 관련된 프로세스들을 따라가면서, (릴라 매가 그의 등에 느껴지는 진동으로) 자신에게 들어오는 신체적 데이터에서 엘리베이터의 작동을 비의식적으로 감지하고 분석한 다음, 핵심 의식으로 전송한다는 것을 알게 된다. 그렇게 해서 데이터는 시각적 형식(Barsalou 2008에서 논의된 모달 시뮬레이션과 매우 흡사한 형식)이 된다. 이로써 고차 의식이 언어적 공식(결함이 있는 관리자)으로 사용할 수 있는 기술적 지식과 그 모양을 상호 연관 짓는다. 이처럼 릴라 매의 엘리베이터 검사는 인지 집합체로 작용한다. 그 자신의 상태를 보고하는 기술적 대상으로서 엘리베이터의 전체에 분산된 인지 기능, 이런 입력을 해석하는 릴라 매의 비의식적 인지 그리고 기술적 진단을 전달하는 그의 의식적 정신과 함께 말이다.

전자 장치나 정교한 계산 능력이 없는 전기 기계에 불과한 엘리베이터가 인지적 매개자로 기능할 수 있다는 사실은 레버의 선거 캠페인 지휘자이며 그 자신도 직관주의로 개종한 인물인 미스터 리드가 릴라 매와 풀턴의 책 두 권에 대해 토론하면서 설명하듯 관점의 대전환을 요구한다. "[풀턴의] 일기를 보면 그는 엘리베이터에서 작업하던 중 사망했어. 그는 직관주의 원칙에 따라 엘리베이터를 건설하던 중이었지." 미스터 리드가 릴라 매에게 말한다. 릴라 매가 대답한다.

"직관주의의 핵심은 비물질적 기반에서 엘리베이터와 소통하는 거예요. '엘리베이터와 엘리베이터스러움을 분리하라', 맞지요? 강철로 공기 같은 것을 짓기란 힘들지요." 미스터 리드가 응수한다. "당신이 생각할 법한 것과 안 맞지는 않아." "그게 1권에서 암시하고 2권에서는 생략한 부분에 표현하려 했던 것이죠. 대상과 우리의 관계를 재협상하는 것." 미스터 리드가 설명한다. "만약 우리가 엘리베이터 연구가 즉 '기본적인 경험주의'가 인간의 관점, 그러니까 본질적으로 이질적인 관점에서 엘리베이터를 상상한 것이라고 결론지었다면, 직관주의적 관점을 채택한 후 다음 단계는 올바른 방식으로 엘리베이터를 설계하는 것이 아닐까…." 릴라 매는 미스터 리드의 요지를 파악하고 생각을 끝맺는다. "그러니까 엘리베이터의 관점에서 엘리베이터를 건설해야 한다는 거로군요."(62)

왜 비의식적 인지로는 충분하지 않은가

이들의 토론을 신유물론자들이 옹호하는 종류의 개념적 돌파구로 보고 싶은 유혹을 느낄 수도 있다. 그러나 미스터 리드가 곧 챈커의 무리 못지않게 교묘한 속임수를 쓰는 인물임이 드러난다는 사실로부터 이것이 전부가 아니라는 단서를 얻을 수 있다. 직관주의 회관에서 미스터 리드와 공모자들은 자신들의 뜻대로 릴라 매를 이용하는 데 골몰한다. 이를 위해 이들은 자신들의 음모에 아프리카계 미국인 첩자를 끌어들인다. 이 첩자는 릴라 매에게 자신을 "나체즈"라고 소개한다. 첩자는 단순히 "블랙박스"(61)로 불리던 풀턴의 공상적 설계도를 찾아내는 데 도움을 얻기 위해 릴라 매의 인종적 유대감을 이용하고, 그를 교묘하게 유혹해 평소의 경계를 풀게 하고 자기편으로 삼는 데 성공한다. 이처럼 소설의 플롯은 인간과 기술적 인지를 재정렬하는 것만으로는 견고한 인종주의를 뒤흔들고 도시를 새로운 궤적으로 향하게 할 만큼 심오한 인지 집합체 재구성을 촉발하기는 어렵다는 것을 보여 준다.

이 텍스트 전반에서 엘리베이터 기술은 '인종 상승'의 은유로 작용한다. 이는 도시가 수직성을 좇게 하면서 동시에 인종 통합의 첫 번째 잠정적 움직임을 개시했다. 그러나 여전히 폭력이 끓어오르고 있다. 이 텍스트는 최근의 폭동을 암시하고, 다른 역사적 지표들로 1964년 할렘 폭동 이후 시기를 배경을 삼고 있음을 보여 준다.<1> 릴라 매의 아버지는 그가 남부의 집을 떠나기 전에 이렇게 말한다. "언제라도 그들은 과격해질 수 있어. 그게 통합의 참된 결과란다. 지연되었던 확실한 폭력을 확실한 폭력이 대신하는 거야."(23) 릴라 매는 아침에 작은 아파트를 나서기 전에 점검원 제복과 배지 그리고 신중한 얼굴로 스스로를 감싼다. 화자는 이렇게 말한다. "그는 자기 자신을 보려면 제복 틈새로 보아야 한다."

"제복의 대담한 각과 날카로운 옷깃. 그 단추는 그를 꽉 닫아주는 나사였다."(56) 릴라 매는 살아남는다. 협회에 있을 동안 자신이 머물던 개조한 청소부 옷장처럼, 이용할 수 있는 주변부 공간에 자신을 맞춘다. 졸업 후 일자리를 얻었지만, 그가 도달할 수 있는 높이는 제한되어 있다. 릴라 매가 도시의 "영점(zero-point)"(4)에서 위로 올라갈수록 상대편은 더 견고해지고, 그들의 얼굴은 더 의심을 띠고 폐쇄적이 된다.

릴라 매는 두 가지 연관된 사건들로 인해 자신의 생존 양식, 즉 사건에 반응할 뿐 먼저 시작하지는 못하는 평소의 조심스러운 위치에서 벗어나게 된다. 패니브릭스메모리얼 빌딩의 11번 엘리베이터가 추락한 것이다. 추락한 정도가 아니라, 이런 사고가 절대 일어날 수 없게 만드는 안전장치가 있는데도 불구하고 자유낙하를 했다. 릴라 매가 바로 전날 그 엘리베이터를 점검했고 아무 이상이 없다는 증명서를 발급했기 때문에 곧 그에게 의혹이 쏠린다. 릴라 매는 결백을 증명하기로 마음먹고 엘리베이터가 의도적으로 사보타주를 당했다는 증거를 찾아 자신이 머물던 좁은 영역에서 빠져나온다. 처음에는 직관주의 회관으로, 그다음에는 탐정처럼 단서를 찾아 이리저리 헤매고 돌아다닌다. 두 번째 사건은 첫 번째 사건에 바로 뒤이어 일어나는데, 나체즈가 릴라 매에게 직관주의의 창시자이자 그의 영웅인 제임스 풀턴이 백인인 척한 아프리카계 미국인이었다는 사실을 밝힌 것이다. 나체즈는 자신이 풀턴의 조카이며, 백인들이 훔쳐 간 것을 흑인들에게 되찾아주기 위해 블랙박스를 위한 풀턴의 계획안을 찾는 중이라고 거짓말한다. 릴라 매는 자신의 직관에 반하는 풀턴의 백인 행세 이야기를 점검해 보고 나서, 그 이야기가 전부 거짓은 아니라고 판단한다.

릴라 매는 이런 지식으로 무장하고서 풀턴의 책 두 권을 다시 읽는다. 스스로 읽기를 깨친 탈출 노예 '패니 브릭스'처럼, 릴라 매 역시 스스로 읽기를 깨친다. 릴라 매는 2권의 이 구절에 주목한다. "인종은 이 분주하고 어수선한 세기에 잠들어 있다. 열리지 않을 음울한 눈꺼풀. 그 밑에서 앞뒤로 움직이는 불안한 망막들. 망막들은 꿈으로 동요한다. 이 상승의 꿈속에서 망막들은 자신들이 텅 빈 수직성의 계약을 꿈꾸고 있다는 것을 이해하고, 깨어났을 때 계약 조항을 기억하고 있기를 바란다. 인종은 결코 그러지 못하며, 그것이 우리의 저주다." "그[릴라 매]는 전에는 인류를 생각했다.… 하지만 지금은, '우리'는 누구지?"(186)

릴라 매가 반응하는 상황에서 행동하는 상황으로 이행하고 있다는 것은 그가 풀턴의 흑인 가정부(그리고 아마도 정부인) 마리 클레어 로저스 부인을 찾아가는 것을 통해 알 수 있다. 풀턴은 로저스 부인을 고용하고, 그가 죽은 후에도 협회에 있는 그의 관사에서 계속 살 권리를 갖도록 협회에 자신의 문서를 주겠다고 약속함으로써 로저스 부인의 앞날을 보장해 준다. 릴라 매의 첫 번째 방문은 협회 파벌의 명령에 따른 것이었다. 협회는 릴라 매가 로저스 부인을 설득해 사라진 일기장들 그리고 어쩌면 수직 수송 기술을 혁명적으로 바꿀 블랙박스에 대한 풀턴의 계획안을 넘겨받을 수 있기를 바란다. 하지만 릴라 매는 임무에 성공하지 못한다. 로저스 부인은 정보를 찾으러 온 다른 그 누구보다 릴라 매에게 더 많은 것을 털어 놓지만, 문서를 넘겨주지는 않는다. 그러나 릴라 매는 풀턴의 텍스트가 암시할 뿐 직접적으로 말하지는 않는 것을 읽을 수 있는 능력을 새롭게 얻었기 때문에, 그가 책 1권에 쓴 초월주의적 주장들이 엘리베이터 산업에 대한 현실적 농담이었다고 판단하고 두 번째 방문은 자발적으로 한다. 릴라 매가 보기에 풀턴의 초월주의적 주장들은 범속한 현실의 복제를 주장하는 산업에 대한 냉소적 반응이었다. 로저스 부인은 이렇게 대답한다. "오, 당신 자신을 보세요. 지난주 우리 집 문을 두드리던 그 여자가 아니군요, 안 그래요? … 당신은 그때 이후로 뭔가를 알아냈어요. 그렇지요?"(236)

로저스 부인은 피부가 검은 풀턴의 누이가 찾아왔을 때 비로소 그의 비밀을 알게 되었다고 설명한다. 그 일이 있고 나서 곧 풀턴은 농담으로 시작했던 유토피아적 비전의 신봉자가 되어 2권을 쓰기 시작했다고 한다. 로저스 부인의 집은 엉망진창이 되어 있었는데, 아마도 릴라 매를 뒤쫓아 온 바로 그 무리들이 한 짓일 것이다. 릴라 매가 나체즈의 본명은 레이먼드 쿰스이며, 아르보 조합에서 집행자로 고용한 인물임을 알게 되었기 때문이다. 여기서 예상을 깨고 로저스 부인이 릴라 매에게 수직 수송 장치인 주방 식품용 승강기에 잘 숨겨 두었던 나머지 일기를 건네준다.

릴라 매는 풀턴이 틀림없이 느꼈을 나날의 불안과 11번 엘리베이터 사고 간의 관계를 밝혀낸다. "백인 행세를 한다는 것이 해소해 주지 않는 것. 당신의 진짜 피부색을 아는 사람, 평범한 거리에서 예상치 못한 때에 마주치는 사람. 직관주의가 설명하지 못하는 것. 엘리베이터가 평소처럼 멀쩡하게 잘 올라가다가 예기치 않은 순간에 맞닥뜨린 끔찍한 사고, 그게 진짜로 무엇인지 찾아낼 사람. 백인 행세를 하는 유색인과 죄 없는 엘리베이터는 요행에 기대는 수밖에 없지."(231) 유색인은 누이가 나타나지 않기를, 엘리베이터는 상승이 중력에 배신당하지 않기를 바랄 것이다.

릴라 매는 패니브릭스메모리얼 빌딩으로 밤늦게 돌아와서 엘리베이터의 비밀을 발견한다. 11번 엘리베이터는 박살이 나 있었지만, 릴라 매는 11번의 작동에 대한 직관적 이해를 최대한 생생하고 자세하게 기억하기 위해 14번 엘리베이터의 상승을 이용해 자신의 경험을 재창조한다. 릴라 매가 올라갈 때 "요정들이 마침 때맞춰 날개를 달고 나타나 주었다. 모두 활기에 넘쳐 릴라 매에게 그의 마음속 말로 매끄러운 수직성에 대해 꼼꼼하게 설명해 주었다.… 요정들은 절을 하고 릴라 매가 박수를 쳐 주기도 전에 떠나 버렸다. 릴라 매는 눈을 떴다. 열린 문으로 42층의 묵은 공기가 들어왔다. 로비 버튼을 눌렀다. 아무 일도 일어나지 않았다."(227)

릴라 매는 "아무 일도 일어나지 않았다"는 사실로 11번의 사고가 사보타주가 아니었다는 사실을 확인한다. 유나이티드, 아르보, 챈커, 그의 부하들이 한 짓도 아니었다. 릴라 매는 토론으로는 이 사고를 설명할 수 있을 만한 것을 전혀 찾아내지 못할 것이라고 직감한다. 릴라 매는 그 참사를 "아무 소용없는 무수히 많은 타원"을 그리고 나서 갑자기 갈라져 행성을 치는, "알 수 없는 것에서 온 사절"인 혜성에 비유한다. 릴라 매는 깨닫는다. "직관주의와 경험주의와 관련해 그가 받은 훈련에는 공통점이 있다. 둘 다 참사를 설명할 수 없다."(228) "엘리베이터는 자신이 아닌 척했다.… 알고 있었을까? 풀턴이 의인화한 후로 그 기계는 스스로를 알았던 걸까. 보통의 엘리베이터 감정 스펙트럼을 지니고 있긴 했지만, 명확한 자기 인식을 가지고 있었을까.… 스스로 정상인 척하기로 결심했을까, 거짓말하고 자신을 배신하기로 결정했을까? 풀턴조차도 이 치명적 사고에서는 거리를 두었다. 믿기 어려운 것을 설명하면서도 풀턴은 결코 알 수 없는 영역에 대해서는 언급하지 않았다. 릴라 매는 풀턴이 두려워했기 때문이었을 거라 생각한다."(229) 여기에서 릴라 매의 결론은 자유간접화법을 통해 의미가 더욱 모호해진다. "이것은 치명적인 사고였고, 그[릴라 매]에게 온 메시지였다. 그의 사고였다."(229)

최악의 실패: 메시지의 의미

릴라 매는 어떤 메시지를 포착했을까? 로런 벌랜트(Lauren Berlant), 존 존스턴(John Johnston), 라몬 살디바르(Ramón Saldívar)와 같은 뛰어난 비평가들이 이 책을 놓고 지적인 비평을 했지만, 내가 알기로는 아직 아무도 이 기이한 구절에 대해 납득할 만한 설명은 고사하고 아예 설명 자체를 내놓은 적이 없다. 틀림없이 이 구절이 내러티브의 클라이맥스인데도 그렇다. 나는 이런 빈틈을 고려해, 계산이론(computational theory)의 고전적 문제와 소설을 연결 짓는 다소 논쟁적인 해석을 제안하겠다. 이 텍스트에 계산에 대한 언급은 전혀 없기 때문에 보통 이런 해석은 도를 넘는 것처럼 보일 수도 있다. 하지만 나는 계산이 텍스트에서 핵심적 결핍을 밝히는 강력한 논거가 될 수 있다고 생각한다. 또한 이러한 주장은 기술적 인지의 전형적 예로 자주 제시되는 기술적 장치(컴퓨터)와 인지적 관점에서는 거의 고려되지 않는 또 다른 장치(전자식 엘리베이터) 간의 도발적 연관 관계를 만들어 낸다. 그러므로 여기에서의 해석은 어떻게 인지 집합체 개념이 기술적 장비만이 아니라 인종주의, 젠더 차별, 도시 기반시설 설계, 제도 정치와 같은 명백히 정치적인 관심사까지 아우르도록 확장될 수 있는지 보여 준다.

존 존스턴은 엘리베이터가 유한-상태 기계(finite-state machine)라는 데 주목함으로써 이런 해석의 가능성을 여는 귀중한 암시를 제공한다(Johnston 2008). 유한-상태 기계는 엘리베이터나 회전식 문처럼 확실히 구분되는 상태들을 오가며 작동할 수 있는, 아주 제한된 숫자의 확정적 상태만을 지니는 장치다. 예를 들어 회전식 문은 보통 때는 사람들이 통과하지 못하도록 '잠긴' 상태다. 동전이나 토큰을 넣으면 위상이 바뀌면서 '열린' 상태로 넘어가 사람들이 통과할 수 있게 해 준다. 회전식 문처럼 엘리베이터는 '멈추는 층'으로 표현되는 유한한 수의 상태를 갖는다. 버튼을 누르면 엘리베이터가 다른 상태, 다른 층으로 움직이면서 위상이 바뀐다.

유한-상태 기계로서 엘리베이터는 또 다른 유한-상태 기계, 즉 앨런 튜링이 계산의 잠재성과 한계를 이해하기 위한 개념적 도구로 제안했던 '이론적 컴퓨터'와 유사하다는 점에서 중요하다. 층을 이동하지만 수평이 아니라 수직으로 이동하는 엘리베이터처럼 튜링의 이론적 컴퓨터에도 헤드가 있고 이것이 일련의 분절된 블록이나 칸으로 나뉜 테이프를 따라 이동한다.<2> 헤드는 테이프를 따라 숫자가 표기된 칸을 앞뒤로 움직이고, 프로그램(혹은 지시)에 따라 지정된 상징을 표기하면서 칸에 0이나 1을 써넣거나 이미 거기 쓰여 있는 것을 지운다. 테이프의 길이는 무한하지만 이용하는 칸의 수는 항상 유한하다. 그래서 이 기계는 그 계산적 잠재력 덕분에 강화된 힘을 지닌다 해도 여전히 특수한 종류의 유한-상태 기계다. 관례상 이 단순한 장치는 튜링 머신(Turing machine)이라 불린다. 튜링은 그의 중요한 1936~1937년 논문 이후로 다른 많은 논문에서 이를 이용해 계산에 관한 중요한 정리들을 증명했고, 이는 현대 계산이론의 초석으로 널리 인정받는다.

튜링은 이 장치를 제안한 원래 발표(Turing 1936-1937)에서 이 기계를 이용해 소위 '정지 문제(entscheidungsproblem or halting problem)'를 탐구한다.<3> 정지 문제는 결정할 수 없다고 증명되었던 수학 문제의 범주에 속하기 때문에 중요하다. 튜링이 조사했던 문제는 이것이다. 가능한 모든 튜링머신 알고리즘에서, 특정 알고리즘이 정지할지(다시 말해 계산이 결론이 날지) 미리 결정할 수 있는 절차가 있을까? 튜링은 만약 그런 것이 존재한다면 모순이 생긴다는 것을 보여줌으로써 이런 범용 절차는 존재하지 않는다는 것을 증명했다. 이를 입증하는 방식은 기술적이지만, 대충 말하자면 튜링의 전략은 다음과 같다. 대부분 실수(real number)들은 계산 불가능하다. 다시 말해 실수들을 숫자 하나씩 생성할 수 있는 프로그램은 존재하지 않는다. 튜링은 또한 계산이 정지할지 예측할 수 있는 프로그램이라면 실수를 계산할 수 있으리라는 것을 보여 주었다.<4> 그런데 대부분의 실수는 계산 불가능하기 때문에, 이런 프로그램이 존재할 것이라는 가정은 틀렸다. 결과적으로 튜링은 계산이 성취할 수 있는 바에 개념적 한계를 설정했다.

정지 문제에 대한 튜링의 증명은 그 이후로도 쭉 쿠르트 괴델(Kurt Gödel)의 불완전성 정리와 호환 가능한 것으로 보였다. 튜링이 가능한 모든 프로그램이 정지할 것인지의 문제는 결정 불가능하다고 증명했듯, 괴델은 산수를 할 수 있을 정도의 형식 체계라면 어떤 것이든 참인지 거짓인지 입증할 수 없는 진술을 적어도 하나는 반드시 갖게 되며, 그러므로 결정 불가능하다는 것을 증명했다. 괴델은 정수론에 관한 진술[즉 메타진술(metastatements)]을 정수론 안의 진술 속에 접어 넣는 것이 언제나 가능하며, 이런 접힘에서 비롯하는 재귀성이 모호성을 만들어 내기 때문에 결정 불가능성이 초래된다는 것을 보여 주었다. 이와 비슷한 모호성을 보여주는 간단한 예가 "이 문장은 거짓이다"라는 진술이다. 이 문장이 참이라면, 이 문장은 거짓이어야 한다. 거짓이라면, 참이어야 한다. 다시 말해 이 진술이 참인지 거짓인지는 결정 불가능하다.

이제 릴라 매가 11번 엘리베이터의 문제에서 메시지를 찾아내는 수수께끼 같은 구절로 다시 돌아갈 수 있다. 릴라 매가 경험주의 방법론이든 직관주의 방법론이든 참사를 예측할 수 없다고 결론 내렸던 것을 떠올려 보라. 이런 결론은 측정의 합리성과 직관의 비의식적 인지 모두를 벗어난다. 참사는 정지 문제를 엘리베이터식으로 번역한 것이라고 보아야 한다. "정지(halting)" 개념을 ('계산의 종결'보다는) 문자 그대로 '움직임의 중단'으로 옮긴 것이다. 릴라 매가 유추를 통해 패니브릭스메모리얼 빌딩을 다시 찾았을 때 직면하는 질문은 이것이다. 특정 엘리베이터가 정지해야 할 때 정지할 것인지 미리 결정할 수 있는 절차가 있는가? 릴라 매는 그런 절차가 없다는 사실을 깨닫는다. 튜링 머신 알고리즘이 정지할 것인지 미리 결정할 절차는 존재하지 않듯이, 모든 엘리베이터에 그런 절차는 존재하지 않는다.

이런 사건이 일어날 개연성이 극히 적다고 해서 그 이론적 중요성이 줄지는 않는다. 엘리베이터 참사가 일어날 가능성이 "100만 분의 100만 분의 1"이라고 하더라도 가능성이 존재한다는 사실은 이를 정지 문제에 암묵적으로 비유함으로써 확인할 수 있으며, 이는 모순을 낳지 않고 그 가능성을 완전히 제거할 수 없다는 사실을 보여 준다. 릴라 매는 이런 사건을 두고 이렇게 말한다. "좀처럼 일어나지 않지만, 항상 일어나는 일을 빼고 나면 일어나는 일이다."(230) "그런 사건들은 역사적으로 좋거나 나쁜 징조다.… 개혁을 촉진하거나 … 아둔하고 느린 근대의 시민들에게 합리성 너머에 힘(power)이 존재한다는 가르침을 준다."(230)

전통적으로 수직 수송의 안전성을 확보하는 것을 업으로 삼는 사람들에게는 이러한 참사가 최악의 악몽, 너무나 강력해서 풀턴 같은 선지자조차 피했던 유령이다. 그러나 릴라 매는 11번 엘리베이터의 참사를 통해 경험주의와 직관주의의 이분법적 선택 너머에서 또 다른 영역이 손짓하고 있다는 사실을 배우게 된다. 그것은 바로 결정불가능성이다.

오류의 해방적 잠재성

정지 문제에 대한 튜링의 연구가 지닌 이론적 중요성과 화이트헤드의 내러티브 간 관련성을 더 자세히 보기 위해 그레고리 차이틴(Gregory Chaitin)의 연구를 보겠다(Chaitin 1999; 2001; 2006). 튜링의 증명에 매료된 차이틴은 이와 관련이 있지만 다른 질문을 던졌다. 튜링 머신이 돌릴 수 있는 가능한 모든 프로그램에서 정지할 프로그램을 무작위로 골라낼 수 있는 확률은 얼마나 될까? 튜링이 자신의 증명을 정지할 프로그램 대 정지하지 않을 프로그램 간 상대적 빈도와 관련짓지 않았다는 점에 주목해야 한다. 튜링의 증명은 단지 가능한 모든 프로그램이 정지할지 미리 결정할 수 있는 절차를 고안해 낼 수 있을지만 물었다. 이 문제에 대한 답으로 차이틴은 그가 '오메가(Omega)'라고 부른 숫자를 들었다. 오메가로 분류될 수 있는 숫자들은 특이한 특징을 띤다.

그중 하나는 오메가를 구성하는 숫자들의 배열이 무작위적이라는 점이다. 즉 배열에서 특정 숫자가 나타나는 확률은 동전 던지기의 확률과 다르지 않다. 결과적으로 오메가는 전체적으로 계산할 수 없기 때문에(즉 오메가의 배열은 예측할 수 없으며 무한하다), 결정 불가능한 것뿐 아니라 알 수 없는 것(the unknowable)을 구성한다. 수학의 기초에서 오메가가 갖는 함의는 대단히 중요하다. 정수론의 관점에서 이를 점검해 보면, 이론물리학과 같은 학문의 토대이며 과학 중에서도 가장 정확하다고 오랫동안 여겨져 온 수학에서조차 "무작위성이 도처에 있다"는 사실이 드러나기 때문이다(Calude and Chaitin 1999, 319). 캘루드와 차이틴은 이렇게 결론짓는다. "무작위성은 이론물리학에서만큼이나 순수 수학에서도 근본적이며 만연하다."(320) 그들은 이어서 이렇게 말한다. "괴델과 튜링은 힐베르트의 꿈[모든 수학은 증명 가능하며 일관성이 있다는 것을 보여 줄 수 있다]이 대부분 수학자들이 이전과 같은 방식으로 수학을 할 때는 작동하지 않는다는 것을 보여 주었다. 이제 최종적으로 컴퓨터가 우리가 일하는 방식을 바꾸어 놓고 있다. 컴퓨터에서는 수학 실험을 쉽게 할 수 있지만, 결과를 설명하는 증거를 늘 찾을 수 있는 것은 아니다. 그래서 이에 대처하기 위해 수학자들은 종종 물리학자들처럼 더 실용적인 방식으로 진행할 수밖에 없다. 오메가 값은 이런 혁명에 이론적 기반을 제공한다."(Calude and Chaitin 1999, 401).

다시 ≪직관주의자≫로 돌아가자. 이런 혁명적 정신은 릴라 매의 믿음, 즉 참사 그리고 참사에서 얻은 교훈이 풀턴의 공책과 더불어 다음의 위대한 도약, "두 번째 상승"(61)으로 나아가게 해 줄 완전히 새로운 영역을 열어 주리라는 믿음을 설명해 준다. 릴라 매가 탐색을 시작할 때, 미스터 리드는 이렇게 물었다. "완벽한 엘리베이터란 어떤 걸까? 지금 우리를 괴롭히는 도시들, 이 올리다 만 허름한 건물들에서 우리를 구해 줄 수 있는 것? 우리는 그 안을 들여다볼 수 없기 때문에 알지 못해. 그건 우리가 상상할 수 없는 것이야. 천사의 이빨 모양처럼 말이지. 엘리베이터는 블랙박스야."(61) 미스터 리드의 이 말은 블랙박스가 열리면 진실이 드러날 것이라고 암시한다. 그러나 릴라 매가 직감한 답은 더 미묘하고 강력하다. 블랙박스의 힘은 알 수 있는 답을 숨긴 데 있는 것이 아니라, 경험주의자와 직관주의자 양쪽의 지식의 한계를 상징화하는 데 있다. 블랙박스는 통합적이고 신비스러운 통일체로서, 알 수 없는 것 자체를 가리키기 때문에 열릴 수 없다.

풀턴은 ≪이론적 엘리베이터≫ 2권에서 (그가 1권에서 농담으로 시작했던 유토피아주의를 진지하게 받아들이기 시작할 때) 이렇게 썼다. "엘리베이터는 기차다. 완벽한 기차의 종착지는 천국이다. 완벽한 엘리베이터는 인간 화물이 배설물을 헤치며 단어를 찾으려 할 동안 기다린다.… 블랙박스에서는 이런 지저분한 인간 소통이 배설된 화학물질이 되고, 영혼의 수용기로 이해되고 참된 말로 번역된다."(87) 이 구절은 종종 릴라 매가 점검을 할 때 얻었던 직관적 지식의 은유로 해석되어 왔지만, 블랙박스를 알 수 없는 것으로 "읽는 법을 배우는 것"은 다른 가능성을 낳는다.

릴라 매는 깨달음을 얻은 후 풀턴이 "자기 무리"에게 한 강의를 떠올린다. 그들은 강의를 들었지만 "풀턴이 정말로 무슨 말을 하는지는 알지 못했다. '엘리베이터 세계는 천국처럼 보이겠지만 여러분이 생각했던 천국은 아닐 것입니다'" (241). 이와 마찬가지로 블랙박스가 드러내는 것은 수학자들이 생각한 적 없는 진실이다. 힐베르트가 가정했던 일관성 있고 알 수 있는 시스템이 아니다. 천국이란 힐베르트에게는 완벽하게 공리화된 수학이었지만, 반대로 무작위성으로 가득한 수학이다. 논리적 귀납과 연역 못지않게 직관으로 끌어낸 것이며, 결정할 수 없는 것과 알 수 없는 것이 불가피하게 터져 나오면서 구멍이 숭숭 뚫린 지식이다. 릴라 매는 풀턴의 설명이 지닌 한계를 깊이 숙고하면서 이렇게 생각한다. "그는 두려움 때문에 감히 '알 수 없는 것'을 꺼내지 못했다."(229) 풀턴은 마침내 블랙박스의 형태로 알 수 없는 것과 대면하게 되었을 때 그것이 가진 해방적 잠재성을 깨달았다. 그러나 "그가 이를 믿게 되었을 때는 이미 너무 늦었다."(252) 풀턴은 이를 완성하지 못하고 죽었고, 릴라 매에게 이를 세상에 내놓을 임무를 남겼다.

인지 집합체와 알 수 없는 것들

물론 ≪직관주의자≫는 수학 논문이 아니라 인종주의, 자본주의, 직관, 정치, 기술적 기반시설, 유한-상태 기계, 복잡한 인간 심리가 뒤엉켜서 인지 집합체를 공동 생산하는, 복잡하게 구성된 소설이다. 그 인지 집합체를 통해 선택·해석·인지·물질성이 순환하면서 합쳐져 일시적이고 변화하는 배치와 잠재태를 이룬다. 튜링과 차이틴의 연구와 이런 집합체들 간의 암묵적인 연관 관계를 설명하기 위해 런던대학교 골드스미스에 있는 이탈리아 출신 이론가 루시아나 파리시의 논문을 살펴보겠다. 파리시는 차이틴의 오메가가 지닌 중요성을 훌륭하게 설명했다(Parisi 2015).

파리시는 수학이 이제는 연역법과 귀납법의 더 '엄정한' 방법론을 따르기보다 실험과학에 더 가깝게 수행되어야 한다는 캘루드와 차이틴의 견해에 따른다. 그러면서 찰스 샌더스 퍼스(Charles Sanders Peirce)의 기호학을 이용하는데, 이는 파리시가 들뢰즈와 가타리를 좇아 "실험적 공리학(experimental axiomatics)"이라 부르는 것을 향한 전환이 중요하다고 설명하기 위해서다(Parisi 2015, 8). 파리시는 이를 퍼스의 개연적 삼단논법, 최선의 추측 가설을 만들어 내기 위해 데이터를 이용하는 프로세스의 예로 든다. "차이틴은 계산 프로세싱이 공리들, 즉 프로그램은 미리 예측할 수 없어서 '실험적 공리학'의 관점에서 설명되는 공리들에 이른다고 주장한다. 그것은 알고리즘이 실행하는 데이터의 추론적 통합에서 출현하는 공리 또는 진리다."(8) 이다음에는 "새로운 공리, 코드, 지시 그리고 새로운 의미를 처음 프로그래밍되었던 것에 더하기 위해 데이터 환경을 이용할 수 있게 하는 이해가능성(intelligibility) 형태가 출현한다. 이런 데이터 환경은 사회적 관습들이 합병되거나 자동화되어 구체화된 정보-구조(info-structure)다. 여기에서 프로그래밍은 이해 가능한 절차를 형성하는 것과 상응하는데, 이 절차에서는 알고리즘 명령이 그것이 검색하는 데이터 환경에서 새로운 패턴을 추론해, 기존에 설정된 프로그래밍 자체의 기능을 변형한다."(8)

파리시는 우연성과 오류를 배제하는 것이 아니라 그것들에서 배우는 알고리즘으로 향하면서, 신자유주의 자본이 계산 매체와 데이터베이스를 통해 작동할 때 그 형식에 큰 변화가 일어날 것이라고 본다. 규칙은 알고리즘이 어떻게 작동하는지 지배하기보다 데이터 환경에서 삼단논법에 따라 출현하며, 이는 "데이터 의미의 집합적 이용"으로 이해할 수 있다(3). 파리시는 이렇게 말한다. "이것은 참으로 증명되어야 하는 미리 설정된 공리들이 아니라 가설적 기능에 기반하는 추론의 방식이다. 이 가설적 기능에서는 **새로운 개념의 발견**을 위한 불완전성 혹은 오류가 중요하다. 이 가설적 기능은 인지가 과학적이며 명백하다는 이미지를 바꾸는 것과도 관련된다."(10-11)

우리는 릴라 매가 포착한 "메시지"가 어떻게 엘리베이터를 새로운 방식으로 생각하게 할 뿐 아니라 뿌리 깊은 인종주의의 토대를 흔들어 "세계에서 가장 유명한 도시"가 더 공정하고 정의롭고 자유로운 사회라는 "두 번째 상승"(Whitehead 1999, 61)을 시작하게 할지 말해 준다는 해석을 파리시의 설명에서 얻을 수 있다. 오류와 불완전성으로 가능해지는 "새로운 개념"의 발견은 알고리즘 추론이 자유롭게 일어나도록 하며, 더 나아가 엘리베이터를 단순히 작동을 결정하는 프로그램을 실행하는 기계에서 유한-상태 기계로 확장한다. 참사가 일어날 가능성, 즉 "행동을 통해 사고하기(thinking through doing)"(Parisi 2015, 11)는 항상 존재한다. 엘리베이터는 설명되지 않는, 설명할 수 없는 그 실패를 통해 이 "행동을 통해 사고하기"를 실연한다.

또한 파리시의 설명은 비의식적 인지, 즉 엘리베이터에서 받는 감각으로 상징화되고 릴라 매가 엘리베이터를 점검할 때 경험하는 시각화로 핵심 의식에 의해 해석되는 비의식적 인지가 왜 그 자체로는 이런 변화를 일으킬 수 없는지 이해할 수 있게 해 준다. 의식이 인간의 정동적 반응을 평가하고 반응할 기회를 갖기도 전에 사라지는 0.5초를 이용해 의식을 장악해 버리는 정동 자본주의와 계산 매체가 도래하면서(Parisi and Goodman 2011), 비의식적 인지는 신자유주의적 자본의 의도에 인질로 잡히게 되었다. 혹은 화이트헤드의 소설의 관점에서 보자면 엘리베이터 회사들이 자신들의 이익을 위해 조성한 제도적 인종주의와 위계질서의 인질이 된다. 이러한 정동적 자본주의 앞에서조차 어느 정도 해석적 선택을 할 수 있게 하는 예외 사항을, 파리시는 '일반 인공지능(general artificial intelligence)'이라는 명명에 의거해 판단한다. "사고하기를 정동적으로 포착해 일반인공지능의 자율성을 거부하려는 신자유주의적 자본주의라는 반-논리적 기계에 맞서, 실용주의적 추론이라는 관점은 고정 자본이 잉여가치의 새로운 원천일 뿐 아니라 낯선 논리(alien logic)를 담고 있다는 점을 설명하고, 자본의 비이성적 포획 기구에 손쉽게 포괄되지 않는 새로운 의미의 질서를 추론하는 데 도움이 될 수 있다."(Parisi 2015, 11)

이 "낯선 논리"는 미스터 리드가 릴라 매와의 대화에서 변화의 핵심이 인간의 "낯선" 논리, 엘리베이터의 관점에서 이론을 만들어 내는 데 있을지도 모른다고 암시했을 때의 그것과 전혀 다르다. 여기서 미스터 리드가 염두에 둔 엘리베이터는 전혀 알 수 없는 이유로 뜻하지 않게 추락하는 문제 있는 엘리베이터가 아니라, 잘 작동하는 유한-상태 기계다. 엘리베이터가 "낯선" 인간의 관점이나 그 자체의 관점에서 어떻게 보이건 간에, 미리 결정된 여정의 유한한 상태에 영원히 갇혀 있다면 릴라 매 그리고 저자가 바라는 듯한 급진적 변화는 불가능할 것이다.

파리시가 차이틴을 따라 환기하는 "실험적 공리학"은 정확히 데이터 환경에서 새로운 규칙과 개념들을 생성한다는 점에서 중요하다. 이는 파리시가 "사회적 관습들이 합병되거나 자동화되어 구체화된 정보-구조"라고 말한 그 환경이다. 데이터 환경은 인지 집합체가 형성되고, 그 환경을 통해 실험적 공리화학을 통해 새로운 개념들을 만들어 낼 수 있는 영역이다. 이들 새로운 개념은 데이터가 처리되는 방식을 지배하는 규칙을 바꾸며, 그렇게 바뀐 규칙은 인지 집합체로 피드백되어 인지 집합체가 작동하는 방식을 변화시킨다. 이러한 재귀적 역학을 통해 인지 집합체가 새롭고 예기치 못한 방향으로 진화해 나갈 수 있게 된다. 나는 바로 이 점이 엘리베이터 사고가 어떻게 "세계에서 가장 유명한 도시"와 모든 도시가 구성되고 건설되는 방식을 변화시킬 수 있는 인지의 사이클을 더 확장할 수 있는지 이해하는 데 핵심이라고 본다.

기묘한 우연의 일치로, 파리시는 "알려지지 않은 것들을 알고리즘적으로 '파악'하는 사변적인 이해 가능한 기능(speculative intelligible function)의 관점에서" 계산을 생각할 필요가 있을지도 모른다고 말하면서 이 토론의 가장자리에서 배회하는 한 철학자와 철학을 떠올리게 한다(Parisi 2015, 8). '파악'은 앨프리드 노스 화이트헤드가 "현실적 존재(actual entities)"(Whitehead 1978, 7, 13)가 일어나고 합쳐지는 과정적 세계관을 만들어 내기 위해 이용한 용어다. 이는 인간이 접근할 수 없는 시간 체제에서 작동하는 21세기 매체에 대한 마크 핸슨의 독해에서도 핵심적 관점을 이룬다. 여기에서 전개된 논의는 두 화이트헤드, 즉 엘리베이터가 파악과 해석적 선택을 할 수 있는 매개자로 상정되는 소설을 쓴 소설가 화이트헤드와 "광범한 연속체"(Whitehead 1978, 61)가 파악을 일으키며 그로부터 "현실적 존재"가 출현한다고 말한 사상가 화이트헤드를 합친다. 모든 것이 연결되고 모든 것이 모든 것과 영향을 주고받을 때, 엘리베이터 기술의 변화는 잠재적으로 문화와 사회를 변화시킬 수 있다.

이런 맥락에서 엘리베이터 작동의 오류는 단순한 결함이 아니다. 오히려 극심하고 파괴적인 극단까지 가서 역사적 현재의 시간 구조에 균열을 내고, 그 틈새로 더 낫고 더 유토피아적인 미래를 보여 줄 수도 있다. 파리시가 말하듯 오류는 "새로운 개념의 발견"을 가능하게 한다. 이런 경우 도시 건축을 바꾼 수직성 개념은 거꾸로 인간, 자본주의, 기술, 유한-상태 구성 요소들을 포함해 기반시설을 재사고할 새로운 가능성을 연다. 그럴 때 그것들이 합쳐져 정동적이고 고착된 자본주의의 포획에 저항하고 제도화된 인종주의와 뿌리 깊은 특권의 위계질서를 변화시킬 수 있는 새로운 종류의 인지 집합체를 만든다.

미학적 전략과 사변적 실재론

내가 논의한 정지 문제에 대한 소설의 인유를 무시한다 해도(혹은 여전히 회의적으로 본다 해도), ≪직관주의자≫에 뭔가 기묘한 점이 있음은 인정해야 할 것이다. ≪직관주의자≫는 역사적 특수성이 꽤 있으면서도 불특정한 시대와 이름이 없지만 충분히 어딘지 알 것 같은 도시를 배경으로 삼아 우리가 아는 역사를 살짝 비켜난다. 대체역사로 볼 만큼 많이 벗어나지는 않지만, 그렇다고 역사소설로 분류해도 좋을 만큼 가까이 있지도 않다. 라몬 살디바르는 콜슨 화이트헤드의 ≪뉴욕타임스≫ 기명 논평(Whitehead 2009)을 논하면서, 그가 "탈인종주의"(Saldivar 2013, 1)라 부른 문학 경향에 ≪직관주의자≫가 속한다고 주장했다. 화이트헤드는 논평에서 오바마 당선 이후 미국 사회를 특징짓기 위해 이 용어를 사용했다. 살디바르는 "인종과 인종주의는 현재 미국에서 사라질 기미가 전혀 없다"는 논평의 서두를 거론하면서 자신도 화이트헤드와 같이 "삭제된 인종주의를 아이러니의 힘으로" 환기하겠다고 말한다(2).

살디바르는 수많은 작가와 이 경향을 대표하는 텍스트들과 더불어 "탈인종주의적" 소설이 보여 주는 일반적인 특징 네 가지를 밝힌다. 탈인종주의 소설들은 포스트모던 미학과도 관련이 있지만, 일반적 형식들을 섞고 주제적으로 인종에 초점을 맞추어 "사변적 실재론", "사변적 장르들, 자연주의, 사회적 사실주의, 초현실주의, 마술적 사실주의, '더러운' 사실주의, 형이상학적 사실주의의 허구적 양식들을 혼종적으로 교차시키는 것"이 특징이다(5). 내가 보기에 살디바르의 분석에서 가장 흥미로운 부분은 왜 사변적 실재론이 탈인종주의 텍스트와 연관된 미학적 양식으로 나타나야 하는가에 초점을 맞춘 점이다. "미래의 역사를 어떻게 쓸 수 있는가?" 살디바르는 묻는다. "존재하지 않고 절대 존재할 리도 없는 미래를 재현하는 데 적합한 스타일의 조건은 무엇인가?"(7) 살리바르는 특히 ≪직관주의자≫를 언급하면서 이 소설이 "새로운 형식인 블랙 느와르의 발명으로 표현되고 역사가 아니라 판타지의 엉뚱함에 열려 있는, 두 번째 단계로 올라선 유토피아적 욕당의 인종화된 묘사"로 본다. "… 요는 이런 장르의 혼합 덕분에 아무리 이와 반대되는 증거가 있어도 유토피아를 정당화할 수 있게 된다는 것이다."(11)

살디바르가 사변적 실재론을 문학 용어로 전유한 것으로 보아, 이 이름으로 알려진 철학 운동과 유한성의 한계를 깨고 싶다는 욕망을 공유하고 있다는 것을 알 수 있다. 이는 칸트적 사상의 폐쇄된 계, 즉 우리로 하여금 항상 본래 그 자체로서 사물과 거리를 두게 하는 계를 깨고 캉탱 메이야수가 다른 가능성들의 "위대한 바깥(great outdoors)"이라 부른 것 속으로 들어가는 것이다(Meillassoux 2010, 29). 수학, 구체적으로 체르멜로-프렝켈 집합 이론(Zermelo-Fraenkel set theory)이 이런 가능성들로 들어가는 길이 되어야 한다는 것은 이미 메이야수가 그의 스승 알랭 바디우(Alain Badiou)를 따라 밝힌 바 있다(Meillassoux 2010, 112-128). 이런 맥락에서 화이트헤드의 소설이 "두 번째 상승"의 "위대한 바깥"으로 들어가는 길로서 계산이론, 특히 정지 문제와 연결될 수 있다고 해도 그리 이상한 얘기는 아닐 것이다.

살디바르의 주장은 소설의 결론에서 명백히 드러나는 유토피아적 열망을 정확히 포착한다. 릴라 매는 이렇게 생각한다. "그들은 아직 준비가 되지 않았지만 그렇게 될 거야." "릴라 매는 새 방에서 가끔 누가 먼저 새 엘리베이터의 암호를 해독할까 생각해 본다. 아르보가 될 수도 있다. 유나이티드일 수도 있다. 어느 쪽이든 상관없다. 그들의 시시한 다툼은 선거처럼 다가올 새로운 것의 재료가 될 뿐이다. 그들 나름대로 그런 식으로 준비를 하는 셈이다."(Whitehead 1999, 253) 릴라 매는 놀랍도록 무심하게 자본주의 기업을 거의 무관한 것으로 치부해 버린다. ≪라이프≫의 탐사 보도 기자이자 고문 피해자인 벤 울리치(Ben Ulrich)가 앞서 릴라 매를 묘사했던 모습과는 전혀 다르다. "당신은 이것이 철학에 대한 이야기일 뿐이라고 생각했는가? 누가 더 나은 사람인가? 직관주의자인가 경험주의자인가? 그런 것은 아무도 신경 쓰지 않는다. 아르보와 유나이티드는 자기 할 일을 하는 사람들이다. 진짜로 중요한 건 그것이다."(208)

울리치의 관점은 마크 피셔(Mark Fisher)가 ≪자본주의 리얼리즘(Capitalist Realism)≫에서 주장한 입장과 딱 맞는다. 피셔는 영화 <칠드런 오브 맨(Children of Men)>을 거의 모든 사람이 불임이 된 상황에서 자본주의에 대한 대안을 상상하는 것이 불가능해진 "역사의 종말"(Fisher 2009, 80)을 맞은 사회의 은유로 읽는다. "문화가 새로운 것 없이 얼마 동안이나 지속할 수 있을까?" 피셔는 영화가 이렇게 묻고 있다고 생각한다. "젊은이들이 더는 놀라움을 생산할 수 없게 된다면 어떻게 될까?"(3) 피셔는 자본주의가 주목할 만한 변형능력과 모든 것을, 심지어 반대와 저항까지도 자신의 역학속으로 흡수하는 능력으로 '괴물'과 비슷해졌다고, 존 카펜터(John Carpenter)의 동명 영화에 나오는 모든 것을 먹어치우는 무정형의 존재와 비슷해졌다고 말한다. 피셔는 바디우를 인용하며 이렇게 말한다. "여기에서 '리얼리즘'은 어떤 긍

정적 상태, 어떤 희망도 위험한 환상일 뿐이라고 믿는 우울증 환자의 무력한 관점과 유사하다."(5)

이런 배경에서 ≪직관주의자≫의 독특함은 단지 특이함이 아니라 정치-미학적 전략으로 이해할 수 있다. 이 작품은 우리 역사와 거의 흡사하지만 똑같지는 않다. 작품 속 역사는 자본주의의 역사를 낯설게 만들어 희미한 희망의 빛이 들어올 수 있게 해 주면서도, 여전히 우리의 역사적 현재에 바짝 붙어서 소설에 묘사된 불평등과 제도화된 인종주의의 구조를 인식하게 해 준다. 희망에 차 있으나 순진하지는 않은 릴라 매는 믿을 수 없지만 반드시 필요한 긍정의 가장자리에서, 아직 완전히 형성되지는 않았지만 그렇다고 모호하지도 않은 새로운 시대가 진동하고 있으며 자신이 산파 역할을 할 수 있다고 믿는다. "올 것이다. 그는 절대 틀리지 않는다. 그것이 그의 직관이다."(Whitehead 1999, 255)

역사적 현재와 인지 집합체

이처럼 더 나은 미래로 가는 길이 열렸다고 본다면, 릴라 매가 살아가는 현재 혹은 우리의 현재와 똑같지는 않은 소설의 현재는 우리의 과거 그 자체는 아닌 상황에서 독자들의 현재에 어떤 영향을 미칠까? 비의식적 인지와 인지 집합체는 미래/과거/현재 변화에서 어떤 역할을 할까? 로런 벌랜트는 역사, 정동 그리고 그것들의 상호작용에 대한 논문에서 이런 질문을 다루는 데 유용한 틀을 제공한다(Berlant 2008). 벌랜트는 이렇게 묻는다. "정동이 이데올로기의 기록과는 조금 다른 식으로 사람들이 한순간을 집단적으로, 여러 지역에 걸쳐 살아왔음을 어떻게 감지할 수 있을까?"(846) 벌랜트는 정동이 "현재의 강도들(intensities)에 신체가 실제로 존재"한 결과라고 본다. 정동은 "역사적 분야의 주제 속에 뿌리박혀 있"으며, 나아가 "정동을 학문적으로 탐구하는 것은 역사적 순간의 생산 조건을 감정적인 순간으로 전할 수 있다"(846). 즉 벌랜트는 레이먼드 윌리엄스가 특정 시대를 특징짓는 "감정의 구조(structures of feeling)"라 불렀던 것(Williams 1977)으로 회고적으로 인식할 수 있는 역사적 특수성들에 반응하고 또 그 일부에 책임을 지는 역사적 현상으로서 정동들을 통합할 방법을 찾는다. 벌랜트가 주장하듯 윌리엄스가 대표하는 마르크스주의적 견해는 정동이 역사적 순간의 생산에 관여해야 한다고 인정했지만, 체계성과 이데올로기를 주로 강조하면서 이론적으로는 정동을 여전히 모호하게 다룬다는 점에서 만족스럽지 않다.

벌랜트는 피상적 방식을 넘어 역사적 순간에 정동을 통합할 수 있는 이론을 만들어 내기 위해 이 장에서 이미 나왔던 용어, '역사적 현재(historical present)'를 이용한다. 벌랜트는 이렇게 설명한다. "내 관심사는 역사적 현재의 분석 양식을 구성하는 것이다. 그 양식은 우리를 구조(세계의 재생산에서 전체 체계적인 것에 대한 설명)와 행위성(사람들이 일상생활에서 하는 것)의 변증법에서 벗어나게 하고, '결정'과 '적응'과 '즉흥 행동' 그리고 현재가 될 수 있는 것에 대한 '새로운 감정적 상상'이 이루어지 위해 지각 기관이 요해지는 상황들 속에서 그것들의 뿌리박혀 있음(embeddedness)을 다루는 쪽으로 나아가게 해 준다."(846-847) 그때 역사적 현재는 "회고적 실체화를 위한 문제가 아니라" "만들어지고, 살아지고, 이해되는 것"이다(848). 더 나아가 벌랜트는 만성적 위기 그리고 그와 연관된 문학 장르가 "의식이 순간을 긴급하게 역사적인 것으로 이해하도록 의식에 계속해서 작용하는 압력으로 현재를 생산한다"고 이론화한다. "위기는 평범한 것 속에 있는 습관과 장르를 드러내고 창조하는 한편, 결코 미래가 아니라 조밀하게 존재하고, 열려 있고, 그 안을 누비는 현재인 세계들을 재구성한다."(848) 그때 역사적 현재는 평범하면서도 복합적이고, 정동적으로 경험되지만 역시 또 존재할 수 있는 다른 존재 양식에도 열려 있다.

벌랜트 논문의 분석은 훌륭하다. 너무 훌륭해서 읽다 보면 이가 아플 지경이다. 벌랜트는 ≪직관주의자≫에서 정동이 하는 중요한 역할을 날카롭게 인식한다. 벌랜트는 워커가 125번 엘리베이터에 대한 릴라 매의 직관적 평가를 길게 인용한다. 그러나 11번 엘리베이터의 고장에 이르면 벌랜트의 분석에 문제가 생긴다. 벌랜트는 릴라 매가 패니브릭스메모리얼 빌딩을 밤늦게 방문한 것을 "누명을 벗고 더 높은 진실을 찾기 위해 엘리베이터가 그를 부른 것"이라고 읽는다(853). 이것이 릴라 매의 직관을 재훈련하는 것과 어느 정도 연관이 있다는 것은 인정하되, "이런 흰색의 건축된 세계를 보호하는 쪽에 충실하기보다는, 현재에서 두려움 없이 인종화된 상상계를 살며 이 너머를 생기론의 행위로 이론화하는 쪽으로 직관적으로 이동하는 것"(854)이라고 본다. 엘리베이터 사고가 어떻게 릴라 매를 이 길로 나서게 할 수 있는지, 어떤 종류의 "더 높은 진실"이 관련이 있을지에 대해서는 전혀 설명하지 않는다. 벌랜트의 논의에서 중요한 문제는, 엘리베이터 사고가 릴라 매에게 드러내는 개인적 메시지를 그의 노력이 일으킬 더 큰 사회적 변혁과 연결할 방법이 없다는 것이다. 다시 말해 한 사람이 느끼고 경험하는 정동에서 역사적 현재의 특수성을 구성하고 정의하는 정동의 더 큰 사회적 경험으로 나아갈 방법이 없다.

정지 문제에 대해 내가 앞에서 한 논의는 벌랜트의 논문이 놓친 바로 이 연결 관계를 제공한다. 내 논의는 릴라 매가 받은 개인적 메시지를 더 넓은 사회적 관심사 그리고 인식론의 본질 자체와, 특히 인간-기계 인지의 역학을 심대하게 변경할 강력한 계산 매체의 개발이 목전까지 온 시대에 오류와 실패의 생산적 역할과 연결한다. 나는 인지 집합체에서 정동의 중요성을 강조하고 싶다. 벌랜트의 논문은 그 문제를 훌륭하게 잘 설명했다. 벌랜트는 정동이 어떻게 "사건화(eventilization)"(849)하거나 과거로 미끄러져 들어가 힘을 잃지 않고서 역사적 사건들을 더 깊이 파악하고 그 속으로 연장될 수 있는지 매우 명쾌하게 보여 준다. 벌랜트가 주장하듯 역사적 사건들은 계속해서 "역사적 현재" 속에서 작용하면서 그것을 지금 당장 살아가는 경험이자 역사적 연쇄를 형성하기 위해 다른 우연성들과 상호작용하는 파악으로 만든다.

비의식적 인지가 정동과 긴밀히 연관되어 의식/무의식의 더 높은 양식과 신체적이고 본능적인 행동 사이를 매개하는 장소로 작용한다는 사실을 떠올려 보라. 이런 맥락에서 인지 집합체는 정동이 계속해서 그 배치를 바꿀 만큼 유동적이면서도 인간-기술 상호작용의 복잡한 아키텍처 안에서 기능할 만큼 안정적인 역학 시스템을 만들어 내기 위해 기술적 인지와 인간 인지의 다른 형식들과 어떻게 합쳐지는지 보여 주는 능력이 있다는 점에서 이론적으로 중요해진다. 이런 시스템 안에서 오류와 우연성은 어떤 식으로든 시스템을 건드려 결정적 변환점(cusp point)에서 인지 집합체가 새롭고 예상치 못한 방식으로 작동하게 할 것이다.

인지 집합체와 소설 형식들

벌랜트의 논문은 정동을 역사 속으로, 그리하여 역사적(혹은 ≪직관주의자≫의 경우라면 거의 역사적인) 소설에 대한 우리의 이해 속으로 통합하려 한다. 벌랜트의 탐색 뒤에는 내 프로젝트와 관련된 또 다른 문제가 어른거리고 있다. 그것은 바로 문학, 특히 소설이 인간과 기술의 비의식적 인지가 맡는 역할과 인지 집합체에 대한 우리의 이해에 어떻게 기여하는지다. 소설은 사회학, 역사학, 철학, 인간-컴퓨터 인터페이스 디자인, 통계학, 수학, 물리학, 생물학에 아직 없는 어떤 독특한 역할을 실연하는가? 편의상 ≪직관주의자≫의 예를 이용하겠지만, 대부분 소설들에서 비슷한 사례를 얻을 수 있을 것이다. 앞의 질문에 대한 잠정적 답은 다음을 포함할 것이다.

1. **소설은 정동이 개인과 집단의 인간 삶에서 어떻게 작용하는지 보여 준다.** "세계에서 가장 유명한 도시"에서 릴라 매의 위태로운 처지는 그가 경험하는 의심 섞인 반응과 소소한 비열함뿐 아니라, 그것이 그의 신체, 옷, 감정, 몸짓, 자세, 얼굴 표정에 주는 영향에서도 드러난다. 릴라 매는 침대에 누워 얼굴 근육을 움직여 적대적이고 무심한 세계에 보여 주기에 딱 맞는 표정을 만든다. 그것은 비방, 암시, 원치 않는 접근, 무시에 맞서는 보잘것없는 방어다. 집단적인 면에서 보자면, 오코너의 바에 엘리베이터 점검원들이 11번 사고 뉴스를 보려고 모여 있는 장면(Whitehead 1999, 24)은 군중의 흥분이 얼마나 전염성을 띠고 구경꾼들 사이에 집단적 유대감

을 자극해 릴라 매처럼 자기들 무리에 속하지 않은 이들을 배제하게 되는지 보여 준다. 릴라 매가 부서에서 유일한 친구인 척을 여자화장실로 불러 도움을 청할 때(34-37), 그가 느끼는 불편함은 술 취한 여자가 그의 어머니를 떠올리게 하는 자세로 여자 화장실의 하나뿐인 변기 위에서 정신을 잃고 있는 모습에서 더욱 심해진다. 이런 정동은 왜 척이 위험을 무릅쓰면서 릴라 매를 도와주기로 하는지 설명하는 데 큰 도움이 된다.

2. **소설은 역사적 · 인종적 · 젠더적 · 경제적 · 심리적으로 삶의 구체적 맥락을 제공한다.** 조니 셔시의 (안전하다기보다는) 위험한 지하실은 고문실로도 쓰인다. 벤 울리치가 거기에서 본 매트리스와 벽의 얼룩은 그 방의 용도와 이전에 거기 있었던 사람들에 대해 많은 것을 말해 준다(94-95). 릴라 매가 지하실로 끌려왔을 때도, 암묵적 위협이 그와 챈커의 대화에 긴장감을 높인다. 이는 또한 챈커가 11번 엘리베이터를 사보타주하지 않았다는 주장을 믿을 만하게 만들어 준다. 분명히 챈커가 우위에 있으니 릴라 매에게 거짓말할 이유가 없기 때문이다. 벤 울리치는 나중에 릴라 매에게 그를 유괴한 사람들이 조니 셔시의 부하들인 척했지만 그들이 입은 셔츠의 품질로 보아 회사의 앞잡이라는 것을 알고 있었다고 말한다(210). 건축, 의복, 가구의 세부와 다

른 수많은 사소한 특징들은 인물들의 반응, 결과적으로 독자의 반응에도 살을 붙이고 의미를 준다.

3. **소설은 시스템의 역학을 추동하는 다양한 해석과 선택을 묘사한다.** 릴라 매가 풀턴의 가정부 마리 클레어 로저스를 두 번째로 방문할 때, 로저스의 집(그는 릴라 매가 첫 번째 방문했을 때 그 집이 자기 것이라고 상기시켰다)은 회사의 깡패들에 의해 훼손된 상태였다. 그들은 벽난로를 장식한 도자기 말을 다 깨부수고 바닥에 소변을 보았다. 릴라 매가 도와주려고 빗자루를 들고 방에서 소변 냄새가 나지 않는다고 거짓말을 할 때, 이런 사소한 예의가 로저스 부인의 마음을 흔들어 풀턴이 남긴 서류를 건네주기로 결심하게 만들었을 수도 있다. 멀뚱히 서 있기보다는 도우려는 릴라 매의 선택은 시스템에 작은 동요를 만들어 내고, 이는 역학에서 더 큰 변화를 개시하게 된다.

4. **소설은 형식을 제공하고 경험을 빚어낸다.** 벌랜트의 논문은 장르를 "미학적 전이가 취할 형식을 예측하는 느슨한 애정 계약"이라고 정의한다(Berlant 2008, 847). 살디바르가 지적하듯 화이트헤드의 소설의 혼종성은 내레이션·배경·인물·행동의 사실주의적 양식을 인간이 등을 대서 엘리베이터의 진동을 감지해 엘리베이터

의 안전성을 직감한다든가 엘리베이터에 감정 그리고 거짓말을 할 능력, 즉 '패싱(passing)' 형식으로 고의로 속이는 능력이 부여된다든가 하는 환상적 요소와 섞은 데에서 비롯한다. 소설 형식이 예견하고 안내하며 실연하는 미학적 전이는 인종적이고 젠더화된 구조적 불평등의 냉혹한 현실과 유토피아적 변화의 사변적 가능성 사이의 중간 지대에서 발생한다. 우연성, 오류, 필요가 구분할 수 없이 뒤섞이고, 각각은 인지 집합체의 역학이 출현하고 진화하는 방식을 결정하는 데 한몫한다. 풀턴은 릴라 매를 캠퍼스에서 보고 그의 이름을 묻는다. 그러고는 구두창을 가는 비용과 다른 문제에 정신이 팔려 서류 여백에 "릴라 매가 그 사람이다"라고 끄적인다(251). 이는 예언과 우연, 오류와 선택 사이를 미결정된 채로 떠도는 메시지다.

5. **소설은 분리된 현상들 간의 연결과 접속을 실연한다.** 풀턴의 문서에서 잘 드러나지만, 어디에나 있는 인종적 상승과 수직 수송이 서로 얽혀서 다른 유비들을 위한 기반을 제공한다. 백인 행세를 하는 흑인 남자와 멀쩡한 척하는 고장 난 엘리베이터, 건축의 두 번째 상승과 인종 관계, 도시와 영혼을 재배열하게 될 기술 혁명 등이 그것이다. 있을 법하지 않은 연결들의 실연은 밤늦게까지 협회에서 공부하던 릴라 매가 풀턴을 보게

되는 장면에서 잘 드러난다. 그때 이미 치매가 시작되고 있던 풀턴은 밤늦게 협회 위층에 있는 도서관을 돌아다니고 있다. 풀턴은 릴라 매의 방에서 나오는 불빛을 보았고, 릴라 매는 대표단 준비를 하는 풀턴의 불빛을 본다. 나중에 돌이켜보면 이는 기이한 우연의 일치거나 둘 사이의 신비스러운 유대 관계의 시작이다.

6. **소설은 문학적 자원을 이용해 소설이 말하는 것보다 더 많은 것을 의미한다.** 주제의 수준에서 정지 문제 그리고 알 수 없는 것으로서 블랙박스에 대한 은유는 참조의 범위가 어떻게 거의 무제한적으로 확장될 수 있는지 보여 준다. 문학적 관점에서 아이러니, 은유, 환유, 제유[케네스 버크(Kenneth Burke)의 네 가지 주요 비유]와 같은 수사적 비유들은 문학의 언어가 어떻게 개념적으로만이 아니라 정동적으로 기능할 수 있는지 보여 준다. 개릿 스튜어트(Garrett Stewart)는 문학의 언어는 광범한 체현된 반응을 다루는 능력 면에서 평범한 산문과 다르다고 주장했다(Stewart 1990). 스튜어트는 우리가 무엇을 읽는지가 아니라 어디로 읽는지 묻는다면 답이 나올 거라고 말한다. 우리는 묵독을 통해 목으로, 체현된 반응을 통해 내장으로, 혈압의 증감을 통해 순환계로, 긴장감이 넘치거나 평온한 구절에 반응하는 동공 수축과 확장으로, 이 외 체현되고 정동적인 수많은 반

응으로 읽는다.

7. **소설은 추상적인 면보다는 구체적이고 특정한 면에서 윤리적 문제를 탐색한다.** 레이먼드 쿰과의 아르보 사무실에서의 첫 대면에서부터 떠나면서 하는 마지막 말까지, 풀턴의 공책을 쿰에게 주기로 한 릴라 매의 결정은 아이러니로 가득하다. "난 그저 돕고 싶었을 뿐이에요."(251) 그러나 쿰은 릴라 매가 챈커에게도 공책을 주었으므로 아르보의 최대 경쟁자 유나이티드에게도 공책이 넘어갔고, 두 회사의 적이 되기를 자청한 탐사보도 기자 벤 울리치에게도 주었다는 것은 아직 모르고 있다. 릴라 매가 모두에게 똑같이 폭로했다는 사실은 그가 다가오는 미래를 숙고하다 보니 생각하기에 누가 받든 차이가 없어졌다는 것을 보여 준다. "릴라 매가 구한 엘리베이터 … 잠시 동안 그들을 태우고 있어야 한다. 그러면 어느 날 엘리베이터가 완벽하지 않다는 것을 깨닫게 될 것이다. 때가 맞으면 그가 그들에게 완벽한 엘리베이터를 줄 것이다. 때가 아니라면 때가 오고 있음을 그들에게 알려 주기 위해 풀턴이 한 말을 좀 더 보내 줄 것이다."(255) 윤리적이고 정치적이면서 동시에 기술적인 릴라 매의 선택은 다른 이들이 취하는 행동에 기껏해야 반응만 할 수 있는 사람에서 미래의 지도자이자 기획자로 그의 위치를 바꿔 놓은

사고방식의 변화를 나타낸다. 릴라 매의 충심(그의 유일한 충심이라고 해도 좋을 것이다)은 그가 탄생시키고 있는 미래와 그것이 품는 유토피아적 가능성을 향한다.

물론 위의 사항들은 소설 안에서의 재현에 대한 이야기지만, 소설은 또한 출판사, 독자, 서평가, 매체, 네트워크화된 전통적 전파 채널, 수많은 다른 인간과 기술 시스템을 포함하는 더 큰 집합에서 인지 디바이스로 기능한다. 정보가 시스템을 통해 그리고 시스템 사이로 흐를 때, 이런 요소들은 느슨하게 합체되어 이를 통해 선택과 해석 그리고 맥락이 작용하는 유동적이고 변화하는 인지 집합체를 형성한다. 직관의 더 넓은 의의는 (화이트헤드의 소설에서 경험주의와 직관주의의 상호 뒤얽힌 한계들이 보여 주듯) 경험적 합리성과의 대조에서 생겨날 뿐 아니라, 다양한 수준의 인지자들이 인간-기술 상호작용의 창발적 역학을 만들어 내기 위해 협력하고 경쟁하는 집합에서도 생겨난다. 비의식적 인지라는 틀은 이런 집합들이 특히 인간과 기술 인지자 사이에 구축된 접속에서 어떻게 형성되고 변형되는지 이해하는 데 중요한 열쇠다. 과거가 미래와 겨루는, 인지 집합체들이 만들어 내는 시간 속의 접힘에서 역사적 현재는 오로지 인지 집합체에서 그리고 인지 집합체를 통해서만 뚜렷이 그 존재를 드러낸다.

08
인지 집합체의 유토피아적 잠재성

20세기 중반 노버트 위너는 사이버네틱 패러다임의 위험과 약속이라 여긴 것과 씨름하고 있었다. 그 분투의 결과 중 하나가 ≪인간의 인간적 활용(The Human Use of Human Beings)≫(1950)이었다. 이 책에는 일관성 있는 주장보다는 희망과 두려움이 다소 혼란스럽게 뒤섞여 있다. 반세기가 지나서 우리는 후세인으로서 사이버네틱 패러다임의 예언이 어떤 식으로 들어맞았고 한편으로는 빗나갔는지 알 수 있다. 이 책은 인간, 비인간 생명체, 기계 간 커뮤니케이션 양식이 지구의 미래에 점점 더 핵심적 중요성을 띠게 되리라고 예측한 점에서는 옳았다. 하지만 피드백 메커니즘이 이 미래를 통제하는 열쇠라고 사고한 점에서는 틀렸다. 사실상 인간 지배와 인간 예외주의라는 역사적 관념과 더불어 '통제(control)'라는 관념 일체가, 명백히 위기에 빠지지는 않았더라도 점점 효용이 다해 가는 것 같다. 오늘날 새로운 밀레니엄으로 들어서면서 우리는 네트워크화되고 프로그래밍할 수 있는 매체가 인간의 복잡한 시스템에 만든 엄청난 차이를 제대로 인식할 수 있게 되었고, 이런 조건들이 유토피아적 사상과 행동을 위한 새로운 가능성을 어떻게 열어 주었는지 조금씩 분명해지고 있다.

관련된 모든 결과를 예측하고 미래를 결정하기 위해 선지식을 이용한다는 의미에서의 통제가 역사의 쓰레기통에 처박힌 것이 맞다면, 통제의 종말은 경계를 정의하고 프로토콜을 확립하는 엄정한 절차에 의해 추적할 수 있는 형식적인(수학적이고 계산적인) 시스템을 만들려는 시도가 오히려 그 경계 너머에 있는 것, 계산 불가능한 것, 결정 불가능한 것, 알 수 없는 것의 존재를 확증해 주었음을 드러낸다. 파리시는 일반인공지능에 대한 연구에서, 이 책 7장에서 논의했듯 그레고리 차이틴의 연구가 중요하다는 점을 이런 관점에서 지적했다(Parisi 2015). 파리시는 차이틴의 연구가 선진 사회에 제공하는 해방적 잠재성에 대해 상세히 말한다. 선진 사회에서는 데이터베이스 그리고 점점 증가하는 정교한 감시 테크닉 사이의 상호 관계로 인해 국가 통제와 자본주의적 착취가 상호작용하면서 점점 더 침투적이고 억압적이 되는 것 같다. 파리시의 지도로 박사논문을 쓴 비어트리스 파지(Beatrice Fazi)는 다른 방향에서 이 문제에 접근해, 계산 불가능한 수에 대한 튜링의 연구가 계산 체제 그 자체 안에서 계산 불가능성의 영역을 어떻게 열어젖히는지 보여 준다(Fazi 2015). 요컨대 이 연구가 보여 주는 것은 더 많은 통제를 코드화하고 계산 매체를 통해 확장할수록 통제가 절대 완벽할 수 없다는 사실이 더 분명해진다는 것이다. 통제를 가능케 하는 바로 그 작용이 정확히 통제와 반대되는 것, 다시 말해 알 수 없는 것이 지배하는 영역을 확립한다.

그렇다면 문제는 진짜 세계에서 진짜 차이를 만들어 내는 이 잠재성을 어떻게 이용할 것인가다. 21세기 매체와 관련한 마크 핸슨의 화이트헤드 철학 연구가 바로 이런 동기에서 나왔다. 핸슨은 화이트헤드에게서 끊임없이 유동하는 세계에 대한 아이디어를 가져온다. 핸슨은 화이트헤드의 철학을 수정해 이 유동과 초월체(superject), 유동에서 굳어진 안정된 객체 사이를 연결한다. 핸슨은 과정적 역학이 인간적인 것이 시작되는 곳에서 중단되는 것이 아니라, 계속해서 인간적인 것과 상호 침투해 저항과 개입을 위한 새로운 가능성을 연다고 주장한다.

나는 인지·해석·선택의 중요성과, 그 결과로 인간 행위자와 기술적 행위자가 여러 수준과 다양한 장소에서 소통하고 상호작용하는 인지 집합체의 형성에 초점을 맞추었다. 금융자본과 관련해 보여 준 바와 같이 이런 집합체들의 복잡성은 위너가 환기한 의미에서의 통제가 더는 가능하지 않음을 분명히 보여 준다. 인지가 너무 많이 분산되었고, 행위성이 너무 많은 행위자를 통해 행사되고, 상호작용은 너무나 재귀적이고 복잡해서 단순한 통제 개념이 더는 통할 수 없다. 그래서 통제 대신 **효율적 개입, 즉 전체적 역학을 결정적으로 변형시켜 인지 집합체의 방향을 바꿀 수 있는 변곡점을 찾는 효율**

적 개입이 이루어진다.[1] 브래드 카츠야마에게 이런 변곡점은 알고리즘 거래를 수행할 수 있는 속도를 바꾸는 것이었다. 집중 매매 제안의 저자들에게는 자본주의 경쟁이 속도보다 가격에 초점을 맞추게 하는 테크닉을 고안하는 것이었다. ATSAC에는 도시 교통 기반시설을 인간 개입과 지능적 알고리즘 간 협력의 장소로 만드는 것이었다. 긍정적 포스트휴머니즘을 탐색하는 브라이도티에게는 흐름과 안정, 인간 정체성과 그것을 상호침투하고 불안정하게 만드는 힘들 사이의 균형점을 찾는 것이었다. 콜슨 화이트헤드에게는 미래가 결코 제도화된 인종주의, 증오, 의심으로 가득한 과거에 의해 전적으로 결정될 수 없음을 보여 주기 위해 사고를 일으키는 엘리베이터를 이용하는 것이었다.

파리시, 파지, 핸슨, 카츠야마, 브라이도티, 화이트헤드(그리고 여기에 일일이 다 언급할 수 없을 만큼 많은 사람들)의 서로 전혀 다른 의제들이 지닌 공통점에 대해 사고해 보면, 진짜 세계의 시스템에서 차이를 만들 수 있는 개입의 종류와 범위를 일반화할 수 있다. 먼저 이 모든 사상가, 활동가, 작가는 그것이 계산 체제건 초단타매매건 과정 철학이건 제도적 인종주의건 포스트휴먼 연구건 시스템을 상세히 이해하는 데 필요한 시간과 개념적 자원을 들였다. 문제의 시스템을 철저히 탐문하고 조사하기만 해도 변곡점을 찾아낼 수 있다. 둘째, 일단 변곡점이 결정되면 그다음 문제는 전체적 역학을 변화시키기 위해 어떻게 변화를 도입할 것인가다.

셋째는 아마도 가장 중요한 것인데, 이들 이론가, 활동가, 작가는 개입의 결과로 시스템이 어떤 쪽으로 나아가야 할지 결정하기 위해 공명정대함, 정의, 지속가능성, 환경윤리와 같은 이전의 비전에 의존했다. 이런 것들은 보통 시스템 자체 내부에서 발견되기보다는 윤리적 책임과 긍정적 미래에 대한 앞선 시대의 헌신으로부터 나온다.

바로 이러한 점에서 나는 인문학이 인지 집합체를 사고하는 데 핵심적 역할을 맡도록 내내 촉구해 왔다. 해석, 의미, 가치는 인문학 분야에만 국한되지는 않는다. 그러나 언제나 예술, 문학, 철학, 종교학, 질적 역사학을 비롯해 인문학 안에서 탐색이 이루어지는 중요한 영역들이었다. 시스템이 이미 형성되고 움직이기 시작하고 나서 윤리학을 추가로 덧붙일 수는 없다. 기업 관행에서는 '윤리'를 그런 식으로 다루는 불행한 경향이 있다. 그것은 아무도 소송 대상이 되지 않도록 법적 필요조건을 어떻게 만족시킬지에만 주안점을 두는 경우가 너무나 많다. 이와 달리 효율적인 윤리적 개입은 시스템 자체의 작용에 고유한 개입이어야 한다.

인지 집합체에서 이는 인간 인지와 기술적 인지의 상호침투가 특정 장소에서 어떻게 일어나는지, 이런 분석이 변곡점을 찾는 데 어떻게 이용될 수 있는지에 대해 알 수 있게 된다는 뜻이다. 변곡점은 객관적 실재로 앞서 존재하기보다는 집합체들을 위한 새로운 궤적을 만들어 내기 위해 이전의 헌신과 상호작용/내부작용 속에서 출현하며, 인간, 비인간 생명제, 기술적 인지자(다시 말해서 행성적 인지 생태계)를 위한 더 열려 있고, 공정하고, 지속 가능한 미래를 제공한다.

이런 유토피아적 가능성을 실현하기 위해 인문학자들은 그들 또한 인지 집합체의 진화에 책임이 있는 당사자라는 점을 인식해야 한다. 이는 인지적 기술 시스템의 중심에 있는 계산 매체에 대해 더 많이 배우도록 마음을 열어야 한다는 뜻이다. 현재 디지털 인문학은 이런 문제들이 때로는 격하게 논의되고 토론되는 장소다. 다음 절에서는 이 토론에 대한 내 해석을 서술하고, 전통적 인문학과 디지털 인문학 간에 더 건설적인 대화가 있어야 한다고 주장하겠다.

인문학의 정신을 확장하기

시카고대학교에서 ≪크리티컬 인퀴리(Critical Inquiry)≫ 방문교수로 있으면서 교수 협회에 초대받아 발표를 한 적이 있다. 나는 마크 대니얼레프스키(Mark Danielewski)의 정교한 패턴의 소설 ≪오직 혁명만이(Only Revolutions)≫에서 작용하는 제약들에 대해 수행한 디지털 사례 연구를 회상하는 것으로 발표를 시작했다(Hayles 2012). 그 프로젝트에 대해 이야기하고 있을 때, 참가자 중 한 명이 우리가 사용하는 컴퓨터 알고리즘은 흥미로운 해석 문제가 아니라 '멍청한' 문제들만 다룰 수 있다며 이의를 제기했다. 나는 그 '멍청한'

답변들이 흥미로운 해석의 가능성으로 이어졌다고 대답했다. 어떤 단어들의 부재는 작가가 부여한 제약을 뚜렷이 드러내는 표시이며, 이는 이런 제약이 무엇을 의미하는지에 대한 질문으로 이어졌기 때문이다. 상대는 계속해서 모호성이 문학적 해석의 본질이며, 우리가 했던 '거리 두고 읽기(distant reading)'는 환원적이므로 진짜로 인문학적인 것이 아니라고 주장했다. 그가 분명하게 지적이고 열렬히 자신의 의견을 펼쳤기 때문에, 나는 그의 주장의 본질을 더 제대로 파악하기 위해 나중에 더 이야기를 나누었다. 그는 이 말로 자신의 주장을 요약했다. "그건 어떤 인문학을 원하느냐에 따라 다르지요."

그의 열정을 보며 많은 학자들이 인문학에 들어서기로 선택하는 이유가 과학이 잘 정의된 문제에 대한 답을 찾는 것을 강조하는 것이 마음에 들지 않아서라는 점을 깨달았다. 그들은 흥미로운 질문은 절대 정해진 답이 없으며, 복잡한 여러 문제를 탐색할 끝없는 기회를 제공한다고 믿는다. 그들은 확실한 답이 내려지면 해석이 차단되고 더 이상 연구해도 점점 더 좁은 길로만 가게 될까 두려워했다. 이것이 과학적 조사에 대한 정확하거나 공정한 견해인지의 문제는 제쳐 두자. 나는 이것이 나와 대화한 학자가 "어떤 인문학이냐"라는 말로 의미했던 속뜻을 포착한다고 생각한다. 컴퓨터 알고리즘이 확실한 답을 정할 수 있다면(어떤 단어가 텍스트에 나오는지, 나온다면 얼마나 자주 나오는지와 같은 답), 그와 비슷한 생각을 지닌 학자들이 보기에는 인문학이 질적 연구를 위해 양적 결과에 맞서는 방벽으로 세운 열린 공간은 무너질 위기에 처했고, 남은 것은 양적 기준에 의해 지배되는 연구뿐일 것이다.

이런 태도는 인문학의 적절한 임무에 대한 많은 질문들과 얽혀 있다. 특히 과학과의 관계에서 그렇다. 아주 오랫동안 인문학자들은 더 강력하고 문화적으로 핵심적인 분야에 비해 인문학이 덜 인정받고 위협받고 있다고 느꼈다. 이런 우려는 이제 디지털 인문학의 출현으로 더 악화되고 있다.

나는 디지털 인문학을 전통적 인문학에 대한 위협이 아니라 중요한 동맹으로 간주해야 한다고 믿는다. 디지털 인문학은 독특한 기여를 하면서도 인문학 연구로 간주될 수 있는 것의 범위를 확대하고 인문학의 영향력을 확장한다. 더 나아가 인간과 기술 시스템에서 비의식적 인지를 인식하는 것은 현대 지적 탐구의 중심에 인문학을 다시 위치시킬 열쇠다. 이런 주장을 하기 위해 서술(description)과 해석(interpretation)의 상호작용을 논하고, 그것들이 컴퓨터 알고리즘을 구성하는 데에서 맡는 역할을 밝히며, 비의식적 인지를 예술 프로젝트로 기획하는 문화적 생산을 설명하고, 인간 인지와 기술적 인지가 인지 집합체를 통해 상호작용할 때의 미래를 추측해 보겠다. 이전 장에서 인간과 기술 집합체에서 비의식적 인지의 핵심적 위치를 보여 주었듯, 이 마지막 장에서는 나 자신의 분야와 지적 헌신의 중심으로 논의를 가져가 보겠다.

해석과 서술

인문학에서 해석은 보통 서술보다 더 가치 있는 것, 계산적 방법을 어떻게 보는지에 대한 암시가 담긴 도식(schema)으로 간주된다. 단어 사용 빈도 알고리즘이 단어를 정확히 셀 수 있다는 것을 아무도 의심하지 않지만, 많은 이들이 이것은 인지 활동으로 볼 수 없다고 생각한다. 이와 달리 해석은 보통 인간만이 할 수 있는 특권적인 것이며 그러므로 대단히 가치 있다고 여겨진다. 그렇다면 인지적 비의식이 해석을 한다고 주장하는 것은 어떤 의미인가?

인문학적 전략의 함의는 심오하다. 해석은 의미의 문제와 깊이 연관된다. 사전을 찾아보면 보통 해석은 의미(그리고 해석의 관점에서 의미)의 관점에서 정의된다. 또한 의미는 인문학의 임무에서 핵심적이다. 과학 분야가 항상 "이것은 무엇인가"라는 질문을 하고 "이것은 어떻게 작용하는가"를 탐구하는 반면, 사물이 왜 그런 모습인지는 잘 묻지 않으며 무슨 의미인지를 묻는 일은 더더욱 드물다. 이와 달리 미술사, 역사, 종교학, 철학, 문학 연구를 포함해 인문학은 의미의 탐구를 핵심으로 삼는다. 예를 들어 왜 사건들이 그렇게 진행되었고 그것이 어떤 의미인지 판단하려는 것이 아니라면, 왜 역사를 연구하겠는가? 물론 의미를 쉽게 되찾을 수 있다거나 심지어 인간의 환상일 뿐이라고 생각할 만큼 인문학이 순진하지는 않다. <오이디푸스 왕>에서 <햄릿>, <고도를

기다리며> 그리고 그 이상까지 문학예술은 인간 삶에 어떤 초월적 의미도 없을 수 있다는 가능성을 회피하지 않았다. 그렇지만 이런 탐색에 대한 답이 부정적이라 해도 여전히 의미 만들기는 핵심적 문제다.

20세기까지는 의미와 해석이 주로 의식과 의식의 매개에 초점을 맞추었다. 프로이트 심리분석의 도래와 함께 의미와 해석의 창조에서 무의식이 또 다른 참가자로 가시화되었고, 그 결과 현대와 그 이전의 문학작품이 심리분석학적 의미에서 다시 읽혔다. 작품들을 그렇게 재해석할 수 있다는 사실은 무의식이 항상 인간 사고의 중요한 구성 요소로 직감적으로 파악되어 왔음을 의미한다. 프로이트는 어느 정도는 강력하게 행동 속에서 무의식을 묘사하는 문학적 재현에 힘입어, 무의식을 발견했다기보다는 발명했다. 이제 인문학은 또 다른 주요 참가자를 마주하게 되었다. 그것이 바로 인간의 비의식적 인지와 기술의 비의식적 인지다. 이들 비의식적 인지와 생산적으로 관계 맺기 위해 인문학은 의미와 해석의 개념이 패턴 인식하기, 그 패턴에서 추론 끌어내기, 비의식적으로 배우기, 서로와의 관계 속에서 변화하면서 복잡한 변수들을 상호 연관시키기와 같은 기능들을 포함하도록 이들 개념을 확장해야 한다.

이런 기능들이 컴퓨터 알고리즘이 하는 작업을 묘사하는데 자주 이용되는 것은 우연이 아니다. 인문학은 공통적으로 이런 활동은 인간 의식이 할 수 있는 것보다 훨씬 열등하다고 본다. 문학적 해석과 컴퓨터 알고리즘이 성취할 수 있는 것 사이에는 현재 "측정할 수 없는" 격차가 있다는 존 길로리(John Guillory)의 말은 다수의 의견을 대변한다(Guillory 2008, 7). 이런 인식은 왜 인문학이 비의식적 인지가 인간 뇌와 계산 매체 양자에서 어떻게 작용하는지 아는 것이 중요한지 보여 준다.

이상의 이야기만으로도 인문학이 의미와 해석이 비의식적 인지에서 어떻게 작용하는지에 대해 다시 생각해 보아야 할 설득력 있는 이유가 될 것이다. 이것은 범위와 강도, 영향 면에서 무의식을 확실히 인정함으로써 시작된 심대한 충격에 맞먹는 방향 전환이다. 게다가 인문학은 특히 디지털 인문학의 계산 매체에 의해 전례 없는 충격을 받고 있다. 일단 인지가 의식적으로뿐 아니라 비의식적으로도 작용하는 것으로 인정되면 엄청난 사회적·문화적·기술적 문제들이 인문학적 탐구에 적합한 것이 된다. 앞의 장에서 주장했듯 이는 인간 인지와 기술적 시스템의 비의식적 인지의 상호작용부터, 인지 집합체를 통해 이런 상호작용으로 들어오는 사회적·문화적·경제적 구성물까지 아우른다.

물론 인문학 일부는 여전히 이런 문제와 그것이 열어 주는 가능성을 무시할 수도 있다. 어떤 이들은 계속해서 인간 의식과 무의식 안에만 의미와 상호작용을 위치시키는 전통적 견해에 만족할 수도 있다. 이런 견해들은 불완전하다기보다는 틀렸다. 이런 제한된 범위를 보완하려면 학자들은 비의식적 인지가 인간 신경 안에서 작용한다는 것을 인정하고 그것이 지닌 능력을 제대로 인식해야 한다. 이렇게 인정하면 인지적 비의식을 최근 작품만이 아니라 오래된 텍스트에서도 발견할 가능성이 열린다. 4장과 7장은 비의식적 인지의 재현을 해석하고 의식의 대가를 탐색하는 몇 가지 독해 전략을 본보기로 제시했다. 그러나 독자들의 비의식적 프로세싱 지표를 측정하는 것부터(Riese et al. 2014) 정서적 반응과 더 큰 인지 집합체 간의 상호작용을 조사하는 것까지, 훨씬 더 많은 가능성이 존재한다.

디지털 인문학에 반대하는 이들은 알고리즘이 할 수 있는 것은 서술뿐이라고 비난하고는 한다. 지배적 가치 기준에서 보자면 이런 것들은 더 낮은 계층으로 자동적으로 강등되며, 그래서 '진짜' 또는 '중요한' 인문학으로 취급받지 못한다. 그러나 서술과 해석 간의 뚜렷한 이분법은 여러 면에서 반론에 열려 있다. 예를 들어 과학학은 오랫동안 서술이 이론으로서 충분하다고 인정해 왔다. 모든 서술은 어떤 세부에 주목할지, 그것들을 어떻게 배열하고 서술할지, 어떤 해석으로 설명할지를 결정하는 해석 틀을 가정하기 때문이다. 샤론 마커스(Sharon Marcus)와 스티븐 베스트(Stephen Best)는 그들이 "표면 읽기(surface reading)"라 부른 것을 놓고 철학자들과 벌인 논쟁에서 해석과 서술의 얽힌 관계를 정면으로 다룬다(Marcus 2013). 마커스는 서술이 이론으로서 충분치 않다고 주장하기보다는, 모든 해석에는 서술이 필요하다고 주장함으로써 전세를 역전한다. 서술적 세부는 해석을 지원하고 확장하고 자리 잡도록 돕는다. 이것이 마커스의 결론은 아니지만, 그의 주장은 서술과 해석이 서로 재귀적으로 맞물리며 서술이 해석으로 이어지고 해석은 어떤 세부를 다른 것보다 강조한다는 사실을 의미한다. 이런 관점에서는 해석과 서술은 서로의 경쟁자기보다는 상호 지원하며 뒤얽히는 프로세스다.

이는 디지털 인문학이 자세히 읽기와 증후적 해석 같은 전통적 이해 양식과 맺는 관계를 밝히는 데 도움을 준다. 많은 인쇄물 기반 학자들은 알고리즘적 분석을 문학 분석이 전통적으로 수행되어 온 방식에 대한 경쟁자로 보면서, 디지털 인문학 알고리즘은 미화된 계산 기계에 불과하다고 주장한다. 그러나 이런 말은 알고리즘이 작용하는 방식을 오해하고 있다. 넓은 관점에서 본다면 알고리즘 분석은 결과를 확인해 주거나 설명해 주거나 둘 중 하나일 수 있다. 확증 프로젝트(confirmatory project)들은 이미 알고 있는 것을 단지 되풀이하는 것으로 오해받고는 한다. 예를 들어 어느 문예 희곡이 어떤 장르 범주에 속하는지의 문제가 그렇다(이런 분석의 가장 훌륭한 예로는 Moretti 2013을 보라). 그러나 여기에서 중요한 점은 어느 문예 희곡이 어느 장르 범주에 속하는지를 결정하는 것이 아니라, 희곡 구조의 종류를 특징짓는 요인들을 규정하는 것이다. 장르에 대한 전통적 기준에 의문을 제기하는 새로운 종류의 상호 관계가 출현해, 왜 이런 상호 관계들이 존재하는지에 대한 설명을 찾아내도록 자극하는 상황이 자주 있다. 알고리즘 분석이 설명의 역할을 할 경우, 전체 분량이 다 읽기에는 너무 많거나 오래된 추정들에 따라 고려 가능성의 범위가 너무 좁게 제한된 탓에 앞서 인간의 독해에서 찾아내지 못한 패턴이 밝혀진다.

(마커스의 주장이 의미하는 바와 같이) 인간 독자의 경우에서도 해석과 서술이 뒤얽혀 있듯, 알고리즘적 분석에서도 해석이 여러 지점에서 들어온다. 첫째, 알고리즘을 적절히 프로그래밍하려면 초기 가정을 세워야 한다. 카네기멜런대학교 톰 미첼의 NELL 프로젝트의 경우, 연구팀은 먼저 문법 범주에 단어들을 분류해 넣기 위해 온톨로지(ontology)+를 구성한다(Mitchell n.d.). 특허출원을 분석해 신기술 플랫폼의 출현을 탐지하려는 티머시 레노어(Timothy Lenoir)와 에릭 지아넬라(Eric Gianella)의 알고리즘에서는(Lenoir and Gianella 2011), 어떤 특허출원들이 동일한 참고문헌을 인용하는지 판단하기 위해 온톨로지를 거부한다. 여기에서는 동시에 같은 참고문헌을 인용할 경우 유사한 시도들이 네트워크를 형성할 것이며, 이를 통해 새로운 플랫폼의 출현을 식별할 수 있을 것이라고 가정한다. 프로젝트가 무엇이건, 알

+ 사람들이 세상에 대해 보고 듣고 느끼고 생각하는 것에 관해 서로 간의 토론을 거쳐 합의를 이룬 바를, 개념적이고 컴퓨터에서 다룰 수 있는 형태로 표현한 모델.

고리즘은 어떤 종류의 데이터가 흥미로운 패턴을 보여 줄지에 대한 초기의 해석적 가정을 반영한다. 스탠리 피시(Stanley Fish)는 모든 경우에 통하는 "다목적" 알고리즘은 없다고 말한다(Fish 2012).

둘째, 해석은 알고리즘 분석에서 데이터를 수집할 때 강력하게 작동하기 시작한다. 예를 들어 매슈 조커스(Matthew Jockers)가 고딕 문학 텍스트는 제목에 정관사가 붙는 비율이 대단히 높다는 사실을 발견했을 때(McLemee 2013에서 논의), 그의 해석은 제목에 지명이 많아서 그렇다는 것이었다[예를 들면 오트란토 성(The Castle of Otranto)]. 흔히 이런 결론을 바탕으로 다음 단계를 위한 알고리즘을 선택하게 되며, 그 결과가 다시 해석되는 식으로 재귀적 사이클이 이어진다.

그러므로 알고리즘 분석 이용은 인간의 서술/해석과 비슷한 패턴을 따르며, 여기에는 의식에 고유한 편견에 휘둘리지 않고 비의식적 인지가 작용한다는 이점이 있다. 인간의 의식이 작용할 경우에는 연구자 자신의 추정과 더 일치하는 다른 증거들을 선호해 어떤 증거는 무시하거나 덜 강조하게 될 수 있다. 이런 결과를 방지하기 위해 알고리즘 분석을 구성하는 기술 중에는 초기 가정의 수를 적게 유지하거나, 적어도 다양한 결과가 나올 수 있도록 초기 가정을 독립적으로 유지하는 기술도 있다. 디지털 인문학 프로젝트의 중요 특징은 '서술 대 해석'이라는 대립보다는 '인간 독해의 능력과 대가 대 기술적 인지의 이득과 한계'에서 비롯한다. 인간의 의식적 분석, 인간의 비의식적 인지, 기술적 인지는 재귀적 사이클에서 함께 작동하면서 각각이 그것 하나만으로 성취할 수 있는 것 이상으로 통찰의 범위와 의의를 확장할 수 있다.

의식의 극장에서 인지적 비의식을 상연하기

비의식적 인지와 그것이 작동하는 인지 집합체의 중요성이 커져 간다는 내 가설이 옳다면, 현대 문학과 그 밖의 창의적 작품에서 이런 영향력을 탐지할 수 있어야 할 것이다. 물론 이런 생산물들은 자각의 의식/무의식 양태에서 출현하기 때문에, 인지적 비의식 그 자체가 아니라 의식이라는 극장 안에서 일어나는 재상연을 반영한다. 이런 상연이 뚜렷이 드러나는 장소 중 하나가 현대의 개념 시학이다. 예를 들어 케네스 골드스미스(Kenneth Goldsmith)의 "비창조적 글쓰기(uncreative writing)"를 생각해 보자. <날(Day)>에서 골드스미스는 하루치 ≪뉴욕타임스≫(2000년 9월 1일) 전체를 다시 베낀다. <안달(Fidget)>에서는 하루 동안의 몸 움직임을 전부 다 기록했다. <독백(Soliloquy)>에서는 한 주 동안 말한 단어 전부(혼잣말 제외)를 기록했고, <교통(Traffic)>에서는 언제인지 모를 휴일 하루 동안 십 분 단위로 뉴욕 라디오 방송에서 나오는 교통정보를 기록했다. 골드스미스의 작품 그리고 이에 동반된 성명서들은 작품의 가치에 대한 격렬한 토론을 일으켰다. 예를 들면, <날>을 누가 읽고 싶겠는가? 분명 골드스미스조차도 읽고 싶지 않을 것이다. 골드스미스는 자기가 베끼는 페이지를 거의 보지도 않고 기계적으로 타이핑했다고 대놓고 말했다. 골드스미스가 선호하는 방법론들의 목록을 보면 데이터베이스 기술과의 유사점이 뚜렷이 드러난다. 골드스미스는 "정보 관리, 워드 프로세싱, 데이터베이싱, 극단적인 프로세스 … 강박적인 아카이빙과 목록화, 매체 및 광고의 품위 없는 언어, 질보다는 양에 더 관련된 언어"를 언급하면서(Goldsmith 2008) 스스로를 기계적 작가(Goldsmith 2008), "지금까지 생존한 작가들 중 가장 지루한 작가"(Perloff 2012, 149에서 인용)라고 말하고는 한다. 물론 마저리 펄로프(Marjorie Perloff)처럼 여기에는 단순한 베끼기 이상의 것이 작용하고 있다고 주장할 수도 있다(Perloff 2012). 하지만 틀에 박힌 계산, 영혼 없는 베끼기, 기계적 반복과 같이 인간이 할 수 있는 알고리즘 프로세싱이라는 스탠리 피시의 아이디어에 가까운 것을 실연하는 것이 골드스미스의 의도인 듯하다.

다시 말해 골드스미스는 비의식적 인지를 의식을 장악하고 탈취하는 것이면서, 어쩌면 동시에 독자가 노력을 해야만 알아차릴 수 있는 의식적 의도의 교활한 침투로 연출하기로 마음먹은 것 같다. 골드스미스가 그 결과를 '시'라고 부르는 것은 훨씬 더 도발적이다. 마치 공들인 언어와 감정의 순수한 분출과 가장 깊은 연관이 있는 장르가 갑자기 신경 체계를 엉망으로 뒤집어엎은 것 같다. 물론 인지적 비의식이 기술적 시스템 속으로 확장되기 때문에 그 자체로 더 다양하고 정교하며 인지적으로 유능해지고 있다는 점이 아이러니하다. 궁극적으로 여기에서 모방의 대상은 실제 인지적 비의식이 아니라, 동시에 두 가지 위반을 끌어내는 그 패러디 버전이다. 신경 스펙트럼의 양쪽 끝에는 마치 비의식인 것처럼 수행되는 의식과, 의식이 선택한 기준에 따라 수행되는 비의식이 있다. 펄로프는 존 케이지를 인용해 이렇게 말한다. "어떤 일을 2분 했는데 지루하다면 4분 동안 해 보라. 그래도 지루하면 8분, 16분, 32분, 계속해 보라. 하다 보면 전혀 지루하지 않고 대단히 흥미롭다는 것을 알게 될 것이다."(157) 인지적 비의식의 (뒤틀린) 가면을 쓴 의식이 슬며시 반응을 훔쳐본다. 그게 바로 흥미로운 점이다!

인지적 비의식이 현대의 창의적 작품에서 표면으로 드러나는 또 다른 예는 현대 소설에 관한 케이트 마셜(Kate Marshall)의 프로젝트다. 마셜은 이를 "외계인들의 소설(Novels by Aliens)"이라 부른다. 마셜은 "은유, 테크닉, 욕망으로서 비인간"에 초점을 맞추고, 현대 소설에서 내러티브 관점은 프레드릭 제임슨(Fredric Jameson)이 "새로운 사회적 역학을 추적하기 위해 끊임없이 발명되어 온 점점 더 새로워지는 사실주의"(Jameson 2010, 362)라고 부른 것을 보여 준다고 말한다. 예를 들어 콜슨 화이트헤드의 ≪1구역

(Zone One)≫에서 콰이어트 스톰이 고속도로 청소 프로젝트를 보는 시점은 머리 위 먼 곳, 인간 관찰자보다 높이 나는 드론에 더 적합한 시점이다(Marshall 2014). 마크 스피츠라는 별명의 주인공은 어느 정도는 마셜이 말하듯 "시점에 대한 욕망"을 느끼기 때문에 콰이어트 스톰과 협력한다. 마셜은 이런 문학적 효과를 사변적 실재론과 같은 철학 사조와 연결 짓지만, 사변적 실재론과 비인간 시점의 문학 실험 둘 다 선진국 환경에서 인지적 비의식이 광범하게 우세를 차지하게 된 데에서 비롯되었다. 이런 관점에서 현대에 일어난 '비인간으로의 전환'에는 인지적 매개자로 기능하기 위해 대상이 반드시 살아있거나 의식이 있을 필요는 없다는 깨달음이 있다.

인문학의 두 가지 길

오늘날 인문학은 교차로에 서 있다. 한쪽 길은 해석에 대한 전통적 이해와 함께 계속된다. 이는 인간과, 문화적 인공물에 재현된 세계와 인간이 맺는 관계에 대한 가정들과 밀접하게 연관되어 있다. 인문학 안의 해석 활동 대다수는 인간 자아가 세계와 맺는 관계와 명확하게 연관되어야 한다. 이런 구조에서는 인간이 자아를 지니고 있으며, 자아는 사고하는 데 꼭 필요하고, 자아는 의식/무의식에서 나온다고 가정된다. 다른 길은 비의식적 활동까지 포함하도록 인지 개념을 확장함으로써 이 가정에서 갈라져 나온다. 이 추론에 따르면 인지적 비의식 또한 복잡한 해석 행위를 하며, 가능성의 풍성한 스펙트럼에서 의식적 해석과 엇박을 두며 나아간다.

이 두 길이 제공하는 이익과 한계는 무엇일까? 전통적인 길은 해석이 오직 인간만의 것은 아니더라도(아마도 일부 동물까지 확장될 수는 있다) 대체로 인간에게 제한된다는 가정을 따른다. 이 길은 인간이 특별하며 지구에서 거의 모든 인지의 근원이고, 그러므로 세계가 무엇을 의미하는지 결정하는 데 인간의 관점이 가장 중요하다는 생각을 강화한다. 다른 길은 인지가 인간 사고보다 훨씬 더 광범하며, 다른 생명체뿐 아니라 기술적 디바이스도 항상 인지와 해석을 한다고 인정한다. 이는 이런 해석들이 인간의 의식적/무의식적 해석과 상호작용하면서 크게 영향을 주고, 인간의 해석이 인간의 비의식적 인지에 의한 사전 통합과 해석에 의존한다는 의미이기도 하다. 이때 의미에 대한 탐색은 협력·강화·경쟁·갈등하는 해석들의 풍성한 생태계에 기여하는 수많은 다른 종류의 매개자들과 더불어 인간, 동물, 기술적 장비들 간 어디에나 존재하는 활동이 된다.

전통적인 길이 치러야 할 대가 중 하나는 인문학이 과학과 공학에서 고립되는 것이다. 해석이 오로지 인간 활동일 뿐이라면, 인문학이 대개 해석에 관한 것이라면, 인문학 안에는 인지적·기술적 환경과 다른 종들과의 관계 속에 인간이 뿌리박혀 있는 복잡한 상황을 이해할 자원이 거의 없게 된다. 반대로 해석을 자연과 인공 환경에 널리 퍼진 것으로 이해한다면, 인문학은 건축, 전기와 기계 공학, 컴퓨터과학, 산업디자인, 그 밖의 다른 많은 분야에 중요한 기여를 할 수 있다. 인문학은 다양한 종류의 해석과 서로의 생태적 관계를 분석하기 위해 발전시켜 온 정교한 방법들에 대해 상당한 지분이 있으며, 이를 가지고 흥미진진한 협동 프로젝트에 참여할 수 있다.

나는 비전통적인 길 쪽이 더 나은 선택이라고 보지만, 이 길을 따라가려면 인식론적 단절이라고 할 정도로 개념적 틀의 광범한 변화가 필요하다. 앞서 보았듯 제일 먼저 해야 할 일은 사고와 인지를 더는 동일시하지 않는 것이다. 또 다른 핵심적 조치는 해석을 인간 자아와 세계의 관계에 대한 질문뿐 아니라 정보 흐름에도 적용할 수 있도록 재개념화하는 것이다. 그렇게 하여 관점이 변화하면, 디지털 인문학이 지금 인문학에 하고 있는 개입에 대한 오해 중 상당수는 사라진다. 나는 이와 관련된 쟁점들이 디지털 인문학 자체보다 훨씬 더 중대하다는 점을 강조하고 싶다. 디지털 인문학이 중요하다 할지라도, 거기에만 초점을 맞추면 정작 긴급한 문제를 왜곡하게 된다(내가 마지막 장까지 기다렸다가 이 화제를 꺼내는 이유도 이 대문이다). 중요한 것은 해석(다시 말해 '해석'과 '의미'가 인간만의 활동으로 논할 수 있는 안정된 범주라고 가정하는 공식)과 경쟁하는 듯한 방법들이 아니라, 인지가 인간과 기술 시스템에서 그리고 지구의 인공 환경과 자연환경을 변화시키고 있는 더 큰 인지 집합체에서 작동할 때의 그 범위와 본질이다.

이 장(그리고 책)의 결론에서 말하고 싶은 두 가지 중요한 함의가 있다. 첫째는 비의식적 인지가 인간이 생각하는 방식과 근본적으로 동떨어져 있지 않으며, 2장에서 의식과 비의식적 인지의 관계를 조사하는 연구를 정리하면서 보았듯 사실상 인간 인지에 핵심적이라는 점이다. 인문학에서 컴퓨터가 할 수 있는 일과 인간 뇌가 성취할 수 있는 일을 구분해 주는 "측정 불가능한" 격차를 말하는 사람들은 낮은 수준의 비의식적 인지 활동이 이미 항상 인간 뇌의 높은 수준의 사고에 관여하고 있음을 설명하려면 자기들의 주장을 바꿔야 한다. 역사적으로 인간이 온갖 종류의 외부 대상들을 인지적 지원과 연장으로 끌어들이는 데 종으로서 탁월한 능력을 발휘했듯, 디지털 인문학과 다른 많은 분야에서 외부의 비의식적 인지자들이 인간의 확장된 인지 시스템 속으로 들어오고 있다(Clark 2008; Hutchins 1996). 이런 외부적 인지자들은 패턴을 인식하고, 복잡한 데이터에서 추론을 끌어내고, 복수의 변수들 속에서 연계 변이를 인식하는 법을 배우고, 상충하거나 애매한 정보를 놓고 결정에 도달하는 것을 포함해 인간 뇌에서도 일어나는 일들을 수행한다.

이런 식으로 보자면 컴퓨터는 대중 과학서적과 대중문화에서 종종 묘사되듯 인간에게 낯선 존재가 아니다. 예를 들어 데이비드 이글먼(David Eagleman)은 비의식적 인지에 대한 연구를 대중적으로 풀어 쓴 ≪인코그니토(Incognito)≫(2012)에서, 인간 뇌 안의 전문적이고 자동화된 프로세서를 "이질적"인 "좀비" 시스템이라고 거듭 언급한다. 이런 표현은 이글먼의 주장을 더 생생하고 재미있게 만들어 주지만, 근본적으로 자아와 분리되어 있으며 자아에 이질적인 어떤 미니어처 컴퓨터가 인간 뇌 속에 자리 잡고 있다는 식으로 의식과 비의식적 인지를 완전히 인위적으로 구분하게 한다. 그러나 실은 뇌는 놀랍도록 통합적인 시스템으로, 모든 부분이 소통하며 다른 모든 부분과 통합되어 있다(이글먼 본인도 다른 맥락에서는 이를 인정하고 있다[166]). 또한 뇌에서는 의식이 비의식적 인지의 빠른 반응 정보 프로세싱에 의존하고 이를 통합하는 것 못지않게 비의식적 인지가 유지되기 위해 고수준 증폭 신호의 지원이 필요하다.

이는 내가 강조하려는 두 번째 요점으로 이어진다. 우리는 이제 복잡성, 사회성, 기술적 비의식 시스템 간의 상호 연결이 늘어나는 시대에 있다. 인간 인지가 인간의 사회성을 통해 급격히 진화적으로 상승했듯 기술적 시스템의 비의식적 인지는 홀로가 아니라 다른 기술적 시스템과의 재귀적인 상호 연결에서 작동한다. 예를 들어 5장에서 논한 VIV 같은 비의식적 시스템은 '사물인터넷'에서 웹상의 오픈소스 정보에 접근할 수도 있다. 그렇게 해서 교차 접속을 통해 개별 사이트로부터의 추론에 영향을 주어 연결을 늘려 그 이상의 추론으로 계속 도약할 수 있다. 생물학적 유기체는 개별적 사례에서 높은 수준의 추상화까지, 이런 종류의 도약을 하도록 의식을 진화시켰다. 핵심 의식과 고차 의식은 궁극적으로 인간이 웹처럼 정교한 커뮤니케이션 네트워크와 정보 구조를 만들 수 있게 해 주었다. 넓은 역사적 관점에서 보자면 자동화된 인지자들은 진화한 인간 의식의 한 결과다.

그러나 기술적 인지자들의 진화적 발전은 호모 사피엔스의 발전과는 다른 길을 걷게 될 듯하다. 그들은 의식보다는 다른 비의식적 인지자들과의 더 집중적이고 광범한 상호 접속을 통해서 나아갈 것이다. 어떻게 보면 그들은 이미 인간 의식과 연결된 재귀적 루프 속에 있기 때문에 작동하는 데 의식을 필요로 하지 않는다. 우리 관점에서는 그들이 우리의 확장된 인지 시스템의 일부이듯(Clark 2008), 기술적 시스템이 자아를 가지고 있다면 인간을 자기들의 확장된 인지 시스템의 일부로 볼 거라고 도킨스 식으로 상상할 수도 있다. 어쨌든 인간과 기술적 시스템이 복잡한 공생적 관계 속에 있으며, 각각의 공생체가 관계에 이익과 한계를 가져온다는 것만큼은 이제 분명하다. 이런 공생이 더 발전할수록, 상대방 없이 어느 쪽의 공생자든 번성하기는 더 어려워질 것이다.

인문학에서는 이런 공생을 어떻게 분석하고 이해해야 할까? 중요한 첫 단계는 인간 뇌가 강력한 비의식적 인지 능력을 지니고 있다는 것을 깨닫는 것이다. 이러한 깨달음이 있어야 인문학이 인지를 인간에게만 특유한 능력이 아니라 많은 비인간 생명체와 점점 더 많은 지능 기계들에도 있는 능력으로 새롭게 볼 수 있다. 그러면 이제 문제는 앨런 튜링이 반세기 전에 물었듯이 기계가 생각할 수 있는지 여부가 아니라, 인간의 복잡한 적응 시스템이 점점 더 인지 집합체의 지능 기술과 상호 의존하며 뒤얽히는 상황에서 지구의 인지자들 간의 비의식적 인지 네트워크가 어떻게 삶의 조건을 바꾸고 있는지가 된다. 내가 주장했듯 선진 사회의 현대 문화가 지금 전 지구적 인지 생태계를 심대하게 변화시키는 전체적 변환을 겪고 있다면, 인문학은 그 함의를 분석하고 해석하고 이해하는 데 핵심적으로 관여해야 한다. 인문학이 할 일 중에, 세계에 이보다 중한 것은 없다. 맨 처음에 한 말을 다시 되풀이하겠다. 가장 중요한 문제는 우리가 어떤 세계를 원하는가다.

감사의 글

이 책이 나오기까지 내가 생각을 촉발하고, 주장을 정제하며, 연구 범위를 확장하도록 해 준 많은 이들의 관대한 도움과 지적 자극, 협력이 있었다. 특히 듀크대학교에서 받은 안식년, 영국 더럼대학교에서 받은 선진 연구소 연구비, 시카고대학교에서의 '크리티컬 인쿼리(Critical Inquiry)' 방문교수 임명이 나에게 생각하고 쓸 시간을 준 중요한 자원이었다. 이러한 지원에 대해 기쁜 마음으로 감사를 전한다.

더럼에서 보낸 몇 달은 바람이 많이 부는 겨울날이었지만 그곳에서 만난 친구들, 특히 린다 크로, 미하일 엡스타인, 게르하르트 라우어, 제럴드 무어, 리처드 리드, 니컬러스 솔, 베로니카 스트랭 덕분에 따뜻하게 지냈다. 시카고대학교에서는 비할 데 없이 훌륭한 톰 미첼이 항상 친구처럼 지내 주었고, 빌 브라운은 영감을 주는 존재였으며, 프랜시스 퍼거슨은 나를 항상 친근하게 대하고 시간을 아낌없이 내주었다. 펠로협회(Society of Fellows)는 도전적이고 유익한 교류 기회를 제공했다. 행크 스코치는 물질적 도움과 꼼꼼하고 정확한 교정으로 나를 지원했다.

또한 곧 나올 자신들의 작업물을 출판 전에 기꺼이 공유해 준 학자들도 나에게 큰 도움을 주었다. 루이즈 애무어, 울리크 에크만, 마크 핸슨, 윌리엄 허치슨, 안크리스티나 랑에, 루치아나 파리시, 패트릭 화이트마시가 그들이다. 내가 그러한 자료들을 잘 다룰 것이라는 이들의 신뢰가 내 마음을 따뜻하게 했다. 듀크대학교의 뛰어난 동료들, 특히 레이 초, 엘리자베스 그로스, 마크 핸슨, 바버라 헤른스타인스미스, 데버라 젠슨, 팀 레노어, 빅토리아 사보, 토릴 모이, 안토니오 비에고, 로빈 위그먼도 나를 지원하고 고무했다. 내가 2015년 가을학기에 교편을 잡은 듀크쿤산대학교에서는 앤드루 필드, 하이얀 가오, 디드라 매클런의 지원이 특히 소중했다. 나와 함께 "과학 소설, 과학적 사실"이라는 과목을 가르친 마크 크루스는 특별히 언급할 가치가 있다. 크루스는 양자역학과 상대성 이론의 복잡성을 탐구하는 동안 나와 학생들을 놀라운 인내심과 명쾌한 설명, 관대함으로 인도했다. 연구 조교인 메리앤 머태그는 도움과 귀중한 자원을 제공했다. 평생 친구인 마저리 루스브링크는 수많은 대화와 저녁 식사 자리를 밝혀 주면서 나와 이 책에 담긴 여러 아이디어를 논의했다.

옛 제자들이 자기 힘으로 성장하고, 때로 내가 성취할 수 있었을 그 어떤 것보다 뛰어난 최신 업적을 이루는 것을 보는 일은 나이를 먹으면서 느끼는 즐거움 중 하나다. 나는 운 좋게도 자기 분야에서 어젠다를 제시하고 있는 매우 재능 있는 젊은 학자들과 함께 일할 수 있었다. 올리비아 배너, 잭 블라스, 네이선 브라운, 토드 개넌, 어맨다 골드, 패트릭 자고다, 멜로디 주, 패트릭 르 미외, 케이트 마셜, 제시카 프레스먼, 데이비드 람보, 제니 리, 앨런 리들, 데이비드 셰퍼드, 존 스태들러, 비다 소스타인슨이 그들이다.

여러 과학자, 문화 비평가, 미디어 이론가 그리고 인문학자들의 글과 연구가 이 프로젝트와 내 연구 전반에 큰 도움을 주었다. 캐런 바라드, 로런 벌랜트, 로지 브라이도티, 장피에르 샹죄, 안토니오 다마지오, 스타니슬라스 데하네, 제럴드 에덜먼, 다누타 피엘레스타드, 엘리자베스 그로스, 마크 핸슨, 도널드 매켄지, 프랑코 모레티, 루치아나 파리시, 개릿 스튜어트, 줄리오 토노니 등이 그들이다. 시카고대학교출판사의 편집자 앨런 토머스는 오랫동안 변함없는 친구이자 동료였으며, 그의 꾸준한 지원에 크나큰 감사를 표한다.

항상 파트너이자 친구인 니컬러스 게슬러에게 제일 큰 빚을 지고 있다. 모든 기술적인 것에 대한 백과사전적 지식, 스스로 문제를 해결하려는 헌신, 물질세계에 대한 호기심, 그의 사랑, 따뜻함, 관대함은 언제나 경이롭다.

다음의 기 출판 자료를 이 책에서 전재할 수 있도록 허락해준 분들에게 감사드린다. 2장 대부분은 "인지적 비의식: 인문학의 마음을 확장하기(Cognitive Nonconscious: Enlarging the Mind of the Humanities)"라는 제목으로 ≪크리티컬 인쿼리≫, 4권 4호, 783-808쪽(2016년 여름)에 실렸고, 5장

대부분은 "인지 집합체: 기술적 행위성과 인간 상호작용(Cognitive Assemblages: Technical Agency and Human Interactions)"이라는 제목으로 ≪크리티컬 인쿼리≫, 5권 1호(2016년 가을)에 실렸다. 이 두 편은 시카고대학교가 저작권을 갖고 있다. 6장 일부는 "인지적 비의식과 자동화된 거래 알고리즘(The Cognitive Nonconscious and Automated Trading Algorithms)"이라는 제목으로, 에마뉘엘레 퀸츠가 편집하고 스테판 판데르헤이그가 번역한 ≪언어, 글쓰기, 코드≫에 실렸다(Petite Collection ArtsH2H, Paris-Dijon: Les presses du réel, 2015). 8장 일부는 "어디에나 있는 인지: 인지적 비의식의 부상과 의식의 대가(Cognition Everywhere: The Rise of the Cognitive Nonconscious and the Costs of Consciousness)"라는 제목으로 ≪뉴 리터러리 히스토리≫, 45권 2호, 199-220쪽(2014년 봄)에 실렸다.

옮긴이의 글

이 책은 ≪우리는 어떻게 포스트휴먼이 되었는가≫, ≪내 어머니는 컴퓨터였다≫로 국내에도 잘 알려진 대표적인 포스트휴머니즘 이론가 캐서린 헤일스의 *Unthought*를 번역한 것이다. 원전은 2017년에 출간되었는데, 인공지능의 발전이 전 세계를 휩쓸며 혁명적 변화를 가져오고 있는 현 상황을 생각하면 한국어판은 가장 필요할 때에 나오게 되었다는 생각이 든다. 현재 챗GPT, 제미나이, 클로드, 퍼플렉시티 등 다 열거할 수 없을 만큼 많은 대규모 언어모델(LLM)이 산업과 경제뿐 아니라 사회와 문화 전반에서까지 거대한 변화를 일으키고 있다. 복잡한 프로그래밍 언어를 익히지 않고도 사람과 대화하듯 자연스럽게 문답을 주고받을 수 있는 LLM의 등장은 보통 사람들의 일상마저 바꾸어 놓았다. 마치 인간처럼 내 말을 알아듣고 심지어 공감과 위로까지 해 주는 인공지능을 보면서, 앨런 튜링이 이미 오래전에 던졌던 질문을 다시 떠올리지 않을 수 없다. "기계는 생각할 수 있는가?" 의식과 인지, 지능을 재정의하는 헤일스의 이 책은 챗GPT의 시대에 이 질문에 대해 새로운 답을 찾도록 돕는다.

인공지능에 인문학 관점으로 접근한다는 것은 쉽지 않은 일이다. 과학과 인문학을 갈라놓는 '두 문화'의 오랜 전통이야 말할 필요 없고, 복잡한 프로그래밍과 코딩이 기반이 되는 인공지능은 인문학자들이 연구하기에 진입 문턱이 높다. 이러한 현실적 이유 탓에 인공지능 연구와 인문학 간의 학제적 연구 사례는 많지 않다. 헤일스는 화학을 전공하고 영문학을 공부한 개인적 배경에 힘입어 사이버네틱스, 인공지능 연구, 디지털 인문학, 문학을 가로지르며 엮어내는 융합 연구의 최전선에서 활약해 왔다. 그러나 헤일스도 말하듯 인문학자가 디지털 인문학을 하기 위해 반드시 코딩 기술을 익혀야 할 필요는 없다. 사실 디지털 테크놀로지의 작동 방식과 그 기술의 관점은 이미 우리의 삶과 존재 속에 스며들어 우리의 세계를 상호 구성하고 매일 우리와 상호작용하고 있다. 따라서 헤일스가 인문학에 대해 비판적으로 전하는 고언처럼, 인문학이 인공지능 시대에 더 적극적으로 현실의 문제에 개입하고 변화를 만들어 내려면 '디지털과 아날로그', '정보와 문학', '해석과 묘사' 같이 인문학자들이 흔히 받아들이는 이분법적 관점을 넘어 기술에 대해 열린 사고를 해야 한다.

디지털보다 아날로그를, 정보보다 문학을, 묘사보다 해석을 우위에 놓는 전통적인 인문학의 이분법적 관점은 의식이 자아의 중심이며 지능과 인지는 인간의 특징이라고 보는 휴머니즘과 무관하지 않다. 신유물론으로 대표되는 최신의 철학적 경향들은 이러한 인간중심주의적·이분법적·휴머니증적 접근법을 극복하는 데 주력하고 있다. 헤일스는 이러한 노력의 중요성과 의의를 높이 평가하고 이에 동의하면서도, 그 한계를 지적하며 인문학이 나아갈 수 있는 다른 돌파구를 제시하려 한다. 헤일스가 이를 위해 선택한 핵심 키워드가 바로 '비의식적 인지'다.

헤일스는 인지가 단순한 의식적 사고를 넘어서는 정보 처리 과정이며, 우리가 흔히 생각하는 것보다 훨씬 광범위하다고 말한다. 인지는 "정보와 의미를 연결하는 맥락에서 정보를 해석하는 프로세스"로 정의되는데, 이 정의는 인간뿐 아니라 생물체, 심지어 기술 시스템에도 적용된다. 즉 헤일스는 이러한 식으로 인지를 정의함으로써 인지를 인간 고유의 능력이자 특성으로 보는 인간중심주의를 벗어나려 한다. 이를 위해 주변 환경에 반응하고 다른 개체들과 소통하는 식물의 사례를 들어 식물 또한 인지 능력을 바탕으로 주변 세계와 상호작용하고 적응·진화한다는 사실을 보여 준다. 더 나아가 인공지능과 드론 등 기술적 인공물들 또한 인지 능력이 있으며, 그 능력은 나날이 급속도로 발전하고 있다. 따라서 헤일스는 인지를 중심에 두는 새로운 관점을 바탕으로, '인간과 인간-외-것(more-than-human)'을 나누는 신유물론의 기준에 여전히 남아 있는 인간중심주의를 극복하기 위해 '인지자 대 비인지자'라는 새로운 접근 틀을 제시한다. 이 틀에서 '인지자'는 동식물과 다양한 생명체, 기술적 인공물을 아우른다.

인지에 대한 확장된 정의의 효용은 단지 인지자의 범위를 비인간으로 늘리는 데 국한되지 않는다. 헤일스는 '비의식적 인지'라는 새로운 개념을 통해 인간과 기술적 인지자들의 연속성을 강조하고, 비물질적·탈체현적·초월적인 것으로만 여겨졌던 의식이 물질세계와 뗄 수 없는 관계에 있음을 드러낸다. 비의식적 인지는 프로이트의 무의식과 다르다. 무의식이 꿈이나 최면을 통해 의식으로 드러나기도 하고 의식과 소통할 수 있는 반면, 비의식은 의식이 접근할 수 없다. 비의식적 인지는 감각을 통해 외부의 물질적 세계에서 매 순간 쏟아져 들어오는 엄청난 양의 정보 중 상당 부분을 맡아 처리하며, 이 중 일부만을 의식으로 보낸다. 이는 비의식적 인지에 비해 정보 처리 속도가 상대적으로 느린 의식이 엄청난 정보량에 압도당하지 않고 정보를 효율적으로 처리할 수 있게 하기 위해서다. 이러한 비의식적 인지의 작용은 마치 기술적 인지가 그리하듯이 기계적으로 이루어진다는 점에서, 인간과 기술적 존재 사이의 연속성을 보여 준다. 또한 비의식적 인지는 이러한 식으로 의식과 물질세계 사이에서 양쪽을 연결한다.

이처럼 헤일스의 논의는 인지 개념을 통해 인간을 탈중심화하면서 그가 전작들에서도 강조해 온 물질성과 체현의 문제를 한층 깊이 있게 다룬다. 이는 신유물론과 함께 물질보다 의식을 특권화하는 서구의 오랜 심신 이원론을 해체하면서, 한편으로 신유물론의 허점을 메우려는 시도다. 헤일스는 신유물론이 의식과 인지를 고려하지 않는다는 점에서 한계를 보인다고 비판한다. 신유물론이 받아 온 비판 중 하나로, 물질의 '생기'나 비인간의 '생성적 역량'에 대한 강조가 모호하고 추상적이어서 현실적 개입이나 실증적 분석으로 연결되기 어렵다는 것이 있다. 기술적 인지자들과의 상호작용이 기하급수적으로 늘어나며 그들의 행위성이 커져 가는 현재의 시점에서 헤일스의 비의식적 인지 개념은 이러한 상호작용을 이해하고 인간이 개입할 변곡점을 찾으려 시도한다는 점에서 매우 시의적절하며, 인문학이 현실에 대안을 제공할 가능성을 구체적으로 탐색한다는 점에서 의의가 있다.

아울러 헤일스는 인간과 비인간 행위자들이 상호작용하면서 정보를 의미 있는 방식으로 처리하는 분산된 인지적 네트워크를 '인지 집합체'로 정의하고, 전 세계적으로 급속히 커져 가고 있는 인지 집합체에 주목한다. 헤일스가 이 책에서 다루고 있는 대표적인 인지 집합체 사례는 전투 드론, 교통 통제 시스템, 고빈도 알고리즘 주식 거래 등 다양하다. 인지 집합체는 기술 발전으로 연결성이 강화되고 인간의 행위성이 점점 더 제한받게 되는 현실을 보여 준다. 인지와 마찬가지로 행위성도 집합체 전체에 분산된다. 헤일스가 분석한 2010년 주식 대폭락 사건은 인간이 인간의 반응 능력을 초월하는 기술적 인지자들의 행위를 통제하는 데 실패한 대표적 사례다. 기술적 인지와의 상호작용이 앞으로 더욱 늘어나면 통제 실패의 사례도 더 늘어날 것이다. 인간은 인지 집합체의 일부일 뿐, 기후 변화와 환경 재앙 등 인류세의 문제들이 보여 주듯 집합체를 통제할 힘이 없다. 그러나 헤일스는 전체 구조를 인간의 뜻대로 통제하거나 바꾸는 것이 불가능하더라도, 지금이야말로 인문학이 개입해 인간만이 아니라 비인간까지, 모두를 위해 인지 집합체가 나아갈 방향을 성찰하고 조정하도록 자기 몫을 다해야 할 때라고 요청한다.

휴머니즘이 꿈꾸었던, 전체를 조망하고 통제할 수 있는 절대적 위치는 존재하지 않는다. 따라서 헤일스는 끊임없이 움직이고 변화하는 유동적이며 분산된 체제 안에서, 함께 얽혀 움직이면서 그 체제의 움직임을 주의 깊게 관찰함으로써 개입하고 변화를 일으킬 수 있는 변곡점을 찾아내야 한다고 주장한다. 이때 중요한 것은 헤일스의 표현처럼 "우리가 어떤 세상을 원하는가", 즉 시스템이 어떤 쪽으로 나아가야 할지 생각하는 것이다. 헤일스는 이러한 생각이 공명정대함, 정의, 지속가능성, 환경윤리와 같은 이전의 비전에 의존하며, 이러한 비전들은 보통 시스템 자체 내부에서 발견되기보다는 윤리적 책임과 긍정적 미래에 대한 앞선 시대의 헌신에서 나온다고 말한다.

그렇기에 헤일스는 지금 인문학의 역할이 그 어느 때보다도 중요하다고 강조한다. 헤일스는 비사고의 힘 그리고 인간과 기술적 존재들의 비의식적 인지를 분석하기 위해 인지과학, 뇌과학, 인공지능 연구를 비롯해 금융, 경제, 군사, 교통 시스템 등 다양한 분야를 넘나들면서도 자신의 본령인 문학에 대한 관심을 놓지 않는다. 소설은 가상의 내러티브를 구성해 정동이 인간 삶에서 어떻게 작용하는지 보여 주고, 그 안에서 윤리적 문제를 탐색하고, 현실의 체제를 넘어서는 가능성들을 상상한다. 이러한 점에서 소설은 인간 역사에서 가장 오래되었으면서 여전히 강력한 인지 디바이스 중 하나다. 헤일스의 소설 분석은 난해한 철학 이론이 긴급한 현실의 문제를 다룰 때 흔히 놓치기 쉬운 삶의 구체적 맥락을 포착하고 제시한다는 점에서 그의 연구를 특별하게 만든다.

헤일스의 연구가 과학 기술에 대한 과도한 환상과 기대 혹은 과학 기술에 지배당할 공포라는 양극단으로 빠지지 않으면서 기술을 이해하고 성찰할 좋은 자원이 되기를 기대한다. 어려운 책의 편집을 맡아 열성으로 작업하고 큰 도움을 준 곽성우 편집자에게 감사를 전한다.

미주

01 비의식적 인지

<1> 연구 결과에 따르면 언어적 내러티브가 고차 의식에 의해 해독되기 전에 핵심 의식 그리고 아마도 비의식적 인지가 이미 내러티브 발전에 적합한 생리적 반응이 개시되게 한다. 예를 들어 Katrin Riese et al.(2014)을 참조하면 좋다.

<2> 프로이트적 무의식에 관심 있는 사람들은 그것을 어떤 종류의 트라우마가 개입해 의식과의 쉽고 지속적인 소통을 방해하는 '새로운' 무의식의 하위 집합으로 간주할 수 있다. 그럼에도 그것은 꿈과 증후를 통해 의식에 나타난다.

<3> 초록은 https://thesis.library.adelaide.edu.au.에서 볼 수 있다.

<4> ≪식물 이론: 생명권력과 식물의 삶(Plant Theory: Biopower and Vegetable Life)≫에서 제프리 닐런(Jeffrey Nealon)은 식물이 생명정치와 동물 권리 담론에서 잊히고 심지어 멸시받는 대상이라고 주장했다. "동물보다는 식물이 휴머니즘 생명권력의 지배 체제 내에서 잊히고 배제된 생명 형태(form of life)로 기능한다."(Nealon 2016, location 56)

<5> 이 참고문헌을 알려 준 것에 대해 시카고대학교출판부의 익명의 독자 2에게 감사한다.

<6> 캐리 울프(Cary Wolfe)의 글은 내가 탈체현의 환상을 지지한다고 (잘못) 읽혀 왔다. 내가 ≪우리는 어떻게 포스트휴먼이 되었는가≫를 출간하고 11년 후에 나온 ≪포스트휴머니즘은 무엇인가?(What Is Posthumanism?)≫(2009)에서 울프는 다음과 같이 썼다. "내가 이해하는 포스트휴머니즘은 캐서린 헤일스가 묘사한 포스트휴먼의 환상과는 차이가 있다. 헤일스는 의기양양한 체현의 초월을 상상하고 '물질적 예화보다 정보 패턴에 특권을 부여해, 생물학적 기질에서의 체현을 생명의 불가피성이라기보다는 역사의 우연으로 본다'."(120) 울프는 이 구절을 인용하면서, 내가 이러한 비전을 묘사하기는 했지만 어디까지나 그것을 비판하기 위해 그렇게 했음은 언급하지 않았다[서문에서 울프는 이 구별을 더 명확히 했다(v)]. 울프는 위 인용문에 이어 탈체현의 환상이 "인간이라고 불리는 것에 더 세밀하게 주의를 기울이도록 요구하고, 그것의 체현·착근성·물질성에, 그리고 그것들이 어떻

게 의식·마음 등을 형성하고 의식·마음 등에 의해 형성되는가에 더욱 주의를 기울이도록 요구한다"고 썼다. 이때 울프의 인용은 체현에 대한 그의 입장이 내 입장과 반대된다고 암시하지만, 사실은 정반대다. 실제로 여러 사람이 울프의 말을 바로 이런 식으로 잘못 이해했다고 나에게 말했다. 분명히 하자면, 울프와 나는 인간이 체현에 근거하며 복잡한 사회적·문화적·기술적 환경에 뿌리박혀 있다는 데 동의한다. 우리의 차이점은 '포스트휴먼'이라는 용어가 어떻게 이해되어야 하는지에 있다. 나는 포스트휴머니즘 내에 여러 입장들이 있다고 보며, 그중에는 탈체현의 환상처럼 내가 결코 동의하지 않는 입장들도 있다. 반면 울프는 '포스트휴먼'이라는 용어가 오직 체현된 입장만을 나타내도록 그것을 제한하려 하며, 그가 보기에 좋지 않은 요소들, 예를 들어 탈체현의 환상 같은 것들을 제거하려 한다.

<7> 캐서린 말라부(Catherine Malabou)는 인간 신경학의 맥락에서 유연성보다 가소성을 우위에 둔다. 이는 신경적 관점에서뿐 아니라 생물학적·기술적 매체에서 유연성이 나타나는 방식을 충분히 설명하기에는 너무 좁은 시각이다. 말라부에 따르면 유연성은 신자유주의 비즈니스 관행에서 강조되는 경쟁력 유지의 필수 요소로, 종종 직업 불안정과 아웃소싱의 해로운 영향을 은폐하는 데 이용된다. 캐서린 말라부의 ≪우리 뇌를 어떻게 해야 할까?(What Should We Do with Our Brain?)≫(서배스천 랜드 번역, Bronx, N.Y., 2008) 참조.

<8> 믹 스미스(Mick Smith), ≪생태 주권에 반대하며: 윤리, 생명정치, 자연 세계를 구하기(Against Ecological Sovereignty: Ethics, Biopolitics, and Saving the Natural World)≫(Minneapolis, 2011), 10.

<9> 로렌초 마냐니(Lorenzo Magnani)의 ≪기술적 세계의 도덕성: 의무로서의 지식(Morality in a Technological World: Knowledge as Duty)≫(2007)과 비슷하게, 버빅의 접근 방식은 "도덕적 행위의 템플릿"에 초점을 맞추기보다는 인간이 기술을 이용하는 구체적 맥락에서 기술들이 일으킬 수 있는 예상치 못한 이용과 결과에 더 열려 있다.

<10> 브뤼노 라투르, "도덕성과 기술(Morality and Technology)"(2002) 참조.

02 비의식적 인지와 의식 간의 상호작용

<1> 2015년 3월 20일, 케임브리지대학교에서 열린 "토털 아카이브: 백과사전에서 빅데이터까지 보편적 지식의 꿈" 콘퍼런스에 참석했을 때 마음챙김 테크닉을 간략히 소개받았다. 이는 마음챙김 훈련에서 우리를 이끌어 준 매슈 드레이지(Matthew Drage)가 쓴 표현이다.

03 인지적 비의식과 신유물론

<1> '물질'은 좁은 의미에서의 물질뿐 아니라 물질, 에너지, 정보를 모두 의미한다.

<2> 거시적 객체에 양자역학을 적용할 수 있는지, 혹은 적용해야 하는지는 논란의 여지가 있다. "과학 소설, 과학적 사실" 수업에서 우리는 고속으로 이동하는 테니스공의 양자 효과를 논의했다. 마크 크루스는 드브로이 파장(공의 파동 특성을 측정하는 지표)이 10^{-32}미터 정도라는 계산을 내놓았다. 이는 원자의 반지름(10^{-10}미터)이나 양성자의 반지름(10^{-15}미터)과 비교할 때 완전히 측정 불가능한 수치다. 게다가 크루스가 이메일로 설명한 바에 따르면(2014년 7월 24일) 하이젠베르크 불확정성 원리로 인해 그 정도의 정밀도로 길이를 측정하는 것은 불가능하기 때문에, 그러한 수치는 물리적으로 말이 되지 않는다.

<3> 들뢰즈와 가타리의 ≪천 개의 고원(A Thousand Plateaus)≫에서 가져온 이 구절은 주체와 의미를 거부하는 전형이다. "우리는 과학성에 익숙하지 않듯이 이데올로기에 익숙하지 않다. 우리가 아는 것은 오로지 집합체뿐이다. 그리고 유일한 집합체는 욕망과 집단적 언명의 기계적 집합체다. 의미도 없고, 주체화도 없다. n번째 힘에 대한 글쓰기다(모든 개별화된 언명은 지배적 의미화 내에 갇혀 있으며, 모든 의미화하는 욕망은 지배당하는 주체들과 관련되어 있다)."(Deleuze and Guattari 1987, 32)

<4> 예를 들어 안토니오 다마지오는 원형 자아(내 용어로는 비의식적 인지)가 의식에 핵심적이라고 주장(2000, 174)하면서도 "타자를 의식하고 타자와 관계 맺지 않는 한 자아 따위는 없다"고 주장했다(2000, 194).

<5> 이러한 맥락에서, 내가 기술적 대상에 접근하는 방식은 이를테면 볼프강 에른스트(Wolfgang Ernst)가 ≪기억과 디지털 아카이브

(Memory and the Digital Archive)≫(Minneapolis: University of Minnesota Press, 2012)에서 정의한 '미디어 고고학(media archaeology)'과 유사점이 있다.

04 의식의 대가

<1> 이 통찰에 대해서는 시카고대학교출판부의 익명의 독자 1에게 감사한다.

<2> 이것이 생리학적으로 말이 되는지는 논란의 여지가 있는 문제다. 현명하게도 매카시는 화자의 부상이 정확히 어떤 성격의 것인지 명시하는 것을 삼가고, 그 대신 독자가 화자의 행동에서 유추하도록 한다.

<3> 와츠는 "주석과 참고문헌"(378)에서 토마스 메칭거의 저작(2004)을 읽었다고 언급한다. 이 말("아무도 아닌 존재")은 명백하게 메칭거의 아이디어를 반영하고 있다.

<4> 1장에서 논의된 식물 지능에 대한 논쟁의 영향을 여기서 감지할 수 있다. 외계인들은 최소한으로만 대뇌화했다는 점에서 식물과 유사하기 때문에, 그들의 능력도 뇌 중심적인 인간들에게 크게 과소평가된다.

<5> 여기서 맥스 벨먼스(Max Velmans, 1995)가 설명하는 맹시와의 유사성에 주목하라. 와츠는 "주석과 참고문헌"에서 벨먼스(2003)를 인용했다.

<6> 이런 맥락에서 ≪블라인드사이트≫의 '외계인'은 베르나르 스티글레르(1998)가 인간과 기술의 공진화에 대해 발전시켜 온 주제에 대한 지속적 탐구의 일환이라고 볼 수 있다. 스티글레르는 인간의 인지능력이 인간 종의 초기부터 기술과 완전히 얽혀 있었다고 주장한다.

<7> NASA는 백조자리에 위치한 케플러 452b의 존재를 발표했다. Kerry Grens(July 27, 2015)를 참조하라.

05 인지 집합체

<1> UCLA에서 강의하고 산페르난도 밸리에 거주하는 한 동료는 버스 전용 차선 덕분에 대학과 자신의 관계가 변화했다고 말했다. 이전에 그는 미국에서 가장 붐비는 405 고속도로를 이용해 출근해야 했지만, 이제는 변덕스럽고 끔찍하게 혼란스러운 교통 체증의 고통에서

벗어나 버스에서 편안하게 시간을 보낼 수 있다.

<2> 판데르 헴은 자기 웹사이트에서 동영상을 볼 수 있다고 말했지만, 지금은 내려진 상태다. 그가 받은 상을 기념하는 네덜란드 웹사이트에만 미머신에 대한 언급이 있다. 그는 그 프로젝트가 너무 산만해져서 그의 다른 과학 연구에 돌아갈 주의를 빼앗고 있다고 판단했을 수 있다.

<3> 많은 인문학자들이 바로 이렇게 하고 있다는 점은 높이 평가받아야 한다. 바버라 스태퍼드(Barbara Stafford)를 생각해 보자. 그는 자신의 책 ≪반향 대상들: 이미지의 인지적 연구(Echo Objects: The Cognitive Work of Images)≫를 준비하면서 뇌과학 세미나에 참석하기 위해 혹독한 시카고의 겨울에 시카고대학교 교정을 가로질러 다녔다. 듀크대학교의 데버라 젠슨(Deborah Jenson)은 신경과학자와 인문학자들이 참여하는 워킹 그룹을 만들었고, 바버라 헌스틴 스미스(Barbara Herrnstein Smith)는 과학과 문화 이론에 관한 학제 간 연구 센터를 만들었다. 이밖에 혁신적인 저작 ≪실험실 생활: 과학적 사실의 구성(Laboratory Life: The Construction of Scientific Facts)≫(1979)을 쓴 브뤼노 라투르와 스티브 울거는 물론이고, 언급할 수 없을 만큼 많은 학자들이 있다.

<4> 더 신뢰할 수 있는 추정치는 10퍼센트다. 피터 버거(Peter Berger)와 제니퍼 롤런드(Jennifer Rowland)는 초당파 단체인 '뉴 아메리카(New America)'가 드론 전쟁을 연구하기 위해 만든 데이터베이스에 의거해 이 수치를 보고했다(2015, 12-41, 특히 18).

<5> 몇 가지 명칭을 분명히 할 필요가 있다. 드론을 가리키는 기술적 용어는 무인 비행체(unmanned aerial vehicle, UAV)로, 비행체 한 대에 조종사 두 명 즉 조종하는 사람과 센서 데이터를 모니터링하는 사람이 필요하다. 여러 대를 이용하면 무인 비행체 시스템(unmanned aerial vehicle system, UAVS)이 된다. 전투용이라면 무인 전투 비행체 시스템(unmanned combat aerial vehicle system, UCAVS)이 된다. 자율 드론은 무인 자율체(unmanned autonomous vehicles, UAVs)로도 불리는데, '비행(aerial)'은 맥락으로 미루어 파악된다. 혼동을 피하기 위해, 나는 이것들을 무인 자율 비행체(unmanned autonomous aerial vehicles, UAAVs) 그리고 무인 자율 다비행체 시스템/군집(unmanned autonomous aerial

multivehicle system/swarm, UAAVS)으로 부를 것이다.

06 시간성과 인지 집합체

<1> 바루파키스는 샤를 드골 대통령의 재무장관 발레리 지스카르데스탱(1959-1962)의 표현인 "과도한 특권"을 인용해, 자신이 "미국이 세계화된 제도적 제약 없이 마음대로 돈을 찍어 낼 수 있는 독특한 특권"으로 특징짓는 것을 기술했다(Varoufakis, 93).

<2> 이와 관련된 최근 사례로, 이슬람 국가가 금 디나르를 재발행하겠다고 선언하는 동영상이 있다. 이 동영상은 미국의 지폐를 가짜 또는 근거 없는 화폐라고 칭하며, 금 디나르를 "진짜" 화폐로 제시한다. 이 선전 동영상은 명백히 나름의 의도를 가지고 있지만, 미국이 1930년대에 국내 화폐를 위해 그리고 1971년에는 국제 무역을 위해 금본위제를 포기한 것은 사실이다(https://www.youtube.com/watch?v=BG7YXKE4x3w).

<3> 자동 매매는 매수·매도 주문을 실행하는 모든 전자 알고리즘을 말한다. 여기에는 대규모 주문을 실행하는 데 하루 이상 걸리는 차익거래 프로그램이 포함될 수 있다. 초단타매매는 자동 매매의 하위 집합으로, 밀리 초 단위로 운영되며 일반적으로 매우 짧은 시간(최대 몇 초) 동안 주식 등을 보유한 후 다시 매도하거나 매수한다.

07 직관, 인지 집합체 그리고 정치·역사적 정동들

<1> 로런 벌런트(2008)는 이 텍스트의 시기가 이때라는 데 동의하지만, 라몬 살디바르(2013)는 이 텍스트의 시기를 "1960년대 시민권 운동의 전성기나 그 이전, 아마도 1940년대와 1950년대의 영웅적 투쟁 이전"으로 본다(9). 이 텍스트의 시기가 살디바르의 생각과 달리 더 나중임을 증명하는 증거로는 아프리카계 미국인 인구에 대한 시장의 민감한 반응, 엘리베이터 점검부에 흑인 점검원이 고용된 것, 마지막으로 패니브릭스메모리얼 빌딩이라는 명명이 있다. "시장은 영리하며 이 도시가 남부 도시가 아니라는 것을 이해하고 있다."(12)

<2> 튜링의 이론적 모델에 대한 설명 중에는 헤드가 움직인다고 보는 것도 있고 테이프가 움직인다고 보는 것도 있다. 헤드와 테이프가 서로 상대적으로 움직이는 한 어떤 쪽을 선택하건 상관없다. 여기서는

엘리베이터와의 유비를 더 쉽게 이해할 수 있도록 움직이는 헤드 버전을 사용한다. 튜링 자신은 컴퓨터(당시에는 계산을 수행하는 사람을 의미했다)가 프로그램의 지시에 따라 헤드/테이프를 움직일 것이라고 상상했다.
<3> 튜링 자신은 논문에서 "정지"라는 단어를 사용하지 않고 "Entscheidungsproblem"을 "결정 문제"로 번역한다. 나중에 해설자들이 이 문제를 더 정확히 나타내는 "정지 문제"로 이름을 바꾸었다.
<4> 알고리즘의 제한된 클래스가 정지할지 예측할 수 있는 절차가 고안되었다. 튜링의 증명은 튜링 기계에서 실행될 수 있는 모든 가능한 프로그램에 적용할 수 있는 일반 절차의 가능성에 적용된다.

08 인지 집합체의 유토피아적 잠재성

<1> 수학에서 곡선상의 변곡점은 굴곡의 방향이 바뀌는 곳, 예를 들어 오목에서 볼록으로 또는 그 반대로 변하는 곳이다. 여기서는 작은 차이가 대규모의 전체적 효과를 낼 수 있는 전략적 지점, 즉 시스템이 시간적 전개상 어떻게 진행될지 극적으로 변화시킬 수 있는 지점에 대한 비유로 사용한다.

참고문헌

Appadurai, Arjun. 2016. *Banking on Words: The Failure of Language in the Age of Derivative Finance*. Chicago: University of Chicago Press.

Arkin, Ronald C. 2009. *Governing Lethal Behavior in Autonomous Robots*. Boca Raton, FL: CRC Press.

———. 2010. "The Case for Ethical Autonomy in Unmanned Systems." *Journal of Military Ethics* 9 (4): 332-41.

AR Lab. 2013. "MeMachine: Bio-Technology, Privacy and Transparency." August 13. http://www.arlab.nl/project/memachine-bio-technology-privacy-and-transparency.

Arnuk, Sal, and Joseph Saluzzi. 2012. *Broken Markets: How High Frequency Trading and Predatory Practices on Wall Street Are Destroying Investor Confidence and Your Portfolio*. Upper Saddle River, NJ: FT Press.

Ash, James. 2016. *The Interface Envelope: Gaming, Technology, Power*. London: Bloomsbury Academic.

ATSAC. n.d.: Automated Traffic Surveillance and Control. http://trafficinfo.lacity.org/about-atsac.php. Accessed July 7, 2015.

Auletta, Gennaro. 2011. *Cognitive Biology: Dealing with Information from Bacteria to Minds*. London: Oxford University Press.

Ayache, Elie. 2010. *The Blank Swan: The End of Probability*. Hoboken, NJ: John Wiley.

Baker, R. Scott. 2009. *Neuropath*. New York: Tor Books.

Barad, Karen. 2007. *Meeting the Universe Halfway: Quantum Physics and the Entanglement of Matter and Meaning*. Durham, NC: Duke University Press.

Barsalou, Lawrence W. 2008. "Grounded Cognition." *Annual Review of Psychology* 59: 617-45.

Baucom, Ian. 2005. *Specters of the Atlantic: Finance Capital, Slavery, and the Philosophy of History*. Durham, NC: Duke University Press.

Baudrillard, Jean. 1995. *Simulacra and Simulation*. Ann Arbor: University of Michigan Press.

Beer, Gillian. 1983. *Darwin's Plots: Evolutionary Narrative in Darwin, George Eliot, and Nineteenth-Century Fiction*. Cambridge: Cambridge

University Press.
Benjamin, Medea. 2013. *Drone Warfare: Killing by Remote Control.* London: Verso.
Bennett, Jane. 2010. *Vibrant Matter: A Political Ecology of Things.* Durham, NC: Duke University Press.
Bentham, Jeremy. [1780] 1823. *An Introduction to the Principles of Morals and Legislation.* http://www.earlymoderntexts.com/assets/pdfs/bentham1780.pdf.
Berger, Peter L., and Jennifer Rowland. 2015. "Decade of the Drone: Analyzing CIA Drone Attacks, Casualties, and Policy." In *Drone Wars: Transforming Conflict, Law, and Policy*, edited by Peter L. Berger and Daniel Rothenberg, 11-41. Cambridge: Cambridge University Press.
Berlant, Lauren. 2008. "Intuitionists: History and the Affective Event." *American Literary History* 20 (4): 845-60.
Berry, David M. 2011. *The Philosophy of Software: Code and Mediation in the Digital Age* (Kindle Locations 2531-32). London: Palgrave. Kindle edition.
———. 2015. *Critical Theory and the Digital.* London: Bloomsbury Academic.
Bickle, John. 2003. "Empirical Evidence for a Narrative Concept of Self." In *Narrative and Consciousness: Literature, Psychology, and the Brain*, edited by Gary D. Fireman, Ted E. McVay, and Owen J. Flanagan, 195-208. Oxford: Oxford University Press.
Black, Fisher, and Myron Scholes. 1973. "The Pricing of Options and Corporate Liabilities." *Journal of Political Economy* 81 (3): 637-54.
Bogost, Ian. 2012. *Alien Phenomenology, or What It's Like to Be a Thing.* Minneapolis: University of Minnesota Press.
Borges, Jorge Luis. 1994. "Pierre Menard, Author of the *Quixote.*" In *Ficciones*, 45-56. Translated by Anthony Kerrigan. New York: Grove Press.
Braidotti, Rosi. 2006. "The Ethics of Becoming Imperceptible." In *Deleuze and Philosophy*, edited by Constantin V. Boundas, 133-59. Edinburgh: Edinburgh University Press.
———. 2013. *The Posthuman*. Malden, MA: Polity Press.
Brenner, Eric D., Rainer Stahlberg, Stefano Mancuso, Jorge Vivanco,

František Baluška, and Elizabeth Van Volkenburgh. 2006. "Plant Neurobiology: An Integrated View of Plant Signaling." *Trends in Plant Science* 11 (8): 413-19.

Brenner, Robert. 2006. *The Economies of Global Turbulence: The Advanced Capitalist Economies from Long Boom to Long Turndown, 1945-2005.* Brooklyn, NY: Verso Books.

Bryan, Dick, and Michael Rafferty. 2006. *Capitalism with Derivatives: A Political Economy of Financial Derivatives, Capital and Class.* London: Palgrave Macmillan.

Buchanan, Mark. 2011. "Flash-Crash Story Looks More Like a Fairy Tale." *BloombergView*, May 7. http://www.bloomberg.com/news/2012-05-07/.

Budish, Eric, Peter Cramton, and John Shim. 2015. "The High-Frequency Trading Arms Race: Frequent Batch Auctions as a Market Design Hypothesis." *Quarterly Journal of Economics* 130 (4): 1547-1621. http://faculty.chicagobooth.edu/eric.budish/research/HFT-FrequentBatchAuctions.pdf. Accessed April 7, 2015.

Buffet, Warren. 2002. "Warren Buffet on Derivatives." (Edited excerpts from the Berkshire Hathaway annual report for 2002.) Montgomery Investment Technology, Inc. http://www.fintools.com/docs/Warren%20Buffet%20on%20Derivatives.pdf.

Burn, Stephen J. 2015. "Neuroscience and Modern Fiction." Special issue of *Modern Fiction Studies* 61 (2): 209-25.

Burroughs, William. 1959. *Naked Lunch.* Paris: Olympia Press.

Callon, Michel. 1998. *Laws of the Market.* Hoboken, NJ: Wiley-Blackwell.

Calude, C. S., and Gregory Chaitin. 1999. "Mathematics: Randomness Everywhere," *Nature* 400 (July 22): 319-20.

Chaitin, Gregory J. 1999. *The Undecidable.* Heidelberg: Springer.

———. 2001. *Exploring Randomness.* Heidelberg: Springer.

———. 2006. *MetaMath! The Quest for Omega.* New York: Vintage.

Chamayou, Gregoire. 2015. *A Theory of the Drone.* Translated by Janet Lloyd. New York: New Press.

Chamovitz, Daniel. 2013. *What a Plant Knows.* New York: Scientific American/Farrar Straus Giroux.

Choudhury, Tanzeem, and Alex Pentland. 2004. "The *Sociometer*: A Wearable Device for Understanding Human Networks." MIT Media Lab. http://alumni.media.mit.edu/~tanzeem/TR-554.pdf.

Clark, Andy. 1989. *Microcognition: Philosophy, Cognitive Science, and Parallel Distributed Processing*. 2nd ed. Cambridge, MA: MIT Press.

———. 2008. *Supersizing the Mind: Embodiment, Action, and Cognitive Extension*. London: Oxford University Press.

Coeckelbergh, Mark. 2011. "Is Ethics of Robotics about Robots? Philosophy of Robotics beyond Realism and Individualism." *Law, Innovation and Technology* 3 (2): 241-50.

Corballis, Michael C. 2015. *The Wandering Mind: What the Brain Does When You're Not Looking*. Chicago: University of Chicago Press.

Damasio, Antonio. 2000. *The Feeling of What Happens: Body and Emotion in the Making of Consciousness*. New York: Mariner Books.

———. 2005. *Descartes' Error: Emotion, Reason, and the Human Brain*. New York: Penguin. Originally published 1995.

———. 2012. *Self Comes to Mind: Constructing the Conscious Brain*. New York: Vintage Books.

Dehaene, Stanislas. 2009. "Conscious and Nonconscious Processes: Distinct Forms of Evidence Accumulation." *Seminaire Poincare* 12:89-114. http://www.bourbaphy.fr/dehaene.pdf.

———. 2014. *Consciousness and the Brain: Deciphering How the Brain Codes Our Thoughts*. New York: Penguin.

Dehaene, Stanislas, Claire Sergent, and Jean-Pierre Changeux. 2003. "A Neuronal Network Model Linking Subjective Reports and Objective Physiological Data during Conscious Perception." *Proceedings of the National Academy of Sciences USA* 100:8520-25.

Deleuze, Gilles, and Felix Guattari. 1987. *A Thousand Plateaus: Capitalism and Schizophrenia*. Translated by Brian Massumi. Minneapolis: University of Minnesota Press.

Dennett, Daniel C. 1992. *Consciousness Explained*. New York: Back Bay Books.

Dresp-Langley, Birgitta. 2012. "Why the Brain Knows More Than We Do: Non-Conscious Representations and Their Role in the Construction of Conscious Experience." *Brain Science* 2 (1): 1-21.

Dreyfus, Hubert. 1972. *What Computers Can't Do*. Cambridge, MA: MIT Press.

———. 1992. *What Computers Still Can't Do.* Cambridge, MA: MIT Press.
———. 2013. "The Myth of the Pervasiveness of the Mental." In *Mind, Reason, and Being-in-the-World: The McDowell-Dreyfus Debate*, edited by Joseph K. Schear, 15-40. London: Routledge.
Dupuy, Jean-Pierre. 2009. *On the Origins of Cognitive Science: The Mechanization of Mind.* Cambridge, MA: MIT Press.
Eagleman, David. 2012. *Incognito: The Secret Lives of the Brain.* New York: Random House.
Edelman, Gerald M. 1987. *Neural Darwinism: The Theory of Neuronal Group Selection.* New York: Basic Books.
Edelman, Gerald M., and Giulio Tononi. 2000. *A Universe of Consciousness: How Matter Becomes Imagination.* New York: Basic Books.
Ekman, Ulrik. 2015. "Design as Topology: U-City." In *Media Art and the Urban Environment: Engendering Public Engagement with Urban Ecology*, edited by Francis T. Marchese, 177-203. New York: Springer.
Encyclopedia Britannica. n.d. "Cognition." www.brittannica.com/topic/cognition-thought-process.
Epstein, R. S. 2014. "Mobile Medical Applications: Old Wine in New Bottles?" *Clinical Pharmacology and Therapeutics* 95 (5): 476-78.
Ernst, Wolfgang. 2012. *Memory and the Digital Archive.* Minneapolis: University of Minnesota Press.
Fazi, M. Beatrice. 2015. "The Aesthetics of Contingent Computation: Abstraction, Experience, and Indeterminacy." PhD diss., Goldsmiths University of London.
Fish, Stanley. 2012. "Mind Your P's and B's: The Digital Humanities and Interpretation." *Opinionator* (blog). *New York Times*, January 23. http://opinionator.blogs.nytimes.com/2012/01/23/mind-your-ps-and-bs-the-digital-humanities-and-interpretation/?_r=0.
Fisher, Mark. 2009. *Capitalist Realism.* New York: Zero Books.
Flanagan, Owen. 1993. *Consciousness Reconsidered.* Cambridge, MA: MIT Press.
Freeman, Walter J., and Rafael Nunez. 1999. "Editors' Introduction." In *Reclaiming Cognition: The Primacy of Action, Intention and Emotion*, edited by Rafael Nunez and Walter J. Freeman, ix-xix. New York:

Imprint Academic.

Friedman, Norman. 2010. *Unmanned Combat Air Systems: A New Kind of Carrier Aviation*. Annapolis, MD: Naval Institute Press.

Fuller, Matthew. 2007. *Media Ecologies: Materialist Energies in Art and Technology*. Cambridge, MA: MIT Press.

Galloway, Alexander R., and Eugene Thacker. 2007. *The Exploit: A Theory of Networks*. Minneapolis: University of Minnesota Press.

Gardner, Martin. 1970. "The Fantastic Combinations of John Conway's New Solitaire Game 'Life.'" *Scientific American* 223 (October): 120-23.

Gitelman, Lisa. 2014. *Paper Knowledge: Toward a Media History of Documents*. Durham, NC: Duke University Press.

Gladwell, Malcolm. 2005. *Blink: The Power of Thinking without Thinking*. New York: Little, Brown.

Gleick, James. 2012. *The Information: A History, a Theory, a Flood*. New York: Vintage.

Goldsmith, Kenneth. 2008. "Conceptual Poetics." *Harriet* (a poetry blog). Poetry Foundation. http://www.poetryfoundation.org/harriet/2008/06/conceptual-poetics-kenneth-goldsmith/?woo.

Goodwin, Brian C. 1977. "Cognitive Biology." *Communication and Cognition* 10 (2): 87-91.

Gould, Stephen Jay. 2007. *Punctuated Equilibrium*. Cambridge, MA: Belknap Press.

Grens, Kerry. 2015. "Most Earth-Like Planet Found." *Scientist*, July 27. http://www.the-scientist.com/?articles.view/articleNo/43605/title/Most-Earth-like-Planet-Found/.

Grosz, Elizabeth. 2002. "A Politics of Imperceptibility: A Response to 'Antiracism, Multiculturalism and the Ethics of Identification.'" *Philosophy of Social Criticism* 28:463-72.

———. 2011. *Becoming Undone: Darwinian Reflections on Life, Politics, and Art*. Durham NC: Duke University Press.

Guillory, John. 2008. "How Scholars Read." *ADE Bulletin* 146 (Fall): 8-17.

Haddon, Mark. 2004. *The Curious Incident of the Dog in the Night-Time*. New York: Vintage.

Han, Jian, Chang-hong Wang, and Guo-xing Yi. 2013. "Cooperative

Control of UAV Based on Multi-Agent System." In *Proceedings of the 2013 IEEE 8th Conference on Industrial Electronics and Applications (ICIEA): 19-21 June 2013, Melbourne, Australia*. Piscataway, NJ: IEEE.
http://ieeexplore.ieee.org/xpl/login.jsp?tp=&arnumber=6566347&url=http%3A%2F%2Fieeexplore.ieee.org%2Fxpls%2Fabs_all.jsp%3Farnumber%3D6566347.

———. 2014. "UAV Robust Strategy Control Based on MAS." *Abstract and Applied Analysis*, vol. 2014. Article ID 796859.

Hansen, Mark B. N. 2015. *Feed-Forward: On the Future of Twenty-First Century Media*. Chicago: University of Chicago Press.

Harman, Graham. 2011. *The Quadruple Object*. Abington, Oxon: Zero Books.

Hassin, Ran R., James S. Uleman, and John A. Bargh, eds. 2005. *The New Unconscious*. Oxford: Oxford University Press.

Hayles, N. Katherine. 2010. "Cybernetics." *Critical Terms for Media Studies*, edited by W. J. T. Mitchell and Mark B. N. Hansen, 145-56. Chicago: University of Chicago Press.

———. 2012. *How We Think: Digital Media and Contemporary Technogenesis*. Chicago: University of Chicago Press.

———. 2014a. "Cognition Everywhere: The Rise of the Cognitive Nonconscious and the Costs of Consciousness." *New Literary History* 45 (2): 199-220.

———. 2014b. "Speculative Aesthetics and Object Oriented Inquiry (OOI)." *Speculations: A Journal of Speculative Realism* 5 (May). http://www.speculations-journal.org/?page_id=5.

———. 2016. "The Cognitive Nonconscious: Enlarging the Mind of the Humanities." *Critical Inquiry* 42 (4): 783-808.

Heimfarth, Tales, and Joao Paulo de Araujo. 2014. "Using Unmanned Aerial Vehicle to Connect Disjoint Segments of Wireless Sensor Network." *IEEE 28th International Conference on Advanced Information Networking and Applications (AINA), 2014: 13-16 May 2014, University of Victoria, Victoria, Canada; Proceedings*, edited by Leonard Barolli, 907-14. Piscataway, NJ: IEEE.

Ho, Karen. 2009. *Liquidated: An Ethnography of Wall Street*. Durham, NC: Duke University Press.

Horowitz, Eli, Matthew Derby, and Kevin Moffett. 2014. *The Silent*

History. New York: Farrar, Straus and Giroux.

Human Rights Watch. 2012. "Losing Humanity: The Case against Killer Robots." Cambridge, MA: International Human Rights Clinic, Harvard Law School.

Hutchins, Edwin. 1996. *Cognition in the Wild.* Cambridge, MA: MIT Press.

Iliadis, Andrew. 2013. "Informational Ontology: The Meaning of Gilbert Simondon's Concept of Individuation." *Communication +1*, vol. 2, article 5. http://scholarworks.umass.edu/cpo/vol2/iss1/5/.

James, William. 1997. *The Meaning of Truth*. Amherst, NY: Prometheus Books. Originally published 1909.

Jameson, Fredric. 2010. "Realism and Utopia in *The Wire*." *Criticism* 52 (3-4): 359-72.

Johnson, Neil, Guannan Zhao, Eric Hunsader, Jing Meng, Amith Ravindar, Spencer Carran, and Brian Tivnan. 2012. "Financial Black Swans Driven by Ultrafast Machine Ecology." Physics and Society Working Paper, Cornell University. www.arXiv.1202.1448.

Johnson, Neil, Guannan Zhou, Eric Hunsader, Hong Qi, Nicholas Johnson, Jing Meng, and Brian Tivran. 2013. "Abrupt Rise of New Machine Ecology beyond Human Response Time." *Scientific Reports: Nature Publishing Group,* Article 2627: 1-11. http://www.nature.com/articles/srep02627.

Johnston, John. 2008. "*The Intuitionist* and *Pattern Recognition*: A Response to Lauren Berlant." *American Literary History* 20 (4): 861-69.

Jonze, Spike. 2012. *Her*. Burbank, CA: Warner Home Video. DVD.

Kandel, Eric R., and James H. Schwartz. 2012. *Principles of Neural Science.* 5th ed. New York: McGraw-Hill Education.

Kelly, James Floyd. 2012. "Book Review and Author Interview: *Kill Decision* by Daniel Suarez." *Wired Magazine*, July 7. http://archive.wired.com/geekdad/2012/07/daniel-suarez-kill-decision/.

Kelly, Kevin. 2010. *What Technology Wants.* New York: Penguin.

Kouider, Sid, and Stanislas Dehaene. 2007. "Levels of Processing during Nonconscious Perception: A Critical Review of Visual Masking." *Philosophical Transactions of the Royal Society* B 362:857-75.

Kovač, Ladislav. 2000. "Fundamental Principles of Cognitive Biology." *Evolution and Cognition* 6 (1): 51-69. http://dai.fmph.uniba.sk/courses/CSCTR/materials/CSCTR 03sem Kovac 2000.pdf.

———. 2007. "Information and Knowledge in Biology: Time for Reappraisal." *Plant Signalling and Behavior* 2 (March-April): 65-73.

Koza, John R. 1992. *Genetic Programming: On the Programming of Computers by Means of Natural Selection*. Cambridge, MA: Bradford Books, MIT Press.

Krishnan, Armin. 2009. *Killer Robots: Legality and Ethicality of Autonomous Weapons*. Farnham, UK: Ashgate Publishing Limited.

Lakoff, George, and Mark Johnson. 2003. *Metaphors We Live By*. 2nd ed. Chicago: University of Chicago Press.

Lange, Ann-Christina. 2015. "Crowding of Adaptive Strategies: High-Frequency Trading and Swarm Theory." Presentation at the "Thinking with Algorithms" Conference, the University of Durham, UK, February 27.

Langton, Christopher, ed. 1995. *Artificial Life*. Cambridge, MA: MIT Press.

Latour, Bruno. 1992. "Where Are the Missing Masses? Sociology of a Few Mundane Artifacts." In *Shaping Technology-Building Society. Studies in Sociotechnical Change*, edited by Wiebe Bijeker and John Law, 225-59. Cambridge, MA: MIT Press.

———. 1999. *Pandora's Hope: Essays on the Reality of Science Studies*. Cambridge, MA: Harvard University Press.

———. 2002. "Morality and Technology: The End of the Means." Translated by Couze Venn. *Theory, Culture and Society*, 19 (5-6): 247-60.

———. 2007. *Reassembling the Social: An Introduction to Actor Network Theory*. London: Oxford University Press.

Latour, Bruno, and Steve Woolgar. 1979. *Laboratory Life: The Construction of Scientific Facts*. Princeton, NJ: Princeton University Press.

Lem, Stanislaw. 2014. *Summa Technologiae*. Translated by Joanna Zylinska. Minneapolis: University of Minnesota Press.

Lenoir, Timothy, and Eric Giannella. 2011. "Technology Platforms and Layers of Patent Data." In *Unmaking Intellectual Property: Creative*

Production in Legal and Cultural Perspectives, edited by Mario Biagioli, Peter Jaszi, and Martha Woodmansee. Chicago: University of Chicago Press.

Lethem, Jonathan. 2000. *Motherless Brooklyn*. New York: Vintage.

Levinas, Emmanuel. 1998. *Otherwise Than Being: On Beyond Essence.* Pittsburgh: Duquesne University Press.

Levy, Steven. 2014. "Siri's Inventors Are Building a Radical New AI That Does Anything You Ask." *Wired Magazine*, August 12. http://www.wired.com/2014/08/viv/.

Lewicki, Pawel, Thomas Hill, and Maria Czyzewska. 1992. "Nonconscious Acquisition of Information." *American Psychology* 47 (6): 796-801.

Lewis, Michael. 2014. *Flash Boys: A Wall Street Revolt.* New York: W. W. Norton.

Libet, Benjamin, and Stephen M. Kosslyn. 2005. *Mind Time: The Temporal Factor in Consciousness.* Cambridge, MA: Harvard University Press.

Ling, Philip. 2010, "Redefining Firmware." *New Electronics*, January 11. http://www.newelectronics.co.uk/electronics-technology/redefining-firmware/21841/.

Lopez-Maury, L., S. Marguerat, and J. Bahler. 2008. "Tuning Gene Expression to Changing Environments: From Rapid Responses to Evolutionary Adaptation." *Nature Reviews Genetics* 9 (8): 583-93.

Lowenstein, Roger. 2001. *When Genius Failed: The Rise and Fall of Long-Term Capital Management.* New York: Harper Collins.

Lynch, Deidre Shauna. 1998. *The Economy of Character: Novels, Market Culture, and the Business of Inner Meaning.* Chicago: University of Chicago Press.

Lyon, Pamela C., and Jonathan P. Opie. 2007. "Prolegomena for a Cognitive Biology." Presented at the Proceedings of the 2007 Meeting of International Society for the History, Philosophy and Social Studies of Biology, University of Exeter. Abstract at https://digital.library.adelaide.edu.au/dspace/handle/2440/46578. Accessed June 10, 2015.

MacKenzie, Donald. 2003. "Long-Term Capital Management and the Sociology of Arbitrage." *Economy and Society* 32 (2): 349-80.

———. 2005. "How a Superportfolio Emerges: Long-Term Capital

Management and the Sociology of Arbitrage." In *The Sociology of Financial Markets*, edited by Karin Knorr Cetina and Alex Preda, 62-83. New York and London: Oxford University Press.
———. 2008. *An Engine, Not a Camera: How Financial Models Shape Markets*. Cambridge, MA: MIT Press.
———. 2011. "How to Make Money in Microseconds." *London Review of Books* 33 (10): 16-18.
Magnani, Lorenzo. 2007. *Morality in a Technological World: Knowledge as Duty*. Cambridge: Cambridge University Press.
Malabou, Catherine. 2008. *What Should We Do with Our Brain?* Translated by Sebastian Rand. Bronx, NY: Fordham University Press.
Marcus, Ben. 2012. *The Flame Alphabet*. New York: Vintage.
Marcus, Sharon. 2013 "Description and Critique." Paper presented at "Interpretation and Its Rivals" Conference, University of Virginia, September.
Margulis, Lynn, and Dorian Sagan. 1986. *Microcosmos: Four Billion Years of Evolution from Our Microbial Ancestors*. New York: Summit Books.
Marshall, Kate. 2014. "The View from Above." Paper presented at the 129th Modern Language Association Convention, Chicago, IL, January 9-12.
Maturana, Humberto R., and Francisco J. Varela. 1980. *Autopoiesis and Cognition: The Realization of the Living*. Dordrecht: D. Reidel Publishing.
Mauer, Bill. 2002. "Repressed Futures: Financial Derivatives' Theological Unconscious." *Economy and Society* 31 (1): 15-36.
Maxwell, James Clerk. 1871. *Theory of Heat*. London: Longmans.
McCarthy, Tom. 2007. *Remainder*. New York: Vintage.
McDowell, John. 1996. *Mind and World*. With a new introduction by the author. Cambridge, MA: Harvard University Press.
———. 2013. "The Myth of the Mind as Detached." In *Mind, Reason, and Beingin-the-World: The McDowell-Dreyfus Debate*, edited by Joseph K. Schear, 41-58. London: Routledge.
McEwan, Ian. 1998. *Enduring Love: A Novel*. New York: Anchor.
McLemee, Scott. 2013. "Crunching Literature." Review of *Macroanalysis: Digital Methodsand Literary History*, by Matthew L. Jockers. *Inside Higher Ed*, May 1.

https://www.insidehighered.com/views/2013/05/01/review-matthew-l-jockers-macroanalysis-digital-methods-literary-history.

Meillassoux, Quentin. 2010. *After Finitude: An Essay on the Necessity of Contingency*. London: Bloomsbury Academic.

Metzinger, Thomas. 2004. *Being No One: The Self-Model Theory of Subjectivity*. Cambridge, MA: MIT Press.

Mitchell, Tom. n.d. "NELL: Never-Ending Language Learning." Read the Web: Research Project at Carnegie Mellon University. rtw.ml.cmu.edu/rtw. Accessed October 17, 2015.

Moretti, Franco. 2013. "Network Theory, Plot Analysis." In *Distant Reading*, 211–40. New York: Verso.

Nealon, Jeffrey. 2016. *Plant Theory: Biopower and Vegetable Life*. Stanford, CA: Stanford University Press.

Neefjes, J., and R. van der Kant. 2014. "Stuck in Traffic: An Emerging Theme in Diseases of the Nervous System." *Trends in Neuroscience* 37 (2): 66-76.

Nelson, Katherine. 2003. "Narrative and the Emergence of a Consciousness of Self." In *Narrative and Consciousness: Literature, Psychology and the Brain*,

edited by Gary D. Fireman, Ted E. McVay, and Owen J. Flanagan, 17-36. Oxford: Oxford University Press.

Neocleous, Mark. 2003. "The Political Economy of the Dead: Marx's Vampires." *History of Political Thought* 24, no. 4 (Winter).

Nicolelis, Miguel. 2012. *Beyond Boundaries: The New Neuroscience of Connecting Brains with Machines—and How It Will Change Our Lives*. Reprint ed. London: St. Martins Griffin.

Nunez, Rafael, and Walter Freeman, eds. 1999. *Reclaiming Cognition: The Primacy of Action, Intention and Emotion*. Thorverton, UK: Imprint Academic.

Otis, Laura. 2001. *Networking: Communicating with Bodies and Machines in the Nineteenth Century*. Ann Arbor: University of Michigan Press.

Parikka, Jussi. 2010. *Insect Media: An Archaeology of Animals and Technology*. Minneapolis: University of Minnesota Press.

Parisi, Luciana. 2004. *Abstract Sex: Philosophy, Bio-Technology and the Mutations of Desire*. London: Continuum.

———. 2015. "Critical Computation: Digital Philosophy and GAI." Presentation at the "Thinking with Algorithms" Conference,

University of Durham, UK, February 27. Forthcoming in *Theory, Culture and Society*.

Parisi, Luciana, and Steve Goodman. 2011. "Mnemonic Control." In *Beyond Biopolitics: Essays on the Governance of Life and Death*, edited by Patricia Ticento Clough and Craig Willse, 163-76. Durham, NC: Duke University Press.

Patterson, Scott. 2010. *The Quants: How a New Breed of Math Whizzes Conquered Wall Street and Nearly Destroyed It*. New York: Random House.

———. 2012. *Dark Pools: High-Speed Traders, A.I. Bandits, and the Threat to the Global Financial System*. New York: Crown Business.

Paycheck. 2003. Director John Woo.

PBS. 2010. "The Warning." Director Michael Kirk. *Frontline*. Available at http://www.pbs.org/wgbh/pages/frontline/warning/view/.

———. 2013. "Rise of the Drones." *Nova*, January 23. http://www.pbs.org/wgbh/nova/military/rise-of-the-drones.html.

Pentland, Alex. 2008. *Honest Signals: How They Shape Our World*. Cambridge, MA: MIT Press.

Perez, Edgar. 2011. *The Speed Traders: An Insider's Look at the New High-Frequency Phenomenon That Is Transforming the Investing World*. New York: McGraw Hill.

Perloff, Marjorie. 2012. *Unoriginal Genius: Poetry by Other Means in the New Century*. Chicago: University of Chicago Press.

Pinker, Steven. 2007. *The Language Instinct: How the Mind Creates Language*. New York: Harper.

Pollan, Michael. 2013. "The Intelligent Plant." *New Yorker*, December 23. http://www.newyorker.com/magazine/2013/12/23/the-intelligent-plant.

Poovey, Mary. 2008. *Genres of the Credit Economy: Mediating Value in Eighteenthand Nineteenth-Century Britain*. Chicago: University of Chicago Press.

Power, Matthew. 2013. "Confessions of a Drone Warrior." *GQ*, October 23. http://www.gq.com/news-politics/big-issues/201311/drone-uav-pilot-assassination.

Powers, Richard. 2007. *The Echo Maker.* New York: Picador.

Ramachandran, V. S. 2011. *The Tell-Tale Brain: A Neuroscientist's Quest for What Makes Us Human.* New York: W. W. Norton.

Regan, Tom. 2004. *The Case for Animal Rights.* Berkeley: University of California Press.

Riese, Katrin, Mareike Bayer, Gerhard Lauer, and Annekathrin Schact. 2014. "In the Eye of the Recipient." *Scientific Study of Literature* 4 (2): 211-31. http://www.ingentaconnect.com/content/jbp/ssol/2014/00000004/00000002/art00006.

Rosch, Eleanor. 1999. "Reclaiming Concepts." In *Reclaiming Cognition: The Primacy of Action, Intention and Emotion*, edited by Rafael Nunez and Walter J. Freeman, 61-78. Thorverton, U.K: Imprint Academic.

Rosen, Robert. 1991. *Life Itself: A Comprehensive Inquiry into the Nature, Origin, and Fabrication of Life.* New York: Columbia University Press.

Rotman, Brian. 1987. *Signifying Nothing: The Semiotics of Zero.* Stanford, CA: Stanford University Press.

Rowe, E. 2002. "The Los Angeles Automated Traffic Surveillance and Control (ATSAC) System." *Vehicular Technology, IEEE Transactions* 40 (1): 16-20.

Sacks, Oliver. 1998. *The Man Who Mistook His Wife for a Hat: And Other Clinical Tales.* New York: Touchstone.

Saldivar, Ramon. 2013. "The Second Elevation of the Novel: Race, Form, and the Postrace Aesthetic in Contemporary Narrative." *Narrative* 21 (1):1-18.

Schear, Joseph K., ed. 2013. *Mind, Reason, and Being-in-the-World: The McDowell-Dreyfus Debate.* London: Routledge.

Scott, David. 2014. *Gilbert Simondon's Psychic and Collective Individuation: A Critical Introduction and Guide.* Edinburgh: Edinburgh University Press.

Searle, John. 1980. "Minds, Brains and Programs." *Behavioral and Brain Sciences* 3 (3): 417-57.

Serres, Michel, with Bruno Latour. 1995. *Conversations on Science, Culture and Time.* Ann Arbor: University of Michigan Press.

Shannon, Claude E. 1993. "Prediction and Entropy of Printed English." In *Claude E. Shannon: Collected Papers*, edited by N. Sloane and A. Wyner, 194–208. New York: Wiley-IEEE Press.

Shannon, Claude E., and Warren Weaver. 1948. *The Mathematical Theory of Communication*. New York: American Telephone and Telegraph Co.

Shukin, Nicole. 2009. *Animal Capital: Rendering Life in Biopolitical Times*. Minneapolis: University of Minnesota Press.

Simondon, Gilbert. 1989. *L'individuation psychique et collective: A la lumiere des notions de forme, information, potentiel et metastabilite*. Paris: Editions Aubier.

Simons, Daniel J., and Christopher S. Chabis. 1999. "Gorillas in Our Midst." *Perception* 28:1059-74.

———. 2011. *The Invisible Gorilla: How Our Intuitions Deceive Us*. New York: Harmony Books.

Singer, Peter W. 2010. "The Ethics of Killer Applications: Why Is It So Hard to Talk about Morality When It Comes to New Military Technology?" *Journal of Military Ethics* 9 (4): 299-312.

Smith, Mick. 2011. *Against Ecological Sovereignty: Ethics, Biopolitics, and Saving the Natural World*. Minneapolis: University of Minnesota Press.

Stafford, Barbara. 2008. *Echo Objects: The Cognitive Work of Images*. Chicago: University of Chicago Press.

Stewart, Garrett. 1990. *Reading Voices: Literature and the Phonotext*. Berkeley: University of California Press.

Stiegler, Bernard. 1998. *Technics and Time*, vol. 1: *The Fault of Epimetheus*. Translated by Richard Beardsworth and George Collins. Stanford, CA: Stanford University Press.

———. 2008. *Technics and Time*, vol. 2: *Disorientation*. Translated by Stephen Barker. Stanford, CA: Stanford University Press.

———. 2010a. *For a New Critique of Political Economy*. Cambridge: Polity Press.

———. 2010b. *Taking Care of Youth and the Generations*. Stanford, CA: Stanford University Press.

Stockdale Center for Ethical Leadership, US Naval Academy, McCain Conference. 2010. "Executive Summary and Command Brief." *Journal of Military Ethics*, 9 (4): 424-31.

Stone, Christopher D. 2010. *Should Trees Have Standing? Law, Morality, and the Environment*. 3rd ed. London: Oxford University Press.

Originally published 1972.

Strang, Veronica. 2014. "Fluid Consistencies: Material Relationality in Human Engagements with Water." *Archeological Dialogues* 21 (2): 133-50.

Suarez, Daniel. 2013. *Kill Decision*. New York: Signet.

Taleb, Nassim Nicholas. 2010. *The Black Swan: The Impact of the Highly Improbable*. 2nd ed. New York: Random House.

Tamietto, Marco, and Beatrice de Gelder. 2010. "Neural Bases of the Nonconscious Perception of Emotional Signals." *Nature Reviews* 11 (October): 697-709.

Terranova, Tiziana. 2006. "The Concept of Information." *Theory, Culture and Society* 23:286.

Thrift, Nigel. 2004. "Remembering the Technological Unconscious by Foregrounding Knowledges of Position." *Environment and Planning D. Society and Space* 22:175-90.

———. 2007. *Non-Representational Theory: Space, Politics, Affect*. London: Routledge.

Tompkins, Peter, and Christopher Bird. 1973. *The Secret Life of Plants*. New York: Harper and Row.

Trewavas, A. 2005. "Aspects of Plant Intelligence." *Annals of Botany* (London) 92:1-20.

Tucker, Patrick. 2014. "Inside the Navy's Secret Swarm Robot Experiment." *Defense One* (October 5). http://www.defenseone.com/technology/2014/10/inside-navys-secret-swarm-robot-experiment/95813/. Accessed July 7, 2015.

Turing, Alan. 1936-37. "On Computable Numbers, with an Application to the Entscheidungsproblem." *Proceedings of the London Mathematical Society*, ser. 2, 42:230-85. http://www.turingarchive.org/browse.php/B/12.

University of Massachusetts Medical School. n.d. "Mindfulness-Based Stress Reduction (MBSR)." http: www.umassmed.edu/cfm/stress/index.aspx.

Van der Helm, Frans. 2014. "Design/Embodiment." Panel discussion at the Critical and Clinical Cartographies Conference, Delft University of Technology, November 13-14. http://www.bk.tudelft.nl/fileadmin/Faculteit/BK/Actueel/Agenda/Agendapunten 2014/doc/Critical Clinical

Cartographies_Conference brochure.pdf. Accessed July 7, 2015.

Varela, Francisco J., and Paul Bourgine, eds. 1992. *Toward a Practice of Autonomous Systems*. Cambridge, MA: MIT Press.

Varela, Francisco J., Evan Thompson, and Eleanor Rosch. 1992. *The Embodied Mind: Cognitive Science and Human Experience*. Cambridge, MA: MIT Press.

Varoufakis, Yanis. 2013. *The Global Minotaur: America, Europe, and the Future of the Global Economy*. London: Zed Books.

Vasko, Timothy. 2013. "Solemn Geographies of Human Limits: Drones and the Neocolonial Administration of Life and Death." *Affinities: A Journal of Radical Theory, Culture, and Action* 6 (1): 83-107.

Velmans, Max. 1995. "The Relation of Consciousness to the Material World." In *Explaining Consciousness: The Hard Problem*, edited by J. Shear. Cambridge, MA: MIT Press. Available at http://www.meta-religion.com/Philosophy/Articles/Consciousness/relation of consciousness.htm.

———. 2003. "Preconscious Free Will." *Journal of Consciousness Studies* 10 (2): 42-61.

Verbeek, Peter-Paul. 2011. *Moralizing Technology: Understanding and Designing the Morality of Things*. Cambridge: Cambridge University Press.

Von Neumann, John. 1966. *Theory of Self-Reproducing Automata*. Edited and completed by Arthur W. Banks. Urbana: University of Illinois Press.

Wall, Cynthia Sundberg. 2014. *The Prose of Things: Transformations of Description in the Eighteenth Century*. Chicago: University of Chicago Press.

Watts, Peter. 2006. *Blindsight*. New York: Tor Books.

Weiskrantz, Lawrence, E. K. Warrington, M. D. Sanders, and J. Marshall. 1974. "Visual Capacity in the Hemianopic Field Following a Restricted Occipital Ablation." *Brain* 97:709-28.

Whitehead, Alfred North. 1978. *Process and Reality: An Essay on Cosmology*. Edited by David R. Griffin and Donald W. Sherburne. New York: Free Press/Macmillan.

Whitehead, Colson. 1999. *The Intuitionist*. New York: Anchor Books.

———. 2009. "Year of Living Postracially." Op-Ed. *New York Times*, November 2.

Wiener, Norbert. 1950. *The Human Use of Human Beings: Cybernetics and Society*. New York: Houghton Mifflin.

Williams, Raymond. 1977. *Marxism and Literature*. Oxford: Oxford University Press.

———. 2003. *Television: Technology and Cultural Form*. London: Routledge.

Wilson, E. O. 2014. *The Meaning of Human Existence*. New York: W. W. Norton.

Wolfe, Cary. 2009. *What Is Posthumanism?* Minneapolis: University of Minnesota Press.

Zenko, Micah. 2013. *Reforming U.S. Drone Strike Policy* (Council Special Report). Washington, DC: Council on Foreign Relations Press.

지은이 소개

캐서린 헤일스(N. Katherine Hayles)

영문학자, 디지털 문학 연구자, 포스트휴머니즘 이론가. 포스트휴머니즘을 학술 영역에서 최초로 정의하고 본격적 학문 분야로 발전시킨 것으로 널리 인정받는다. 로체스터공과대학교에서 화학으로 학사 학위를 받고 캘리포니아공과대학교에서 화학 석사 학위를 받은 후, 영문학으로 진로를 바꾸어 로체스터대학교에서 영문학으로 박사 학위를 받았다. 융합적 학문 배경과 관심을 바탕으로 과학, 문학, 기술 간의 관계를 다루는 포스트휴먼 이론에 대한 학제적 연구를 폭넓게 수행해 왔다. 듀크대학교 영문학과 교수를 지냈고, 현재는 동 대학교 명예교수로 있다. 디지털 문학을 문학 연구의 대상으로 정립하는 데 크게 기여했으며, 컴퓨터 코드와 인간의 언어가 겹치고 분기하는 방식과 그 상호매개 관계를 이해할 수 있는 통찰을 제시해 왔다. 최근에는 인간 인지와 디지털 매체의 상호 관계를 탐구하며 포스트휴머니즘 연구를 지속적으로 선도하고 있다. 저서로 ≪우리는 어떻게 포스트휴먼이 되었는가(How We Became Posthuman)≫, ≪글 쓰는 기계(Writing Machines)≫, ≪내 어머니는 컴퓨터였다(My Mother Was a Computer)≫ 등이 있다.

옮긴이 소개

송은주

이화여자대학교 영어영문학과를 졸업하고 동 대학원에서 박사 학위를 받았다. 현재 이화인문과학원 학술연구교수로 재직 중이다. 포스트휴머니즘과 인류세 문학 담론에 관심을 두고 연구하고 있다. 번역서로 ≪내 어머니는 컴퓨터였다≫(공역), ≪바디 멀티플≫(공역), ≪포스트휴먼 지식≫(공역) 등이 있고, 저서로 ≪당신은 왜 인간입니까≫, ≪인류세 시나리오≫ 등이 있다.